موسوعة

# التراث العلمي العربي

العلوم الطبيعية عند العرب

موسوعة

# التراث العلمي العربي

## العلوم الطبيعية عند العرب

د.ياسين خليل

دراسة وتحقيق وتعليق
الدكتور حسن مجيد العبيدي

دار جامعة حمد بن خليفة للنشر
HAMAD BIN KHALIFA UNIVERSITY PRESS

**دار جامعة حمد بن خليفة للنشر**
**صندوق بريد 5825**
**الدوحة، دولة قطر**

www.hbkupress.com



الطبعة العربية الأولى عام 2021

الترقيم الدولي: 9789927151781

تمت الطباعة في-بيروت، لبنان.

---

**مكتبة قطر الوطنية بيانات الفهرسة – أثناء – النشر (فان)**

خليل، ياسين، مؤلف

موسوعة التراث العلمي العربي /د. ياسين خليل ؛ دراسة وتحقيق وتعليق الدكتور حسن مجيد العبيدي. – الطبعة العربية الأولى. - الدوحة،قطر: دار جامعة حمد بن خليفة للنشر، 2021.

صفحة ؛ سم

تدمك: 978-992-715-175-0 (v. 1)

تدمك: 978-992-715-178-1 (v. 2)

تدمك: 978-992-715-176-7 (v. 3)

تدمك: 978-992-715-177-4 (v. 4)

يتضمن مراجع ببليوجرافية.

المحتويات: الجزء 1. مصادر التراث العلمي العربي والدراسات الإنسانية والعلم الرياضي -- الجزء 2. العلوم الطبيعية عند العرب -- الجزء 3. الطب والصيدلة عند العرب -- الجزء 4. دراسات في التراث العلمي العربي.

1. العلوم -- الإمبراطورية الإسلامية -- تاريخ 2. المخطوطات العربية -- تاريخ. أ. العبيدي، حسن مجيد، محقق. ب. العنوان.

Q127.I74 K43 2020

509.17671 – dc23 202028020984

# الإهداء

إلى أرواح شهداء الفلسفة والعلم في العراق زمن الاحتلال الغاشم.

المحقق

بسم الله الرحمن الرحيم

﴿لَا الشَّمْسُ يَنبَغِي لَهَا أَن تُدْرِكَ الْقَمَرَ
وَلَا اللَّيْلُ سَابِقُ النَّهَارِ * وَكُلٌّ فِي فَلَكٍ يَسْبَحُونَ﴾

**صدق الله العظيم**

**يس/ 40**

# المحتويات

# مقدمة المحقق

بعد أن **بينت** في مقدمتي التي كتبتها للكتاب الأول من هذا المجلد قيمة هذا المشروع العلمي الكبير، نود أن نبين في هذه المقدمة، أن مشروع الفيلسوف **ياسين خليل**[1] في هذا الكتاب إنما جاء تتميمًا لما بدأه في الكتاب الأول، إذ درس في هذا الكتاب العلوم الطبيعية عند **العرب**، تلك العلوم التي تتمنطق بالمنهج التجريبي الاستقرائي، الذي يعتمد على الملاحظة والفرض وبناء النظرية والقانون العلمي. فوجد أن هذه العلوم التي ألف فيها **العلماء والفلاسفة العرب** إنما تندرج تحت هذا الصنف من المنهج، وهي العلوم الفلكية والكيميائية والفيزيائية والنباتية والحيوانية وغيرها.

كما وجد من المناسب أن يربط هذه العلوم بسياقها التاريخي الذي ظهرت فيه، مع بيان أصالتها العلمية ودورها في تطوير المعرفة العلمية الإنسانية في زمانها وما تلاه من تطور علمي في الأعصر اللاحقة، الذي سجل هذا التطور حضورًا لهؤلاء **العلماء العرب** في هذه العلوم. فقدم أمثلة وحقائق علمية تبين أصالة هؤلاء العلماء في هذه العلوم. كما حاول أن يبعد أيّ تصور غير علمي أو ممزوج بالخرافة والأسطورة من تاريخ العلوم الطبيعية التي درسها في هذا الكتاب.

جاءت دراسته لهذه العلوم غير محصورة أو مقصورة على **العلماء التجريبيين العرب** فقط من أمثال: **الحسن بن الهيثم** أو **الخازني** أو **الخوارزمي** أو **عمر بن الخيام** أو غيرهم، بل وأضاف إليهم الرؤية الفلسفية **للفلاسفة العرب** الذين أنتجوا نصوصًا علمية فلسفية في الموضوعات الطبيعية فقط، حتى وجدنا الفيلسوف **ياسين خليل** يستحضر من الفلاسفة

---

(1) أطلقنا لقب الفيلسوف على الدكتور ياسين خليل، مع حفظ الألقاب، لأنا وجدنا أن لقب فيلسوف أكثر انطباقًا عليه من الألقاب العلمية الأكاديمية التي يحملها.

**الفارابي** و**الرازي الطبيب (أبو بكر)**، و**إخوان الصفا** و**مسكويه** و**ابن سينا** و**ابن طفيل** و**الغزالي** و**ابن رشد** و**أبا البركات البغدادي**، لا ليأخذ بآرائهم الميتافيزيقية في مسائل الوجود والعدم وقدم العالم أم حدوثه، بل ليتناول من تراثهم المسائل والقضايا العلمية التي توصلوا إليها في علوم الفيزياء والحركة والكيمياء والنبات والحيوان والفلك والموازين والمعادن وغيرها. فعمل بذلك على فَصل ما هو طبيعي تجريبي في تراثهم عما هو ميتافيزيقي تأملي.

إنّ هذا المنهج الذي سار عليه في تأليفه هذا الكتاب إنما يأتي متساوقًا ومتناغمًا مع المنهج الذي اتبعه في الكتاب الأول، ذلك المنهج الذي يرى أن الفلسفة التأملية الميتافيزيقية لا طائل تحتها وأن مسائلها وقضاياها الفلسفية مما لا يمكن التحقق من صدقها أو التثبت من أقوالها مختبريًا تجريبيًا. ذلك أن الفيلسوف **ياسين خليل** ينتمي إلى منظومة الفلسفة العلمية ومنطق العلم المعاصر، تلك الفلسفة التي ترى أن العلم التجريبي اليقيني هو العلم الذي ثبتت صحة أقواله بالتجربة والتحقق والبرهان العلمي. وبالتالي فهي فلسفة تحاول أن تتبنى المنهج العلمي في بناء منظومتها الفلسفية المنطقية، أي أنها تتوسل بالعلم كي يأخذ بها وبمقولاتها فيضفي عليها الصدقية والعلمية. فبدلًا من أن يتسلح العلم بمقولات ومفاهيم الفلسفة، نجد أن أصحاب الفلسفة العلمية يقلبون الحال بالعكس، فيطلبون من العلم ومناهجه أن يزود الفلسفة بالصدقية والعلمية. وإن أيّ فلسفة ليست كذلك فهي فلسفة تأملية ميتافيزيقية لا قيمة لأقوالها ومفاهيمها.

إنّ هذا الكتاب جاء في عشرة فصول رئيسية متضمنة على مباحث أساسية، إذ وضعت رؤوس عنوانات هذه المباحث من قبلنا، بعد أن وجدنا أنه من الضروري أن نحدد مباحث كل فصل على حدة ليسهل على القارئ ناهيك عن المتخصص الرجوع إليها ومعرفة محتويات كل فصل، إذ إن الفيلسوف **ياسين خليل** لم يضع في فصول كتابه هذا أيّ تقسيم لها على مباحث، بل تناول المسألة بشكل إجمالي، فكان الفصلان الأوليان منه بمثابة تأسيس نظري فلسفي علمي لكيفية دراسة العلوم الطبيعية وما هو المنهج الأمثل لدراستها، أي ما هي الطريقة العلمية في العلوم الطبيعية.

أما بقية فصول الكتاب فقامت على دراسة العلوم الطبيعية عند **العرب**، وهي: علم الفلك الذي يسمى عند **العلماء والفلاسفة العرب** بعلم الهيئة، وقد شكل مادة الفصل الثالث من

الكتاب، فبحث في أصول هذا العلم وهي الأصول **البابلية** و**اليونانية** وكيف وصلت إلى **العلماء العرب**، وما الإضافات العلمية التجريبية التي أضافها هؤلاء العلماء على علم الفلك **البابلي** و**اليوناني**.

أما الفصل الرابع، فدرس فيه الفيلسوف **ياسين خليل** علم المناظر أو ما يسمى بعلم البصريات، وقد احتفى بهذا الفصل بالعالِم العربي **الحسن بن الهيثم**، فوجه معظم ما قيل في هذا الفصل إلى آراء هذا العالِم وبين قيمة آرائه العلمية في مجال البصريات وما أهم اكتشافاته فيها. وما أهم القوانين التي توصل إليها **الحسن بن الهيثم** في هذا المجال.

واهتمّ الفصل الخامس بدراسة علم الموازين والأثقال، وهو العلم الذي يبحث في ميكانيك الأجسام المستقرة، وما يتعلق منها بمراكز الأثقال والعتلات، والأوزان النوعية للمائعات والمعادن والأحجار، وكيفية حساب مراكز الأثقال للأجسام والأبعاد في حالة التوازن لجسمين أو أكثر بأبعاد مختلفة، وغير ذلك من الموضوعات التي تتعلق بهذا العلم. فأبرز دور **العلماء العرب** في هذا العلم وبين قيمة كشوفه فيه.

وأتم البحث في الفصل السادس الذي وسمه بعلم الحركة (الديناميكا)، ما قاله في الفصل السابق عن الأجسام، ولكن هذه المرة عن الأجسام المتحركة، فدرس مفاهيم الحركة والمكان والزمان والجسم والقوة والفعل وغير ذلك، كما بيّن أهم المبادئ والفروض الأساسية التي يقوم عليها علم الحركة، تلك الفروض والمبادئ التي قادت العلم الحديث إلى طريق الصواب بعد أن أرسى **العلماء العرب** هذه الفروض والقوانين تجريبيًا. فأظهر الفيلسوف **ياسين خليل** أهمية دراسة هكذا موضوعات وربطها بالعلم الحديث مع بيان قيمة ما توصل إليه **علماؤنا العرب** في هذا المجال.

واحتل علم الكيمياء وهو الفصل السابع، أهمية كبيرة في هذا الكتاب، وذلك لما قدمه الفيلسوف **ياسين خليل** من دراسة معمقة وأصيلة لهذا العلم ودور **العلماء العرب** في الكيمياء، إذ فَصَلَ في هذا الفصل بين المفهوم الأسطوري لعلم الكيمياء والمفهوم العلمي التجريبي الذي ألف فيه العلماء العرب ولا سيما **جابر بن حيان** و**الرازي الطبيب**، كما بين الموقف الفلسفي الأخلاقي من مسألة تحويل المعادن الخسيسة إلى معادن ثمينة في هذا

العلم، وبيّن الأسباب العلمية والاجتماعية التي تقف وراء هذا التصور عن علم الكيمياء.

وفي الفصل الثامن الذي اختص بدراسة علم المعادن والأحجار، بحث الفيلسوف **ياسين خليل** اهتمام **العلماء العرب** بالمعادن والأحجار وفي كيفية تغير صورة الأرض والعوامل المؤثرة فيها، كما ودرس النظرية العامة في تكوين المعادن من الكبريت والزئبق، وكيفية استخراج المعادن وخواصها وأوزانها النوعية وعرض لطريقة العالم **أبي الريحان البيروني** في حساب الأوزان النوعية للمعادن، وبحث أيضًا الأحجار من خلال دراسة خواص الياقوت والياقوت الأحمر والزمرد واللازورد واللؤلؤ والعقيق والبسر والجزع والبلور والزجاج والأوزان النوعية لهذه الأحجار. وبهذا يكون هذا الفصل تتميمًا واستكمالًا للفصل الذي سبقه.

ولأن علم النبات من العلوم الطبيعية الأساسية، فقد خصص له الفيلسوف **ياسين خليل** الفصل التاسع من الكتاب، فدرس علم النبات وأسماء النباتات كما ورد ذلك في كتب اللغويين والفلاسفة والاصطلاحيين و**علماء النبات العرب**. ووقف طويلًا أمام كتب الفلاحة العربية وعرض لآراء **إخوان الصفا** في تصنيف النباتات ونظرية **ابن سينا** في التوازي، وكتاب الفلاحة **لابن بصال الأندلسي**، واستعرض المياه وأنواعها والأراضي والسماد والتركيب بأنواعه المختلفة.

أما الفصل الأخير من الكتاب وهو الفصل العاشر، فجاء لدراسة علم الحيوان، فبحث فيه ما كتبه علماء اللغة عن علم الحيوان وما ألفه **العلماء العرب** ضمن كتب فلسفية جامعة اشتملت على مباحث حيوانية، وما ذكرته المؤلفات الطبية وكتب العقاقير والأدوية من معلومات عن الحيوانات، وما وضعه **العلماء العرب** من مصنفات متخصصة في علم الحيوان. ولا سيما **الجاحظ** في كتابه الحيوان و**ابن سينا** في كتابه عن الحيوان في موسوعته الشِفاء، وما كتبه من قبل **أرسطو** عن طباع الحيوان وأجزاء الحيوان. وجاء الكتاب خلوًا من الخاتمة أو أهم النتائج التي توصل إليها في كتابه هذا.

إنّ **منهجنا في التحقيق**، هو المنهج ذاته الذي اعتمدته في الكتاب الأول، من حيث تخريج النصوص والتعريف بأهم المصطلحات والأعلام والكتب، وترتيب الإحالات إلى

المصادر والمراجع في الحواشي، مع تعليقات توضيحية وتفسيرية على ما كتبه الفيلسوف **ياسين خليل** من آراء علمية فلسفية مبثوثة في ثنايا الكتاب، أو بالرجوع إلى أُمهات الكتب العلمية والفلسفية التي أشار إليها وتخريج النصوص منها، وقد ميزت بين تعليقاتنا ومصادرنا التي ذكرتها أثناء التعليق والشرح بعبارة (المحقق)، عما أشار إليه المؤلف من مصادر ومراجع. والله من وراء القصد.

**المحقق**

# مقدمة المؤلف[1]

اهتم **العلماء العرب** بالعلوم الطبيعية، إذ احتلت مكانًا بارزًا في مؤلفاتهم وأبحاثهم ودراساتهم، وكانت النتائج التي توصلوا إليها على المستويين النظري والعملي الدليل القاطع على مثابرتهم في البحث عن حقائق الطبيعة، توسيعًا للمعرفة النظرية وإدراكًا لأسرار الطبيعة، ومحاولتهم الجادة في ربط العلم بالعمل، تسخيرًا لما في الطبيعة من موجودات، وتعميقًا لقدرة الإنسان على تحويل المعرفة النظرية إلى تطبيقات عملية.

لقد أفاد **الفكر العلمي العربي** من إنجازات من سبقه في البحث والتأليف، فتصدرت المؤلفات **اليونانية** الفلسفية والعلمية قائمة الآثار العلمية الأجنبية التي وضعها الإنسان العربي قيد البحث والإفادة والدراسة. كما أفاد **الفكر العلمي العربي** من المعلومات المتوارثة سواء ما كان منها محفوظًا في ذاكرة الشيوخ والحكماء على هيئة قصص وأشعار وأخبار، أو ما كان منها متداولًا على هيئة صناعات وحرف وأفكار مرتبطة بكل مجالات الحياة.

وإنه من الخطأ الاعتقاد أن **الأمة العربية** قبل **الإسلام** كانت جاهلة بالعلوم تمامًا، ولم يكن لها من المعارف العلمية أيّ نصيب، بل إن ما لدينا من معلومات وهي على الرغم من قلتها، تشير بوضوح إلى اهتمام إنسان البادية وإنسان الحضر بكثير من المعارف العلمية. وإن نزول **القرآن الكريم** على **أمة العرب** بما يحويه من معلومات كونية وأرضية وبشرية وغير ذلك لهو الدليل على ما كانت عليه **الأمة العربية** من نضوج حضاري تستقبل به آيات **الله** ومعارف السماء وحقائق الكون والحياة.

---

(1) ظهرت الطبعة الأولى لهذا الكتاب عن مطبعة جامعة بغداد 1980. كما أن هذا الكتاب جاء خلوًا من التقسيم الذي اعتمده في الكتاب الأول إلى أقسام وفصول، فكان هذا الكتاب مؤلفًا من عشرة فصول رئيسية. تشكل بمعظمها القسم الرابع من أقسام مشروع الدكتور ياسين خليل لدراسة التراث العلمي العربي. (المحقق)

حفل الشعر العربي بمعارف عن النبات والحيوان والأنواء وصور كواكب السماء، وأوردت قواميس اللغة مجموعة كبيرة من المعارف العلمية مما يدل على أن **العربي** قد امتلك قبل اتصاله **باليونان** ذخيرة كبيرة من المعلومات العلمية.

لا شك أن هذه المعارف لم تصل إلى مرحلة العلم بالمعنى الذي نعرفه، لأنها متفرقة لا يجمعها إطار نظري موحد، ولم تكن غير وسيلة لانتفاع الناس بها في الحياة اليومية.

ولرب سائل يسأل عن مصادر هذه المعارف لدى **العربي**، ونجيبه كما يأتي:

**أولًا:** لم تكن الجزيرة العربية معزولة عن الحضارات التي قامت في أطرافها، ولم يكن **العربي** ذلك البدوي التائه بين كثبان الصحاري يبحث عن الماء والكلأ، بل كان إنسان الحواضر العربية على جانب كبير من الاستقرار والثقافة بفضل التجارة والقوافل التي تسير سنويًا بين **مكة** و**المدينة** من جهة و**الشام** و**اليمن** من جهة أخرى، لذلك كانت معارف **العربي** مرتبطة بأغراض عملية سواء ما كان منها متصلًا بالتجارة أو العمران أو بجغرافية الأرض وغير ذلك.

**ثانيًا:** لقد قامت في الجزيرة العربية وخارجها قبل البعثة النبوية حضارات كان لها شأنها، ساهمت مساهمة فعالة في تطوير المعارف والعلوم وتركت خلفها بعد انهيارها مجموعة كبيرة من المعلومات العلمية توارثتها الأجيال حتى أصبحت جزءًا لا يتجزأ من الحياة العامة. فالحضارة **البابلية** و**الفينيقية** و**المصرية** و**اليمانية** فضلًا عن مراكز حضارية أخرى في **الحيرة** وغيرها قد خلفت معلومات علمية واسعة. فكانت إرثًا **للإنسان العربي قبل الإسلام وبعده**، إذ أصبحت قاعدة أساسية لمعارفه المختلفة.

**ثالثًا:** إن الضرورات اليومية والطبيعية كانت خير حافز للإنسان العربي **قبل الإسلام** إلى الاستزادة من المعارف المتعلقة بالنجوم والكواكب والأنواء لما لها من أثر في حياته العملية سواء في التجارة أو السفر أو الزراعة وتدجين الحيوان، كما كان لطبيعة الأرض وقلة الماء فيها خير حافز له للبحث عن الآبار والعيون ومعرفة طبيعة الأرض ومواسم الجفاف والأمطار، وأماكن الرعي، وأنواع

النباتات التي تنمو في فصول السنة وأوقات نضوج الفواكه وحصاد الحبوب وغير ذلك.

**رابعًا:** وكان لفضل **الإسلام** على الإنسان العربي كبيرًا، لأنه لم ينقله من مرحلة حضارية إلى أخرى فحسب، بل وضعه على بداية الطريق الصائب نحو الاستزادة من المعارف العلمية والنظر في الطبيعة وآيات **الله** وطلب العلم واحترام العلماء، وقد زخر **القرآن الكريم** بحقائق كثيرة جدًا تتعلق بالإنسان والحيوان والنبات والطبيعة والكون. فكانت أساسًا متينًا للتطور العلمي فيما بعد، كما كانت شعائر الإسلام في الصلاة والحج والأعياد وغير ذلك خير حافز للإنسان العربي لتحديد الأوقات والمواسم ومتابعة حركة القمر وتعيين القبلة وأوقات الصوم والإفطار والأعياد، فكان أن ارتبطت ممارساته لشعائره الدينية بالكون والطبيعة وضرورة معرفة كثير من ظواهر الطبيعة.

لقد لازمت النزعة العلمية للمعرفة خطوات الإنسان العربي، وإننا لنجد هذه الظاهرة حتى بعد الاتصال بالحضارات الأجنبية والعلوم الأعجمية، وهي ميزة مهمة إذ لم يقبل العالِم العربي النظر المجرد والبراهين العقلية المحضة. بل كان دائب العمل من أجل إدراك حقيقة التصورات والنظريات من خلال التجارب والملاحظات وربط النظر أو المعرفة النظرية بالعمل، مع تأكيد بعض العلماء على أن العلم أشرف من العمل، وأن العلم بصورة عامة يراد به العلم والعمل معًا.

وقد عبر عن هذين المنحيين **هبة الله أبو البركات البغدادي (ت 1165م)** خير تعبير **بقوله:** «يقول قوم إن لكل علم عملًا هو كالثمرة للشجرة فعلم بلا عمل كشجرة بلا ثمر، وعمل بلا علم خير من علم بلا عمل، فثمرة العلم الطبيعي وعمله الكيمياء والطب وأحكام النجوم، فكل ذلك من علم المزاج والقوى الطبيعية، فمن تعلّم العلم الطبيعي ولم يعرف الكيمياء فقد عدم من شجرته أشرف ثمرها، ولولاه لم يتكلم العلماء في الكون والفساد والتغيير والاستحالة، ولا في المعادن والمعدنيات، وكذلك من عرفه ولم يعلم علم الطب وعمله فقد عدم من بستانه أنفع ثماره له، ولولاه لما تكلم العلماء في النبات والحيوان وخواصهما. وكذلك من تعلم العلم الطبيعي والنجومي ولم يعرف علم الأحكام فقد عدم من شجرته

ثمرًا طيبًا نافعًا. ويعنون بعلم النجوم علم هيئة الفلك والحساب وهو غير ما يعنونه بعلم الأحكام، فهذه العلوم العملية والجزئية ثمار هذا العلم النظري الكلي»[1].

ويضيف **أبو البركات** رأيه الخاص بموقفه من العلم والعمل فيقول: «إن العلم يراد للعلم والعمل، والعلم أشرف من العمل في كثير من المعلومات»[2].

إنّ أبرز ما امتاز به **الفكر العلمي العربي** هو ربطه الحازم بين الأصول والمبادئ والتجارب، فلم يتلق المعلومات دون تمحيص وروية وتجريب، بل كان على الدوام يطلب التدقيق والبرهان والتثبت، وقد نشأ هذا الموقف العلمي الصارم من مصدرين هما:

**أولًا**: **مصدر ذاتي**- ناتج عن ارتباط الإنسان العربي بالطبيعة والإفادة منها كلما سنحت الفرصة لذلك، فنراه دائب العمل **قبل الإسلام وبعده،** من أجل إخضاع ما تعلمه ويتعلمه لشؤون الحياة. كما أن كل بداية حضارية لا بد لها أن تقترن بالتجربة والمرحلة التجريبية، فقد بدأت الحضارة البابلية تجريبية وكذلك المصرية[3]، فإذا ما وصلت إلى مرحلة من النضج

---

(1) يُراجع، أبو البركات البغدادي، المعتبر في الحكمة، حيدر آباد 1358هـ، ج2، ص231-232. (المؤلف)

(2) المصدر السابق، ج2، ص232. (المؤلف)، وهذه النظرة بصدد تقدم العلم على العمل وأنه أشرف منه، لها أصولها الفلسفية عند اليونان متمثلة في موقفي أفلاطون وأرسطو وهما انعكاس للوضع السياسي والاقتصادي اليوناني في زمانهما، وقد طرحا ذلك في رؤيتهما السياسية وفي كتبهما، إذ حصرا التنظير في فئة الأشراف والنبلاء وعدماه عن العمال والفاعلين من الذين يعملون بأيديهم. (المحقق)

(3) يثير هذا النص لدى الدكتور ياسين خليل تصورًا مفاده أن الحضارات في بدايتها تميل إلى التجربة وأن الفكر والتنظير والتأمل الفلسفي يأتي لاحقًا عليها، والأمثلة التي ساقها تدلّ على موقفه من التاريخ العلمي للإنسان عمومًا، وهو بذلك يخالف من يذهب إلى أن النزعة التأملية المثالية هي السابقة في الظهور لدى الإنسان قبل العمل والممارسة، كما يخالف أصحاب الفلسفة المادية التاريخية التي ترى أن النزعة المادية في الفكر قد سبقت في الظهور النزعة المثالية، فهو وبسبب انتمائه للفلسفة التحليلية التجريبية يحاول أن يجد لها مقاربات من تاريخ العلم الإنساني منطويًا في ممارسات حضارية، لكن يبقى التصور الإسلامي للعلاقة بين العلم والعمل أنه لا فكاك بينهما فلا قيمة للعلم إن لم يقترن بعمل كما لا قيمة لعمل إن لم يستند إلى علم، وهنا يحضر قول النبي محمد-صلى الله عليه وسلم- «اعمل لدنياك كأنك تعيش أبدًا واعمل لآخرتك كأنك تموت غدًا». كما أن هذا القول يستبطن موقفًا من قبله ضد هيجل الذي رأى أن تاريخ العلم والفلسفة يسير نحو تحقيق الفكرة المطلقة، أو المثالية المطلقة، وهي فلسفة هيجل بالأساس، كما يبدو أن الدكتور ياسين خليل لم ينظر إلى تاريخ الفكر الفلسفي العربي من هذا المنظار وتركه إلى تناول الفكر العلمي فقط، مع العلم أن الفلاسفة العرب هم علماء بالأصل والحقيقة والممارسة من أمثال: أبي بكر الرازي وابن سينا وابن

تحولت هذه المعلومات بفضل اليونان إلى مرحلة النظر والبناء العقلي المتين، وكذلك الأمر بالنسبة للحضارة العربية إذ تراكمت المعلومات التجريبية وتوسعت معارف الإنسان العربي نتيجة لاحتكاكه الدائم بالطبيعة وضرورات المجتمع.

**ثانيًا**: **مصدر إلهي**- ناتج عن الدعوة الإسلامية وتنزيل **القرآن** على أمة **العرب** بلغتهم، فكانت المبادئ العامة الاجتماعية والأخلاقية والعلمية والفكرية موجهات لازمة لكل مؤمن بالدعوة، سرعان ما ازداد اهتمام **العرب** باللغة والحديث والتاريخ والأدب والتشريع وغير ذلك، فوضعوا الأصول والقواعد العامة سواء لما يجب أن يكون عليه البحث في مثل هذه الأمور أو ضرورة الانتقال من الحالات الجزئية التجريبية إلى بناء القواعد العامة. وهكذا بدأت براعم الطريقة العلمية تتفتح بفضل ممارسات العلماء العرب التجريبية في تقصي الحقائق والتثبت من الأخبار والروايات وتحليل الحالات الاجتماعية المختلفة، كما توطد الاتجاه الفكري العام في ضرورة الانتقال من الحالات الجزئية إلى القواعد والقوانين، وربط الحالات ببعضها وتحليلها في ضوء العلة والمعلول، والتثبت من الأخبار قبل تدوينها.

وعندما انتقلت العلوم إلى **العرب** بفضل الترجمة من اللغات **اليونانية والسريانية والهندية والفارسية**، كانت **للعرب** قاعدة علمية متينة، إذ جرى في ضوئها العمل باتجاهات واضحة المعالم والأهداف، منها:

1. التحقق والتثبت من الآراء والأقوال العلمية بأسلوبين، أولهما أسلوب النظر العقلي على أساس المحاكمة العقلية لكل رأي فيما إذا كان متفقًا مع معلومات سبق له أن تثبت منها حتى أصبحت عند العالِم العربي على درجة عالية من اليقين،

---

طفيل وابن رشد وغيرهما، فالملاحظ أن هذا الفكر الفلسفي العربي نحا في بدايته نحوًا ميتافيزيقيًا مع قمة هذا المنحى متمثلًا بالفارابي وفلسفته الفيضية وابن سينا واستكماله لهذا الخط، وتبني هذا الخط من قبل إخوان الصفا ومسكويه والغزالي والمدرسة الإشرافية المتمثلة بشهاب الدين السهروردي ووحدة الوجود لدى ابن عربي، وفي المقابل المنحى الطبيعي المتمثل بموقف ابن رشد من الفيض الفارابي السنوي، مرورًا بموقف ابن تيمية من المنهج العلمي في الفقه والأصول، ثم الخاتمة مع ابن خلدون في تحليلاته العلمية للتاريخ وللحضارات ولقيام الدول وانهيارها معتمدًا على الواقع لبناء التصور الفلسفي النظري، فكأن تاريخ الفكر الفلسفي العربي نحا منحى ميتافيزيقيًا وانتهى طبيعيًا واقعيًا مع ابن خلدون وهذا ما لم يقرؤه لا هيجل ولا حتى ياسين خليل. (المحقق)

وثانيهما أسلوب طلب البرهان على الآراء بالتجربة والمشاهدة والاختبار.

2. الشك في الآراء والنظريات المنقولة حتى يثبت أحد أمرين، إما أن تكون صادقة فتصبح جزءًا لا يتجزأ من المعرفة العلمية، وإما أن تكون كاذبة وقد ثبت كذبها بالمحاكمة العقلية أو بالتجارب والاختبارات.

3. البحث المستقل وتوسيع نطاق العلوم والمعرفة العلمية، وذلك باتباع طريقة البحث العلمي ابتداءً بجمع الحقائق وإقامة التجارب والاعتماد على المشاهدة والاختبار حتى الوصول إلى صياغة القواعد أو القوانين العامة، وتوسيع مجال تطبيقها على حالات جديدة، وتعديل كل حالة جديدة في ضوئها.

وعن طريق هذه الاتجاهات العامة صحّح العالِم العربي كثيرًا من المعلومات المنقولة وتنقيح أخرى، ورفض ما لا يؤيده البرهان وما لا تثبت التجربة والمشاهدة صحته، وإنه لمن الخطأ الاعتقاد أن **الأمة العربية** قبل اتصالها بالثقافات الأجنبية لم تمتلك من أسباب المعرفة إلا القليل، وإن الدليل على هذا الخطأ ما نجده في كتب المعاجم اللغوية من ذخيرة علمية في شتى أنواع المعرفة، وقد استندت هذه المعاجم سواء ما كان منها جامعًا لمفردات اللغة العربية أو ما كان منها مختصًا بفرع واحد من فروع المعرفة، على استقصاء دقيق لدلالات الألفاظ من منابعها الأصلية، وذلك عن طريق الاتصال بفصحاء اللغة العربية من **العرب** والأعراب والاستماع إليهم وتدوين معارفهم، وعن طريق التماس الأخبار والأشعار التي تذكر الأنواع المختلفة من المعارف.

وإننا لنجد المعارف العربية الأصلية في عدد كبير من المصنفات العلمية التي وضعت بزمن بعد اتصال **العرب** وتعرفهم بالثقافات الأجنبية، كما نجد مؤلفات اختصت بالعلوم على مذهب **العرب**، وهذا دليل واضح على إفادة العلم من المعارف العربية.

اشتملت المعرفة العربية بالعلوم على جملة واسعة من المجالات نجدها بوضوح في كتب الأنواء، وكتب الفلك، وكتب الجواهر والأحجار والمعادن، وكتب النبات، وكتب الحيوان، إذ غطت كتب الأنواء معارف فلكية واسعة فضلًا عما نعرفه اليوم بالأنواء الجوية من مطر ورعد وعواصف ورياح وغير ذلك، واشتملت كتب الفلك على أسماء الكواكب والنجوم وحركاتها وصورة القبة السماوية وما فيها من أبراج على مذهب **العرب**، وتضمنت

كتب الجواهر والأحجار معرفة جيدة لأنواع الجواهر وصلتها ببعضها وخواصها وفوائدها، فكان الشعر خير معين على استجلاء هذه المعرفة كما هو شأنه في المعارف السابقة، وكانت المعرفة العربية بالنباتات واسعة جدًا من حيث أنواعها وأصنافها وزراعتها ومظهرها الخارجي، والإفادة من النبات في استخلاص العطور وغسل الثياب ودباغة الجلود وغير ذلك من الاستعمالات اليومية، وقد زخرت كتب المفردات الطبية بأنواع النباتات والأعشاب التي عرفها الإنسان العربي واستعملها في العلاج بالمداواة، أما المعرفة بالحيوان فإنها اشتملت على ملاحظات دقيقة لأحوالها وصفاتها وأخلاقها ومراحل نموها وتكاثرها والإفادة منها أو اتقاء خطرها وغير ذلك من الأمور التي تبرهن من دون شك على أن الإنسان العربي قد أفاد من محيطه فتعرف على حيوانه ونباته.

وبناء على ما تقدم يكون كل بحث في تطور العلوم عند **العرب** ناقصًا إذا اقتصر فقط على ما نقله **العرب** من اللغات الأجنبية إلى لغتهم وما أصابوا من إنجازات علمية، فليست الطريقة العلمية التجريبية وليدة **اليونان**، بل هي الأساس الذي أقيمت عليه علوم **العربية** من لغة وحديث وقرآن وتاريخ وفقه وتشريع، تدل على ذلك الألفاظ التي استخدمت فيها لتشير إلى الموضوعية مثل: العدل والابتعاد عن الشبهات والهوى، والألفاظ التي تشير إلى التجربة والملاحظة مثل الامتحان والاعتبار والتدقيق والمراجعة والمشاهدة وغيرها، والألفاظ التي تشير إلى التمثيل مثل التشبيه والمقايسة أو القياس (بالمعنى الفقهي وليس المنطقي)، وليس التطور الذي أصاب العلوم الطبيعية متوقفًا على انتقال العلم **اليوناني** وغيره إلى اللغة العربية. بل إن محصلة كبرى نتجت عن استخدام الطريقة العلمية **والتراث العلمي العربي القديم** وما ورد في **القرآن والأحاديث النبوية** الشريفة من توجيهات، أو حث على طلب العلم وتكريم العلماء، فضلًا عما ورثه **العرب** من الحضارات العربية القديمة، وما نقلوه من تراث علمي أجنبي **يوناني وهندي وفارسي**، وما أفاضت به العبقرية العربية من إنجازات وإبداعات تثبت قدرة العالِم العربي على تمثيل جميع العلوم واستيعابها بسرعة والسعي الدائب لتطويرها.

**إنَّ** هذا الكتاب يمثل محاولة جادة في طريق فهم أفضل لتطور العلوم الطبيعية عند **العرب** في ضوء ما تقدم، وقد **اعتمدت** لكتابة فصوله على المصادر الأصلية العربية، وجعلت النصوص هي الأدلة على مقدار ما أصاب العلوم الطبيعية من تقدم، وقد **قمت** في الغالب

بتحليل هذه النصوص لكي تكون مفهومة وقريبة من اللغة العلمية المعاصرة، ليسهل على القارئ فهمها واستيعابها، وكان اختيار الفصول محددًا بالعلوم الطبيعية، فاشتمل الفصل الثالث في الفلك والفصل الرابع في البصريات والفصل الخامس في الموازين والأثقال والفصل السادس في الحركة على موضوعات علم الفيزياء. بينما اشتمل الفصل السابع في الكيمياء والفصل الثامن في المعادن والأحجار على موضوعات علم الكيمياء والجيولوجيا، واشتمل الفصل التاسع في النبات والفصل العاشر في الحيوان على موضوعات علوم الحياة والزراعة[1].

وأخيرًا أرجو من الله العلي القدير أن يوفق كل عامل في سبيل العلم وأن تكون كل خطوة في سبيل المعرفة تدعيمًا لنهضة الإنسان العربي على الطريق الصائب، والله ولي التوفيق.

---

(1) يُلاحظ أن الدكتور ياسين خليل في هذا الكتاب وكذلك في الكتاب الذي سبقه (الكتاب الأول)، أراد أن يبتعد عن تقسيم العلوم كما صنفها وقسمها الفلاسفة العرب في كتبهم من التي وصلت إلينا، إذ صنف العلماء والفلاسفة العرب من أمثال: الكندي والفارابي وابن سينا وإخوان الصفا والغزالي وابن رشد وابن خلدون، العلوم إلى قسمين كبيرين هما: العلوم النظرية والعلوم العملية، وجعل المنطق مدخلًا لهذه القسمين، الأولى (النظرية) تشتمل صعودًا من العلم الطبيعي إلى العلوم الرياضية فالعلوم الميتافيزيقية الإلهية، وتضم العلوم الطبيعية ما يشتمل على الفلسفة الطبيعية وأسسها والبحث في الجسم الطبيعي وتعريفة ومبادئه ولواحقه من حركة ومكان وزمان، كما يشتمل على البحث في موضوعات الكون والفساد والسماء والعالم والنبات والحيوان والأحجار والمعادن وغيرها من الموضوعات، وبالتالي فإن علم الفلك لا يقع بحثه ضمن العلوم الطبيعية، بل يقع ضمن مجال العلوم الرياضية التعاليمية، ويشكل مع علمي العدد والهندسة وكذلك علم الموسيقى ما يسمى العلم الرياضي. وعليه فإن مجال بحثه لا يكون هنا في هذا الكتاب من وجهة نظري كما بينت. يُراجع، بهذا الصدد لتقسيم العلوم عند الفلاسفة العرب، موسوعة الشِفاء لابن سينا، نشرة القاهرة وهي مؤلفة من أكثر من عشرين جزءًا، ورسالته في أقسام العلوم العقلية، وكتاب النجاة، وغيرها من كتبه، كذلك كتاب إحصاء العلوم للفارابي، ورسائل إخوان الصفا ومقدمة كتاب مقاصد الفلاسفة للغزالي، ومقدمة ابن خلدون، وبالإمكان الرجوع لتفصيلات ذلك كله في كتابنا، العلوم الطبيعية في فلسفة ابن رشد، ط1، بيروت 1995. لكن يبقى تقسيم الدكتور ياسين خليل محل احترامنا وتقديرنا لما فيه من إبداع علمي وخروج عن المألوف والمعتاد مما ورثناه من الأسلاف في هذا المجال. (المحقق)

# الفصل الأول
# تطور المعرفة الطبيعية

## المبحث الأول: مراحل تطور المعرفة الطبيعية

لم تبلغ مسيرة العلم الطبيعي ما بلغته من تقدم على الصعيدين النظري والعملي إلا بفضل المساهمات العلمية الجادة التي أنجزتها شعوب كثيرة في عصور مختلفة، وما قدمته من مخترعات ومكتشفات وما كشف من حقائق تتعلق بالطبيعة وكل ما في الكون من ظواهر ووقائع، بحيث يمكن القول بثقة تامة إن العلم الحديث ليس إلا محصلة كبرى لجهود شعوب الأرض والإنسانية جمعاء، وإنه من الخطأ الاعتقاد بأن ما نشهده في الزمن المعاصر من تقدم وتسارع كبير في الإنجازات العلمية وعلى كل صعيد يمثل جهد الإنسان في الأزمنة الحديثة فقط. بل إن الرأي الصائب والموضوعي هو أن لهذه الإنجازات جذورها العلمية في الماضي، وأنه لولا مساهمات الشعوب قديمًا في المعرفة والعلم لما استطاع الإنسان الحديث أن يتلمس الطريق السليم، ولبذل جهودًا كبيرة وقرونًا عدة قبل أن يصل إلى النقطة التي بدأ منها، والتي تراكمت عندها مجمل الإبداعات والابتكارات التي عملت البشرية آلاف السنين من أجل الوصول إليها.

لقد ساهمت **الأمة العربية** إبان نهضتها الفكرية والعلمية في ظل **الدين الإسلامي** مساهمة جادة في تقدم العلم، فبرز فيها عدد كبير من العلماء في شتى الميادين المعرفية، فأضافوا وابتكروا الشيء الكثير، فكان منهم روّاد ومبدعون، خلفوا لنا شواهد وآثارًا تدل على مبلغ ما أنجزوه في حقل العلم النظري ومجال العلم التطبيقي، فكانت مؤلفاتهم التي أصبحت في العصر الوسيط مراجع علمية ونقطة انطلاق للعلم الحديث، خير برهان على قدرة **الأمة العربية** علميًا وثقافيًا في رفد الإنسانية بالجديد والمبتكر، وكانت نتاجاتهم العمرانية والصناعية في اقتران العلم بالعمل وتحويل الحقائق العلمية إلى شواهد تطبيقية مفيدة للإنسان والمجتمع،

وهي أكبر دليل على مقدرة **الأمة العربية** في رفض التأمل المجرد والعلم غير النافع، والإقبال على التقدم الحضاري بالتغيير في بنية المجتمع عن طريق تسخير قوى الطبيعة لخير الإنسان.

إنّ أفضل سبيل للبرهان على مساهمة الإنسان العربي في تقدم العلوم الطبيعية وتطورها يكون عن طريق رسم صورة لمراحل تطور العلم من جهة، وتأكيد دور العلماء العرب في التقدم العلمي من جهة أخرى، وذلك من خلال استعراض أبرز المؤلفات العلمية وما تميزت به من ثراء وسعة وشروح وإضافة وابتكار.

وفي ضوء ذلك نقسم تطور العلوم الطبيعية إلى ثلاث مراحل متعاقبة، تبدأ بنشأة هذه العلوم وتنتهي بما وصلت إليه من تقدم في ظل الحضارة العربية الإسلامية، على أن تتوسطها مساهمات **اليونان** في المرحلة الثانية(1).

**أولا: المرحلة التجريبية**- التي تمثل إنجازات إنسان **وادي النيل** وإنسان **وادي الرافدين**. ولكن ذلك لا يعني مطلقًا أن الإنسان في العصر الذي سبق قيام الحضارات القديمة الكبرى لم يسهم بتطور المعرفة العلمية، إذ تدل الآثار التي خلفها الإنسان قبل عصر الكتابة على مبلغ استغلاله للطبيعة، لذلك لا يسعنا إلا أن نفترض من خلال الحقائق والآثار المكتشفة من

---

(1) هذا التقسيم لتطور العلم الطبيعي وما يتصل به من فلسفة ومنطق في الحضارة الإنسانية لدى الدكتور ياسين خليل، يخالف ما صرح به الفيلسوف أوغست كونت في تقسيمه لنشأة العلم والفلسفة العلمية الوضعية حسب فلسفته، إذ قسم كونت مراحل تطور المعرفة والعلم البشريين إلى ثلاث مراحل كبرى هي المرحلة الخرافية الأسطورية ثم المرحلة اللاهوتية الميتافيزيقية، وهذه المرحلة تقع فيها وضمنها الحضارة العربية الإسلامية وعلومها وفلسفتها، ثم المرحلة العلمية الوضعية، وهي المرحلة التي تبدأ مع ظهور الفلسفة الكونتية الوضعية. يُراجع كتاب ليفي بريل، فلسفة أوكست كونت، ترجمة محمود قاسم والسيد محمد بدوي، ط2، القاهرة 1952، كما يخالف الدكتور ياسين خليل أيضًا الفلسفة المادية التاريخية في تقسيمها لتطور الحضارة الإنسانية وما يتصل بها من علوم وأديان ومعارف وفلسفات، إذ قسمت الفلسفة المادية التاريخية الماركسية مراحل الحضارة الإنسانية إلى خمس مراحل كبرى هي: المشاعية البدائية فالعبودية فالإقطاعية فالبرجوازية الرأسمالية ثم الاشتراكية الشيوعية، وتعتقد الفلسفة المادية التاريخية الماركسية أن الشيوعية هي آخر مرحلة تطورية يصل إليها الإنسان في الحياة والمجتمع والفن والفلسفة؛ لأن ذلك كله انعكاس للتطور الاقتصادي. وبالتالي فهي أرجعت كل تطور علمي في الحضارة الإنسانية إلى عامل الاقتصاد لأنها فسرت على أساسه كل تطور. يُراجع كيلة وكوفالسون، المادية التاريخية، دراسة في نظرية المجتمع الماركسية، ترجمة إلياس شاهين، موسكو (د.ت). (المحقق)

معدات وأدوات أن إنسان العصور القديمة لم يكن سلبيًا في مواقفه من الطبيعة، بل استلهم منها بداية المعرفة، وتحول إلى الإنتاج والإبداع ليحصل من جديد على معرفة جديدة، وأن المعلومات التي دوّنت بعد فترة طويلة من الزمن ليست حصيلة عصر معين، بل هي نتاج خبرات الإنسان ومحاولاته عبر آلاف السنين، إذ لا يعقل أن تصل المعرفة مع بداية تدوين الإنسان لمعلوماته من دون مقدمات سبقت عملية التدوين، إذ انتقل الإنسان من مرحلة جمع الطعام إلى إنتاج الأرض وزراعتها، ومن حياة التنقل إلى الاستقرار والتفاهم، ومن الصيد إلى تدجين الحيوان والإفادة منه، ومن الاعتماد على ما تزوده الطبيعة من مواد أولية إلى إنتاج المعدات واستخدامها.

لا شك أن البدايات الأولى للمعرفة الطبيعية، معرفة الإنسان بحركات الأجسام واستقرارها، وبالنجوم والكواكب، وبجريان المياه وفوائدها وأخطارها، وبالظواهر الطبيعية من رعد وبرق ومطر وزوابع، وبالحيوان والنبات وبالأحجار والمعادن وغير ذلك، كان مجرد ملاحظات وخبرات ومعارف بسيطة، إلا أنها تشكل بداية نزوع الإنسان نحو معرفة الكون الذي وجد نفسه يعيش فيه، وارتبطت هذه الخبرات مع تصوراته وتفسيراته ومشاعره وغير ذلك من خوالج نفسه ودوافعها لترسم صورة مقنعة على هيئة قصة أو أسطورة أو خرافة، وتحولت قوى الطبيعة الغامضة إلى آلهة تتحكم في الكون ومصير الإنسان، فغلبت على التفكير **النزعة اللاعقلية أو العاطفية** في تفسير الأشياء والظواهر واستجلاء أسرارها.

إنّ المعارف التي وصلتنا من حضارة **مصر القديمة** وحضارة **وادي الرافدين** (=**العراق القديم**) تشير بوضوح إلى ما بلغته هذه الشعوب في ميادين العلم، إذ ترك **المصريون** معارفهم مكتوبة على ورق البردي، بينما دون **البابليون** معلوماتهم على ألواح مصنوعة من الطين، وتكشف هذه المعلومات على الرغم من قلتها عن تقدم علمي كبير في ميدان الفلك والرياضيات والتكنولوجيا وغيرها من العلوم، كما تشير الآثار التي خلفوها إلى عظم معرفتهم بأساليب البناء والعمارة، فضلًا عن اهتمامهم بتطبيق الهندسة وحساب الأشكال بدقة فائقة، وإذا اشتهر **المصريون** بصناعة أوراق البردي باعتباره مظهرًا علميًا وحضاريًا، فإن صناعة الزجاج تشير كذلك إلى مبلغ علمهم بأساليب تصنيعه وتفننهم في تزجيج الأواني الفخارية وصناعة الزجاج الملون، وهذا أمر يدل على معرفتهم لبعض المعادن

الضرورية والمركبات التي تدخل في هذه الصناعة، إذ يمكن القول إن هذه المعرفة تشكل بداية عملية لكيمياء صناعية بسيطة، ويؤيد ذلك مبلغ عنايتهم ببعض المعادن مثل: النحاس والقصدير للحصول على البرونز، واستخدامهم لخامات معدنية أخرى، وإنشائهم الأفران الخاصة بصهر المعادن، وتطورت أساليب الزراعة واستخدام الحيوان والدواجن وغيرها من الأصناف الحيوانية، فضلًا عن معرفتهم بالفصول والفيضان وبناء السفن وغير ذلك من المعارف المتصلة بالحياة اليومية.

وتشير الألواح البابلية إلى مبلغ التطور الذي حدث في الرياضيات والفلك، وإلى مقدرة إنسان **وادي الرافدين** في الانتقال من التجربة والعمل إلى التجريد والنظر، ومن المعلومات الجزئية المتناثرة إلى تنظيم هذه المعلومات وتبويبها، تشهد بذلك المعرفة الرياضية والجداول الفلكية التي سجلت الأرصاد للكواكب والنجوم في القبة السماوية.

وعرف **البابليون** فضلًا عن معدن النحاس معادن أخرى مثل الرصاص والحديد والذهب والفضة وحجر اللازورد، وتفوق البابلي في ميدان الأوزان والمقاييس واستعمال الموازين، كما أدى اهتمامه بالصناعات إلى اشتغاله بالصناعات الكيمياوية مثل: صناعة الفخار والتزجيج والطلاء وصناعة الأصباغ والعقاقير والأدهان والأدوية والعطور والصابون وغير ذلك، ويذكر **جورج سارتون** نصًا كيماويًا يرجع تاريخه إلى عصر **الملك جولكيشار** (1690-1636 ق.م)، ورد في لوح مسماري صغير بقوله: « وهي (أي الوثيقة-اللوح الصغير) في أهميتها لا تقتصر على كونها أقدم سجل معروف عن وصفات عملية التزجيج، بل إن الوثائق الأخرى المماثلة لم تظهر إلا بعد ذلك بألف عام، وتشرح هذه الوثيقة نوعًا من التزجيج بخليط من النحاس والرصاص للأواني الفخارية، وكيفية صنع فخار أخضر من الطين المخلوط بالزنجارة»[1].

كما اشتهر **البابليون** بمعرفتهم الواسعة بالحيوان والنبات، تشير إلى ذلك الأسماء المدونة على بعض الألواح، سواء ما كان منها دالًا على الحيوان أو النبات، ولا سيما النباتات المستخدمة في صناعة العقاقير الطبية، «وتدل القوائم الخاصة بالحيوان والنبات على نوع التصنيف البدائي، فمثلًا قسمت الحيوانات إلى أسماك وغيرها مما تعيش في الماء، وذوات

(1) يُراجع، جورج سارتون، تاريخ العلم، ترجمة لفيف من الأساتذة، ج1، القاهرة 1963، ص182. (المؤلف)

مفاصل Articutata، وأفاع وطيور وذوات أربع، وقسمت بعض هذه المجموعات الكبيرة أحيانًا إلى مجموعات صغيرة، كالكلاب والضباع والأُسود في مجموعة واحدة، والحمير والخيل والجِمال في مجموعة أخرى، وقسمت أنواع النبات إلى أشجار وبقول وبهار وعقاقير وحبوب، وجعلت الأشجار المثمرة التي تبدو متشابهة كالتين والتفاح والرمان في مجموعة صغيرة واحدة»[1].

**ثانيًا**: **المرحلة الفلسفية**- التي تمثل إنجازات الإنسان **اليوناني** في العصر الهليني[2]، والإنجاز المشترك لثلاث حضارات: **البابلية والمصرية واليونانية في العصر الهيلنستي**، عندما انتقل الفكر **اليوناني** إلى الشرق.

تميز الفكر **اليوناني** كما هو معروف بالتأمل والتجريد والبحث عن الأصول والمبادئ الأولى، فكانت المعلومات والمعطيات التجريبية مجرد شواهد على صدق الأصول والمبادئ، كما أن التوجه نحو الدقة والتنظيم والاستنتاج العقلي كان السمة التي اتسم بها الفكر **اليوناني** دائمًا.

لقد برز **اليونان** في العلوم الطبيعية والرياضية والفلسفية، وكانت تأملاتهم في الطبيعة والكون خير سبيل للتخلص من سطوة الخرافة والأسطورة، واتجاه العقل الإنساني نحو المعرفة الفلسفية ـ العلمية، فتطور علم الفلك وتطورت الرياضيات والهندسة بالذات، وأخذت العلوم الأخرى مثل: علم الحيوان وعلم النبات وعلم المعادن والأحجار تشق الطريق الصائب بفضل الإنجازات الكبيرة التي حققها عدد كبير من الفلاسفة والعلماء[3].

---

(1) المصدر السابق، ج1، ص188. (المؤلف)

(2) وهو العصر الذي يمثل روح الفلسفة اليونانية التي صدرت عنهم من أمثال الفلاسفة: طاليس وهيراقليطس وبارمنيدس وسقراط وأفلاطون وأرسطو وغيرهم، قبل امتزاجها بروح الشرق لتصبح هيلنستية. (المحقق)

(3) لا يقصد الدكتور ياسين خليل أن اليونان قد تخلص من الأسطورة وتوجه إلى العلم، بمعنى أن الحضارات السابقة عليه من عراقية ومصرية وفينيقية وغيرها، كانت حضارات مؤسسة للخرافة في العلم، بل إن قصده أن اليونان بفضل الحضارات السابقة عليه قد تحول من الخرافة والأسطورة التي كانت تعيش في المجتمع والعلم اليونانيين قبل ظهور روح التفلسف والتأمل العقلي لديهم. وبالتالي فإن المعجزة اليونانية كما يرى الفيلسوف برتراند رسل في كتابه تاريخ الفلسفة الغربية، الجزء الأول، لم تقم من فراغ كما يدعي هو، بل إنها نتيجة تراكمات علمية وحضارية من حضارات سابقة عليها، لكن يبقى رسل ينطلق من روح المركزية

لا شك أن **اليونان** قد أخذوا عن **المصريين والبابليين** معلومات علمية كبيرة في شتى العلوم، فكانت تلكم المعلومات بمثابة الأساس الذي أقام عليه العلم **اليوناني** تطوره وتقدمه، فاستعان العلماء **اليونان** بالهندسة **المصرية والبابلية**، وبعلم الفلك **البابلي والكلداني**، إذ تشير الوقائع إلى تأثر يودكسوس وبطليموس بالأرصاد الفكية **البابلية والمصرية**، وكما تأثر العلم **اليوناني** بالهندسة والفلك **البابلي والمصري**، فإنه من دون شك كان شديد التأثر بالطب والصناعات المختلفة، وبالمعلومات الواسعة عن النبات والحيوان والمعادن والأحجار وغير ذلك من المعارف **البابلية والمصرية**.

لقد تفوق العلماء والفلاسفة **اليونان** بتنظيم المعرفة العلمية وتبويبها وتنسيقها فضلًا عما حققوه من إنجازات وابتكارات جديدة مهدت الطريق نحو فصل المعارف في علوم متنوعة، وإذا أخذنا **أرسطو** على سبيل المثال لنتعرف من خلال مؤلفاته على ما حققه الفكر **اليوناني** من تقدم علمي، لوجدنا آثاره الكثيرة تشير بوضوح تام إلى تنوع المعرفة العلمية، فبغض النظر عن إنتاجه في المنطق والفلسفة والعلوم الإنسانية نجد من آثاره التي أصبحت أساسًا للعلوم الطبيعية ما يختص بالطبيعيات والفلك والظواهر الجوية والميكانيكا والحيوان والنبات والنفس والمعادن، فمن كتبه: الطبيعة، السماء والعالم، الكون والفساد، الآثار العلوية، النفس، الطبيعيات الصغرى، تاريخ الحيوان، أعضاء الحيوان، النبات، الميكانيكا[1].

وتوسعت بعض المعارف العلمية بعد **أرسطو**، سواء داخل المدرسة التي أنشأها (=اللوقيون)، والتي استمرت من بعده أو خارجها.

كما لا يفوتنا أن نذكر شخصية علمية لمعت في علم النبات وعلم الأحجار فضلًا عن علوم أخرى وهي شخصية **ثيوفراسطس الأريسي** (372-228 ق.م)، الذي سار على نهج **أرسطو** وبقي رئيسًا لمدرسة اللوقيون زهاء خمسة وثلاثين عامًا. ويُعدّ في نظر الباحثين

---

الغربية في النظر إلى الشرق وحضاراته كونه فيلسوف نشأ في الغرب، ولو عكسنا المسألة لما نطق رسل بهذا. (المحقق)

(1) معظم مؤلفات أرسطو الفلسفية والعلمية والمنطقية والأخلاقية سوى كتاب السياسيات، قد نقلت إلى اللغة العربية وترجمت بأكثر من ترجمة موثوقة في بيت الحكمة العباسي في القرنين الثاني والثالث الهجريين، الثامن والتاسع الميلاديين، واستمرت ترجمات كتبه وتصحيحها إلى ما بعد ذلك، يُراجع عبد الرحمن بدوي، مخطوطات أرسطو في العربية، القاهرة. (المحقق)

الأب لعلم النبات لما امتاز به من تحليل وصفي لأجزاء النباتات والاختلافات فيما بينها، ومعرفة العلل والأمراض التي تصيب النباتات.

ويُعد كتاب **ثيوفراسطس** في المعادن والأحجار أقدم كتاب علمي، فكانت معرفته بالأحجار الكريمة جيدة من حيث خواصها الطبيعية، فعرف على سبيل المثال: الكهرمان والزمرد واللازورد والشب والعقيق والبلور وحجر المغناطيس وغير ذلك.

ولكن التطور العلمي الكبير قد ظهر بعد ذلك في مكان آخر من العالم، في مصر، إذ أقيمت **مدرسة الإسكندرية** هناك، وامتزجت الثقافة **اليونانية** بالروح والثقافة الشرقية، ليبزغ فجر معرفة جديدة من الشرق، وكان لهذا التمازج بين الثقافتين الأثر الكبير في تزويد المعرفة بالتجارب أو التجريبية التي تميز بها الشرق، والصورية الفلسفية التي تميز بها الفكر **اليوناني** في العصر الهيليني، وقد ظهرت في العصر الهلنستي شخصيات علمية كبيرة منها في الهندسة كل من **إقليدس وأبولونيوس**، وفي الفلك **أريستاخوس الساموسي وبطليموس**، وفي الرياضيات والميكانيكا **أرخميدس**، وغيرهم.

ولا بد أن نشير كذلك إلى فضل **إقليدس وبطليموس** في البصريات، واهتمام **أرخميدس** بالتطبيقات الهندسية للآلات والتكنولوجيا بصورة عامة، والحق يقال: إن العصر الهلنستي قد أنجب مجموعة كبيرة من العلماء في مختلف أنواع المعرفة، وإن العلم التطبيقي والرياضي قد بلغا في هذه الحقبة درجة عالية من التطور، ويؤكد ذلك ما تركوه من آثار في **العلماء العرب** الذين انصرفوا منذ بداية تعرفهم على التراث العلمي **اليوناني** إلى ترجمته إلى اللغة العربية كخطوة ضرورية نحو الفهم والاستيعاب والإضافة والابتكار.

**ثالثًا: المرحلة التوحيدية**[1] - **ونقصد** بها الحقبة التي استطاع بها الفكر الإنساني أن يعود إلى التجريبية التي اختصت بها شعوب **الشرق الأوسط** من قبل، ولكنها بثوب جديد مدعومة

---

(1) هذه الحقبة تبدأ مع ظهور الدين الإسلامي في الجزيرة العربية، وما أحدثه هذا الدين من تطور علمي ومعرفي وتجريبي في الأرض العربية والإنسان العربي، بفضل النصوص القرآنية والأحاديث النبوية التي تحث على طلب العلم واكتشاف مجاهيل الكون والطبيعة وتطويعها لخدمة الإنسان وتوحيد الذات الإلهية، ولكن الملاحظ أن الدكتور ياسين خليل قد أهمل ذكر الديانات التوحيدية السابقة على الإسلام وربط مرحلة التطور العلمي بالفلسفة اليونانية. (المحقق)

بالنظريات والمبادئ والتفكير النظري القائم على شواهد وملاحظات وتجارب لتفسير ما يجري من حوادث وظواهر، أو لوصف وقائع علمية بدقة تامة بعيدة عن الأوهام والتأملات الفلسفية، بحيث تصبح المعرفة بقطبيها العملي والنظري موحدة، ليكون الفكر دليلًا وموجهًا للخبرة العملية التجريبية، وتكون التجربة والملاحظة أساسًا لإثراء الفكر وتقويمه.

لقد كانت معرفة الإنسان العربي قبل ظهر **الإسلام** معتمدة على الخبرة والملاحظة والرصد الدائم، وهي وإن بلغت مرحلة جيدة من التطور في بعض فروع المعرفة، إلا أنها بقيت محدودة بحدود ما يستفيد منها **العربي** في حياته اليومية وأسفاره وزراعته وغير ذلك، ولقد صنف **العلماء العرب** فيما بعد في العصر العربي الإسلامي بعض المؤلفات التي ذكرت معارف **العرب**، منها ما يتصل بالفلك والأنواء والحيوان والنبات، فالأسماء الخاصة بالكواكب والنجوم والبروج، وملاحظاتهم للظواهر الجوية والفلكية واهتمامهم بالحيوانات المعروفة في محيطهم، وأسماء النباتات الكثيرة التي وردت في كلامهم وأشعارهم، تدل بشكل قاطع على مبلغ معرفتهم الدقيقة بمحيطهم، واستغلال هذه المعرفة لحياتهم.

وبفضل **الإسلام** الذي وضع الإنسان **العربي** وجهًا لوجه أمام الطبيعة والكون بكل ما فيها من ظواهر وحركات وموجودات، فقد فتح الطريق الصائب للبحث العلمي، والتوجه إلى طلب العلم والمعرفة ابتغاءً للفهم الصحيح للحياة والكون، والاستغناء كليًا عن الفكر الخرافي وما يحتويه من أوهام وخيالات وتتعارض مع العقلانية الهادية إلى العلم والعمل، وإذا نظرنا إلى مسيرة التطور العلمي في الحضارة العربية الإسلامية من خلال ما تحقق على صعيد العلوم الطبيعية، فإننا سرعان ما نجد عدة أدوار ظاهرة تعاقبت، أبرزها دور الترجمة والنقل، ودور التأليف العلمي المبكر، ودور التأليف والبحث العلمي المستقل.

لقد شهدت الحضارة العربية الإسلامية نزوعًا يبلغ حد التطرف في الإقبال على ترجمة الكتب والمصنفات العلمية من **اليونانية والسريانية والفارسية والهندية**، وأقبل المترجمون على الترجمة والتعريب ابتغاء المعرفة وطلب المال بتشجيع من الخلفاء والأُمراء وأصحاب الجاه والسلطان، فكثرت المكتبات العامة والخاصة وازداد اهتمام الناس بطلب العلوم الأجنبية، ولكن سرعان ما اكتشف الإنسان **العربي** أن بعض الترجمات للكتب **اليونانية** لم

تكن جيدة، فإذا بالمترجمين يعيدون الترجمة، ويصلحون أخرى، ويعرضونها على ثقاة المترجمين لإجازتها.

## المبحث الثاني: خصائص الفكر العلمي العربي

إن أفضل وسيلة لفهم خصائص **الفكر العلمي العربي** في مجال العلوم الطبيعية تكون بمقارنته بالفكر **اليوناني** من جهة، والتأكيد على أصالته في البحث والكشف العلمي من جهة أخرى، **وفيما يلي أبرز الخصائص**:

1. لقد نقل **اليونان** عن العلم **البابلي والمصري** معلومات ومعارف كثيرة من دون أن يشيروا إلى مصادرها إلا نادرًا، فمن المعروف أنهم كانوا **نظريين**، وأن جل معلوماتهم التجريبية كانت من مصادر غير **يونانية**، وقد أشار جورج سارتون إلى هذه الحقيقة في مجال علم الفلك بقوله: «وقد كان **اليونانيون** نظريين أكثر منهم راصدين، ولكن التوفيق صاحبهم إذ أتيح لهم كنز من الأرصاد **المصرية والبابلية**، غير أن معرفة مدى انتفاعهم بهذا الكنز يشبه أن يكون متعذرًا لا في الجملة»[1].

   وعلى النقيض كان **العلماء العرب** أُمناء في النقل والترجمة، وبلغت بهم الأمانة العلمية إلى الاعتراف دائمًا بفضل **اليونان** والإشادة بهم وذكر أسماء العلماء الذين تأثروا بهم وأخذوا عن مؤلفاتهم، لذلك لا يجد الباحث في الوقت الحاضر صعوبة في الكشف عن الأصول الفكرية والعلمية لكثير من النظريات والقوانين العلمية التي توصل إليها **العرب**، وهذا هو عين **الأمانة العلمية** في البحث.

2. لقد شهد العالم أمة تقبل على ترجمة أُمهات الكتب في مختلف العلوم ومن لغات متنوعة إلى اللغة العربية في مدة قصيرة من الزمن، فكانت بذلك رائدة في مجال الترجمة والتعريب، وإذا اللغة العربية بفضل المترجمين والعلماء تصبح لغة العلم والعلماء، وفضلًا عن الريادة في الترجمة نجد اللغة العربية قد أصابها الثراء

(1) تاريخ العلم، ج3، ص220. (المؤلف)

في المصطلح العلمي والمعرَّب من الألفاظ العلمية مما جعلها أهلًا لاستقبال المزيد من العلوم، ولغة سهلة ينطق بها العلماء عن أفكارهم وابتكاراتهم العلمية، وقد سار العلماء والمترجمون **العرب** على منهج سهل، إذ تناولوا أُمهات الكتب العلمية وترجموها، فإذا صادفوا مصطلحات لها مرادفات عربية سارعوا إلى تثبيتها، وإذا لم يجدوا المرادف المناسب تركوا المصطلح على حالته الأصلية، مع إجراء التحوير ليكون سهل التناول على اللسان العربي، وإذا وجدوا المرادف المناسب لمصطلح معرَّب استغنوا عنه وأقبلوا على استعمال المرادف العربي السليم، وبفضل الترجمة والتعريب وازدهار العلم دخلت مصطلحات عربية جديدة ومبتكرة إلى القاموس العلمي، وهنا يكمن **الإبداع العلمي** في مجال الترجمة والتعريب.

3. لم يكن **الفكر العلمي العربي** ناقلًا للفكر **اليوناني** ومقلدًا له، بل كان على الدوام فكرًا نقديًا يتحرى الحقيقة ويطلبها، متوسلًا بالشك المنهجي العلمي من أجل التثبت من الآراء والفروض والنظريات، فتصدى للكثير من المعارف **اليونانية** بالتحليل والنقد دون التسليم بها لمجرد أنها مطروحة من قبل أساطين الفكر، واستهدف من ذلك التمييز بين الحق والباطل من جهة، والإبقاء على ما أيدته الشواهد والوقائع واختبرته التجربة من جهة أخرى، وقد طور **الفكر العلمي العربي** منهجًا نقديًا مستخدمًا بثقة الشك العلمي والتحليل الاختباري للمعلومات النظرية والمعارف الكلية أو العامة من أجل تطوير المعرفة العلمية وتقدمها بعد أن وطد الأسس القوية التي يقوم عليها البناء العلمي. وكان ذلك السبيل الأمثل الذي تعلمه الإنسان العربي بفضل عقيدته، أن يميز بالضرورة بين الحق والباطل، والذي طوره في التحري عن الأقوال والأخبار الصائبة فيما يتصل بالرسول الكريم وصحابته، فإذا بهذا **المنهج النقدي** يأخذ طريقه في التحري عن صدق الآراء والفروض العلمية التي أخذوها عن **اليونان**.

4. تميز **الفكر العلمي العربي** بالتجريبية الاستقرائية، فخالف بذلك الفكر **اليوناني** الذي تميز في الغالب بالصورية والبحث عن المبادئ والأصول، ولم تكن هذه التجربة

ساذجة بسيطة، بل كانت قائمة على أساس المشاهدة والملاحظة للحالات والأشياء، واعتماد التجارب المختبرية والتوسع فيها لكشف العلاقات القانونية بين الحالات أو الأشياء، واستقراء الحالات والنظر فيها من أجل الوصول إلى الأحكام الكلية أو القوانين، ويمكن للمرء أن يلمس الاتجاه التجريبي في الفكر العلمي العربي إذا ما راجع المعلومات الفلكية الكثيرة التي جمعت عن طريق الرصد والأرصاد، والمعلومات الكيماوية والنباتية والحيوانية، وما يتصل بالمعادن والأحجار وغيرها التي سجلها **العلماء العرب**، فكانت الأساس العلمي لتطور هذه العلوم، كما ساعدت المعلومات التجريبية والمختبرية في حقل البصريات والميكانيكا والمعادن إلى تغيير كثير من الآراء غير الصائبة التي نقلها **العرب** عن **اليونان**، لتحل محلها آراء وفروض وقوانين علمية أساسها **التجارب المختبرية والتدابير العلمية**.

5. تميّز **الفكر العلمي العربي** بالأصالة والابتكار والإضافة من جهة، وباستغلال المعرفة العلمية وما تزوده من عناصر تطبيقية في الحياة العملية سواء في السلم أو الحرب من جهة أخرى، وذلك استجابةً إلى مبدأ رئيسي في التفكير العربي الإسلامي، هو: ضرورة ربط العلم بالعمل ورفض العلم غير النافع، وهو المبدأ الذي تصدر جميع نشاطات **الفكر العربي** في مختلف الميادين، ولا نقصد بالأصالة الإبداع العلمي من لا شيء، إذ لا يوجد إبداع من دون مقدمات وجذور يعتمد عليها[1]، **والفكر العلمي العربي** أخذ عن غيره من العلوم فرسم حدودها بدقة ووضع بعضها في المكان المناسب والطريق الصحيح، وتوصل إلى قوانين علمية وكشف خصائص جوهرية لا تزال صحيحة إلى يومنا هذا، وربط بين المعارف للإفادة منها وتسليط الضوء على بعض المجهولات فيها، وأسس قواعد البحث العلمي وطرق البرهنة على صحة الآراء والفروض بالنظر البحث والتجارب المختبرية، وأضاف معلومات علمية هائلة كان من شأنها إحداث تغييرات في نظرتنا إلى المعرفة والكون، مؤكدة **الأصالة والابتكار**.

---

(1) هذا رد علمي مباشر من قبله على من يرى أن الفلسفة اليونانية هي معجزة قامت من فراغ وهي إبداع يوناني خاص. (المحقق)

6. تميَّز **الفكر العلمي العربي** في البحث والتأليف بطابعين: الأول: اقتصار الدراسة والتحليل على موضوعات صغيرة أو جزئية تدخل في علم واحد، قصد الوصول إلى نتائج حاسمة أو تفنيد آراء قديمة مطروحة أو مسلم بها، والثاني: تأليف الموسوعات العلمية والكتب لعلم معين مع الإحاطة التامة بكل جزئياته مع الإفادة التامة من المراجع القديمة، فضلًا عما أضافه المحدثون من العلماء، فكانت الرسائل والمقالات العلمية هي الشكل العلمي في البحث، إذ يطرح العالِم العربي المشكلة من كل جوانبها ثم يتلوها بالآراء المختلفة، يحلل كل رأي بدقة ونظر ثاقب حتى إذا انتهى منها جميعًا شق طريقه في البحث بطرح الحل الذي يؤيده البرهان، مبينًا في بعض الأحيان أفضلية هذا الحل على الحلول الأخرى السابقة، وكانت الكتب التي احتوت على جميع المعارف والمعلومات المتصلة بالعلم المبحوث غاية في التنظيم والتنسيق حتى أصبحت فيما بعد مراجع علمية لقرون عدة، وقد جمعت آراء الأولين والمحدثين مع الدقة في التحليل وتمحيص الآراء المختلفة، واعتناق ما هو صائب أو طرح حلول جديدة لمشكلات ذات حلول ناقصة أو غير صحيحة، وهكذا تنوعت المؤلفات العلمية العربية حتى جمعت بين المقالة والكتاب والموسوعة.

## المبحث الثالث: ما المقصود بالعلم الطبيعي ومن أبرز علمائه من العرب؟

إن البحث في العلوم التطبيقية وما أنجزه **الفلاسفة والعلماء العرب** في ميادين مختلفة يتطلب منا أن ننظر إليها من زاويتين، الأولى: وتتمثل في استيعاب هذه العلوم والمستوى الذي وصلت إليه، والثانية: تتمثل في كشف إنجازات **الفكر العلمي العربي** في فروع العلم الطبيعي.

إن أولى النقاط التي تفرض **علينا** مهمة شرحها وتحليلها هي: ما المقصود بالعلم الطبيعي؟ وما الفروع أو الأقسام العلمية الداخلة فيه؟ ليكون ذلك بمثابة الدليل لاستجلاء حدود كل علم وموضوعه وطريقته وغايته.

ومن المعروف أن **العلماء والفلاسفة العرب** قسموا وصنفوا العلوم في مجموعات أو أقسام، وجعلوا الفلسفة فوقها جميعًا باعتبارها الأم التي تضمها، فقالوا: إن الفلسفة تضم ثلاثة

أقسام كبيرة هي: العلم الرياضي، والعلم الطبيعي، والعلم الإلهي[1]. وذلك على أساس أن كل قسم من هذه الأقسام تنضوي تحته مجموعة من العلوم الجزئية أو الفرعية التي تشترك معه في الموضوع والخصائص، وبناء على ذلك يمكن معرفة ما يقصد بالعلم الطبيعي بطريقتين، الأولى: عن طريق التعريف المباشر، وذلك بتحديد الخصيصة المشتركة للعلوم الجزئية، والثانية: عن طريق تعداد العلوم الجزئية وشرح ما تهتم به من بحث ودراسة، ولسوف نستعرض الطريقة بالتعريف، والطريقة بالتعداد لنقف على المقصود بالعلم الطبيعي عند **العلماء العرب**[2].

يرى **أبو نصر الفارابي** (ت339هـ/ 950م)، في العلم الطبيعي أنه «ينظر الأجسام الطبيعية وفي الأعراض التي قوامها في هذه الأجسام، ويعرف الأشياء التي عنها والتي بها والتي لها توجد هذه الأجسام والأعراض»[3].

وللوقوف على ما ينطوي عليه هذا التعريف من حدود نرى ضرورة تحليله أولًا، إذ ينطوي على عنصرين أساسيين هما: «الجسم الطبيعي»، في عبارة «ينظر في الأجسام الطبيعية»، و«العرض» في عبارة «وفي الأعراض التي قوامها في هذه الأجسام»، وبذلك يكون موضوع العلم الطبيعي الجسم الطبيعي وأعراضه. وتشير بقية التعريف إلى اهتمام **الفارابي** بمادة الجسم الطبيعي وصورته والفاعل له، والغاية التي يهدف إليها، فكل جسم طبيعي مادة يقوَّم بها، وله صورة تعينه، وفاعل وغرض (=غاية)، وما ينطبق على الجسم الطبيعي كذلك على الأعراض التي قوامها فيه[4].

---

(1) إن ما أشار إليه الدكتور ياسين خليل بتقديم الرياضي على الطبيعي غير وارد في تقسيمات الفلاسفة للعلوم الفلسفية، إذ يقسم الفلاسفة العلوم إلى قسمين كبيرين هما: القسم النظري والذي غايته طلب الحق من أجل الحق، وهو على ثلاثة أقسام رئيسية كبرى هي: العلم الطبيعي والعلم الرياضي ثم العلم الإلهي، والقسم العملي أو الفلسفة العملية وهي التي غايتها طلب الحق من أجل العمل والممارسة وهي على ثلاثة أقسام، تدبير المنزل وعلم الأخلاق وعلم السياسة أو ما يسمى أحيانًا بالعلم المدني. (المحقق)

(2) لقد تحدث الدكتور ياسين خليل في الكتاب الأول عن العلم الرياضي وطريقة درسه وأقسامه بالتفصيل، وهنا سيفصِّل القول في العلم الطبيعي بكل أقسامه الجزئية دون الفلسفة الطبيعية له، كما سيهمل عن عمد البحث في القسم الثالث وهو العلم الإلهي، لأنه يرى أن مباحث الميتافيزيقا مما لا يمكن التحقق والتثبت من صدق قضاياه بالتجربة والمختبرية.

(3) يُراجع، إحصاء العلوم، تحقيق عثمان أمين، ط2، القاهرة 1949، ص80. (المؤلف)

(4) للتفصيلات حول المادة والصورة والفاعل والغاية باعتبارها مبادئ للجسم الطبيعي، يُراجع، كتابنا العلوم الطبيعية في فلسفة ابن رشد، مصدر سبق ذكره. (المحقق)

ولكن هذا التعريف كغيره من التعريفات للعلم الطبيعي التي أوردتها المصنفات والمعاجم العربية متأثر بالفلسفة **الأرسطية** من جهة، ولا يوضح بدقة ما المقصود بالعلم الطبيعي من جهة أخرى، وذلك لكونه أقرب ما يكون إلى الميتافيزيقا[1].

أما تعريف **علي بن محمد الجرجاني** (ت1413م)، للعلم الطبيعي فيقتصر على ذكر بعض الخواص ويهمل أخرى، فهو يرى أن «العلم الطبيعي هو الباحث عن الجسم الطبيعي من جهة ما يصح عليه من الحركة والسكون»[2]. وبذلك يكون قد حدد مجال العلم الطبيعي بدراسة الحركة والسكون للأجسام فقط، بينما تشير العلوم الجزئية التي ينطوي عليها العلم الطبيعي إلى خصائص أخرى غير السكون والحركة، وأغلب الظن أنه أراد بهذا التعريف أن يقتصر على الظواهر البادية للحسّ في الطبيعة، التي تؤلِّف من وجهة النظر أساس علم الميكانيك كفرع رئيس من فروع الفيزياء.

أما **تعريف ابن خلدون** (ت808هـ/ 1406م) للعلم الطبيعي (الطبيعيات) أنه أكثر شمولًا ودقة من التعريفات السابقة، فهو «علم يبحث عن الجسم من جهة ما يلحقه من الحركة والسكون، فينظر في الأجسام السماوية والعنصرية وما يتولد عنها من حيوان وإنسان ونبات ومعدن، وما يتكون في الأرض من العيون والزلازل، وفي الجو من السحاب والبخار والرعد والبرق والصواعق وغير ذلك، وفي مبدأ الحركة للأجسام وهو النفس على تنوعها في الإنسان والحيوان والنبات»[3].

---

(1) ما يقوله الدكتور ياسين خليل حول تعريف العلم الطبيعي وعلاقته بالميتافيزيقا، وأن مرجعية التعريف أرسطية صحيح، كون الفلسفة الطبيعية حسب الفلسفة الأرسطية تأخذ براهينها من علم أعلى وأشرف هو الميتافيزيقا أو العلم الإلهي، لأن البرهنة على الهيولى أي المادة والصورة تكون من اختصاص الميتافيزيقا وأن العالم الطبيعي يأخذها موضوعة لهذا العلم، يُراجع بشأن مرجعية التعريف، أرسطو، الطبيعة، ج1، تحقيق عبد الرحمن بدوي، القاهرة 1964. وبشأن العلاقة بين العلم الطبيعي والعلم الإلهي الميتافيزيقي كتابنا، نظرية المكان في فلسفة ابن سينا، ط1، بغداد 1987، ط2، دمشق 2008. (المحقق)

(2) يُراجع، كتاب التعريفات، المطبعة الوهبية 1283هـ، ص104. (المؤلف)

(3) يُراجع، المقدمة، ج3، تحقيق علي عبد الواحد وافي، القاهرة 1962، ص1107. (المؤلف)، لكن ما ذكره ابن خلدون هو تعريف للجسم الطبيعي ولواحقه من حركة وسكون، فضلًا عن المكان والزمان، وأما ما أضافه من كلام يتصل بالآثار العلوية والسماء والعالم والكون والفساد والحيوان والنبات والأحجار والمعادن، فإن كل ذلك مذكور في كتب الفلاسفة العرب قبله، مع التفصيلات لكل علم، يُراجع، ابن سينا، موسوعة الشِفاء بكل أقسامها الكبرى في باب الطبيعيات، وبهذا فإن ابن خلدون وفق رأينا لم يأتِ بجديد كما أشار إلى ذلك الدكتور ياسين خليل. (المحقق)

وبغض النظر عن التفصيلات والاختلافات الجزئية فيما ينطوي عليه العلم الطبيعي من فروع، فإن المصنفات العلمية العربية تشير إلى اتفاق وتشابه في هذا المجال، وإذا طرحنا جانبًا بعض ما انطوت عليه هذه المؤلفات من أفكار وآراء ميتافيزيقية متأثرة **بالفلسفة اليونانية**، تظهر أمامنا صورة واضحة لفروع العلم الطبيعي ندرجها كما يأتي:

**أولًا:** البحث في بعض الظواهر الطبيعية التي لها صلة بالجسم الطبيعي من حيث حركته وسكونه، ودراسة الزمان والمكان وعلاقتهما بالجسم المتحرك، وبحث علاقة القوة بالجسم من حيث الحركة والسكون، وهذه جميعًا موضوعات تقع في مقدمة العلوم التي يوليها العلم الطبيعي اهتمامه، وهي من الزاوية الحديثة تؤلف ما نطلق عليه اسم **علم الميكانيك**.

**ثانيًا:** البحث في الأفلاك وتركيبها وموضع الشمس والبروج وأقطار الأفلاك وعدد الكواكب والنجوم، وأقطار الكواكب وقطر الأرض، واختلاف دوران الأفلاك حول الأرض، والكسوف والخسوف وغير ذلك من الموضوعات التي تدخل في موضوع السماء والعالم، وهي تؤلف عند **العرب** موضوع **علم الهيئة** وعلم الفلك في العصر الحديث.

**ثالثًا:** البحث في الظواهر الطبيعية ذات الصلة بحوادث الجو وتغيرات الهواء والرياح والعواصف والأمطار والثلوج والغيوم والندى والجليد والضباب والسحاب والرعد والبرق والبرد وقوس قزح والهالة، والشهب والنيازك والمذنبات وغير ذلك من الموضوعات التي تدخل في موضوع الآثار العلوية، وهي تؤلف عند **العرب** موضوع **الأنواء** وعلم الأنواء الجوية في العصر الحديث.

**رابعًا:** البحث في تكوين المعادن ودراسة خواصها وأنواعها، وأثر درجات الحرارة والبرودة فيها، ومنافعها وغير ذلك من المسائل التي تخص العناصر والأحجار الكريمة وبعض المركبات، وهذه موضوعات تدخل في موضوع **علم المعادن والأحجار**، وهي من الزاوية الحديثة ذات صلة بعلم الكيمياء من جهة وبعلم الأرض الجيولوجيا من جهة أخرى.

**خامسًا**: البحث في النبات ودراسة أنواعه المختلفة، وتعرف أجزاء النبتة من جذور وسوق وأوراق وأثمار، وبحث أجناس النبات من جهة الأماكن التي ينبت فيها، والأزمان التي يزرع فيها، وعلاقة الأوراق وأصنافها وفوائدها بالنسبة للنبتة، واختلاف جذور النباتات عن بعضها وغير ذلك من الموضوعات التي تدخل في **علم النبات**.

**سادسًا**: البحث في الحيوان من جهة تكوينه وأصنافه، وعلة اختلاف صور الحيوانات وأنواع الحيوانات وصفاتها، ومنافع الأعضاء فيها، واختلاف الحيوان من حيث الحجم والصوت والأعضاء، وما يعيش منها في الماء وعلى اليابسة، ومن حيث الغذاء الذي تأكله عشبًا كان أو لحمًا وغير ذلك من الأمور التي تدخل في موضوع **علم الحيوان**[1].

كما ذكر **العلماء العرب** في مصنفاتهم اسم **علم التعاليم** أو العلوم التعليمية، فكان من بين الفروع العلمية التي تنطوي تحتها مجموعة من العلوم التي لها صلة بالعلم الطبيعي والعلم الرياضي معًا، وهي وإن لم يذكرها المصنفون **العرب** في العلم الطبيعي، إلا أنها تشكل فروعًا له، وسنتناولها ضمن فروع العلم الطبيعي.

يذكر **الفارابي** أن علم التعاليم ينقسم إلى سبعة أجزاء عظمى وهي: علم العدد، وعلم الهندسة، وعلم المناظر، وعلم النجوم، وعلم الموسيقى، وعلم الأثقال، وعلم الحيل[2] (=الميكانيكا). وهذا أمر يشير إلى أن **الفارابي** قصد بعلم التعاليم أقسام العلم الرياضي الاعتيادية، وهي الحساب والهندسة والموسيقى والفلك مضافًا إليها العلوم الثلاثة الباقية وهي علم المناظر وعلم الأثقال وعلم الحيل.

ويذكر **الكاتب الخوارزمي** أن العلم التعاليمي أو الرياضي أربعة أقسام، أحدها علم

---

(1) كان من المفروض أن يتناول الدكتور ياسين خليل هذه الموضوعات بتقسيم العلوم وأصنافها عند العرب كما وردت إلينا من كتبهم، فيضع علم الهيئة (=علم الفلك) ضمن حقل الرياضيات، ويضع علم الحيوان وعلم النبات وعلم الأحجار والمعادن بالتتالي بعضها بعد بعض، يُراجع بشأن ذلك، تقسيمات ابن سينا للعلوم في كتابه الشفاء. (المحقق)

(2) يُراجع، إحصاء العلوم، مصدر سبق ذكره، ص75-90. (المؤلف)

الأرثماطيقي وهو علم العدد والحساب، والثاني الجومطريا وهو علم الهندسة، والثالث علم الأسطرنوميا وهو علم النجوم، والرابع علم الموسيقى وهو علم اللحون[1].

ويشير **الحسن بن الهيثم** (ت1038م)، في رسالته في الضوء إلى العلوم التعليمية والعلوم الطبيعية ليصل إلى تحديد دراسة علم الضوء والعلوم المشتركة فيه فيقول: «فالكلام في الضوء وفي الشعاع وفي الشفيف يجب أن يكون مركبًا من العلوم الطبيعية والعلوم التعليمية»[2]. وهذا معناه أن علم المناظر مركب من العلوم الطبيعية والعلوم التعليمية الرياضية.

وإذا أخذنا برأي **ابن الهيثم** بأن من العلوم ما له صلة بالعلم الطبيعي والعلم الرياضي مثل علم المناظر، لوجب علينا أن نذكر كذلك علم الأثقال وعلم الحيل من العلوم المركبة فضلًا عن علم المناظر، لأنها تجمع كذلك بين العلم الطبيعي والعلم الرياضي.

ويذكر **ابن خلدون** في تقسيمه للعلوم العقلية وفروعها أن علم التعاليم يشتمل على أربعة علوم هي علم الهندسة وعلم العدد وعلم الموسيقى وعلم الهيئة، وجعل علم المناظر من فروع الهندسة[3]، ولم يذكر علم الأثقال وعلم الحيل.

وبناء على ما تقدم نخلص إلى القول الموافق لتقسيم العلوم الطبيعية في العصر الحديث، أن هذه العلوم تضم مجموعة من العلوم الجزئية أو الفروع وهي علم الهيئة (=الفلك)، وعلم الأنواء الجوية، وعلم المناظر، وعلم الأثقال، والأجزاء النظرية من علم الحيل، وعلم الميكانيك (=علم الحركة)، وعلم الحيوان وعلم النبات، وعلم المعادن والأحجار، أما علم الكيمياء وهو من العلوم الطبيعية كذلك لاهتمامه بدراسة مكونات المادة وخواصها وتفاعلها وطرق تحضيرها وغير ذلك، فقد ذكره **الكاتب الخوارزمي** ضمن العلوم الطبيعية، بقوله: «وصناعة الكيمياء تدخل تحت أقسامه ـ يقصد أقسام العلم الطبيعي ـ لأنها باحثة عن المعدنيات»[4].

---

(1) يُراجع، مفاتيح العلوم، مصر، ص80. (المؤلف)

(2) يُراجع، رسالة في الضوء، ط1، حيدر آباد، الهند 1357هـ. (المؤلف)

(3) يُراجع، المقدمة، ج3، ص1099. (المؤلف)

(4) يُراجع، مفاتيح العلوم، مصدر سبق ذكره، ص80. (المؤلف)

لقد ألف **العلماء والفلاسفة العرب** في جميع العلوم، وكانت أبحاثهم جيدة على المستوى من الناحيتين: المنهجية والعلمية، فأضافوا بذلك إنجازات رائدة تدل على فهم وعمق في التحليل والاستنتاج، وحسبنا هنا أن نذكر أبرز مؤلفاتهم العلمية في فروع العلم الطبيعي المختلفة، ولكننا نبدأ بمناهج البحث العلمي أولًا، ومنهاج كل علم من هذه العلوم ثانيًا، قصد تعرف أسلوب العمل والتفكير عند **العلماء العرب**.

## مناهج البحث العلمي عند العرب

لا شك أن لكل علم من العلوم الطبيعية منهاجه الخاص به الذي استطاع **العالِم العربي** من خلال ممارساته وأبحاثه أن يضع أسسه أو يضيف إليه شيئًا جديدًا على ما سبقه، ولكن على الرغم من ذلك فيمكن للمرء أن يدرك من خلال دراسته للمناهج الخاصة وجود خصائص أو خطوات مشتركة تشير بوضوح إلى طبيعة البحث العلمي وأساليبه العامة من أجل كشف الحقائق أو زيادة المعرفة بها.

استخدم **العلماء العرب** عبارة **العمل والنظر** في مؤلفاتهم العلمية، إشارة إلى ما يجب عمله من العلوم، ومن هذه العبارة ننطلق لكشف أساليب العمل والتفكير، **فالعمل** يأخذ عدة صور، فهو أسلوب في الدراسة التجريبية، وصوره هي:

1. ملاحظة، مشاهدة، رصد، فحص.
2. اعتبار، تجربة، دربة، تدبير، امتحان.
3. استقراء، تدرج.

أما **النظر** فإن صوره التي تؤلف الجانب النظري في العلم كما يأتي:

1. فروض، أحكام، أصول، مبادئ.
2. مقارنات عقلية.
3. نظريات.

إنّ الملاحظة هي أول خطوة في العمل العلمي على أن تكون مقصودة، وكغيرها (المشاهدة والرصد والفحص)، يجب أن تكون مشفوعة بمعرفة علمية مسبقة، وإلا أصبحت

العملية بأجمعها غير ذات قيمة، والملاحظة والمشاهدة لحركات الأجسام على الأرض واستقرارها وتقصي القوى المؤثرة عليها وغير ذلك ضرورية، وإن التفكير لفهم الحركة واستقرارها وطرح المفاهيم المناسبة في ضوء الملاحظة والمشاهدة مسألة لا مناص منها لتطور المعرفة العلمية.

لقد استخدم **العالِم العربي** عدة ألفاظ هي الملاحظة والمشاهدة والرصد والفحص وغيرها مشيرًا إلى ما يجب عمله عند دراسة الحركة والقوى، ورصد حركات الكواكب ومواقع النجوم وفحص المعادن والأحجار والنبات وغير ذلك.

ولكن من العلوم ما لا يمكن أن تقف عند هذه الحدود، لذلك أقبل **العالِم العربي** على استخدام الآلات والمعدات من تحسين الملاحظة والرصد، واضطر إلى استخدام التجارب المختبرية للتثبت من الأقوال والآراء من جهة، ولكشف حقائق جديدة من جهة أخرى، واختلف **العلماء العرب** في استخدام الألفاظ الدالة على استخدام التجربة المختبرية، فمنهم من استخدم لفظة الاعتبار، ومنهم من استخدم ألفاظ التجربة والدربة والتدبير، كما نصادف لفظة الامتحان للدلالة نفسها، ولكل لفظة من هذه الألفاظ دلالة أو معنى آخر، فالاعتبار يشير إلى معنى نظري وفكري إلى جانب التجربة، والدربة تشير إلى المهارة في استعمال التجارب، والتدبير يشير إلى الإجراء الواجب اتخاذه من أجل الحصول على النتيجة، والامتحان يشير إلى ما تمتحنه التجربة وتؤيده.

ونلتقي في مؤلفات **العلماء العرب** بألفاظ تشير إلى تقدم في المنهج العلمي، مثل الاستقراء والتدريج، لأن العبرة ليست بالتجربة لذاتها أو بالملاحظة والرصد، ولكن العبرة في استقراء الحالات التي هي قيد الدرس لاكتشاف ما تنطوي عليه من علاقة قانونية من أجل الوصول أو التدرج شيئًا فشيئًا إلى صياغة الأحكام الكلية العامة التي تسندها الملاحظة والتجربة. وغالبًا ما نلتقي بألفاظ علمية مثل: (فروض أحكام، أصول، مبادئ)، للدلالة على القضايا الرئيسية أو الأولية التي تقع في مقدمة البحث، وهي إما مستنبطة بالتجربة والاختبار أو مجرد فروض تقتضي أن تؤيدها التجارب.

وهنا نلتقي بالجانب النظري من التفكير الذي يرى فيه بعض **علماء العرب** ضرورة لا بد

منها للعمل ولفهم الحقائق العلمية، واستخدم **العرب** مقارنات عقلية بين مختلف النظريات عندما لا يتوفر الدليل التجريبي. فيكون المنطق والنظر البحت هو السبيل في ترجيح نظرية على نظرية أخرى، وهذا هو ما حدث بالفعل بالنسبة لعلم الفلك، إذ كانت نظرية مركزية الأرض تنافس نظرية مركزية الشمس، وقد يلجأ **العالِم العربي** في المقارنات العقلية إلى استخدام العلم الرياضي وأصوله، ولكنه بصورة عامة يلتزم النظرية أو المبدأ الذي تسنده التجربة والملاحظة، ويرفض الآراء أو النظريات التي تؤدي إلى تعقيدات لا مبرر لها.

لقد برز في علم الهيئة عدد كبير من **العلماء العرب**، اتخذوا الرصد والأرصاد والآلات الخاصة بالرصد وتعيين مواقع الكواكب والنجوم أسلوبًا في البحث وجمع الحقائق الكثيرة في كل ما يتعلق بأحوال القبة السماوية. فنجد منهم من اقتفى أثر **بطليموس** فاختصر كتاب المجسطي وشرحه أمثال: **ابن سينا** (ت428هـ/ 1037م)، في كتابه الشِفاء، **وأبي الريحان البيروني** (ت439هـ/ 1048م)، في موسوعته الفلكية الشهيرة القانون المسعودي، **وأبي الوفا البوزجاني** (ت998م)، في كتابه الكامل، وغيرهم.

ومنهم من تأثر بعلم الفلك **الهندي** أمثال: **محمد بن إبراهيم الفزاري** الذي تولى تأليف كتاب على **مذهب الهنود** يسميه المنجمون السند الهند الكبير[1]. **ومحمد بن موسى الخوارزمي** (ت850م)، الذي اختصر كتاب السند الهند وعمل منه زيجه (الزيج جدول فلكي)، المشهور باسمه. ومنهم من اهتم بعلم الفلك على **مذهب العرب** أمثال: **أحمد بن داود أبو حنيفة الدينوري** (ت895م)، في كتابه الأنواء[2]، **وعبد الرحمن الصوفي** (ت986م)، في كتابه صور الكواكب الثمانية والأربعين، الذي وصف فيه كل صورة على طريقة الفلكيين، فجمع أسماء الكواكب المستعملة عند عرب البادية فبلغت هذه الأسماء عدد نحو مائتين وخمسين أو أكثر، «فمن كتاب **عبد الرحمن الصوفي** ومن أقوالهم في منازل القمر نرى أيضًا أنهم في

---

(1) يُراجع، القفطي، أخبار العلماء بأخبار الحكماء، مصر 1326هـ، ص177. (المؤلف)

(2) يُراجع، عبد الرحمن الصوفي، صور الكواكب الثمانية والأربعين، حيد آباد الدكن 1954، ص17-18. وانتقد الصوفي ما جاء في كتاب الأنواء لأبي حنيفة الدينوري، فقال: وإن أبا حنيفة أيضًا لو عرف الكواكب لم يسند الخطأ إليهم (يقصد العرب)، كما تناول مذهب العرب في الأنواء بالنقد، فقال: والعرب لم تستعمل صورة البروج على حقيقتها وإنما قسمت دور الفلك على مقدار الأيام التي يقطع القمر فيها الفلك وهو ثمانية وعشرون يومًا على التقريب، يُراجع، ص7-11، من الكتاب. (المؤلف)

إثبات الصور النجومية سلكوا طريقة خاصة غير طريقة فلكيي **اليونان** حتى لا نجد في الأكثر موافقة بين صورهم وصور **اليونان**»[(1)].

وتناول **البيروني** في كتابه كتاب التفهيم لأوائل صناعة التنجيم، صور الكواكب على مذهب العرب كذلك، فضلًا عن حقول مهمة في علم الفلك لها صلة به، فبدأ بعلم الهندسة وعلم الحساب ثم تناول علم الفلك، وكان في عمله يبدأ بجملة من التعريفات المستعملة في هذه العلوم، ثم ينتقل بعد ذلك إلى المبادئ والأصول لتفسير الظواهر والحركات الفلكية، والمفاهيم التي يعرفها في علم الفلك عديدة منها: الفلك، الكواكب الثابتة، والكواكب السيارة، الحركة الأولى الغربية، الحركة الثانية الشرقية، الأفق، فلك نصف النهار، جهات العالم، اليوم والنهار والليل، الفجر والشفق، الساعات وأنواعها، معدل النهار، منطقة البروج، المدارات اليومية، المقنطرات، نقطتا الاعتدال والانقلاب، البروج، الميل وعرض الكواكب، الكواكب المتحيرة، وغير ذلك. ثم يتناول الصور التي على منطقة البروج، إذ يشير إلى أسماء الصور على مذهب العرب، وما يتصل بحركات الأفلاك والنظريات الفلكية في ذلك، كما يبحث في مسائل جغرافية، وفي الأزمنة والأوقات والتقاويم، والأسطرلاب، وعلم التنجيم وغير ذلك من الدراسات والأبحاث.

وبرز في علم الهيئة عدد كبير جدًا من **علماء الفلك العرب** يصعب علينا حصرهم في هذا الكتاب، وقد ظهروا في فترات متعاقبة طيلة حقبة السيادة العربية وبعدها، فاشتهر **أولاد موسى بن شاكر** بالعلوم المختلفة، النظرية والتطبيقية، وبرز منهم **محمد بن موسى** (ت873م)، في الفلك، واشتهر **ثابت بن قرة الحراني** (ت901م)، بأبحاثه الرياضية والفلكية، فألف كتابه في الأنواء على مذهب **اليونان**[(2)]. وله مؤلفات فلكية أخرى منها كتاب في الهيئة، وآخر في تركيب الأفلاك، وكتب أخرى منها كتاب في تسهيل المجسطي وكتاب المدخل إلى المجسطي وغيرها، واشتهر **محمد بن جابر بن سنان البتاني** (ت929م)، بزيجه المعروف بالزيج الصابي وكتب أخرى عديدة.

---

(1) يُراجع، نيلنو، علم الفلك، تاريخه عند العرب في العصور الوسطى، روما 1911، ص107–108. (المؤلف)

(2) يُراجع، قدري حافظ طوقان، تراث العرب العلمي في الرياضيات والفلك، القاهرة 1963، ص203. (المؤلف)

وظهر في **الأندلس العربية** عدد كبير من علماء الفلك، اشتهر منهم **أبو إسحق نور الدين البطروجي** (ت1185م)، الذي ألف في علم الهيئة، وطرح نظرية فلكية جديدة في مصنفه كتاب الهيئة، معارضًا نظرية **بطليموس**.

كما أسهم **ابن الهيثم** بمؤلفاته الفلكية وشكوكه على نظرية **بطليموس** إلى تقويض أجزاء مهمة من تعاليمه، وبرهن في كتابه الشكوك على **بطليموس** على وجود تناقضات ومشكلات في نظرية **بطليموس**[1].

ولا بد أن نذكر **نصير الدين الطوسي** (1274م)، لما له من فضل في علم الأرصاد والفلك، فضلًا عن نبوغه في العلم الرياضي، فأسس مرصدًا في مراغة وألف في الفلك كتاب زبدة الإدراك في هيئة الأفلاك، وكتاب التذكرة، وهو كتاب انتقد فيه كتاب المجسطي، واقترح نظامًا جديدًا للكون أبسط من النظام الذي وضعه **بطليموس**[2].

وقد نبغ **العلماء العرب** فضلًا عن علم الفلك بعلم الفيزياء بفروعه: علم البصريات وعلم الأثقال والموازين، وعلم الحركة (الديناميكا)، فاشتهر منهم **ابن الهيثم** في البصريات، **وعبد الرحمن الخازني** (ت1155م) في الأثقال والموازين، **وابن سينا** في علم الحركة.

يعتبر **ابن الهيثم** مؤسس علم البصريات ومؤسس المذهب التجريبي في الفيزياء، وكانت أبحاثه التي ضمنها كتابه المعروف المناظر، أكبر برهان على مقدرة **ابن الهيثم** العلمية في دراسة الظاهرة واستقراء الحالات وإصدار الأحكام الكلية، ويحتوي كتاب المناظر سبع مقالات.

**الأولى:** في كيفية الإبصار بالجملة، إذ تناول فيها خواص البصر وخواص الأضواء وكيفية الإبصار ومنافع آلات البصر وغير ذلك.

**الثانية:** في تفصيل المعاني التي يدركها البصر وعللها وكيفية إدراكها، إذ تناول فيها تمييز خطوط الشعاع، وكيفية إدراك البصر للمبصرات وغير ذلك.

---

(1) يُراجع، الحسن بن الهيثم، الشكوك على بطليموس، تحقيق عبد الحميد صبرة ونبيل الشهابي، مصر 1971. (المؤلف)

(2) يُراجع، قدري حافظ طوقان، تراث العرب العلمي، مصدر سبق ذكره، ص413. (المؤلف)

**الثالثة:** في أغلاط البصر فيما يدركه على استقامة وعللها، إذ تناول فيها أغلاط البصر، وأسباب الأغلاط، وتمييز أغلاط البصر وأنواعه بالحس والمعرفة والقياس.

**الرابعة:** في كيفية إدراك البصر بالانعكاس عن الأجسام الصقيلة، إذ تناول صور المبصرات التي تنعكس عن الأجسام الصقيلة وكيفية انعكاس الصور على الأجسام الصقيلة، وكيفية إدراك البصر للمبصرات بالانعكاس وغير ذلك.

**الخامسة:** في مواضع الخيالات وهي الصور التي ترى في الأجسام الصقيلة.

**السادسة:** في أغلاط البصر فيما يدركه بالانعكاس وعللها، إذ تناول فيه أغلاط البصر التي تعرض بالانعكاس وأغلاط البصر التي تعرض في المرايا المسطحة، والمرايا الكرية المحدبة، والمرايا الأُسطوانية المحدبة، والمرايا الكرية المقعرة، والمرايا المخروطية المقعرة.

**السابعة:** في كيفية إدراك البصر بالانعطاف من وراء الأجسام المُشِفّة المخالفة لشفيف الهواء، إذ تناول سلوك الضوء على خطوط مستقيمة وانعطاف الأضواء في الأجسام المُشِفّة، والإدراك بالانعطاف وفي الخيال وكيفية إدراك البصر للمبصرات بالانعطاف، وأغلاط البصر التي تعرض من أجل الانعطاف[1].

ولم يكن **ابن الهيثم** وحده الذي تناول موضوع الضوء والبصريات بالبحث، بل نجد مجموعة كبيرة من العلماء والفلاسفة، منهم من سار على نظرية **إقليدس** و**بطليموس** في أن الإبصار يحدث بخروج شعاع من البصر فيلامس الشيء، ومنهم من سار على منهج **ابن الهيثم** المعارض لهذه النظرية التي تعرف بنظرية أصحاب الشعاع.

ومن أبرز العلماء الذين اشتغلوا في البصريات **كمال الدين أبو الحسن الفارسي** (ت1320م)، الذي ألف كتابه بعنوان: تنقيح المناظر لذوي الأبصار والبصائر، وهو كتاب شرح وتعليق على كتاب المناظر **لابن الهيثم**.

---

(1) يُراجع، مصطفى نظيف، الحسن بن الهيثم، بحوثه وكشوفه البصرية، ج1، جامعة فؤاد الأول، كلية الهندسة، مصر 1942، ص5-8. (المؤلف)

واشتهر كتاب ميزان الحكمة **للخازني** بعلم الموازين والأثقال، وقد جمع فيه خلاصة تجارب ونظريات من سبقه من **اليونان والعرب**، وأضاف من عنده الشيء الكثير، وقد ذكر بالفعل أسماء المتكلمين في الموازين والأثقال، ويقع الكتاب في ثماني مقالات.

**الأولى:** في المقدمات الهندسية والطبيعية التي يبتنى عليها الميزان الجامع، إذ تناول فيها رؤوس مسائل مراكز الأثقال **لابن الهيثم وأبي سهل القوهي**، ثم رؤوس مسائل **أرخميدس**، ورؤوس مسائل **إقليدس**، ورؤوس مسائل **مانلاوس**، ومسائل متفرقة في الثقل والخفة، ومسائل السفينة ومقدار غوصها، ومقياس المائعات **لقوقس الرومي**.

**الثانية:** في بيان الوزن واختلاف أسبابه **لثابت**، وفي مقدمة مراكز الأثقال وصفة القفان **للمظفر الإسفزاري**، وفي بلين مركز الأثقال وغير ذلك.

**الثالثة:** في النسب في الفلزات الذائبة وأوزانها بالرصد والاعتبار، ورصد الجواهر الحجرية ونسب بعضها إلى بعض في الحجم وغير ذلك.

**الرابعة:** في ذكر موازين الماء التي ذكرها **الحكماء المتقدمون والمتأخرون** وأشكالها والعمل بها.

**الخامسة:** في صفة ميزان الحكمة وتركيبه وامتحانه وتعريفه.

**السادسة:** في اتخاذ الصنجات المخصوصة ثم كيفية العمل به والتمييز بين الفلزات المختلفة المنقلتين أولًا، وتمييز كل واحد منهما علمًا بأهون سعي، وتغيرهما ثانيًا بالحساب وزنة أثمان الجواهر.

**السابعة:** في ميزان الصرف وتقويمه على كل نسبة مفروضة ووزن الدراهم والدنانير بصنجات أختها ومعرفة الصرف وقيمة كل فلز وجوهر وغير ذلك.

**الثامنة:** في ميزان الساعات.

وتكمن أهمية الكتاب في أنه اشتمل على المبادئ العامة النظرية لعلم الأثقال والموازين، وما يتعلق بكيفية معرفة مراكز الأثقال رياضيًا، وكيفية معرفة الأوزان أو الأثقال بالعتلات

المنتظمة وغير ذلك من الأمور، كما يشتمل الكتاب على جوانب تطبيقية في صناعة موازين الماء المختلفة، وكيفية حساب الأوزان النوعية للمعادن والأحجار والمائعات.

كما اهتم **العلماء والفلاسفة العرب** بالحركة والسكون والقوى وجميع ما يلحق بها من زمان ومكان وسرعة منتظمة وغير منتظمة وغير ذلك، وهذه مسائل تؤلف الأساس النظري للديناميكا. تناول هذه المسائل جميع الفلاسفة الذين اهتموا بدراسة الطبيعة، كما ظهرت هذه المسائل في دراسات أخرى من قبل علماء كان اهتمامهم منصبًا على أمور أخرى.

ونذكر من الفلاسفة على سبيل المثال **ابن سينا،** في كتابه الشِفاء وكتابه الإشارات والتنبيهات، **وأبو البركات البغدادي** في كتابه المعتبر في الحكمة، الذي اختص منه الجزء الثاني بالعلم الطبيعي، وقد ذكر في الفصل التاسع موضوع الحركة، والفصل العاشر في إثبات المحرك لكل متحرك وأنه غير المتحرك، والفصل الحادي عشر في المكان، والفصل الثالث عشر في الخلاء (الفراغ) وما قيل عنه، والفصل السابع عشر في الزمان، والفصل الثامن عشر في مباحث أخرى في الزمان وفي الآن، والفصل التاسع عشر في النهاية واللانهاية المقولين في المكان والزمان وغيرهما، والفصل السادس والعشرون في أن لكل جسم حيزًا واحدًا طبيعيًا وأن فيه مبدأ حركة يسكنه فيه أو يحركه فيه أو إليه، والفصل السابع والعشرون في الحركة القسرية التي تكون من تلقاء المتحرك وغير ذلك من الموضوعات ذات العلاقة[(1)].

(1) إن ما ذكره الدكتور ياسين خليل عن الفيلسوفين ابن سينا وأبي البركات البغدادي في موضوع العلم الطبيعي ولا سيما في موضوع الحركة، يحتاج من قبلنا إلى تفصيلات، لا سيما أنا قد تخصصنا في هذه الفلسفة الطبيعية بأطروحتين الأولى: عن نظرية المكان في فلسفة ابن سينا، والثانية: عن العلوم الطبيعية في فلسفة ابن رشد، درسنا في الأولى الآراء الفلسفية حول الجسم الطبيعي ومبادئه ولواحقه وتوقفنا طويلًا أمام رأي الفلاسفة حول المكان ثم فصلنا القول في موقف ابن سينا من المكان والخلاء، وهو أن المكان عند ابن سينا إنما هو سطح للجسم وليس بعدًا له، وأن ابن سينا من القائلين بنفي الخلاء في العالم، وقد أورد أدلة عدة على رأيه هذا، وقد انتصر في كل ذلك إلى رأي المدرسية الأرسطية في موضوع المكان والخلاء، أما الزمان فإنه مقدار الحركة من حيث المتقدم والمتأخر، ذلك أن الحركة هي أول لاحق من لواحق الجسم الطبيعي، وهي انتقال من القوة إلى الفعل لهذا الجسم، كون الجسم عند ابن سينا وغيره من الفلاسفة إنما يتألف من مبدأين ذاتيين هما المادة والصورة، ومن مبدأين خارجيين هما الفاعل والغاية، وبذلك تكون الحركة هي التي تنقل المادة من حالة الاستعداد إلى حالة الوجود والكمال ويكون هذا النقل بواسطة الحركة، والحركة على أنواع، منها: الحركة المكانية والحركة الكمية والحركة الكيفية وأما الحركة في الوضع فهي رأي

ونبغ **العلماء العرب** في علم الكيمياء، وكانت التجربة والعمليات الكيمياوية سبيلهم في البحث والدراسة ومتابعة العمل، وقد اشتهر في هذا العلم عدد كبير من العلماء، كان لهم الفضل الكبير في تطوير علم الكيمياء وتعيين موضوعاته وطرقه المختبرية، وتذكر المصادر **العربية** أن أول المشتغلين في علم الصنعة أو علم الكيمياء هو **خالد بن يزيد بن معاوية بن أبي سفيان**، الذي يقال عنه إنه عُني بإخراج كتب **القدماء**، وأول من ترجم له كتب الطب والنجوم وكتب الكيمياء بعد أن فقد الخلافة فتحول إلى **طلب العلوم**[1].

وكان فضل **جابر بن حيان** كبيرًا بما قدمه من رسائل وكتب في الكيمياء، حتى أصبح علم الكيمياء يقرن باسمه فيقال: **عِلم جابر**. وتنوعت مؤلفاته في مختلف الاختصاصات، ولكن ما كتبه في الكيمياء كان له النصيب الأكبر، إذ أورد **ابن النديم** في الفهرست مجموعة كبيرة من مؤلفاته منها: كتاب الخمائر الصغير، وكتاب الخمائر الكبير، وكتاب الزيبق، وكتاب الأملاح، وكتاب الأحجار، وكتاب المجردات، وكتاب الخواص، وغير ذلك من المؤلفات والرسائل، واهتم الباحثون المحدثون بتحقيق مؤلفاته، **فعكف على ذلك بول كراوس**، فنشر عددًا كبيرًا من رسائله وكتبه نذكر منها كتاب إخراج ما في القوة إلى الفعل[2].

---

ابن سينا خاصة، كما لا توجد حركة في الجوهر والزمان والفعل والانفعال، وهذه المقولات هي مقولات منطقية كيفت عند أرسطو والفلاسفة المتابعين له إلى مقولات تعمل في الطبيعة، لا سيما أن الطبيعة عند أرسطو وأتباعه ومنهم ابن سينا هي: مبدأ حركة الشيء من ذاته وسكونه من ذاته، أما الصناعة فهي مبدأ حركة الشيء من خارج وسكونه من خارج، وهذا فرق كبير بين الطبيعة والصناعة. أما أبو البركات البغدادي فإنه لم يذهب مذهب أرسطو وابن سينا، فخالفهما في القول بالخلاء في العالم وقال بالمبدأ الذري للمادة وتابع رأي أفلاطون في الزمان والمكان، ولهذا يعتبر أبو البركات البغدادي من أصحاب الاتجاه الأفلاطوني في الفلسفة العربية. يُراجع كذلك للتفصيلات بصدد الزمان والآن وغيرهما من المفاهيم الطبيعية، حول ابن سينا والبغدادي وغيرهما من الفلاسفة العرب المسلمين، د. حسام الآلوسي، الزمان في الفكر الديني والفلسفي القديم وفلسفة العلم، بيروت 2006، ود. محمد عاطف العراقي، الفلسفة الطبيعية عند ابن سينا، القاهرة 1966، ود. محمد محمود الكبيسي، نظرية الزمان في فلسفة الغزالي، رسالة ماجستير غير منشورة، بغداد 1983. (المحقق)

(1) يُراجع، ابن النديم، الفهرست، تحقيق رضا تجدد، طهران 1971، ص419. (المؤلف)

(2) القوة والفعل من المصطلحات الفلسفية التي تظهر في العلم الطبيعي وعلم ما بعد الطبيعة، وتعني القوة حالة المادة في الاستعداد لأن تتحول من حالة إلى أخرى بواسطة الفعل الذي هو الصورة، إذ إن المادة بحسب المفهوم الفلسفي الأرسطي الفارابي السينوي الرشدي، هي إمكان ونقص لا تتحول بذاتها بل بغيرها الذي

فضلًا عن ذلك، فإن **لجابر** كتاب الحدود[1]، وكتاب الماجد، وكتاب الأحجار، وكتاب الخواص الكبير، وكتاب السر المكنون، وكتاب التجميع، وكتاب التصريف، وكتاب الميزان الصغير، وكتاب السبعين، وكتاب الخمسين، وكتاب البحث، وغير ذلك[2].

كما كتب الفيلسوف **أبو بكر محمد بن زكريا الرازي** (ت313هـ/ 932م)، في الطب والفلسفة والكيمياء، وكان فضله في كل ما كتب كبيرًا في تطور العلم، فبالإضافة إلى ما احتوت مؤلفاته الطبية من معلومات كيمياوية في العقاقير والأدوية، نجد له كتابًا رئيسيًا في الكيمياء هو سر الأسرار، وكتابًا آخر هو الأسرار[3]. وإلى جانب ذلك له مجموعة أخرى من الكتب التي صنفها في الكيمياء منها كتاب الإكسير[4] وكتاب الحجر وكتاب الخواص وغير ذلك.

يعتبر كتاب الأسرار من المؤلفات الكيمياوية المنهجية لما فيه من تقسيم دقيق وموضوعات رئيسية غطت بشكل جيد جميع الموضوعات الكيمياوية المطروحة في تلك المدة. فاحتوى القسم الأول المعرفة بالعقاقير، إذ قُسِّمت المواد فيه إلى مواد ترابية ونباتية وحيوانية، مع وصف دقيق لهذه المواد وشرح لخواصها وصفاتها والطرق المستخدمة لتنقيتها. أما القسم الثاني فاهتم بالآلات الخاصة لإذابة الأجساد (المعادن)، والآلات الخاصة لتدبير

---

هو كمال وهي الصورة. ولأجل غاية ما تظهر من حال النقص إلى حال الوجود والوجوب والكمال. كما هو في حال الحديد الذي هو مادة فيتحول إلى سيف وباب وعربة وغير ذلك بواسطة الصورة. يُراجع، حول مفاهيم القوة والفعل والحركة، كتابنا، العلوم الطبيعية في فلسفة ابن رشد، بيروت 1995. (المحقق)

(1) كتاب الحدود، من الكتب التي تهتم بالمصطلح الفلسفي والعلمي لجابر بن حيان، وقد نشره نشرة علمية الدكتور عبد الأمير الأعسم، في كتابه المصطلح الفلسفي عند العرب، بغداد 1986، فضلًا عن أن الفلاسفة العرب والعلماء قد كتبوا كتبًا في الحدود والرسوم العلمية والفلسفية، وهو نوع من الكتب الاصطلاحية، منهم: الكندي وابن سينا وإخوان الصفا والغزالي وابن رشد والآمدي والجرجاني وغيرهم. (المحقق)

(2) يُراجع، بول كراوس، مختار من رسائل جابر بن حيان، مصر 1354هـ. (المؤلف)

(3) أشار فؤاد سزكين إلى أن كتاب سر الأسرار الذي بحثه المستشرق روسكا وترجمه إلى الألمانية ليس هو كتاب سر الأسرار، بل كتاب الأسرار، وأن كتاب سر الأسرار هو ما نشره المستشرق كريموف وترجمه إلى الروسية في طشقند عام 1957، يُراجع، Faut Sezgin, Geschichte der Arabischen Schrifttums Band IV. Leiden 1971. P279. (المؤلف)

(4) من المعروف أيضًا أن جابر بن حيان قد ألف كتابًا عنوانه الإكسير، وللمزيد عن مؤلفات الرازي في الطب والكيمياء والفلسفة، يُراجع، الدكتور فرات فائق، أبو بكر الرازي، حياته ومآثره، بغداد 1973. (المحقق)

العقاقير، وقد اهتم **الرازي** بوصف الآلات وصفًا دقيقًا، وشرح في القسم الثالث من الكتاب كيفية إجراء التدابير والعمليات الكيمياوية المختلفة.

وكتب **أبو بكر أحمد بن علي بن وحشية** (ت904م)، في الكيمياء والفلاحة والتنجيم، فكان من بين ما كتب في الكيمياء كتاب أصول الحكمة، وكنز الأسرار، ورسالة في معرفة الأحجار، ويذكر ابن النديم كتبه في صناعة الكيمياء وهي كتاب الأصول الكبير في الصنعة، وكتاب الأصول الصغير في الصنعة وكتاب المدرجات وكتاب المذكرات في الصنعة[1].

وخَلَفَ الفيلسوف العالِم **أبو يوسف يعقوب بن إسحق الكندي** (ت259هـ/ 873م)، عدة رسائل في الكيمياء منها رسالة في أنواع الجواهر الثمينة ورسالة في العطر وأنواعه، ورسالة في كيمياء العطر، ورسالة في بطلان دعوى المدعين صنعة الذهب والفضة وخُدعهم وغير ذلك[2].

فضلًا عن هؤلاء العلماء في الكيمياء تحتفظ المراجع العربية القديمة والحديثة بأسماء عدد كبير من **علماء الكيمياء العرب** ومؤلفاتهم.

وفي علم المعادن والأحجار اشتهر من العلماء العرب، **أبو الريحان البيروني** في كتابه الجماهر في معرفة الجواهر، الذي يمثل خلاصة ما توصل إليه القدماء والمحدثون في الأحجار مع إضافات جديدة ودقة في الوصف والتمييز، ومنهم **أحمد بن يوسف التيفاشي** (ت1253م)، في كتابه أزهار الأفكار في جواهر الأحجار، إذ قسم الكتاب على أبواب، واختص كل باب بحجر من الأحجار، فذكر في الأول الجوهر، وفي الثاني الياقوت، وفي الثالث الزمرد، وفي الرابع الزبرجد، وفي الخامس البلخش، وفي السادس البنفش، وفي

---

(1) يُراجع، ابن النديم، الفهرست، ص423. (المؤلف)

(2) المصدر السابق، ص320. (المؤلف)، ولكن كان على الدكتور ياسين خليل أن يتناول الكندي بالحديث قبل الرازي الطبيب وابن وحشية وغيرهما، لضرورات المنهج التاريخي في ظهور الاهتمام بالكيمياء في التراث العلمي العربي، هذا من جهة، ومن أخرى، فإن الفلاسفة والعلماء قد اختلفوا في موضوع تحويل المعادن الخسيسة إلى ذهب وفضة بواسطة الزئبق، أو ما يسمى بالإكسير، التي قال بها جابر بن حيان، فمنهم من سفَّه هذا الرأي واعتبره خارجًا عن خواص المواد نفسها بطبيعتها، وعلى رأس هؤلاء الكندي وابن سينا وابن حزم وابن رشد وابن خلدون، ومنهم من آمن بها واعتبرها صحيحة ومنهم: خالد بن يزيد بن معاوية وجابر بن حيان والرازي الطبيب والفارابي، يُراجع بشأن ذلك، د. حميد خلف السعيدي، أثر الفارابي في فلسفة ابن خلدون، ط1، بيروت 2006، ص80 وما بعدها. (المحقق)

السابع البجادي، وفي الثامن الماس، وفي التاسع عين الهر، وفي العاشر البازهر، وفي الحادي عشر الفيروزج، وفي الثاني عشر العقيق، وفي الثالث عشر الجزع، وهكذا تسلسل في الأبواب ذاكرًا المغناطيس والسنباذج والدهنج واللازورد والمرجان والسبج والجمشت والخماهان واليشم واليصب والبلور والطلق.

وكان عند تناوله لكل باب يتولى دراسة الحجر من حيث أصل تكونه في معدنه، ومعدنه الذي يتكون منه، جيده ورديئه، خواصه في نفسه، وذكر خواصه في منافعه ثم قيمته وثمنه، وبذلك يكون قد وضع لنفسه منهجًا علميًا دقيقًا لدراسة هذه الأنواع المختلفة من الأحجار.

أما ما يتصل بالمعادن فإن **علماء الطبيعة العرب** قد تناولوها بالدراسة عند تناولهم للعلم الطبيعي بأقسامه المختلفة، ولا يخلو كتاب في العلم الطبيعي من ذكر المعادن وخواصها وأنواعها، كما اهتم علماء الكيمياء بدراستها ودراسة خواصها وتفاعلاتها وكيفية تحضير السبائك منها، وكيفية تنقية الذهب والفضة وبقية المعادن وغير ذلك.

واهتم **العلماء العرب** بعلمي النبات والحيوان، فكانت مؤلفاتهم الموسوعية تتناول هذين العلمين بالبحث والتفصيل على أساس أنهما من فروع العلم الطبيعي، فكتاب الشِفاء **لابن سينا**، وكتاب المعتبر في الحكمة **لأبي البركات البغدادي**، ورسائل **إخوان الصفا**، وغيرها قد تناولت جوانب هذين العلمين على مذهب **اليونان** مع إضافات وإنجازات جديدة.

وكانت عناية **العلماء العرب** بالنبات كثيرة، اهتموا به في الطب والصيدلة، كما تناولوه بالبحث في الكيمياء وفي الفلاحة، لذلك فإن معرفة التقدم الذي أصاب هذا العلم على يد **العرب** يتطلب دراسة واسعة لكل المؤلفات الطبية والصيدلانية والكيمياوية والفَلاحية، فضلًا عن الكتب التي اختصت بعلم النبات والكتب الفلسفية الموسوعية(1).

---

(1) نظرًا لكون المفهوم العام عن الفلسفة كونها أم العلوم، وأن العلوم الرياضية والطبيعية بكل أقسامها وتخصصاتها قد خرجت من عباءتها، فإن الفلاسفة القدماء من اليونانيين والعرب المسلمين قد جعلوا الفلسفة بهذه الكيفية، فكان الفيلسوف لا يختص فقط بالحديث عن المنطق والميتافيزيقا والأخلاق والسياسة، بل كانت كتبه أشبه بالموسوعات التي تضم كل المعارف الإنسانية من نظرية إلى عملية تطبيقية، وكان كل علم عندهم يقسم إلى قسمين نظري وعملي، وهذا ما وجدناه في مؤلفات أرسطو في الطبيعة والنبات والحيوان وأجزاء الحيوان وتاريخ الحيوان وغيرها، من التي ترجمت إلى العربية زمن عصر الترجمة في بيت الحكمة العباسي، وعلى هذا المنوال نسج الفلاسفة العرب المسلمين، وخير شاهد على ذلك موسوعة ابن سينا في

وحسبنا هنا أن نشير إلى بعض أبرز **علماء النبات العرب** ومؤلفاته، فمن ألف في النبات **أبو سعيد عبد الملك الأصمعي** (ت828م)، وله كتاب النبات والشجر، وفي هذا الكتاب مقدمة بسيطة في الكلام عن النبات عامة، فذكر أولًا أسماء الأرض في حالاتها المختلفة من حيث قبولها للزرع والنبات، ثم أسماء النبات في حالاته من نمو وكثرة وقوام وأزهار وإدراك، إلخ. ثم قسم النبات إلى أحرار وغير أحرار وذكور، مارق منها ورطب، فأحرار البقل مارق وعتق، أي حسن وكرم، وذكورها ما غلظ وخشن، وذكر بعض أسماء النبات لكل من النوعين، ثم قسم النبات أيضًا إلى حمض وإلى خلة، فقال: الحمض ما كان مالحًا، والخلة ما لم يكن فيه ملوحة، وقال: إن الخلة عند الإبل بمنزلة الخبز، والحمض بمنزلة اللحم، وقال: إذا أكلت الإبل الخلة صلب لحمها، واشتد طرقها، وإذا أكلت الحموض اندلقت بطونها وكبرت أدبارها. فأسرعت الانهشام أي السقوط والجزع، ولا تصبر صبر الخلية، وأتى بأسماء الحمض، ثم ذكر من أسماء النبات ما ينبت في السهل، وما ينبت في الرمل، من الشجر وغيره، ثم أتى بأسماء الشجر، وبلغ عدد أسماء النباتات التي ذكرها 280 اسمًا، وأكثر أسماء النبات في هذا الكتاب غير محلي التحلية الكافية التي تعرفه[1].

كما اشتهر **أبو حنيفة الدينوري** بكتابه المعروف كتاب النبات، ويقع في ستة مجلدات، فقد استقصى **أبو حنيفة** في كتاب النبات ما نطقت به ألسنة **العرب** من أسماء النبات سواء ما يختص منها بنص اللغة أو بالنبات من جهة شرحها شرحًا علميًا بعد معاينة النبات في أماكنه وملاحظته بنفسه وزاد كثيرًا فيما وجده من النبات على من تقدمه من الباحثين، فلم يترك **أبو حنيفة** شاردة ولا واردة إلا أثبتها في كتابه حتى فاق بهذا المصنف ما تقدمه من علماء اللغة ومدونيها والباحثين في النبات[2].

---

الشِفاء التي ضمت بين جنباتها كل **العلوم الإنسانية** من طبيعية ورياضية وميتافيزيقية ومنطقية مع الحديث عن كل جزء من أجزاء هذه العلوم، ومثل ذلك فعل إخوان الصفا، والبغدادي أبو البركات، وابن رشد، وغيرهم، ولكن هذه العلوم مع بداية عصر النهضة بدأت تستقل شيئًا فشيئًا عن الفلسفة حتى إذا ما وصلنا إلى القرن أخذ علم النفس بالاستقلال عنها، فتحول البحث في العلوم الطبيعية من مجاله الميتافيزيقي إلى مجاله العلمي التجريبي المختبري.(المحقق)

(1) يُراجع، أحمد عيسى، تاريخ النبات عند العرب، ط1، مصر 1944، ص15-16. (المؤلف)

(2) المرجع السابق، ص22. (المؤلف)

واشتهر بعض **العلماء العرب** في علم الحيوان، وقد وردت أبحاثهم في أوصاف الحيوان وأسمائه في كتب المعاجم واللغة، كما وردت من الحيوانات في الكتب الطبية والصيدلانية والكيمياوية لتحضير الأدوية العلاجية للأمراض وغيرها، وتعرضت الكتب الفلسفية الموسوعية إلى دراسة علم الحيوان على **مذهب اليونان**، واهتم علماء النبات بدراسة الحيوان ووصف أنواعه مثل **أبو محمد عبد الله بن البيطار** (ت1248م)، و**موفق الدين عبد اللطيف البغدادي** (ت1231م) وغيرهم. وألف **عمرو بن بحر الجاحظ** (ت869م)، كتابه في علم الحيوان، ويقع في سبعة أجزاء، عالج فيه أصناف الحيوان وعاداته وسلوكه وأمراضه وكل ما يتعلق بذلك من أمور، وقد قسم الحيوان إلى ثلاثة أقسام، شيء يمشي، وشيء يسبح، وشيء ينساح. والنوع الذي يمشي على أربعة أقسام، ناس وبهائم وسباع وحشرات، ثم انتقل إلى حيوان الماء، فيقول: ليس كل عائم سمكة، وإن كان مناسبًا للسمك في كثير من معانيه. ويقول: ألا ترى في الماء كلب الماء وعنز الماء وخنزير الماء، وفيه الرق والسلحفاة وفيه الضفدع وفيه السرطان والتمساح والدخس والدلفين.

ثم يقسم الحيوان إلى فصيح وأعجم، فالفصيح هو الإنسان، والأعجم هو الحيوان. ويقول: من الحيوان الأعجم ما يرغو، وينهق ويصهل ويسنح ويخور ويبغم ويعوي وينهج ويزقو ويصفر ويهدر ويصوص ويقوق وينعب ويزأر ويكش وينبح.

ويخص **الجاحظ** بعض فصول كتابه بالحديث عن الكلاب وغيرها، وعن تكوين البيضة من الفروج، ويتحدث عن بيض الطيور عامة، وعدد مرات وضعه وحضنه، ثم باب للأسنان وأسمائها، ويتحدث في الجزء الثالث عن صنوف الحيوان، وأسهب في الحديث عن الحمام القمري وعن بنائه العش ورعاية الأبوين للصغار، ويتكلم عن الهجن وعن أمراض الحمام وطرق علاجها، ثم يتحدث عن الذباب والفراش والغربان والجعلان والخنافس والرخم والهدهد والخفاش والنمل والزنابير، ثم يتطرق إلى الحديث عن النوم في الحيوان، ويعود في الجزء الرابع للحديث عن النمل والقرد والخنزير والحيات والأفاعي واليرابيع والجراد وسمك القرش[1].

---

(1) لفيف من الأساتذة، أثر العرب والإسلام في النهضة الأوربية، القاهرة 1970، ص247. (المؤلف)، لكن الجاحظ قد خالف أرسطو في كتابه الحيوان، إذ قام الجاحظ بمجموعة من التجارب العلمية على بعض الحيوانات وسلوكها مقارنة بالإنسان، (المحقق)

# الفصل الثاني*

# الطريقة العلمية في العلوم الطبيعية

## المبحث الأول: النزعة التجريبية في الفكر العلمي العربي

**اعتادت أغلب** الكتب التي تتناول الطريقة العلمية في العلوم الطبيعية من الناحيتين النظرية والتطبيقية، أن تغفل دور **العلماء العرب** في إرساء دعائم الطريقة التجريبية والمختبرية وطرق المباحث[1] وما ابتكروه من أجهزة ومعدات في سبيل إثراء المعرفة العلمية والتثبت من الفروض والنظريات وامتحانها، وما طرحوه من خطوات واضحة المعالم في البحث العلمي من خلال ممارسات علمية بالفعل بعيدة عن التأمل النظري والفلسفي، وغالبًا ما تذكر كتب منطق البحث العلمي[2] إنجازات **فلاسفة وعلماء اليونان القدامى** في الطريقة، وأدوار **علماء عصر النهضة الأوربية** و**علماء العصر الحديث** في تطوير العلمية وإرساء دعائمها، من غير أن يكون **للعلماء العرب** غير نصيب ضئيل ودور تاريخي بسيط في الإنجاز والتطوير.

وكثيرًا ما نجد في الكتب المنطقية التي تتناول مباحث الاستقراء تأكيدًا على دور الفيلسوف **فرنسيس بيكون** (ت1626م)، في الطريقة العلمية، علمًا بأن **بيكون** نفسه لم يكن عالمًا رياضيًا أو فيزياويًا أو مشتغلًا بالعلوم الطبيعية[3]، ولم يعرف عنه اشتغاله بالتجارب ورصد الظواهر الطبيعية، ويؤكد آخرون على دور **روجر بيكون** (ت1294م) في الطريقة

---

* استخدم ابن الهيثم هذا المصطلح في أبحاثه الضوئية، وبخاصة في كتاب المناظر، المقالة الأولى. (المؤلف)

(2) يشتمل منطق البحث العلمي على الاستقراء والاستدلال، والاستقراء هو تتبع الحالات الجزئية بالمشاهدة والتجربة ثم الانتقال إلى صياغة الأحكام العامة والقوانين، أما الاستدلال فمنه ما يرتبط بالرياضيات والمنطق وهو الاستدلال المنطقي، ومنه ما يرتبط بالاستقراء والتثبت من النتائج بالتجربة وهو الاستدلال التجريبي، للمزيد، يُراجع، كتابي، منطق البحث العلمي، بيروت 1974. (المؤلف)

(2) لمعرفة المزيد عن منهج وفلسفة فرنسيس بيكن، يُراجع، د. قيس هادي أحمد، نظرية العلم عند فرنسيس بيكن، ط2، بغداد 1986. (المحقق)

العلمية. بينما يذهب آخرون إلى إبراز دور **قدماء اليونان** أمثال: **ديمقريطس** (ت361ق.م)، و**أمباذوقليس** (ت430ق.م)، وغيرهم للبرهنة على أن هؤلاء عرفوا الطريقة التجريبية وأهميتها في إثراء المعرفة العلمية، ولكن الحقيقة غير ذلك تمامًا.

فمن المعروف أن **الفكر اليوناني** في اتجاهه العام احتقر العمل والصناعات والعلوم العملية[1]، واتجه صوب التجريد الفلسفي والتأمل البحت لإدراك الحقائق الخالدة، وكانت عناية **المفكر اليوناني** بالتجارب قليلة، اللهم إلا نفر قليل شذ عن ذلك في **المدرسة الإسكندرية** نتيجة للتأثير الشرقي ونزعته الفكرية التجريبية، وعندما عادت العلوم إلى الشرق من جديد بفضل النهضة العربية الإسلامية، أصبحت الطريقة التجريبية هي القاعدة العامة **للفكر العلمي العربي**، ولم يكن ذلك نتيجة تأثير **يوناني**، بل كان نتيجة حتمية لما أصاب **الفكر العربي** من تطور قبل اتصال **العرب** بعلوم **اليونان** و**الفرس** وغيرهم[2].

أما الأسباب الكامنة وراء النزعة التجريبية في **الفكر العلمي العربي**، فيمكن تلخيصها بالنقاط الآتية:

1. تأكيد **العقيدة الإسلامية** على ضرورة اقتران العلم بالعمل، وتوجيه الإنسان العربي إلى بحث العلل والأسباب وملاحظة التغير الذي يظهر في الطبيعة، ورصد الحركات والأفلاك، والعناية بالحيوان والنبات، والتفكير في خلق السماوات

---

(1) تمثل فلسفة أفلاطون أعلى مراحل التجريد الفلسفي عند اليونان، وإن ما وصلت إليه هذه الفلسفة ليس إلا تعبيرًا صادقًا عن الاتجاه الفكري العام في المعرفة والعلم الذي يرفض العلوم العلمية ويحتقرها، فلقد اشترط أفلاطون في الجمهورية على الفلاسفة والحراس الابتعاد عن المحاكاة، فلا يريدهم أن يحاكوا الحدادين أو غيرهم من الصناع أو التجار أو صناع السفن أو غيرهم من أصحاب الحرف، يُراجع، كتاب الجمهورية، ترجمة فؤاد زكريا، القاهرة 1974، ص272. (المؤلف)

(2) إن القول بأسبقية اليونان على العرب في المنهج وأن العرب لم يكتبوا أو يؤلفوا في المنهج العلمي التجريبي إلا القليل، وأن النهضة الأوربية الحديثة قامت على الفكر والفلسفة اليونانية، أمر لم يعد الكلام فيه من المقبولات، وذلك بعد الكشوفات الآثارية والحفريات التي جرت في العراق ومصر وبلاد الشام وغيرها من بلدان العالم العربي، التي تظهر مدى اهتمام العرب في العلوم التجريبية قبل اليونان، ولكن المستشرقين ومن شايعهم من مؤرخي العلم الغربيين المعاصرين حاولوا أن يسلبوا العرب دور الريادة في اكتشاف المنهج العلمي التجريبي في العلوم الطبيعية، وذلك لأسباب باتت معروفة دوافعها للجميع ولا حاجة للتفصيل فيها. (المحقق)

والأرض وما بينهما وغير ذلك من الأمور التي ربطت حواس الإنسان وفكره بالطبيعة وظواهرها وجميع موجودات الكون من حيوان ونبات وجماد.

2. وجود تراث علمي كبير أساسه ما خلفته الحضارات التي قامت فوق **الجزيرة العربية** وخارجها، فضلًا عن حدوث نضوج فكري وحضاري عند **العرب قبل الإسلام**، فالمراقبات لمنازل القمر ورصد الحركة الظاهرة للشمس وعلاقتها بتغيير فصول السنة، ورصد الكواكب والبروج والنجوم، وملاحظة الظواهر الجوية المختلفة، واستغلال الطبيعة بما فيها من حيوان ونبات وأحجار، كل ذلك ربط الإنسان العربي تجريبيًا بمحيطه ومعاشه، وإذا أضفنا إلى ذلك المعرفة التجريبية التي انتشرت عند **الكلدان في العراق**، وعند **السريان وعرب اليمن** ومناطق أخرى، لظهر لنا بوضوح أثر هذا التراث في تعلق الإنسان العربي بالعمل بالمراقبة والرصد، وفائدة ذلك لحياته اليومية[1].

3. تطور مناهج الدراسات الإنسانية ذات الصلة **بالعقيدة الإسلامية** من لغة وفقه وآداب وتاريخ **العرب** بعد ظهور الدعوة، وبروز الحاجة إلى تدوين الأخبار والآراء والأحاديث والتثبت منها، فكان بذلك بداية منهج علمي أساسه جمع الآراء واستقراء الأخبار ومقارنتها ودراستها وتصنيفها بعد إجراء التنقيح لها والتمييز بين ما هو صحيح منها وما هو كاذب لا يستند إلى دليل، واتخاذ منهج القياس لفهم المجهول أو المشكل في ضوء المعلوم واتخاذ قاعدة يقاس عليها، والعمل على ربط الأقوال والآراء بالأفعال والأعمال في محاولة للتمييز بين الحق والباطل، وفهم آيات القرآن الكريم والأحاديث النبوية

---

(1) لربما يكون للعامل الجغرافي وموقع الإنسان العربي في هذا المحيط من الأرض هو السبب في التوجه نحو التجريبية في تفكيره لبناء النظرية، وابتعاده عن التأمل الفكري النظري البحت. إنما هي وجهة نظر ليس إلا من قبلنا، ذلك أن فلاسفتنا قد ربطوا بين الشيم والأخلاق والمناخ والأرض، على سبيل المثال الفيلسوف الكندي في رسائله وكتبه، فضلًا عن ابن رشد وابن خلدون الذين ربطوا ظهور الأديان والفلسفات في محيط جغرافي محدد دون غيره وهو ما يسمى عند الجغرافيين القدامى بالإقليم الرابع والإقليم الخامس اللذين يكون فيهما المناخ معتدل مع طول فترة الربيع والخريف فيهما. وكثرة الأنهار مما يتولد عنه ظهور الزراعة والاستقرار المديني وتكوين الحضارات والمدنيات والدول. (المحقق)

عن طريق ربطها بوقائع وأحداث ذات صلة بحياة **الرسول الكريم** وصحابته وسلوك الدعوة.

4. الحذر والتحوط من الآراء والنظريات **اليونانية وغير اليونانية** في الفلسفة والعلم، واتخاذ مواقف نقدية وشكية، وبالتالي تطوير منهج أو معيار للتمييز بين الحق والباطل، وإذا حظيت الدراسات الإنسانية بمناهج خاصة للتثبت من الآراء والأخبار، فإن ذلك قد انعكس على العلوم الطبيعية، إذ لا بد من وضع مناهج للشك والتثبت والامتحان للآراء والنظريات، ولما كان الأساس التجريبي هو محور **التفكير العربي** في تقصي الأخبار والأقوال والحوادث، فمن الضروري أن يكون التثبت من الآراء العلمية بالملاحظة والرصد والتجارب والمقارنة العقلية أساس المنهج الجديد، وقد استطاع عدد من **العلماء العرب** وضع أُسس الطريقة التجريبية من ملاحظة ورصد وتجريب وتصنيف وطرح وفروض والتثبت منها، فضلًا عن تطوير منهج الشك العلمي وصولًا إلى اليقين والرأي الصائب.

إنّ دراسة أوجه الطريقة العلمية عند **العرب** بعد أن بينا الأسباب وراء النزعة التجريبية عندهم تتطلب فهم الأسباب المختلفة التي تطورت بفضل الممارسة العلمية، إذ من المعروف أن لكل علم منهجه الخاص، وأن العلوم الطبيعية تتفاوت فيما بينها في الطريقة والموضوع والغاية، فمنها ما يستخدم الملاحظة والرصد والاستعانة بالآلات الخاصة من أجل تسجيل الحركة والسكون والسرعة وغير ذلك، ثم طرح الفروض أو الأحكام العامة لفهم هذه الظواهر وتفسيرها، وهذا هو ما يحدث مثلًا في علمي الفلك والحركة، ومن العلوم ما يستخدم الملاحظة والفحص الدقيق من أجل تصنيف المعلومات وترتيبها وفهمها بشكل أدق، وهذا هو ما يحدث مثلًا بالنسبة لعلمي النبات والحيوان.

ومن العلوم ما يستخدم أجهزة وأدوات بسيطة من أجل كشف خواص الأشياء تحت الدراسة بشكل أدق بغية التمييز بينها ومعرفة الجيد منها من الرديء وغير ذلك. وهذا هو ما يحدث مثلًا بالنسبة لعلم الأحجار، ومن العلوم ما يستخدم طريقة متطورة، إذ يعتمد على الأجهزة المختبرية والآلات لإجراء العمليات التجريبية، واستقراء النتائج بغية الوصول إلى أحكام عامة والتثبت منها، وهو ما يحدث مثلًا بالنسبة لعلمي الفيزياء والكيمياء.

وعلى الرغم من التفاوت في استخدام الطريقة العلمية، فإننا سنتعرض للأسس العامة التي تقوم عليها من خلال أقوال وأعمال **العلماء العرب** أنفسهم، وأول ما نبدأ به هو التمييز بين العالِم النظري والعالِم التجريبي، على أساس أن اهتمام الأول ينصب على اكتشاف الحقائق العلمية متوسلًا بأساليب نظرية: منطقية ورياضية، بينما ينصب اهتمام الثاني على اكتشاف الحقائق العلمية متوسلًا بالأساليب التجريبية سواء ما كان منها متصلًا بالملاحظات والرصد الفلكي أو ما كان منها متصلًا بالأجهزة والآلات البسيطة والمعقدة.

إن العالِم الجيد هو الذي يستطيع أن يجمع في علمه بين النظرية والتجربة وأن يتعرف عن كثب على الأساليب النظرية والتجريبية في الحصول على الحقائق العلمية، فيطور هذه الأساليب ويتعلم من خلال التجربة والخطأ، وإجراء التصحيحات والتعديلات، وتثبيت الظروف المحيطة بالظاهرة، وبناء الأجهزة العلمية، وطريقة الحصول على نتائج علمية مضبوطة، هي أفضل الطرق الموصلة لاكتشاف الحقائق.

ان أبرز ما يميز **العلماء العرب** الذين اهتموا بدراسة الظواهر الطبيعية والموجودات والحالات من زاوية تجريبية وزاوية رياضية حسب مقتضى البحث، مزاولتهم لعلمهم على أسس واضحة وقواعد من الطريقة العلمية، فقد عرفوا أهمية الملاحظة والرصد والتجارب في العلوم الطبيعية، وأهمية البرهان في العلوم الرياضية، فميزوا بين العلم الطبيعي والعلم الرياضي مـن زاوية الاحتمال[1] واليقيـن[2]، وتجلت مؤلفاتهم في مواقف واضحة إزاء المعرفة العلمية، فهي ـ **أي المعرفة العلمية ـ مجموعة من الأقوال الصحيحة حول موضوع بحث معين يمكن التثبت منها بالوسائل التجريبية**[3].

المعرفة العلمية ليست مجموعة غير منظمة من المعلومات، وهي ليست مجموعة من

---

(1) الاحتمال Probability: وهو ما لا يكون تصور طرفيه كافيًا، بل يتردد في النسبة بينهما ويراد به الإمكان الذهني، وهناك الاحتمال بمعنى الإمكان الواقعي. يُراجع، الجرجاني، التعريفات، بغداد، ص15. (المحقق)

(2) اليقين Truth: العلم الحاصل بعد الشك، يُراجع، الجرجاني، التعريفات، ص142. (المحقق)

(3) هذا التحديد هو للدكتور ياسين خليل، ويفهم منه أنه يربط بين الجانب النظري من المعرفة العلمية بالجانب التجريبي لها، أي أن صدق المعرفة العلمية لا يكون إلا من خلال التجربة والتثبت من صدق الفروض مختبريًا. (المحقق)

الوقائع والحقائق الجزئية المتناثرة، وهي ليست نزعة ذاتية ترمي إلى كشف ماهيات الأشياء من دون الاعتماد على طريقة معترف بها تتميز بالدقة والموضوعية، لذلك نجد في مؤلفات **العلماء العرب** وضوحًا تامًا في تعيين الموضوع المراد بحثه، والطريقة المستخدمة في الكشف عن حقائقه والغاية التي يرمي الباحث إلى تحقيقها على الصعيدين النظري والعملي.

إنّ الموضوعية التي تحققت في الدراسات العلمية العربية هي إحدى الخطوات الضرورية في الطريقة، فاستخدم العالِم العربي عدة ألفاظ تدل على عمق اهتمامه بكشف الحقيقة عن طريق الالتزام بالبحث المتنزه عن الهوى، ومن هذه الألفاظ: العدل، الحق، عدم اتباع الهوى، وهي وإن كانت ذات طبيعة دينية فقهية، إلا أنها بفضل **العلماء العرب** قد اكتسبت ثوبًا علميًا جديدًا، وأبرز مثال على صدق ذلك قول **الخازني**: «وبعد فإن العدل نظام الفضائل جملةً وملاك الخير أجمع، لأن الفضيلة التامة هي الحكمة وهي في شقي العلم والعمل وشطري الدين والدنيا علم تام وفعل محكم والعدل بينهما وملتقى كماليهما»[1].

كما أن غاية العالم الالتزام بالحق وترك الباطل، لأن نيل الحقيقة لا يكون إلا بالتزام العدل الحق، وهكذا أصبح هذا الالتزام ضرورة علمية ودينية معًا لا يمكن للمرء أن يتعداها أو يتخطاها. وتصبح هذه المفاهيم والمبادئ أكثر ضرورية عندما نعلم أن **العالِم العربي** يعتقد بالحقيقة الواحدة أو وحدة الحقيقة، وأن سعيه الدائب الملتزم بالعدل والحق هو السبيل الوصل لاكتشافها، لذلك نجده يرفض بإصرار الآراء المتعارضة والمتناقضة، ويمتحن مختلف الآراء بعيدًا عن التحيز من أجل معرفة الصادق منها ورفض الرأي الكاذب بالبرهان والامتحان.

ولم يكن دأب **العالِم العربي** مجرد فهم الآراء والمذاهب **اليونانية** وغيرها، بل وقف منها موقف الممتحن الذي يشك في صدقها ثم لا يلبث أن يختبرها فيرفض منها ما لا تسنده التجربة والملاحظة والحجة البينة، ويعدل أو يصحح غيرها توخيًا للدقة، وإن أفضل موقف يبرهن على حذر **العالِم العربي** وشكه فيما يقبله من آراء ونظريات **اليونان** هو ما قاله **الحسن بن الهيثم**: «الحق صعب لذاته، وكل مطلوب لذاته فليس يعني طالبه غير وجوده،

(1) يُراجع، ميزان الحكمة، مصدر سبق ذكره، ص2. (المؤلف)

ووجود الحق صعب والطريق إليه وعر، والحقائق منغمسة في الشبهات، وحسن الظن بالعلماء في طباع جميع الناس، فالناظر في كتب العلماء إذا استرسل مع طبعه وجعل غرضه فهم ما ذكروه وغاية ما أوردوه حصلت الحقائق عنده هي المعاني التي قصدوا لها، والغايات التي أشاروا إليها، وما عصم الله العلماء من الزلل، ولا حمى علمهم من التقصير والخلل، ولو كان ذلك كذلك لما اختلف العلماء في شيء من العلوم، ولا تفرقت آراؤهم في شيء من حقائق الأمور، والوجود بخلاف ذلك، فطالب الحق ليس هو الناظر في كتب المتقدمين، المسترسل مع طبعه في حسن الظن بهم، بل طالب الحق هو المتهم لظنه فيهم، المتوقف فيما يفهمه عنهم، المتبع الحجة والبرهان، لا قول القائل الذي هو إنسان، المخصوص في جبلته بضروب الخلل والنقصان، والواجب على الناظر في كتب العلوم، إذا كان غرضه معرفة الحقائق، أن يجعل نفسه خصمًا لكل ما ينظر فيه، ويجيل فكره في متنه وجميع حواشيه، ويخصمه من جميع جهاته ونواحيه، ويتهم أيضًا نفسه عند خصامه فلا يتحامل عليه ولا يتسمح فيه، فإنه إذا سلك هذه الطريقة انكشفت له الحقائق وظهر ما عساه وقع في كلام من تقدمه من التقصير والشبه»[1].

تظهر في هذا النص عدة حقائق علمية ومنهجية هي:

1. السعي إلى طلب الحق والطريق إليه وأن الحقائق منغمسة في الشبهات.
2. أن اختلاف العلماء وتفرق آرائهم معناه وجود الزلل في أقوالهم.
3. على الباحث أن يتوقف عندما يفهمه عن الأقدمين بالحجة والبرهان.
4. أن يجعل الباحث نفسه خصمًا لكل ما ينظر فيه، لأن غايته إدراك الحقيقة وكشف التقصير والشبه.

## المبحث الثاني: الاستقراء والاستدلال والتمثيل ودورهم في توسيع البحث العلمي عند العرب

أما الوجه الآخر في الطريقة العلمية هو البحث بوسائل تجريبية ما يقتضيه كل علم من العلوم، ما احتاج منها إلى ملاحظة أو رصد أو تجربة، وإصدار الأقوال العلمية التي تصف

(1) يُراجع، الشكوك على بطليموس، مصدر سبق ذكره، ص3-4. (المؤلف)

الوقائع والنتائج بدقة، والوصول من بعد ذلك إلى صياغة الأحكام العامة التي تعبر عن عدد كبير من الحالات، وبذلك استطاع **العالِم العربي** من خلال المنهج التجريبي أن يميز بين الأقوال العلمية والأقوال الفلسفية والأقوال الدينية، فبينما تعتمد الأولى على التجربة والاختبار والتثبت، فإن الأقوال الفلسفية تعتمد على الحجة المنطقية والنظر العقلي، وتعتمد الأقوال الدينية على الوحي والإلهام والحدس، وشتان بين هذه الأقوال من المعارف الثلاثة.

ونظرًا للأهمية التي يعلقها العلم على الأجهزة والآلات سواء كانت بسيطة أو معقدة، فقد استحدث **العلماء العرب** عددًا كبيرًا من الأجهزة المختبرية والآلات، وطوروا أخرى حسب مقتضيات موضوع البحث، فالملاحظة بالعين المجردة لا تكن ذات قيمة إذا لم تكن مشفوعة بمعرفة نظرية وعلم، ولا يمكن أن تكون الملاحظة ذات أهمية في العلم ما لم تدعمها آلات للقياس وتعيين الأشياء بدقة، وكذلك التجربة المختبرية لا يمكن أن تكون ذات قيمة ما لم تكن مشفوعة بعلم ومعرفة مسبقة لكي يكون التدبير سليمًا والنتائج التي يحصل عليها الباحث ذات أهمية في البحث العلمي.

لقد اعتمد **العلماء العرب** في بحوثهم على الملاحظات والأرصاد والتجارب المختبرية، فبرز منهم علماء أكدوا دور الملاحظة والرصد الفلكي في علم الهيئة، وعلى دور التجارب المختبرية في البصريات والأوزان النوعية والأثقال والموازين وعلم الكيمياء وعلم المعادن والأحجار، في سبيل كشف الخواص والحصول على نتائج جديدة وتعيين المقاييس وغير ذلك من المسائل التي سنأتي على بحثها.

لقد ألزم العالِم **جابر بن حيان** المشتغل بعلم الكيمياء بالعمل وإجراء التجارب، لاعتقاده أن المعرفة العلمية لا تحصل إلا عن هذه الطريقة، ولكنه في الوقت نفسه لم يهمل دور العلم المرافق للعمل، لأن التدبير لا يتم إلا بالعلم، وبذلك يكون **جابر** قد وضع قاعدة تجريبية في الكيمياء تؤكد الصلة بين المعرفة العلمية والتجربة، وافتقار الأولى إلى الثانية وبالعكس، وأدرك من خلال أعماله المختبرية أن الأشياء تتفاعل بنسب وزنية معينة، وأن الميزان ضروري لتعيين المقادير الداخلة في التفاعل الكيمياوي، وبذلك يكون **جابر** قد خطا خطوة كبيرة نحو إدراك قانون النسب الثابتة في التفاعلات الكيمياوية.

وازداد اهتمام **العلماء العرب** بالتجارب المختبرية في مختلف العلوم الطبيعية، واستحدثت لأجل ذلك الأدوات والأجهزة الضرورية للتثبت من صحة الأقوال العلمية السابقة، أو للتأكد من صدق فرضية أو لبناء قانون علمي جديد، وتزايد الاهتمام بالتجارب، لأن العلوم الطبيعية بحاجة إلى الشاهد العيان والدليل **تصل** الأقوال فيها إلى مرتبة الوضوح والصدق، وليست التجربة المختبرية في العلم مجرد طريقة لاستقراء الحقائق، بل هي إلى جانب ذلك مقترنة ببداية ونهاية، تتجلى البداية في طرح المشكلة وصياغتها بدقة ثم تصميم الجهاز العلمي ومراقبة النتيجة، وتتجلى النهاية بدراسة النتيجة ومقارنتها بالنتائج الأخرى، ثم إدراك التعليل الصائب لها.

إن من أبرز الخطوات التي أنجزها **العلماء العرب** في العلم والطريقة العلمية هي الانتقال من مجرد وصف الظواهر كيفيًا إلى دقة التعبير في وصف الظواهر كميًا، وقد أتاح لهم هذا الانتقال استخدام العلم الرياضي من هندسة وحساب وجبر ومثلثات في التعبير عن حقائق العلم الطبيعي، وإدراك العلاقة الوثيقة بين العلم الرياضي والعلم الطبيعي في التعامل مع الظواهر والحوادث والوقائع الطبيعية، ومن المعروف أن الوصف الكمي يقوم من حيث الأساس على استخدام طريقة العد لوحدات قياسية منفصلة مثال ذلك الأوزان، واستخدام طريقة التعبير الهندسي للتعبير عن المقادير المتصلة، علمًا أن الثانية ترجع إلى الأولى في حالة استخدام وحدات قياس للطول والمساحة مثلًا، كما يمكن التعبير رياضيًا بالمقدار المتصل من خلال رسم الخطوط والأشكال الهندسية من دون حاجة للتعبير عنها بمقادير منفصلة.

استخدمت الهندسة بما فيها من أشكال وقضايا وبراهين في الفلك والبصريات على نطاق واسع، فبين **ابن الهيثم** على سبيل المثال العلاقة القائمة بين العلم الطبيعي والعلم الرياضي في أبحاثه البصرية، وضرورة استخدام الرياضيات للتعبير الدقيق عن الظواهر الطبيعية، فيقول: «الكلام في مائية (=ماهية) الضوء من العلوم الطبيعية والكلام في كيفية إشراق الضوء محتاج إلى العلوم التعليمية من أجل الخطوط التي تمتد عليها الأضواء، وكذلك الكلام في مائية الشعاع وهو من العلوم الطبيعية والكلام في شكله وهيئته وهو من العلوم التعليمية، وكذلك الأجسام المُشِفّة التي تنفذ الأضواء فيها والكلام في مائية شفيفها وهو من العلوم الطبيعية والكلام في كيفية امتداد الضوء فيها وهو من العلوم التعليمية،

فالكلام في الضوء وفي الشعاع وفي الشفيف يجب أن يكون مركبًا من العلوم الطبيعية والعلوم التعليمية»[1].

يتطلب الصف الكمي تثبيت وحدات قياسية مناسبة ذات صلة بالأشياء أو الظواهر المراد بحثها، كما تتطلب صناعة الأجهزة المختبرية والآلات العلمية تثبيت وحدات قياسية معينة توخيًا للدقة في العمل والحصول على نتيجة محسوبة.

لقد استخدم **العلماء العرب** في أبحاثهم وحدات قياسية للأوزان والأطوال والمساحات، فنجد في الأوزان وحدات قياس مثل: الحبة والمثقال والدرهم والقيراط والأستار والأوقية وغير ذلك، كما نجد وحدات قياس الطول مثل: الإصبع والشبر والذراع والقبضة والفرسخ والقصبة والميل وغير ذلك، أما وحدات قياس المساحات فهي جريب وسهم وعشير وفدان[2] وغير ذلك.

لقد تطورت صناعة الموازين بشكل ملفت للنظر، ولم تكن غاية **العالِم العربي** من صناعتها استخدامها في أمور الحياة اليومية، بل استهدف من حيث الأساس توخي الدقة في العمل العلمي، ومعرفة النتائج بشكل يظهر الفرق بين الأشياء مهما كان الفرق ضئيلًا، وكانت جهود **العالِم العربي** متجهة دومًا إلى تحسين الموازين توخيًا للعدل والحق والدقة في النتائج، فنجد أنواعًا كثيرة ومختلفة الأغراض من الموازين، منها الميزان الاعتيادي ذو الكفتين، والميزان الذي تتحرك فيه إحدى الكفتين وقد سجلت على العتلة وحدات القياس، وهو ميزان **الرازي**، ومنها أنواع القفان وموازين أخرى، وذكر **أبو بكر محمد بن الحسن الحاسب الكرخي** (ت1029م)، أنواع الموازين التي توزن بها مستويات الأراضي ومقدار صعود مكان على مكان بينهما بُعد قليل أو كثير[3]. واخترع عبد الرحمن الخازني ميزانه المشهور بميزان الحكمة، والذي يتألف من خمسة كفوف لقياس الكثافات والأوزان

---

(1) يُراجع، ابن الهيثم، رسالة في الضوء، ص2. (المؤلف)

(2) الجريب: أحد المقاييس الإسلامية القديمة، ويطلق على مقدار الأرض المزروعة، وأما العشير: فهو جزء من عشرة.

(3) يُراجع، كتاب أنباط المياه الخفية، حيدر آباد 1359هـ، ص35. (المؤلف)

النوعية، وقد بلغ في تصميمه وصناعته مبلغًا عظيمًا في دقة الأوزان والقياسات[1]. كما نجد مجموعة أخرى من الموازين على هيئة مكاثيف لقياس السوائل بدقة.

ومن خلال التجارب والعمل بالموازين المختلفة والدربة في الحصول على نتائج دقيقة أدرك **العلماء العرب** عدة حقائق علمية هامة يمكن عرضها بالنقاط الآتية:

1. ضرورة الدقة في النتائج، وتكرار التجربة عدة مرات وصولاً إلى نتيجة حاسمة مع الأخذ بنظر الاعتبار حسابات الخطأ الناتجة عن الظروف المحيطة بالجهاز العلمي، فيذكر **الخازني** طريقة في حساب الوزن النوعي للذهب بقوله: «الأول: الذهب صفيته بأذوبته الحادة خمس مرات حتى عسر ذوبه وأسرع جموده وقل بالمحك تشبثه ثم امتحنته عشر مرات بأوزان مختلفة مستشهدًا ببعضها على بعض عند صرفها إلى مقدار واحد وهو المائة مثقال، فاختلف الحكم في المياه مع المبالغة في تدقيق العمل وذلك مقتضى جميعها وقع بين خمسة مثاقيل ودانق وطسوج وبين خمسة مثاقيل ودانقًا وطسوجين احتياطًا لما غشى على ميزان الآلة من نداوة لم تقطر»[2].

ونقف من خلال تحليل النص على مجموعة من الإجراءات التجريبية التي استخدمها **البيروني** من أجل الحصول على نتيجة دقيقة، وهذه الإجراءات هي:

أ. عمل على تخليص المعدن (الذهب في هذه التجربة) من الشوائب العالقة فيه، فكان أن عمد إلى تصفيته بأحماض عدة مرات حتى استحال إلى ذهب نقي، وذلك ليكون وزنه النوعي دقيقًا لا تشوبه شائبة من معدن آخر.

ب. استعان بجهاز قياس الأوزان النوعية للمعادن، وهو الجهاز المعروف بالآلة المخروطة للبيروني، وقد رتب الجهاز بشكل صحيح، بحيث يحصل بعد إلقاء القطعة المعدنية فيه على كمية من الماء مساوية لحجم القطعة.

ج. عمل على أن يكون مقدار كل قطعة من القطع المعدنية واحدًا، فاتخذ مائة مثقال وزنًا لها، وعمد إلى اختبار الوزن بعدة موازين ليكون وزن القطعة دقيقًا لا خطأ فيه.

---

(1) يُراجع، ميزان الحكمة، مصدر سبق ذكره، المقالة الخامسة. (المؤلف)

(2) المصدر السابق، ص60. جاء هذا النص وغيره في المقالة الثالثة، القسم الأول في النسب بين الفلزات والجواهر، كتاب النسب التي بين الفلزات والجواهر في الحجم، لأبي الريحان البيروني. (المؤلف)

د. كرّر التجربة عدة مرات، فحصل على نتائج مختلفة سببها ما يعلق من الماء المزاح بالآلة المخروطة، وهنا لجأ بذكاء إلى حساب الوسط الحسابي للنتائج عن طريق جمع الحد الأدنى والحد الأعلى والحصول على معدلها تجنبًا واحتياطًا للخطأ.

هـ. جعل ما يعرفه في كيفية حساب الأوزان النوعية للمعادن هو الأساس في ضوئه أقام التجربة، فكانت القاعدة العامة للأوزان المزاحة من المياه وأوزان المعادن هي الدليل النظري للعمل.

2. ونجد في التجارب المتعلقة بحساب كثافات السوائل أن المكثاف المستعمل دقيق الصنع، وقد أشَّرت عليه وحدات القياس بوضوح، فيذكر **الخازني** عند تناوله لطريقة صناعة مكثاف السوائل الشروط التي يجب توفرها في العمل مثل كمية الرصاص والعلامات الدالة لتأشيرها على سطح الآلة، فقسم الأُسطوانة إلى درجات دقيقة ومستويات مختلفة لقياس كثافة السوائل المختلفة، الخفيفة منها والثقيلة، ثم عين زِنة الرصاص بالتجربة، إذ جعل الآلة تغطس في ماء معين مثال المياه المأخوذة من **نهر الفرات** أو مياه أي نهر في ذلك البلد، ويضيف الرصاص حتى تصل الآلة إلى المستوى المؤشر الذي يريده، وهو المستوى المرسوم على الآلة، وعندها يقيس بقية السوائل بالنسبة لمستوى انخفاض الآلة أو ارتفاعها بدرجات مدرجة عليها وعلى أساس ماء المثل[1].

ونقف من خلال عملية صنع المكثاف على عدة حقائق وإجراءات علمية نذكرها كما يأتي:

أ. تثبيته لوحدات قياسية مناسبة جعلها مرسومة على الآلة، واعتماده لمستوى معين قام بـتأشيره على الآلة، بحيث تصبح الآلة بعد إضافة كمية الرصاص اللازم بحالة عمودية على سطح الماء، ويكون المستوى المؤشر وهو المستوى المطلوب مطابقًا لمستوى سطح الماء.

ب. اختياره لماء المثل، ويقصد به السائل الذي تقاس عليه كثافات بقية السوائل،

---

(1) المصدر السابق، ص28-32. (المؤلف)

وقد يختار المرء مياه **الفرات** أو مياه **جيحون** أو مياه أي نهر في ذلك البلد، ولكن المعروف أن مياه **الفرات** و**جيحون** نقية قليلة الأملاح والشوائب، وعليه يفضل الماء النقي في كل الحالات على المياه الأخرى، ويمكن أن تتخذ مياه أخرى مياه قياسية شريطة تغيير ثقل الرصاص بحيث تصبح الآلة من جديد صالحة للقياس، ويذكر **الخازني** ذلك بقوله: «وهذا الفرض للرصاص يختص بماء نهر بلد أو واد معروف نحو جيحون أو الفرات أو غيرهما لقياس سائر المياه إليه خفة أو ثقلًا، ويمكن أن يحول من ماء إلى ماء آخر بتغيير ثقل الرصاص ورصده»[1].

والآلة المخروطة التي صممها **البيروني** لقياس الأوزان النوعية للمعادن فجعلها على هيئة مخروطية تتسع القاعدة من الأسفل ويضيق العنق من الأعلى مع وجود ميزاب في العنق لخروج الماء عند وضع قطعة معدنية في الآلة المخروطة إذ توجد في أسفل الميزاب جفنة تتلقى كمية الماء التي تخرج منه، والمهم الجهاز هو أن صناعته جرت على وفق أسس نظرية وعملية لقياس الأوزان النوعية للمعادن بدقة فائقة.

لقد كَيَفَ **البيروني** الجهاز العلمي المذكور بطريقة تجعل النتائج المستحصلة منه دقيقة للغاية، واختار هيئته بطريقة تخدم الغرض النظري والعملي، بحيث إن أية قطعة صغيرة يلقيها المجرب في الآلة تجعل الماء يخرج من الفتحة المتصلة بميزاب يساعد على انسياب الماء بسهولة إلى الجفنة من دون أن تبقى مياه في الميزاب اللهم إلا بعض النداوة، ولكي تتم الدقة في النتائج كان لا بد من الأخذ بنظر الاعتبار حساب الخطأ، وأدرك **البيروني** الأساس النظري، فالماء الذي تزيحه قطعة من المعدن الذي يساوي حجم القطعة له علاقة ضرورية بالوزن النوعي، فالماء الذي يصل إلى الجفنة يوزن بميزان دقيق لعلاقة هذا الوزن بالوزن النوعي لقطعة المعدن، وبالتالي يطبق القانون الفيزياوي للأوزان النوعية الذي يربط بين وزن المادة ووزن حجم الماء المزاح.

واستخدم **ابن الهيثم** عددًا كبيرًا من التجارب المختبرية وحصل منها على نتائج علمية رصينة، إذ يمكن القول إن **ابن الهيثم هو المؤسس الحقيقي للفيزياء التجريبية**، لإدراكه أهمية

---

(1) المصدر السابق، ص31. (المؤلف)

التجربة في البصريات، وتعليل ما ينتج منها علميًا بالاستناد إلى القوانين العلمية التي توصل إليها. فلإثبات أن الضوء يشرق من الجسم المضيء بذاته من جميع أجزاء الجسم وأنه يمتد على هيئة خطوط مستقيمة، صمم **ابن الهيثم** تجربة يصفها بقوله: «فليُتَخَذ صفيحة من نحاس وليكن فيها سعة وليثقب فيها ثقب مقتدر مستدير ثم يداخل في هذا الثقب أنبوبًا أُسطوانيًا صحيح الاستقامة معتدل الاستدارة ذا طول مقتدر وليكن سعة الثقب بمقدار سعة الأنبوب، وليكن ثقب الأنبوب ليس بأغلظ من غلظ الميل، ويدخل الأنبوب في ثقب الصفيحة حتى يستوي طرفه مع سطح الصفيحة، وليثبت هذه الصفيحة على جسم مرتفع عن الأرض ولتكن قائمة على حرفها»[1].

وطريقة العمل بالتجربة تتلخص بأن يختار المجرب سراجًا له فتيلة غليظة، فيقربها إلى الثقب ويقابل طرف الأنبوب بجسم كثيف، فإن الضوء يظهر على ذلك الجسم، وهذا الضوء هو ذلك الجزء من الشعلة المقابلة لثقب الأنبوب المساوي في مساحته مساحة ثقب الأنبوب فقط، وإذا ما حركت الشعلة قليلًا حتى يقابل الثقب جزءًا آخر منها وجد الضوء النافذ كالأول وفي مكانه وعلى قوته.

إن هذه التجربة على بساطتها تبين بوضوح عدة حقائق علمية أهمها:

أ. اختار صفيحة ليقع الضوء على جميعها، بينما ينفذ الضوء من ثقب معدن بطريقة دقيقة، وبالتالي تُحصر الظاهرة الضوئية التي يريد دراستها بطريقة تجعله قادرًا على المراقبة وتسجيل النتيجة.

ب. ثبَّت في الثقب أنبوبًا تام الاستدارة وبطول معين، لكي يحصر الضوء الذي ينفذ من الثقب في حزمة ضوئية، ويتجنب في الوقت نفسه شروق الضوء من الشعلة على الثقب المجرد، فترتسم على الساتر مساحة ضوئية أكبر من الثقب.

ج. جعل الشعلة الضوئية تتحرك بشكل مناسب شريطة أن يستقبل الثقب جزءًا من

---

(1) يُراجع، مصطفى نظيف، الحسن بن الهيثم، مصدر سبق ذكره، ج1، ص153، وورد هذا النص من مخطوطة كتاب المناظر، المقالة الأولى، ص22-23. (المؤلف)

ضوء الشعلة ليحصل على نتيجة هي أن الضوء النافذ من الأُسطوانة والمرتسم على الساتر يبقى مكانه كما هو.

وبذلك برهن **ابن الهيثم** تجريبيًا على أن الضوء يسير بخطوط مستقيمة ولا فرق بين مجموعة الشعاعات الصادرة عن الجسم المضيء.

واستعان **ابن الهيثم** بالأجهزة المختبرية للبرهان على أن الشعاع الساقط والشعاع المنعكس والعمود بينهما تقع جميعًا في مستوى واحد، كما درس ظاهرتي الانعكاس والانعطاف (الانكسار) تجريبيًا، وتوصل إلى صياغة القوانين الخاصة بهما، وقد صمم الأجهزة المختبرية المعقدة لدراسة هذه الظواهر، واستخلاص المقدمات والنتائج، ومن أبرز أجهزته التي تدل على مهارة فائقة تضع **ابن الهيثم** في مصاف علماء التجربة الكبار هو جهاز الانعكاس وجهاز الانكسار[1]، وما يترتب على التجربة من تدقيق وتحري للتأكد من سلامة النتائج التي يتوصل إليها.

وأبدع **العلماء العرب** في صناعة الأجهزة المختبرية والآلات في علم الكيمياء نظرًا لحاجة هذا العلم إلى إجراء عمليات وتفاعلات بين المواد المختلفة، فكان منها ما يستعمل في صناعة المواد الفلزية والمعادن وتحضير الأدوية والعقاقير وصناعة الحوامض والقلويات وغيرها، وما يستعمل من الآلات للتنقية والسبك والتذويب وغير ذلك.

**وللرازي الطبيب** فضل كبير في ميدان الكيمياء، إذ لم تقتصر جهوده على تحضير مواد كيمياوية جديدة، بل أدرك قيمة الجهاز العلمي المختبري الذي يستعمله الباحث لإجراء عمليات كيمياوية، فقصد إلى شرح الأجهزة والآلات ووصفها بدقة وطريقة العمل بها.

وأجرى **جابر بن حيان** تجارب كيمياوية عديدة من أجل الحصول على الإكسير الذي يحول المعادن الرخيصة إلى معادن ثمينة بإجراءات كيمياوية، فذكر معظم العمليات المهمة في مؤلفاته مثل التشميع والتسقيات والسحق والحلولات والعقودات[2]، والإذابات

---

(1) المصدر السابق، آلة الانعكاس، ج1، ص346، آلة الانعطاف (الانكسار)، ج2، ص685. (المؤلف)

(2) يُراجع، بول كراوس، رسائل جابر، مصدر سبق ذكره، ص198. (المؤلف)

والتكليسات والتصعيدات والتصديات[1]، وغير ذلك من العمليات التي يطلق عليها اسم التدابير.

واهتم **علماء الكيمياء العرب** بالتجارب المختبرية لدراسة خواص المعادن والأحجار، وخواص الحوامض والقلويات وغيرها، كما استخدموا نتائج ما توصلوا إليه في الصناعة سواء ما كان له علاقة بفصل العناصر بعضها عن بعض أو تنقيتها، وخاصة الثمينة منها أو ما كان له علاقة بالدباغة وصناعة الورق والزجاج وغير ذلك، وقد ساعدت معرفتهم لصناعة الزجاج إلى تصنيع الأجهزة المختبرية من الدوارق والإنبيقات والأنابيب وغيرها لتحضير المركبات الكيمياوية وحفظ المواد أو الأدوية.

ويذكر الكاتب الخوارزمي مجموعة من الأجهزة والآلات المستخدمة في علم الكيمياء نذكر منها القرع والإنبيق والأثال والقابلة، إذ يصفها بقوله: «ومن الآلات التدبير القرع والإنبيق وهما آلتا صناع ماء الورد والسفلى هي القرع والعليا على هيئة المحجمة هي الإنبيق، والإنبيق الأعمى الذي لا ميزاب له، والأثال شيء من آلاتهم يعمل من زجاج أو فخار على هيئة الطبق ذي المكبة، والزق لتصعيد الزئبق والكبريت والزرنيخ ونحوهما، والقابلة شيء يحمل أو نحوه يحمل فيه ميزاب الإنبيق»[2].

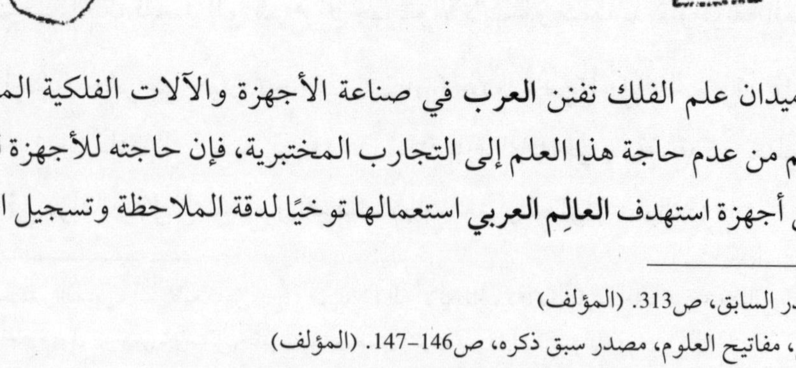


وفي ميدان علم الفلك تفنن **العرب** في صناعة الأجهزة والآلات الفلكية المختلفة، فعلى الرغم من عدم حاجة هذا العلم إلى التجارب المختبرية، فإن حاجته للأجهزة لم تكن قليلة، وهي أجهزة استهدف **العالِم العربي** استعمالها توخيًا لدقة الملاحظة وتسجيل الظواهر

---

(1) المصدر السابق، ص313. (المؤلف)

(2) يُراجع، مفاتيح العلوم، مصدر سبق ذكره، ص146-147. (المؤلف)

الفلكية بدقة تامة، إذ كانت رغبة **العلماء العرب** معرفة حركات الكواكب ومواقعها وأفلاكها وأنواع البروج ومواقعها في القبة السماوية وغير ذلك.

وارتبطت الأجهزة الفلكية بمعرفة واسعة في الهندسة والمثلثات وكيفية عمل الجداول الفلكية، إذ لا يمكن أن نتصور استحداث جهاز من الأجهزة العلمية مثل الأسطرلاب من دون معرفة جيدة بالعلوم الرياضية، فضلًا عن معرفة بالمفاهيم والنظريات الفلكية السائدة، فمن المعروف أن الأسطرلابات العربية قائمة على أساس مركزية الأرض استقرارها، فهي بذلك تعتمد على نظرية **بطليموس** الفلكية، ولكن الملاحظ أن من **العلماء العرب** من عمل أسطرلابه على أساس أن الأرض متحركة، يذكر **نلينو** عن **البيروني** قوله: «قال **أبو الريحان البيروني** إن مستنبط هذا الأسطرلاب هو **أبو سعيد السجزي**، وهو مبني على أن الأرض متحركة والفلك بما فيه إلا السبعة السيارة ثابت»[1].

كما لا يمكن أن نتصور بناء مرصد لمراقبة الكواكب ولنجوم في القبة السماوية من دون معرفة رياضية ودقة في استخدام المفاهيم والمبادئ الفلكية العامة، ويمكننا أن ننظر إلى الأجهزة الفلكية من زاويتين:

أ. الأجهزة والآلات الفلكية المعقدة التركيب والبناء مثل المراصد الفلكية التي أُقيمت في شتى بقاع العالم العربي الإسلامي.

ب. الأجهزة الفلكية اليدوية مثل الأنواع المختلفة من الأسطرلابات لشتى الأغراض التي تفنن **العرب** في دقتها وصناعة أجزائها، والأجهزة الفلكية الأخرى المساعدة لتثبيت الزمن والمكان والاتجاهات وغير ذلك.

فمن المعروف أن **علماء الفلك العرب** اعتمدوا الملاحظة الدقيقة والهادفة لأجرام القبة السماوية، واعتبروها أساس المعرفة الفلكية وقاعدة للتثبت من الأقوال والفروض التي ورثوها عن غيرهم من الأمم، ولتعديل أو تصحيح الجداول الفلكية، وقد ساعدهم على ذلك وجود المراصد وآلات الرصد الفلكي الكثيرة والمتنوعة، فقد ابتنى **المأمون** مرصدين أحدهما في **دمشق** على **جبل قاسيون**، والثاني في **بغداد** في **الشماسية** وأقام **بنو**

---

(1) راجع، تاريخ الفلك، مصدر سبق ذكره، ص251. (المؤلف)

**موسى** مرصدًا آخر في **بغداد**، وأنشأ **الفاطميون** مرصدًا على **جبل المقطم**، وأنشئ مرصد **مراغة** عام 1259م، الذي يعد أكبر المراصد، إذ زود بآلات وأدوات كثيرة ومتنوعة للرصد والملاحظة، واشتغل في جميع هذه لمراصد وغيرها عدد كبير من **علماء الفلك العرب**، فأنجزوا فيها الكثير من الأبحاث والدراسات العلمية التي سجلوا فيها ما توصلوا إليه بشأن حركات الكواكب ومواقع النجوم واختلاف الحركات والأزمنة اللازمة لقطع الدورات وغير ذلك من الأمور المتعلقة بعلم الفلك.

إن اهتمام العرب بالرصد الفلكي الدقيق قد دفعهم إلى ضرورة تعيين الأبعاد المكانية للكواكب في القبة السماوية، فضلًا عن تعيين الأبعاد الزمانية لتسجيل حركة الكواكب في وقت معين ومكان معين، فكان الأسطرلاب هو الآلة المهمة في تعيين الأبعاد المكانية، وكانت الساعات على اختلاف أنواعها ضرورية لتسجيل المواقيت.

يتبين الآن بوضوح عناية **العلماء العرب** بالتجربة والأجهزة العلمية والملاحظة في كشف الحقائق العلمية وتوسيع دائرة المعرفة الإنسانية، وامتحان الأقوال لمعرفة صدقها أو كذبها، وارتبطت الملاحظة بالحواس من جهة وباستعمال أجهزة الرصد من جهة أخرى، مع تدوين نتائج الملاحظة بدقة، بحيث تكون الأقوال على درجة عالية من اليقين وبعيدة عن الشبه والشك.

لم يستهدف **العالِم العربي** تدوين جميع الحوادث والظواهر، بل تعلم بالممارسة كيفية توجيه حواسه وأجهزة الرصد لتلك الظواهر التي تضيف إلى المعرفة العلمية أشياء جديدة أو التي تعزز قولًا علميًا أو تفنده، كما زودته خبرته العلمية أن يوجه اهتمامه إلى الحوادث والظواهر التي يسودها الانتظام والتعاقب.

اكتسبت طريقة البحث العلمي غايتها في أبحاث **الحسن بن الهيثم**، في كتابه المعروف (المناظر)، ورسائله العلمية الكثيرة التي تناولت دراسة الضوء وظواهره بالتجربة والتحليل، ولم تتبلور الطريقة العلمية من مجرد تأملات نظرية، بل تكونت أصولها من خلال التجارب والمراقبة وامتحان الأقوال والنتائج، بحيث نستطيع القول إن **العلماء العرب** لم ينظروا إلى الطريقة مجردة من التطبيق، بل عرفوا الطريقة من خلال الممارسة والعمل والتطبيق، وكانت

أقوالهم تدل بوضوح على نزعتهم التجريبية بهدف كشف الحقيقة، ولم يكتفوا بالأقوال التي أدلى بها من سبقهم من علماء اليونان وعلماء المدرسة الإسكندرية واعتبارها صحيحة لا تحتاج إلى دليل، بل بالعكس كان الشك العلمي رائدهم من أجل اختبار هذه الأقوال في ضوء رصد الظواهر وتسجيل المشاهدات وإقامة التجارب، فكان من نتائج ذلك أن رُفضت كثير من الأقوال لعدم مطابقتها لواقع الرصد والمشاهدة، وعُدلت أقوال أخرى في ضوء نتائج جديدة، وأُضيفت أقوال علمية أكثر دقة من سابقاتها لتفسح الطريق أمام إقامة نظريات علمية جديدة أساسها الاستقراء Induction والتمثيل Analogy والاستدلال Deduction والتعليل Reasoning.

وكانت المقدمات الكبرى التي سلم بها العلماء العرب مستمدة من العقيدة الإسلامية، وهي:

**أولًا:** اعتقادهم بانتظام الطبيعة وتكرار الحوادث والتعاقب المنتظم وجري كل ما في الكون على سنن وقوانين.

**ثانيًا:** اعتقادهم أن التفكير في الكون بما فيه من أشياء ظاهرة وباطنة هو السبيل لكشف أسرار الطبيعة التي تعبر عن وحدة الكون ووحدانية الخالق.

كما تعلموا بفضل مواقفهم في التحري عن الحقيقة وضرورة التمسك بالتجربة والملاحظة ودراسة الظواهر بمعزل عن الظواهر الأخرى وتقييد البحث بشروط موضوعية لتكشف عن ماهية الظاهرة وعلة حدوثها، ومن هذه المقدمات الكبرى والممارسة العلمية تم إدراك أن النتيجة الصادقة أو الواضحة ليست لها قيمة بذاتها فيما إذا نظرنا إليها من زاوية كونها فردية، بل إن العلم (المعرفة العلمية) إنما يبدأ بالجزئيات والاختبار والاستقراء ليصل في نهاية الأمر إلى صياغة الكليات أو الأحكام الكلية التي تظهر على هيئة فروض أو مقدمات هي بمثابة قوانين ونظريات.

لقد أدرك **ابن الهيثم** بذهن ثاقب أهمية الموضوعية في بحث الظواهر الطبيعية والابتعاد عن الهوى والأحكام الذاتية، لأن الغاية هي طلب الحقيقة لذاتها، وبكلمات **ابن الهيثم** نضع قاعدته في الموضوعية كما يأتي:

**قاعدة الموضوعية** - «ونجعل في جميع ما نستقريه ونتفحصه استعمال العدل لا إتباع الهوى، ونتحرى في سائر ما نميزه وننتقده طلب الحق لا الميل مع الآراء»[1].

وبذلك فرَّق **ابن الهيثم** بين الموضوعية التي هدفها البحث الموصل إلى الحقيقة، والذاتية المتمثلة في إسقاط الذات واتباع الهوى دون العدل في الآراء والعمل، وهكذا أدرك أن الذاتية تعرقل البحث وتؤدي إلى التعصب لرأي دون آخر من غير دليل وبرهان. وتبرير الميل مع الأهواء، فتحجب الفهم الإنساني عن إدراك الحقيقة التي يطلبها العلم لذاته، كما تبعد البحث العلمي عن طريق الصواب.

وفي سبيل تحقيق الموضوعية والعلمية لا بد للمرء أن يلتزم بالعدل واتباع الحق لأنه السبيل المؤدي إلى كشف الحقيقة، وأن يتخذ الطريقة الاستقرائية القائمة على الفحص والتجربة والملاحظة، وأن يكون التحري والنقد العلمي المنزه عن الهوى هو الأسلوب الأمثل في البحث العلمي، ولما كانت غاية **ابن الهيثم** كشف الحقائق الخاصة بالبصريات لأنها مجال عمله فإن الاستقراء لا يتوقف عند حدود جمع الحالات والنتائج وممارسة التحري والنقد لكل الآراء، بل يتجاوز ذلك إلى صياغة الفروض أو الأحكام العامة (القوانين) واستنتاج النتائج من المقدمات، والطريقة التي يتمسك بها **ابن الهيثم** هي الطريقة الاستقرائية التي نعرضها من خلال أقواله على هيئة قواعد منطقية عامة، وهي على التوالي:

**قاعدة استقراء الجزئيات** - «نبدأ في البحث باستقراء الموجودات وتصفح أحوال المبصرات وتمييز خواص الجزئيات، ونلتقط باستقراء ما يخص البصر في حالة الإبصار، وما هو مطرد لا يتغير، وظاهر لا يشتبه من كيفية الإحساس»[2].

تشير القاعدة إلى عدة حقائق علمية في الطريقة نثبتها على الوجه الآتي:

أ. أن البحث العلمي يتركز حول دراسة الموجودات والظواهر، لذلك فإن الفحص يبدأ بالجزئيات أو الحالات عن طريق دراسة خواصها وما تتميز به (سواء

---

(1) يُراجع، مصطفى نظيف، الحسن بن الهيثم، ج1، ص33، نص من مخطوطة المناظر، المقالة الأولى. (المؤلف)

(2) المصدر السابق، ص33. (المؤلف)

كانْ بالملاحظة أو بالاختبار)، ويستعين المرء عند الدراسة بعدة وسائل حسية وتجريبية، لأن الغاية هي كشف خواص الجزئيات لموضوع بحث معين.

ب. ونلتقط باستقراء ما يخص البصر في حالة الإبصار، لأن الموضوع الذي يعالجه **ابن الهيثم** يخص الظواهر والجزئيات المتصلة بموضوع الضوء، ولكن هذا السلوك في الانتخاب محدود كذلك بحدود تعينها معرفة الباحث السابقة بالموضوع وخبراته فيه، فهو يلتقط الجزئيات التي تخضع لمقاييسه العلمية، بينما يهمل جزئيات أخرى.

ج. يتعين التقاط الجزئيات بقانون اطراد الأشياء وانتظام تكرارها، لأن الأشياء المتغيرة على الدوام لا تخضع لقاعدة، والمطرد الذي لا يتغير يشير إلى علاقة ثابتة بين الموجودات، وبالتالي إلى القانون الذي يعبر عن هذه العلاقة، وهنا إشارة ضمنية إلى أن العلم يعنى بالأشياء والظواهر المنتظمة والمتكررة التي تجري بانتظام، لأن العلم لا يهتم بالعشوائية، إذا كانت غايته التعبير عن حقائق جزئية كثيرة بقانون علمي بسيط.

د. ومن الضروري أن تكون الأشياء التي نستقريها ونتفحصها بعيدة عن الشبهات والشكوك، لذلك يجب أن تكون الأشياء التي ندرسها واضحة خالية من الشُّبَه الذي غالبًا ما نعرفه بخداع الحواس، فتكون الأشياء قيد البحث معروفة بدقة وخالية من الشك، ولا يتحقق ذلك بمجرد الملاحظة والتفحص بالحواس، بل يتعدى ذلك إلى إقامة التجارب، والبرهنة على صدق ما نلتقطه باستقراء.

لقد أدرك **ابن الهيثم** أن المعرفة الحسية والتجريبية لا يمكن أن تقف عند حدود الحواس والملاحظات والتجارب، بل من الضروري أن يتجه فكر الباحث بعد ذلك إلى صياغة الفروض وامتحانها واستدلال النتائج، وقد عبر عن ذلك بقوله الذي نضمنه في القاعدة الآتية:

**قاعدة الترتيب والاستدلال** - «ثم نترقى في البحث والمقاييس على التدريج والترتيب مع انتقاد المقدمات والتحفظ في النتائج»[1].

---

(1) المصدر السابق، ص33. (المؤلف)

تشير هذه القاعدة البسيطة في منطوقها والموجزة في عباراتها إلى معانٍ عميقة تتناول جوهر عمل الباحث وما يجب عليه أن يقوم به ابتغاء الوصول إلى نتائج علمية رصينة، ويمكن عرض القاعدة على هيئة أساليب في الطريقة كما يأتي:

أ. بعد أن ينتهي الباحث من استقراء الموجودات المطردة والمنتظمة في سلوكها مستعملًا الملاحظة المقصودة والتجربة من أجل الكشف عن العلاقة الثابتة ينتقل إلى مرتبة أخرى في البحث باستعمال المقاييس، وهو انتقال من الكيف إلى الكم، ليتمكن من التعبير عن العلاقة الثابتة كميًا وبالوسائل الرياضية المتوفرة.

ب. إن الارتقاء بالبحث مشروط بالتدرج والترتيب، فيكون الانتقال متتابعًا وبحذر شديد، ويكون التدرج في الارتقاء وسيلة الانتقال من الجزئيات إلى الكليات، ولا تقتصر المسألة على التدرج فحسب، بل تشمل ترتيب ما نتوصل إليه، لأن من شروط المعرفة العلمية أن تكون منظمة، كما أن الترتيب يشير أو يكشف عن العلاقات بين الأقوال العلمية ومعرفة أولويتها في البحث.

ج. ولكن ترتيب الأقوال ليس غاية في حد ذاته، بل مجرد وسيلة تكشف عن مقدمات البحث وفروضه الرئيسية، وأن هذه المقدمات لا تقبل إلا بعد تحليل ونقد عميق، وعلى المستويين اللغوي والتجريبي، إذ من الضروري أن تكون المقدمة واضحة المفاهيم، وأن تثبت أمام الاختبارات والبراهين، ويشترط في الباحث أن يتحفظ في النتائج الصادرة عن المقدمات ولا يسلم بها على أساس أنها صادقة ما لم تؤيدها الملاحظة والتجربة.

لقد أدرك **ابن الهيثم** الفرق بين الاستدلال الرياضي الذي تعتمد النتائج فيه على صدق المقدمات، والاستدلال التجريبي في علم الفيزياء الذي تعتمد النتائج فيه على المقدمات والتجارب معًا، فمن الممكن أن تكون النتائج في علم الفيزياء صحيحة منطقيًا لكنها غير صادقة تجريبيًا، في حين تكون النتائج في الرياضيات صادقة بالاستناد إلى صدق المقدمات.

لقد اتبع **ابن الهيثم** الطريقة الاستقرائية في دراساته للظواهر الضوئية المختلفة سواء كانت تلك الظواهر حرة في الطبيعة، أو تلك الظواهر الاصطناعية التي يقوم بتدبيرها تجريبيًا وبالأجهزة العلمية.

واستخدم طريقة التمثيل[1]، وهي طريقة يستعملها الباحث في كشف المجهول من خلال معطيات معلومة لحالة أو حالات مشابهة، في معالجته لظواهر أخرى على أساس ذلك وسيلة من وسائل البحث العلمي لكشف المجهول، وحسبنا أن نبين استخدامه للطريقة العلمية من خلال ما نختاره من أقواله، فمن الأمثلة على التجربة والاستقراء ما يذكره في مقالة (رسالة في الضوء)، إذ يقول: «وقد بينا في كتابنا في المناظر في المقالة الأولى منه أن كل ضوء في كل جسم مضيء ذاتيًا كان الضوء الذي فيه أو عرضيًا، فإن الضوء الذي يشرق منه على كل جسم يقابله، وشرحنا هذا المعنى هناك شرحًا مستقصى، ومع ذلك فإن الاستقراء يقنع في هذا المعنى فإنه لا يوجد جسم كثيف مقابل لجسم مضيء إلا ويوجد ضوء ذلك الجسم المضيء ظاهرًا على ذلك الجسم الكثيف إذا لم يكن بينهما ساتر، وإن لم يكن بينهما بعد متفاوت ولم يكن الضوء الذي في الجسم المضيء في غاية الضعف»[2].

في هذا النص إشارة واضحة إلى التجربة والظروف التي يجب تثبيتها، فالبعد عن المصدر الضوئي وقوة إشعاعه وعدم وجود حاجز أو ساتر بين المصدر الضوئي والجسم الكثيف ظروف يجب مراعاتها للبرهان على أن كل ضوء في كل جسم مضيء ذاتيًا كان الضوء أو عرضيًا يشرق على الجسم المقابل.

أما طريقة التمثيل أو التشبيه العلمي، فإن استعمال **ابن الهيثم** لها كان محدودًا، واستعان بالتفكير المنطقي وبعض المقدمات العلمية من أجل فهم بعض الظواهر الطبيعية المتعلقة بالضوء، وهي طريقة معروفة علميًا في العصر الحديث كذلك. **ولابن الهيثم** فضل استخدامها في العلوم التجريبية، وفي البصريات بالذات، فعندما يواجه الباحث مشكلة فيزياوية وله عليها جملة معطيات علمية، ولكنه على الرغم من ذلك لا يستطيع حلها أو إدراك حقيقة ذاتها، فإنه يلجأ إلى مسألة معروفة علميًا تتفق مع المشكلة الفيزياوية قيد الدرس بعدة وجوه، ليستطيع تسليط الضوء على المشكلة وإيجاد الحل المناسب لها.

ومن الأمثلة التي نعرضها **لابن الهيثم** على هذه الطريقة ما ورد في رسالته (في أضواء

---

(1) التمثيل: هو قياس منطقي، يراد به تأييد قضية بأسباب مشابهة لتلك الأسباب المؤيدة لقضية أخرى. (المحقق)

(2) يُراجع، رسالة في الضوء، مصدر سبق ذكره، ص3-4. (المؤلف)

الكواكب)، إذ يقول«وأيضًا فإن بعض الكواكب الثابتة هو على مجاز القمر، والقمر يقارنها في كل شهر أو يقارنه بعضها وربما قارن القمر واحدًا من هذه الكواكب في أول الشهر والقمر هلال وربما رئي الكوكب منها مماسًا للقمر، وكذلك الزهرة كثيرًا ما ترى مقارنة للقمر ومماسة لجرم القمر وهو هلال، فلو كان كذلك الكوكب المقارن للقمر في وقت كون القمر هلالًا يكتسب الضوء من الشمس وشكل الكوكب كروي كمثل شكل القمر، وإذا كان الكوكب المقارن للقمر في وقت كون القمر هلالًا ليس يرى إلا مستديرًا، فليس واحدًا من هذه الكواكب يكتسب الضوء من الشمس، وإذا كانت هذه الكواكب ليست تكتسب الضوء من الشمس، فليس واحدًا من الكواكب يكتسب الضوء من الشمس لأن جميعها من جوهر واحد»[1].

في هذا النص مقدمات برهن **ابن الهيثم** من قبل على صدقها منها أن القمر يكتسب الضوء من الشمس، وأدلته على ذلك أن القمر لا يبقى مستديرًا طوال الشهر، بل يظهر هلالًا ثم يتكامل حتى يصبح بدرًا ثم يبدأ بالنقصان، ومن مقدماته أن الكواكب جميعها كروية الشكل، لأن شكل الكرة هو الذي يمكن رؤيته من جميع أوضاعه مستديرًا، أما الاستنتاج الذي حصل عليه بالمشابهة أو التمثيل فهو: لما كانت الكواكب القرينة للقمر في وقت كونه هلالًا لا تظهر مثل القمر، فإن الكواكب لا تستمد ضوءها من الشمس، بل إن الضوء فيها ذاتي، ويحصل بالتالي على مقدمة كلية مهمة هي: ليس واحد من الكواكب يكتسب الضوء من الشمس عدا القمر، لأن جميعها من جوهر واحد.

وطريقة **ابن الهيثم** وغيره من **العلماء العرب** في تحليل ونقد المقدمات معروفة في مصنفاتهم العلمية، وهي واضحة جدًا عند ابن الهيثم في رسائله وكتبه العلمية، ويمكننا عرضها بالطريقة التي يثبت فيها معرفة تامة بعناصر البحث من مقدمات ونتائج وأدلة واختبار، كما نلاحظ في بحوثه عقلية منظمة تبدأ بطرح المسألة للمناقشة والتحليل والتفنيد والاختبار أو التأييد:

أ. يعرض أولًا للمسألة التي يريد بحثها على شكل مقدمات مفترضة من قبل الذين تقدموه في بحثها، فيقول في مناقشة لأضواء الكواكب «قد يظن قوم من

---

(1) يُراجع، ابن الهيثم، رسالة في أضواء الكواكب، حيد آباد 1357هـ، ص4. (المؤلف)

المتفلسفين أن أضواء الكواكب مكتسبة من ضوء الشمس وأن أجرامها في ذواتها غير مضيئة»[1]. وهذه المقدمة للمناقشة، ومثلها يقول في رسالته في الضوء «والضوء في كل جسم مضيء من ذاته هو صورة جوهرية في ذلك الجسم، والضوء العرضي الذي يظهر على الأجسام التي يشرق عليها من غيرها هو صورة عرضية، وهذا هو رأي المحققين مـن أصحاب علم الفلسفة»[2]. ومن أبرز المقدمات التي ناقشها **ابن الهيثم** قول أصحاب التعليم إن الأبصار يتم بخروج شعاع من العين فيلامس الأشياء، وقد فنّدها وأثبت العكس بأن الشيء يرسل ضوءًا إلى العين فيحدث الإبصار.

ب. ثم يخطو في البحث خطوة أخرى لفحص المسألة وامتحانها، فيناقش الآراء السالفة جميعها ويثير الشكوك حول صدقها، ويثبت بعد ذلك خطل هذه الآراء بالحجة والبرهان تارة وبالاختبار أو الاعتبار تارة أخرى، ليسهل عليه بعد ذلك فتح الطريق لطرح فرضيته التي سرعان ما يدعمها بالدليل والتجربة، ويتوسع فيها بالتدريج لتشمل جوانب أخرى ذات صلة بموضوع البحث، و**ابن الهيثم** في كل ذلك يتبع منهجًا علميًا دقيقًا يقوم على التفنيد باستخدام العقل والتجربة، ثم يختبر فرضيته بالتجربة التي سرعان ما تتحول إلى قول كلي، ففي رسالته في أضواء الكواكب، يقدم الدليل على أخطاء أصحاب الرأي القائل إن أضواء الكواكب مكتسبة من ضوء الشمس، مبينًا بوضوح تام أن ضوء القمر مكتسب من ضوء الشمس، وأن جميع الكواكب الأخرى مضيئة بذاتها.

ج. ويتقدم بعد ذلك بطرح فرضيته مدعمة بالأدلة والتجارب لينتقل بعد ذلك إلى إثبات قول آخر يمس الموضوع نفسه مبرهنًا على صدقه، وهكذا حتى تتحصل لديه مجموعة من الأقوال الصادقة في الموضوع الذي يتحرى عنه وعن الحقيقة فيه، ففي رسالته في الضوء، يقدم رأيه البين بقوله: «فأما كيف يكون نفوذ الضوء في الأجسام المُشِفّة، فهو أن الضوء يمتد في الأجسام المُشِفّة على سموت

(1) المصدر السابق، ص2. (المؤلف)

(2) يُراجع، ابن الهيثم، رسالة في الضوء، مصدر سبق ذكره، ص2. (المؤلف)

مستقيمة، ولا يمتد إلا على الخطوط المستقيمة، ويمتد من كل نقطة من الجسم المضيء على كل خط مستقيم يصح أن يمتد في تلك النقطة في الجسم المُشِفّ المجاور للجسم المضيء»[1].

ويستمر في التوسع بدراسة الأوساط التي يجتازها الضوء وينعكس منها، والأجسام التي يحث فيها الانعطاف وغير ذلك، وهو في كل ما يذهب إليه يقوم بإثبات أقواله حتى تتم صياغة مجموعة كبيرة من الأقوال المدعمة علميًا والتي تختص بموضوع بحث واحد.

د. يستخدم الاستدلال أو القياس المنطقي لاستنباط النتائج، ولكنه لا يقبلها لمجرد كونها مشتقة منطقيًا من مقدمات صادقة، بل يحاول إثباتها والبرهان على صدقها بالحس والتجربة، واستخدم **ابن الهيثم** طريقة التكذيب أو التفنيد عن طريق فحص المقدمات وافتراض أخرى صحيحة ليحصل على نتائج لا تتفق والملاحظات أو التجارب، وقد لا تتفق مع قواعد المنطق وخاصة عندما يبين التناقض في المقدمات أو النتائج التي توصّل إليها من سبقه، وقد سار بهذا المنهج في كتابه المعروف (الشكوك على **بطليموس**)، إذ أثبت بالنظر العقلي والمبادئ المنطقية فساد مذهب **بطليموس** في تفسير حركات الأفلاك، وقد أوضح أكثر من مرة إلزام التناقض في مذهب **بطليموس**، نذكر منها قوله للتدليل فقط: « فهذا الذي ذكرناه هو حقيقة ما قرره **بطليموس** لحركات الكواكب الخمسة، وهو معنى يلزم منه تناقض»[2].

هـ. يستخدم التعليل لتفسير الظواهر الطبيعية، وذلك من خلال جملة القوانين والمقدمات أو الأحكام الكلية التي توصل إليها، والتي أصبحت تؤلف في مجموعها أساس تفسير الظواهر، فلأجل تعليل ظاهرتي الهالة وقوس قزح يلجأ **ابن الهيثم** إلى مجموعة القوانين والأقوال الكلية في الانعكاس والانعطاف واختلاف الكثافات والسطوح الصقيلة وغير ذلك، مع جملة افتراضات طبيعية

---

(1) المصدر السابق، ص7. (المؤلف)

(2) يُراجع، الشكوك على بطليموس، مصدر سبق ذكره، ص26. (المؤلف)

مثل: وجود هواء غليظ رطب كالسحاب أو ما يقوم مقامه، ووجود جرم من الأجرام المضيئة حاضرًا مع الهواء الرطب على وضع مخصوص[1].

نخلص من ذلك كله إلى نتيجة مهمة، هي أن التجربة والملاحظة والاستقراء للحالات المطردة والتمثيل والاستدلال والتعليل أساليب طرحها **العلماء العرب** من أجل فهم الظواهر الطبيعية وكشف القوانين الخاصة بها، فكان الشك في أقوال من تقدم **العلماء العرب** بالعلم أساسًا قويًا لامتحان الأقوال وكشف الصادق والكاذب منها، كما كان للفرض العلمي دوره في البحث، إذ التزم **العالِم العربي** بمنهج الشك وأصبحت واجبة الإثبات بالأدلة العلمية والتجريبية.

وقد سار **ابن الهيثم** في امتحان الفروض باتجاهين يكمل أحدهما الآخر، الأول: استخدام الاستدلال لاستنتاج نتيجة يفندها أو يكذبها بالتجربة. والثاني: استخدام الاستدلال من الفرضية لاستنتاج نتيجة تؤيدها التجربة.

---

(1) يُراجع، ابن الهيثم، مقالة في القوس والهالة، صورة مخطوطة في مركز إحياء التراث العلمي العربي، جامعة بغداد. (المؤلف)

# الفصل الثالث
# علم الهيئة (الفلك)

## المبحث الأول: الفلك البابلي واليوناني وطرق انتقاله إلى العرب

كان لكتاب **الأصول لإقليدس** في الهندسة، وكتاب المجسطي **لبطليموس** في الفلك مكانة كبيرة في نفوس العلماء العرب وأثر كبير في أبحاثهم الفلكية، «فأما كتاب المجسطي فهو ثلاث عشرة مقالة، وأول من عني بتفسيره وإخراجه إلى العربية يحيى بن خالد بن برمك، وفسره له جماعة فلم يتقنوه، ولم يرض بذلك، فندب لتفسيره أبا حسان وسلمان صاحبي بيت الحكمة فأتقناه واجتهدا في تصحيحه بعد أن أحضر النَّقَلة المجودين فاختبر نقلهم وأخذ بأفصحه وأوضحه، وقد قيل إن الحجاج بن مطر نقله أيضًا، وما نقله النيريزي وأصلح ثابت الكتاب كله بالنقل القديم غير مرضٍ، ونقل إسحق هذا الكتاب وأصلحه **ثابت** إصلاحًا دون الأول لأن إصلاحه الأول أجود»[1].

ولم تكن ترجمة المجسطي إلى اللغة العربية لمجرد النقل والمعرفة به واتخاذه دليلًا لا دليل غيره، بل كانت رغبة علمية ملحَّة أخذت بمجامع قلوب **العلماء العرب** من أجل معرفة ما انطوت عليه معارف وعلوم **اليونان** من إنجازات، فتكون هي وغيرها وما توارثه **العرب** من معارف فلكية وغير فلكية الأساس الذي يقوم عليه تقدم العلم العربي، وكان اقتناء المخطوطات العلمية المترجمة والمؤلفة سبيل عدد كبير من المهتمين بالعلوم، وقد اتخذ الوراقون والعلماء عملية نسخ المخطوطات وبيعها مهنة ووسيلة لكسب المعاش، فقد عرف عن **ابن الهيثم** أنه «كان ينسخ في مدة سنة ثلاثة

---

(1) يُراجع، القفطي، أخبار العلماء بأخبار الحكماء، مصدر سبق ذكره، ص69. (المؤلف)

كتب في ضمن اشتغاله وهي إقليدس والمتوسطات والمجسطي ويستكملها في سنة، فإذا شرع في نسخها جاءه من يعطيه فيهم مائة وخمسين دينارًا مصرية»[1].

ومن المعروف أن كتاب المتوسطات والمجسطي من الكتب الفلكية، إذ يحتوي الكتاب الأول على مجموعة من الرسائل الفلكية لعدد من **علماء الفلك اليونان** ومن بينهم **أريستاخوس** (النصف الأول من القرن الثالث الميلادي)، واختص الكتاب الثاني وكان أعظم شأنًا عند **علماء الفلك العرب** بعلم الفلك، وتولى **قسطا بن لوقا البعلبكي** (ت912م)، ترجمة كتاب المتوسطات إلى اللغة العربية، وسماه كتاب المتوسطات بين الهندسة والهيئة، وهي ترجمة لكتاب الفلك الصغير، الذي جمع مجموعة رسائل فلكية قام بها عدد من العلماء الأوائل أمثال: **أوتولوكوس وأريستاخوس وإقليدس وأبولونيوس وأرشيمدس وهوبسكليس منيلاوس وبطليموس**[2].

لم تكن الثروة العلمية في الفلك التي عادت إلى **الشرق** حصيلة **يونانية** وإنه من المجحف حقًا أن يعتقد المرء أن هؤلاء **العلماء اليونان** وحدهم قد أبدعوا هذا التراث العلمي الضخم، فقد دلت الأبحاث الحديثة أن **الفلك البابلي** في العهدين القديم والمتأخر (السلوقي)، كان من أبرز المصادر العلمية للأبحاث **الفلكية اليونانية**، وأن المعلومات التي جمعها **البابليون** والجداول الفلكية التي نظموها كانت من أبرز المصادر **للفلك اليوناني**.

وإذ كنا نعرف أن **اليونان** اهتموا بالنظام والبحث عن القوانين والمبادئ بروح عقلانية وكل ما له علاقة بالأسس النظرية للعلوم، فإن الجانب التجريبي الذي يمثل مجموعة كبيرة من الأرصاد للكواكب والنجوم والظواهر الفلكية ابتداع **بابلي**، وكان من دون شك الأساس الذي قام عليه علم الفلك، إذ لولا هذه المعلومات التجريبية لما أُمكن تحقيق أية خطوة علمية باتجاه إقامة علم فلك نظري، ولبقيت جميع الجهود مجرد نظريات وفروض لا تقوم على أساس تجريبي، فضلًا عن ذلك أن الأرصاد التي قام بها **اليونان** لم تكن دقيقة بل وفجة، إذا ما قورنت بالأرصاد التي قام بها **البابليون**، وقد بين **نيو جيبور** في كتابه عدة حقائق عن **الفلك اليوناني**.

(1) المصدر السابق، ص115. (المؤلف)

(2) يُراجع، جورج سارتون، تاريخ العلم، ترجمة لفيف من الأساتذة، مصر، ج4، ص120. (المؤلف)

**أولها**: أن علم الفلك **لبطليموس** ربما أُقيم إلى نطاق واسع على نتائج مستوفاة قبل 300 سنة بواسطة **هيبارخوس** الذي تأثر بدوره بالأفكار **اليونانية والبابلية**[1]. **وثانيها**: أن عددًا من الأفكار والمبادئ التي طرحها بطليموس لتفسير حركات الكواكب تقوم من حيث الأساس على نماذج بابلية.

وبناء على ذلك يجب أن نتفهم الإنجازات الفلكية **اليونانية** في ضوء ما حققه **البابليون** في مجال الأرصاد الفلكية، فعلم الفلك يقوم على دعامتين رئيسيتين: تتمثل الأولى: بالمعلومات الواسعة التي تؤلف مجموعة الأرصاد للكواكب والنجوم والصور في القبة السماوية عامة، وتتمثل الثانية: بابتداع الأسس الرياضية التي لولاها لما أمكن عرض النظريات الفلكية بصورة مضبوطة، لأنها تؤلف القواعد العامة لفهم ما يجري في القبة السماوية من حركات للكواكب وتحديد أماكنها وسرعاتها بدقة، وعلاقاتها بعضها ببعض سواء في الصور التي تتألف من مجموعة كواكب، أو مواقعها بالنسبة لفلك البروج وغير ذلك.

لقد برز **البابليون القدماء** في ملاحظاتهم ومعلوماتهم الواسعة للأفلاك والكواكب، فكانت سلسلة الأرصاد التي بدؤوها غنية بالمعلومات العلمية، كما كانت خبرتهم الطويلة في الرصد من أهم أسباب تفوقهم على **اليونان** وغيرهم في علم الفلك، بحيث يمكن القول إن العلم مدين لهم بوضع قواعد فن الرصد الفلكي.

واستخدمت الزقورات وهي أبراج عالية للرصد الفلكي، وقد ساعدهم على تحقيق أرصاد دقيقة وقَيمة لما امتازت به منطقة **الشرق** من سماء صافية على امتداد السنة، فجعلتهم في وضع ممتاز لمراقبات مستمرة وتتبع سير الكواكب وتعيين أفلاكها، وتعيين مواقع النجوم والصور.

كما كان لصلة الأرصاد الفلكية بحياة الإنسان حسب ما تمليه قواعد التنجيم، وارتباط ذلك بالعرافة والدين أكبر الأثر في اهتمام **البابلي** بمراقبة الأجرام السماوية، واستطاع **الكلدانيون** في العصر السلوقي تحقيق كشوفات فلكية مهمة، كما حققوا خطوات متقدمة في جميع الأرصاد الفلكية وتنظيم جداول فلكية بصورة متقنة.

---

(1) Neogebauer, O, The Exact Science in Antiquity, Second Edition, New York, P 145.

وبصورة عامة لا بد من الاعتراف بفضل **البابليين في** تطور علم **الفلك** سواء عن طريق ما حققوه في مجال الرصد الفلكي وتنظيم الجداول الفلكية للكواكب والنجوم أو عن طريق مساهماتهم الجادة في إقامة أسس النظرية الرياضية في علم الفلك.

انتقلت الثروة الفلكية **البابلية** إلى **اليونان في العصر الهيليني**، فأحدثت نهضة فلكية تتوجت بطرح نظريات وآراء فلكية عامة عن الكون، وانتقلت الثروة الفلكية البابلية من **العصر السلوقي** إلى **مصر في العصر الهلنستي** لتحدث نهضة فلكية أمكبر تتوجت بكتاب المجسطي، الذي جمع بين دفتيه معلومات وجداول فلكية عمن سبقوه في هذا الميدان، «وقد ترشحت معرفة **البابليين** القديمة في الرياضيات والفلك إلى **العالَم اليوناني** منذ عهد **فيثاغورس** على الأقل، ثم زادت سرعة الترشيح بعد عصر **الإسكندر** حين أُتيحت الفرصة للفلكيين **البابليين والمصريين واليونانيين**، فتلاقى فلكي منهم بآخر في **جزر إيجة**، وفي **مصر** وفي **آسيا الصغرى**، إن أفضل دليل على ترشيح المعرفة الرياضية هو بقاء الكسور الستينية، كما أن أفضل دليل على ترشيح المعرفة الفلكية هو كشف **هيباخورس** عن تبادل الاعتدالين على أساس الأرصاد الفلكية لدرجة ما. وهناك عناصر **بابلية** أخرى في بحوث **هيباخورس** قد نقلت إلى خلفائه فظهرت في كتاب المجسطي»[1].

## المبحث الثاني: في إشكالية نظرية مركزية الأرض

إن سعي الفكر **اليوناني** نحو اكتشاف النظام وفرض العقلانية على الظواهر الطبيعية قد مهد السبيل إلى طرح نظريات فلكية بعامة حول هيئة العالَم، كما أن انتقال هذه الخصيصة إلى **الإسكندرية** بخاصة وبلاد **الشرق** بعامة قد منحه من جديد معطيات تجريبية ساعدت هي الأخرى على طرح صورة عامة عن الكون، وفي الوقت الذي تفوق **اليونان** بالتفكير النظري فإنهم لم يكونوا على درجة عالية من الدقة في الرصد، بل لقد ثبت أن **أريستاخوس** لم يكن دقيقًا في أرصاده على الرغم من أنه يُعدُّ أول من حاول قياس أحجام وأبعاد بعض الأجرام السماوية، إذ جاءت تقديراته غير صحيحة بالمرة في قياس نسبة حجم الأرض إلى حجم القمر، والبعد بين الأرض والقمر، ونسبة قطر الشمس إلى قطر القمر، ونسبة حجم الشمس

(1) يُراجع، جورج سارتون، تاريخ العلم، مصر، ج5، ص207. (المؤلف)

إلى حجم القمر، ولكن الشيء الذي فعله **أريستاخوس** وخلد اسمه هو افتراضه أن الشمس وليست الأرض هي مركز العالَم، وأن الشمس والنجوم تبقى في مواقعها ثابتة من غير حركة، وأن الأرض تدور حول الشمس في فلك دائري تقع الشمس في مركزه.

وعلى الرغم من أن نظرية مركزية الشمس لم يكتب لها التفوق على نظرية مركزية الأرض ردحًا طويلًا من الزمن، فإننا نجد شخصية فلكية أخرى من القرن الثاني قبل الميلاد هي **سليوكس البابلي**، الذي دافع عن النظرية القائلة بمركزية الشمس وأكدها بقوة على أساس أن الأرض تدور حول محورها كل يوم، وتدور الأرض حول الشمس سنويًا، ويبدو أن دفاع **سليوكس البابلي** كان الأقوى من الناحية العلمية، لا سيما إذا أخذنا بنظر الاعتبار أن نظرية مركزية الشمس التي طرحها **أريستاخوس** لم تعتمد على أرصاد قام بها بنفسه، بل كانت مجرد مغامرة عقلية من حيث الأساس على التفكير النظري والترجيح العقلي، إذ أدرك أن الشمس أكبر حجمًا من الأرض، فلا يعقل أن يدور الكبير حول الصغير، وأن يتحكم الصغير بالكبير، وأنه من الأفضل أن تكون الأرض مجرد كوكب كغيرها من الكواكب، تتميز بكونها تدور حول محورها وتدور حول الشمس التي تقع ثابتة في مركز العالَم.

والنظرية الفلكية الأخرى التي كتب لها البقاء مسيطرة على مؤلفات علماء الفلك ردحًا طويلًا من الزمن هي النظرية التي تقول بمركزية الأرض في العالم، وأن الشمس وبقية الكواكب تدور حولها في أفلاك دائرية، وكان **بطليموس** من أبرز علماء الفلك في تأكيد هذه النظرية والدفاع عنها بأدلة فلكية وعقلية[1] حتى أنها اقترنت باسمه في المؤلفات العلمية والتاريخية.

وهكذا برزت في علم الفلك نظريتان متعارضتان، أكدت إحداهما على مركزية الأرض في الكون، بينما أكدت الثانية على مركزية الشمس في الكون وأن جميع الكواكب وبضمنها الأرض تدور حول الشمس. ولكن نظرًا لمتانة أدلة المعلومات وحسن تنظيمها وقرب النظرة القائلة بمركزية الأرض ودوران الشمس إلى الحس العام، فقد كتب لهذه النظرية أن تحجب

---

(1) لاحظ هنا كيف يعمل العقل الإنساني على تأكيد الجهل وتثبيته في العلم واعتباره قانونًا يصلح لحل مشكلات العلم والحياة الإنسانية لمدة طويلة، ثم يقوم العقل ذاته بنقض ما قال به وتثبيت معلومات علمية جديدة تناقض الأولى وتنفيها، وتثبت أركانًا جديدة للعلم. إنها محنة العقل لا محنة الطبيعة والكون. (المحقق)

نظرية مركزية الشمس مدة طويلة حتى أعادها إلى الحياة من جديد العالِم الفلكي **كوبرنيكس** (ت1543م)، في كتابه دوران الأفلاك السماوية.

تقوم نظرية مركزية الأرض على وضع الأرض في مركز العالَم، بينما تتوزع الكواكب السيارة في أفلاك دائرية حول الأرض، فيكون كوكب القمر أولًا، وكوكب عطارد ثانيًا، وكوكب الزهرة ثالثًا، والشمس رابعًا، والمريخ خامسًا، والمشتري سادسًا، وزحل سابعًا، ومن بعدها تأتي الكواكب الثابتة، وبذلك يكون للقمر فلكه الخاص هو فلك القمر، ولعطارد فلكه هو فلك عطارد، ففلك الزهرة وفلك الشمس وفلك المريخ وفلك المشتري وفلك زحل وفلك البروج، وأخيرًا الفلك المحيط[1].

لقد انتقل التراث الفلكي **اليوناني إلى العرب**، فلم يكتفوا بترجمته إلى اللغة العربية، بل جاهدوا منذ البداية إلى التوفيق بين معلوماتهم الفلكية التي حصلوا عليها خلال ملاحظاتهم للكواكب والنجوم وما ورثوه من علوم وحضارات قامت في **الجزيرة العربية** وخارجها، كما وقفوا من الأرصاد الفلكية التي ثبتها **اليونان** في الجداول موقف الممتحن الذي يروم التثبت من صحتها، وزادوا في الأرصاد ومراقبة حركات الكواكب وتعيين مواقع البروج والكواكب الثابتة حتى أصبحت لديهم ذخيرة علمية كبيرة من المعرفة الفلكية التجريبية والنظرية لم يحظ **اليونان** بمثلها.

---

(1) لقد استند على هذه النظرية الفيلسوف العربي المسلم أبو نصر الفارابي، وفسر على أساسها صدور الموجودات من الله بفيض نازل إلى العقل الأول ويقابله محيط العالم، ثم يليه الفيض بالنزول إلى أن نصل إلى فلك القمر، وهو ما يعرف عند المشتغلين بالفلسفة الإسلامية بنظرية الفيض الفارابية، وفضلًا عن دفاعه عنها بكل ما أُوتي من قوة وتثبيت أركانها في الميتافيزيقا وجعل علم المنطق الذي يبحث عن صحيح الفكر لا فاسده أن يثبتها ويجعل منها علمًا صحيحًا، ثم تبنى هذه النظرية من بعد الفارابي بعض الفلاسفة المسلمين وعلى رأسهم ابن سينا ومنهم إخوان الصفا ومسكويه، في حين نقض هذه النظرية الفيلسوف ابن رشد واعتبرها تخريفات وكلامًا لا طائل تحته، يُراجع بشأن نظرية الفيض الفارابية، كتابه آراء أهل المدينة الفاضلة، تحقيق ألبير نصري نادر، بيروت 1959، وبشأن ابن سينا وغيره ممن ذكرنا، يُراجع، بحث الدكتور حسام الآلوسي الموسوم، نظرية الفارابية، نظرة معاصرة، ضمن كتابه، دراسات في الفكر الفلسفي الإسلامي، بيروت 1980، ص114 وما بعدها. أما المرحوم الدكتور ياسين خليل فكان ينظر إلى ميتافيزيقا الفارابي نظرة نقدية فيها موقف علمي يستند إلى هذه المعطيات التي قدمها وبالاستناد إلى ما توصل إليه العلماء العرب في مجال الفلك. (المحقق)

وأطلق **العرب** على علم الفلك اسم (**علم الهيئة**)، ويعرف أنه «علم ينظر في حركات الكواكب الثابتة والمتحركة والمتحيرة، ويستدل بكيفيات تلك الحركات على أشكال وأوضاع للأفلاك لزمت عنها هذه الحركات المحسوسة بطرق هندسية، كما يبرهن على أن مركز الأرض مباين لمركز فلك الشمس بوجود حركة الإقبال والإدبار، وكما يستدل بالرجوع والاستقامة للكواكب على وجود أفلاك صغيرة حاملة لها متحركة داخل فلكها الأعظم، وكما يبرهن على وجود الفلك الثامن بحركة الكواكب الثابتة، وكما يبرهن على تعدد الأفلاك للكواكب الواحد بتعداد الميول له، وأمثال ذلك، وإدراك الموجود من الحركات وكيفياتها وأجناسها إنما هو بالرصد، فإنا إنما علمنا حركة الإقبال والإدبار به، وكذا تركيب الأفلاك في طبقاتها وكذا بالرجوع والاستقامة وأمثال ذلك»[1].

ينطوي هذا التعريف على الاعتقاد بمركزية الأرض وتوزيع الكواكب في أفلاك حاملة لها، ووجود الفلك الثامن الذي هو فلك البروج، كما يشير التعريف إلى تعدد أفلاك الكوكب الواحد، وأنواع الحركات والبراهين المختلفة المتصلة بالظواهر الفلكية التي تُسجّل بالرصد عن طريق استخدام الآلات الرصدية، والتعريف وإن لم يشتمل جميع النواحي المتعلقة بعلم الهيئة، إلا أنه يكشف بوضوح عن تأثير نظرية بطليموس وعلما الفلك اليونان في الفكر الفلكي العربي.

والواقع أن **العلماء العرب** كما سنجد لم يلتزموا بآراء **بطليموس** ومعلومات **اليونان**، وجعلوا الرصد وجمع المعلومات وتعديل الجداول الفلكية وغير ذلك تحتل المكان الأول في تفكيرهم الفلكي، كما لا يجوز لمؤرخ العلم أن يهمل الثروة الفلكية التي خزنتها الذاكرة

---

(1) يُراجع، ابن خلدون، المقدمة، مصدر سبق ذكره، ج3، ص1100. (المؤلف)، لكن هناك من سبق ابن خلدون بوضع تعريف لعلم الهيئة (الفلك)، وهو الفيلسوف ابن سينا، فيقول: وعلم الهيئة يعرف فيه حال أجزاء العالم في أشكالها وأوضاع بعضها عند بعض ومقاديرها وأبعاد ما بينها وحال الحركات التي للأفلاك والتي للكواكب وتقدير الكرات والقطوع والدوائر التي بها تتم الحركات ويشتمل عليه كتاب المجسطي»، يُراجع، رسالة في أقسام العلوم العقلية، القاهرة 1908، ص112. وإن كان ابن سينا يشرح ويلخص كتاب بطليموس في علم الفلك، وهناك تعريفات أخرى لإخوان الصفا وطاش كبرى زادة وغيرهما، يُراجع بشأن هذه التعريفات التي لم تخرج عن تعريف ابن سينا، د. علي عبد الله الدفاع، العلوم البحتة في الحضارة العربية والإسلامية، ط1، بيروت 1981، ص346-347. (المحقق)

**العربية** قبل **الإسلام** وقبل الاتصال بالثقافة **اليونانية** والتي كانت بمجموعها الأساس الذي ساعد على فهم وتطور علم الفلك.

إن المعلومات الفلكية تمتد عند **العرب** إلى ما **قبل الإسلام**، وإنه من الخطأ الاعتقاد أن **العرب** اقتصروا في معرفتهم الفلكية على مجموعة قليلة من الكواكب والنجوم والأبراج ومنازل القمر، وإن مراجعة للأشعار العربية والأخبار وما ورد في **القرآن الكريم** من معارف فلكية تؤكد بشكل لا يقبل الشك أن الفلك عندهم قد جاوز مرحلة الملاحظة العابرة ليصل إلى المعرفة المضبوطة بأحوال الكواكب والسماء، وجميع الأدلة التاريخية والأدبية تشير إلى زيادة اهتمامهم بالفلك لأغراض عملية وأغراض دينية وتنجيمية كذلك.

**المبحث الثالث- صور الكواكب وأسماء النجوم عند العرب**

الذي يطلع على كتاب العالِم الفلكي **عبد الرحمن بن عمر الصوفي** (ت816م)، المشهور (صورة الكواكب الثمانية والأربعين)، يقف بشكل دقيق على معارف **العرب** بالكواكب والبروج وبالفلك عامة، فيذكر أسماء الكواكب كما وردت في أشعارهم وأخبارهم مثل ذلك: الثريا والفرقدين والدبران والعيوق والعنز وغير ذلك. حتى بلغت أسماء الكواكب المستعملة عند **عرب البادية** نحو مائتين وخمسين أو أكثر[1].

وقد ميز **العرب** بوضوح بين الكواكب المتحيرة والكواكب الثابتة، وتوصلوا إلى معرفة خمسة كواكب متحيرة هي عطارد والمريخ والزهرة وزحل والمشتري، كما كانت معرفتهم بالكواكب الثابتة جيدة، تشير إلى ذلك الأسماء **العربية** التي أطلقوها عليها وبقيت مستعملة بأسمائها بعد ترجمة المؤلفات الفلكية إلى **العربية**.

إن معرفة **العرب** للكواكب الثابتة ومواقع طلوعها وغروبها من الأمور المهمة في حياتهم، إذ اتخذوها أدلة يهتدون بها في البر والبحر، فهي الوسيلة لإرشاد القوافل التي تجوب الصحراء الشاسعة ليلًا، وهي الدليل الذي يرشد أصحاب السفن والقوارب في البحر، وقد حفظ الشعر والسجع وحفظت الأخبار الواردة عن **العرب** معرفتهم بالكواكب، فأصبحت هذه المعرفة الفلكية فيما بعد تعرف عند الفلكيين باسم (**مذهب العرب**)، تمييزًا

---

(1) يُراجع، نيلنو، مصدر سبق ذكره، ص107. (المؤلف)

عن (**مذهب المنجمين**)، إذ نجد **عبد الرحمن الصوفي** يفرق في كتابه بين مذهب المنجمين الذين ساروا على مذهب **بطليموس**، و**مذهب العرب**، واستعان بالمذهبين في كتابه ليستدل بأحدهما على الآخر كما جاء في قوله: «فنذكر الآن كوكبة كل صورة على الانفراد وعدد كواكبها وأسمائها وألقابها على **مذهب المنجمين** و**مذهب العرب** لتستدل بأحدهما على الآخر وتعمل صورها المسماة بأسمائها المشبهة لها، ونرسم كل كوكب على موقعه من الصورة ليكون مشاكلًا لما يرى في السماء»[1].

كانت الأرصاد التي سجلها **العرب** في أشعارهم وأخبارهم كثيرة شملت مراقبة منازل القمر لعلاقة ذلك بضبط الأشهر والتواريخ، ورصدوا حركة الشمس الظاهرية في فصول السنة، وعرفوا الدورة التي يُتمها القمر في الشهر وعينوا البروج والصور التي ترسمها الكواكب الثابتة في القبة السماوية وغير ذلك، فعلى سبيل المثال نذكر كوكبة **الدب الصغير**، وهي تتألف من سبعة كواكب ثلاثة منها على ذنبه والأربعة الأخرى على بدنه، وتسمى هذه الكوكبة عند **العرب** باسم (**بنات نعش الصغرى**)، إذ تؤلف الأربعة على المربع نعشًا، والثلاثة التي على الذنب بنات، وتسمى النيرين من المربع الفرقدين والنير الذي على طرف الذنب الجدي وهو الذي يتوخى به القبلة[2].

إن التراث العربي القديم في الفلك الذي ألف فيه عدد من **العلماء العرب** بالاعتماد على ما جاء في الشعر العربي والأخبار الواردة عن **العرب**، والتراث **اليوناني** و**الهندي** الذي ترجمه **العرب** إلى لغتهم مصادر مهمة في النهضة الفلكية التي شهدتها **الحضارة العربية الإسلامية**، وانتشرت الجداول الفلكية المعروفة بالأزياج لتبين ما يخص كل كوكب من طريق حركته وسرعته ومكانه، فظهر عند **العرب في** علم الهيئة من فروعه علم الأزياج، «وهي صناعة حسابية على قوانين عددية فيما يخص كل كوكب من طريق حركته، وما أدى إليه برهان الهيئة في وضعه من سرعة وبطء واستقامة ورجوع وغير ذلك، يعرف به مواضع الكواكب في أفلاكها لأي وقت فرض من قبل حسبان حركاتها، على تلك القوانين المستخرجة من كتب الهيئة، ولهذه الصناعة قوانين كالمقدمات والأصول لها في معرفة الشهور والأيام

---

(1) يُراجع، عبد الرحمن الصوفي، مصدر سبق ذكره، ص25. (المؤلف)

(2) المصدر السابق، ص27. (المؤلف)

والتواريخ الماضية، وأصول متقررة من معرفة الأوج والحضيض والميول وأصناف الحركات واستخراج بعضها من بعض، يضعونها في جداول مرتبة تسهيلًا على المتعلمين، وتسمى الأزياج، ويسمى استخراج مواضع الكواكب للوقت المفروض تعديلًا وتقويمًا»[1].

والأزياج التي عملها **الفلكيون العرب** كثيرة منها أزياج على **مذهب السند هند**، وأزياج على **مذهب الفرس**، وأزياج على **مذهب العرب**، ويذكر لنا **ابن النديم** في كتابه الفهرست أن **لإبراهيم ابن حبيب الفزاري** كتابًا في الزيج على **سني العرب**[2]. بينما يذكر **ابن القفطي** في كتابه أخبار العلماء بأخبار الحكماء عن **محمد بن إبراهيم الفزاري** أنه «**فاضل في علم** النجوم متكلم في حوادث الحدثان خبير بتيسير الكواكب وهو أول من عني في **الملة الإسلامية** وفي أوائل **الدولة العباسية** بهذا النوع. وقد ذكر **الحسين بن محمد بن حميد المعروف بابن الآدمي** في زيجه الكبير المعروف بنظم العقد أنه قَدِمَ على **الخليفة المنصور** في سنة ست وخمسين ومائة رجل من **الهند** قيم بالحساب المعروف **بالسند هند** في حركات النجوم مع تعاديل معمولة على كردجات محسوبة لنصف نصف درجة مع ضروب من أعمال الفلك من الكسوفين ومطالع البروج وغير ذلك في كتاب يحتوي على عدة أبواب وذكر أنه اختصره من كردجات منسوبة إلى ملك من ملوك **الهند** يسمى **فيفر** وكانت محسوبة لدقيقة، فأمر **المنصور** بترجمة ذلك الكتاب إلى **العربية**، وأن يؤلف من كتاب تتخذه **العرب** أصلًا في حركات الكواكب، فتولى **محمد بن إبراهيم الفزاري** وعمل منه كتابًا يسميه المنجمون **السند الهند الكبير**»[3].

---

(1) يُراجع، ابن خلدون، المقدمة، ج3، ص1101-1102. (المؤلف)

(2) يُراجع، الفهرست، مصدر سبق ذكره، ص332. (المؤلف)

(3) يُراجع، القفطي، أخبار العلماء، مصدر سبق ذكره، ص177. (المؤلف)، ويلاحظ هنا وعلى طول تاريخ الحضارة العربية الإسلامية عندما انفتحت على الأمم الأخرى وحاولت أن تنقل علومها وحِكمها وقوانينها وفلسفاتها وغير ذلك، أن التوجيه دائمًا يأتي من مركز القرار السياسي الأول وهو الخليفة أو الأمير، ولم يكن بداعي تلاقح فكري وحضاري وبشكل طوعي ذاتي، إنها هيبة المال الذي يمتلكه الخليفة أو الأمير القابض على بيت المال والآمر بصرفه وإنفاقه، ولربما يحدثنا التاريخ الفكري لعصر الترجمة ونقل العلوم القديمة إلى العربية، كيف فعل المترجمون ببيت الحكمة العباسي من حيل في تسويد الكتب واستعمال أحبار وورق ثقيل لغرض كسب أكبر كمية من المال عن الكتاب المنقول إلى العربية ذلك الوقت مع علم الخليفة بالأمر لكنه غضّ الطرف عن ذلك. (المحقق)

ومن علماء الفلك الذين اشتغلوا بالأزياج على طريقة **السند هند** في زمان **المنصور** **يعقوب ابن طارق**، أما **محمد بن موسى الخوارزمي** فقد عمل زيجه أيام **المأمون** على مذهب **السند هند** ومذهب **الفرس**، يذكر **ابن القفطي** بقوله: «وكان أهل ذلك الزمن أكثر من يعملون به إلى أيام **الخليفة المأمون** فاختصره له **أبو جعفر محمد بن موسى الخوارزمي** وعمل منه زيجه المشهور ببلاد الإسلام وعوَّل فيه على أوساط **السند هند** وخالفه في التعاديل والميل فجعل تعاديله على مذهب **الفرس** وميل الشمس فيه على مذهب **بطليموس**»[1].

إن عمل الأزياج ليس بالمهمة السهلة، لأن ذلك يتطلب معرفة بقوانين ونظريات فلكية، كما يتطلب رصدًا دقيقًا لكواكب القبة السماوية من حيث الموضع والوقت وطريقة الحركة وغير ذلك من الأمور التي تتطلبها الجداول الفلكية، وهذا معناه أن الأزياج تختلف عن بعضها البعض نظرًا لاختلاف موقع الراصد وزمان الرصد، فأزياج **بطليموس** مثلًا لا تصلح أن يتخذها العالِم الفلكي في **بغداد** في القرن التاسع الميلادي، وذلك لاختلاف المكان واختلاف الزمان. وبناء على ذلك يتطلب عمل الأزياج جهودًا كبيرة في رصد الكواكب الثابتة والمتحيرة والمتحركة فضلًا عن معرفة حسابية وعددية لقياس الميل والأبعاد والدرجات وغير ذلك.

وإذا علمنا أن **علماء الفلك العرب** قد وضعوا بالفعل عددًا كبيرًا من الأزياج في **العراق والشام ومصر والشمال الأفريقي والأندلس** وغيرها من المناطق التي خضعت للثقافة العربية واللسان العربي، فإن ذلك يقتضي من دون شك وجود مراصد لرصد القبة السماوية في هذه المناطق جميعها وغيرها لتثبيت الحقائق الفلكية المتعلقة بأحوال السماء، وقد أقام **العرب** بالفعل عدة مراصد مهمة أشهرها مرصدا **المأمون في بغداد ودمشق**، ومرصد **سامراء** ومرصد **القاهرة** ومرصد **نيسابور** شرقي **إيران**، ومرصد **مراغة** ومرصد **ابن الشاطر في الشام** ومرصد **سمرقند** ومرصد **البتاني في الشام** وغيرها. واشتهرت هذه المراصد بما فيها من آلات مختلفة للرصد لقياس أبعاد الكواكب وعرض البلد، والتحول الاعتدالي، وسمت الكواكب وكل ما يتعلق بالرصد الفلكي، ولم تكن الآلات التي استخدمها **العرب** للرصد الفلكي من مبتكرات

(1) المصدر السابق، ص177-178. (المؤلف)

**اليونان**، بل إن ما ورثوه عن **اليونان** من آلات لا يمكن أن يرضي طموحهم في كشف ومعرفة أحوال النجوم والكواكب في القبة السماوية.

«لقد اهتم **العرب** اهتماماً بالغًا بالآلات الفلكية، وما ورثوه عن **اليونان** كان بدائيًا وأعجز من أن يساندهم في **سباقهم** نحو الأمجاد التي رسموها لأنفسهم، فكان أن طوروها وزادوا عليها أشياء عديدة وقدموا اختراعات أخرى تشبه المعجزات، مبتكرين بذلك آلات مختلفة للمراقبة والقياسات، أخذها الغرب عنهم وبقي على استعماله أمدًا طويلًا دون أن يكون لاختراع المنظار المكبر المتأخر أي تأثير في ذلك»[1].

ومن جملة الآلات (**اللبنة**)، وهي جسم مربع مستو، يستعلم به الميل الكلي وأبعاد الكواكب وعرض البلد، و(**الحلقة الاعتدالية**) وهي حلقة تنصب في سطح دائر المعدل، ليعلم بها التحول الاعتدالي، (**وذات الأوتار**) وهي أربع أسطوانات مربعات تغني عن الحلقة الاعتدالية. على أنها يعلم بها تحول الليل أيضًا، وذات الحلق، وهي أعظم الآلات هيئة ومدلولًا، وهي خمس دوائر متخذة من نحاس، هي: دائرة نصف النهار وهي مركوزة على الأرض، ودائرة معدل النهار، ودائرة منطقة البروج، ودائرة العرض، ودائرة الميل، وكذلك الدائرة الشمسية التي يعرف بها سمت الكواكب. وذات الشعبتين، وهي ثلاث مساطر على كرسي يعلم بها الارتفاع، وذات السمت والارتفاع، وهي نصف حلقة، قطرها سطح من سطوح أسطوانة متوازية السطوح، يعلم بها السمت وارتفاعها، وذات الجيب، وهي كثيرة الفوائد في معرفة ما بين الكوكبين من البعد، وهي ثلاث مساطر: اثنتان منتظمتان انتظام الشعبتين[2].

ويذكر الكاتب **الخوارزمي** في كتابه مفاتيح العلوم عددًا من آلات المنجمين منها الأسطرلاب بأنواعه المختلفة: الهلالي والكري والزورقي والصدفي والمسرطن والمبطح، والكرة التي يستخدمها المنجمون وبها تعرف هيئة الفلك وصورة الكواكب وتسمى أيضًا البيضة[3].

---

(1) يُراجع، زيغرد هونكة، شمس العرب تسطع على الغرب، نقله عن الألمانية فاروق بيضون وكمال الدسوقي، ط1، بيروت 1964، ص134. (المؤلف)

(2) يُراجع، قدري حافظ طوقان، مرجع سبق ذكره، ص133-134. (المؤلف)

(3) يُراجع، الخوارزمي الكاتب، مفاتيح العلوم، مصدر سبق ذكره، ص135-136. (المؤلف)

ولقد ثبت أن ذات السمت والارتفاع وذات الأوتار والمشبهة بالناطق وعصا الطوسي والربع التام، كل هذه، من مخترعات **العرب**. عدا ما اخترعوه من البراكير والمساطير وعدا التحسينات التي أدخلوها على كثيرٍ من آلات الرصد المعروفة **للإغريق** و**غير الإغريق**[1].

ونظرًا لأهمية الزمن في الرصد الفلكي، فقد استخدم **العرب** أنواعًا كثيرة من الساعات مثل: صندوق الساعات والرخامة والمكحلة واللوح وغيرها، واشتهر مرصد **مراغة** بآلاته الفلكية المتنوعة، فاستخدمه **نصير الدين الطوسي** (ت1274م)، الذي عينه **هولاكو** وزيرًا لدولته، لرصد النجوم والكواكب، وأصبح المرصد إلى جانب المكتبة التي ضمت ما يقرب من 400000 كتاب في العلوم معهدًا علميًا لأبحاث الفلك، فوضعت الأزياج تحت إشراف **الطوسي** بعد أن استقدم عددًا من العلماء المشهورين.

لقد أتاحت المراصد واهتمامات **العلماء العرب** جمع معلومات كثيرة في الفلك، فشمل مسح الكواكب والنجوم وكل ما يمكن أن تراه العين المجردة من أجرام سماوية، ونبغ عدد كبير من علماء الفلك ووضعت المؤلفات الفلكية التي تناولت تصحيح المعلومات والأرصاد الفلكية **اليونانية**، وتعديل الجداول الفلكية، والتثبت من الآراء والنظريات.

وفي عهد **المأمون** نشأ أولاد **موسى بن شاكر** نشأة علمية تحت رعاية العالِم الفلكي **يحي ابن أبي منصور**، فأصابوا من العلم الشيء الكثير نظرًا لما هيأه **المأمون** من وسائل فلكية وكتب وترجمات لمؤلفات **اليونان** وفسح المجال أمام عدد كبير من العلماء للبحث والمتابعة في بيت الحكمة، **وأولاد موسى بن شاكر** ثلاثة محمد وأحمد والحسن، وكانوا جميعًا مع والدهم من المتقدمين في الرياضيات وعلم الهيئة، واشتهر من بينهم أكبرهم **محمد بن موسى** بالفلك، وهو الذي سافر في بعثة لقياس محيط الأرض، وقد أورد **ابن خلكان** في كتابه وفيات الأعيان خبر قياس محيط الأرض بقوله: إن **المأمون** كان مغرمًا بعلوم الأوائل وتحقيقها، ورأى فيها أن دور كرة الأرض أربعة وعشرون ألف ميل كل ثلاثة أميال فرسخ، فيكون المجموع ثمانية آلاف فرسخ، بحيث لو وضع طرف حبل على أي نقطة كانت من الأرض، وأدرنا الحبل على كرة الأرض حتى انتهينا بالطرف الآخر إلى ذلك الموضع من

(1) يُراجع، قدري حافظ طوقان، مصدر سبق ذكره، ص135. (المؤلف)

الأرض، والتقى طرفا الحبل، فإذا مسحنا ذلك الحبل كان طوله أربعة وعشرون ألف ميل، فأراد **المأمون** أن يقف على حقيقة ذلك، فسأل **بني موسى** المذكورين عنه، فقالوا: نعم هذا قطعي. وقال: أُريد منكم أن تعملوا الطريق الذي ذكره المتقدمون حتى نبصر هل يتحرر ذلك أم لا؟ فسألوا عن الأراضي المتساوية في أي البلاد هي؟ فقيل لهم: صحراء **سنجار** في غاية الاستواء، وكذلك وطأة **الكوفة**، فأخذوا معهم جماعة ممن يثق **المأمون** إلى أقوالهم، ويركن إلى معرفتهم بهذه الصناعة، وخرجوا إلى **سنجار**، وجاؤوا إلى الصحراء المذكورة، فوقفوا في موضع فيها، فأخذوا ارتفاع القطب الشمالي ببعض الآلات، وضربوا في ذلك الموضع وتدًا، وربطوا فيه حبلًا طويلًا ومشوا إلى جهة الشمال أيضًا كفعلهم الأول، ولم يزل ذلك دأبهم حتى انتهوا إلى موضع أخذوا فيه ارتفاع القطب المذكور، فوجدوه قد زاد على الارتفاع الأول درجة، فمسحوا ذلك القدر الذي قدروه من الأرض بالحبال، فبلغ ستة وستين ميلًا وثلثي ميل، فعلموا أن كل درجة من درج الفلك يقابلها من سطح الأرض ستة وستون ميلًا وثلثان، ثم عادوا إلى الموضع الذي ضربوا فيه الوتد الأول وشدوا فيه حبلًا، وتوجهوا إلى جهة الجنوب ومشوا على الاستقامة، وعملوا كما عملوا في جهة الشمال من نصب الأوتاد وشد الحبال حتى فرغت الحبال التي استعملوها في جهة الشمال، ثم أخذوا الارتفاع فوجدوا القطب الشمالي قد نقص عن ارتفاعه الأول درجة، فصح حسابهم، وحققوا ما قصدوه من ذلك، وهذا إذا وقف عليه من له يد في علم الهيئة ظهر له حقيقة ذلك، ومن المعلوم أن عدد درج الفلك ثلاثمائة وستون درجة، لأن الفلك مقسوم باثني عشر برجًا، وكل برج ثلاثون درجة، فتكون الجملة ثلاثمائة وستين درجة، فكانت الجملة أربعة وعشرين ألف ميل، هي ثمانية آلاف فرسخ، وهذا محقق لا شك فيه»[1].

وقد أورد **نيلنو** في كتابه علم الفلك عند العرب في العصور الوسطى، روايتين من بينها رواية **ابن خلكان** في قياس محيط الأرض، والرواية الثانية يقول إنها موجودة في الباب الثاني من كتاب الزيج الكبير الحاكمي **لابن يونس المصري** (ت1009م)، والتي نقلها عن النسخة الخطية المحفوظة بمكتبة **ليدن**. «الكلام فيما بين الأماكن من الذرع، وذكر **سند بن علي** في كلام وجدته له أن **المأمون** أمره هو و**خالد بن عبد الملك المروذي** أن يقيسا مقدار

---

(1) يُراجع، ابن خلكان، وفيات الأعيان وأنباء أبناء الزمان، القاهرة، ج3، ص248-249. (المؤلف)

درجة من أعظم دائرة من دوائر سطح الكرة الأرض، قال: فَسُرنَا لذلك جميعًا وأمر **علي بن عيسى الأسطرلابي** و**علي بن البحتري** بمثل ذلك فساروا إلى ناحية أخرى، قال **سند بن علي**: فسِرْتُ أنا و**خالد بن عبد الملك** إلى ما بين واصه (**واسط**) و**تدمر** وقسنا هناك مقدار درجة من أعظم دائرة تمر بسطح كرة الأرض فكان سبعة وخمسين ميلًا (الميل العربي=1973,2م)، وقاس **علي بن عيسى** و**علي بن البحتري** فوجدا مثل ذلك، وورد الكتابان من الناحيتين في وقت واحد بقياسين متفقين، وذكر **أحمد بن عبد الله** المعروف **بحبش** في الكتاب الذي ذكر فيه أرصاد أصحاب الممتحن، (أي أصحاب الزيج الممتحن وهو زيج شهير ألفه جماعة من فلكي **الخليفة المأمون** برئاسة **يحي بن أبي منصور المنجم** بناء على الأرصاد العربية الجديدة المُمتَحَنَة)، **بدمشق أن المأمون** أمر أن تقاس درجة من أعظم دائرة من دوائر بسيط كرة الأرض، قال: فساروا لذلك **إلى برية سنجار** حتى اختلف ارتفاع النهار بين القياسين في يوم واحد بدرجة ثم قاسوا ما بين المكانين فكان 56 و1/ 4 ميل، كل ميل منها أربعة آلاف ذراع بالذراع السوداء التي اتخذها المأمون، وأقول: إن بالله التوفيق أن هذا القياس ليس بمطلق، بل يحتاج مع اختلاف ارتفاعي نصف النهار بدرجة إلى أن يكون القائسون جميعًا في سطح دائرة واحدة من دوائر نصف النهار، والسبيل إلى ذلك بعد أن نختار للقياس مكانًا معتدلًا ضاحيًا أن نستخرج خط نصف النهار في المكان الذي يبتدئ منه القياس ثم نتخذ حبلين دقيقين جيدين طول كل واحد منهما نحو خمسين ذراعًا ثم نمر أحدهما موازيًا لخط نصف النهار الذي استخرجناه إلى أن ينتهي ثم نضع طرف الحبل الآخر في وسطه ونمره راكبًا عليه إلى حيث بلغ ثم نرفع الحبل الأول ونضع أيضًا طرفه في وسط الحبل الثاني ونمره راكبًا عليه ثم نفعل ذلك دائمًا ليحفظ السمت وارتفاع نصف النهار يتغير دائمًا بين المكان الأول الذي استخرج فيه خط نصف النهار والمكان الثاني الذي انتهى إليه الذين يسيرون حتى إذا كان بين ارتفاعي نصف النهار في يوم واحد درجة بآلتين صحيحتين تبين الدقيقة في كل واحدة منها قيس ما بين المكانين فما كان الأذرع فهو ذرع درجة واحدة من أوسع دائرة تمر ببسيط كرة الأرض، وقد يمكن أن يحفظ السمت خط نصف النهار المستخرج وينقل أقربها من البصر متقدمًا ثم الذي يليه ثم الثالث دائمًا إن شاء الله تعالى»[1].

---

(1) يُراجع، نيلنو، مصدر سبق ذكره، ص281-284. (المؤلف)

ويذهب نلينو بعد عرض الروايتين إلى بيان الأخطاء التي وقعت في رواية **ابن خلكان**، ذلك أن تنفيذ أمر الخليفة لم يكن **لأبناء موسى**، بل وُكِّل تنفيذه إلى المنجمين أصحاب الزيج المُمتَحَن، وأن حاصل القياس وهو 66 و2/ 3 خطأ.

والصحيح هو أن ما يستخرج من زيج **ابن يونس** وكتب غيره أن جماعة من الفلكيين قاسوا قوسًا من خط نصف النهار في صحراوين أي البرية عن شمالي تدمر وسنجار ثم أن حاصل العملين اختلفا فيما بين 56 و1/ 4 ميل و57 ميلًا، فأخذ متوسطهما أي 56 و2/ 3 تقريبًا[1].

لقد حقق **الفلكيون العرب** عدة خطوات علمية ونتائج مهمة، منها ما يتصل بنظرتهم إلى الكرة الأرضية وطريقة قياس محيطها، ومنها ما يتصل بأسلوب البحث والتثبت من النتائج، ونستطيع أن نوجز هذه النتائج كما يأتي:

**أولًا:** إن الإقدام على قياس محيط الأرض معناه أن **علماء الفلك العرب** قد تيقنوا بالأدلة والبراهين أن الأرض كروية، وان قياس محيطها معناه قياس الدائرة العظمى التي يكون مركزها هو مركز الأرض، ونظرًا لصعوبة قياس الدائرة العظمى فقد اقتضى عملهم على قياس درجة واحدة منها، وبالتالي معرفة محيط الأرض، فإذا عرفنا أن الميل العربي يساوي 1973 مترًا، فإن طول الدرجة تكون 111815 مترًا وطول محيط الأرض 41248 كيلو مترًا.

**ثانيًا:** إن الطريقة التي اتبعها **علماء الفلك العرب** في قياس محيط الأرض جديدة ومبتكرة وهي غير الطريقة التي قاس بها **إيراتوستينس** محيط الأرض بواسطة زاوية أشعة الشمس، فضلًا عن أن نتيجة القياس التي توصل إليها **العلماء العرب** أقرب إلى الحقيقة والصواب.

**ثالثًا:** اعتمد العمل العلمي لقياس محيط الأرض على البعثات العلمية الفلكية وعدم الاكتفاء ببعثة علمية واحدة، وذلك بإرسال بعثتين إلى منطقتين مختلفتين، ومقارنة النتائج التي يتوصل إليها كل فريق قصد الوصول إلى القياس الصحيح وتثبيت النتيجة بالصيغة النهائية.

---

(1) المصدر السابق، ص286-287. (المؤلف)

أما المسألة الفلكية الأخرى التي لها صلة بالأرض هي موقف **الفلكيين العرب** من سكون الأرض أو حركتها، فمن المعروف أن **العرب** ورثوا نظرية مركزية الأرض وثبوتها في وسط العالَم عن **اليونان**، واقتنع معظمهم بالأدلة التي ساقها **بطليموس** لإثبات أن الأرض ساكنة وسط العالَم، فالعالِم الفلكي **أبو الريحان البيروني** مثلًا يحاول البرهان على بطلان حركة الأرض بطرح مقدمة فلكية على سبيل الافتراض وهي: أن الأرض متحركة، ومقدمة أخرى حسابية هي قياس محيط الأرض، ليستنبط بعد ذلك بعملية حسابية بسيطة أن حركة الأرض ليست ظاهرة للقياس.

عَرفَ **البيروني** أن علماء الفلك أيام **المأمون** قد توصلوا إلى أن قياس درجة واحدة من محيط الأرض هو 56 و2/ 3 ميل، فأراد التثبت من النتيجة لاعتقاده أن العيان أولى من الخبر فقال: «وقد اعتبرت ذلك بأرضهم وحصلت مقدار انحطاط الأفق في قلة جبل صيرته معلوم العمود واستخرجت منه قدر تلك الزاوية فحام حول السبعة والخمسين ميلًا، ولذلك اعتمدنا الامتحان الموصلي»[1].

ثم يواصل **البيروني** بعد ذلك عرض برهانه في بطلان حركة الأرض بالاستناد إلى المقدمتين السابقتين بقوله: «فليعلم الآن أن الأرض لو كانت متحركة كما ذُكر لكان ما ذكرنا من الأميال لمنطقة حركتها ثلاثمائة وستين ضعفًا في أربع وعشرين ساعة يختص الجزء من تسع مائة من الساعة، وهو الدقيقة من الفلك مائة ألف وسبع مائة وثمان وسبعين ذراعًا، ومقدار دوران هذه الدقيقة من الأزمان بتقدير **الهند** إياه نفس واحد من أنفاس الإنسان، فإذا كانت الحركة فيه قريبًا من ميل كانت ظاهرة للقياس، فإذا كانت الأشياء المنفصلة عن الأرض حافظة للمسامتة بما لها مع الأرض من الحركة فمعلوم أنه إذا غشيها قوة زائدة قاسرة فإنه يزيلها عن ذلك السكون المتخيل ويظهر فيها أثرها فأوجبت اختلافها في الجهات، لأن القاسرة في جهة المشرق مجتمعة مع الطبيعة وفي جهة المغرب معاندة لها دافعة فتكون وثبة الواثب فيها مختلفتان، ومور السهم المرمي إليهما والطائر القاطع نحوهما متباينًا، ويتفاوت كذلك في الشمال والجنوب وللاتساع

(1) يُراجع، البيروني، القانون المسعودي، حيدر آباد 1954، ص52. (المؤلف)

في أحدهما والتضايق في الآخر، وليس من ذلك شيء موجود، فليس للأرض في مكانها حركة دورية حول مركزها»[1].

ورب سائل يسأل: هل ظهر من بين **العلماء العرب** من قال بحركة الأرض حول محورها؟

والجواب: نعم، وإن كانت المصادر في ذلك قليلة، فنورد هنا نصًا يثبت ذلك، ومن بعدها مقدمة ونتائج استخدمت كدليل على إشاعة فرض الحركة.

يورد **نيلنو** افتراض حركة الأرض حول محورها بقوله: «أما **العرب** فلا أدري فيهم أحدًا ظن الكرة السماوية ساكنة والأرض دائرة على محورها اللهم إلا **أبا سعيد أحمد بن عبد الجليل السجزي** الرياضي المشهور الكائن في النصف الثاني من القرن الرابع الهجري، ففي القسم غير المطبوع من كتاب جامع المبادئ والغايات **لأبي علي الحسن المراكشي** من علماء القرن السابع ورد عند وصف الأسطرلاب المعروف بالزورقي هذا النص «قال **أبو الريحان البيروني** إن مستنبِط هذا الأسطرلاب هو **أبو سعيد السجزي** وهو مبني على أن الأرض متحركة والفلك بما فيه إلا السبعة السيارة ثابت»[2].

ويذكر **البيروني** موقف من يميل إلى نصرة الرأي القائل بحركة الأرض ليصل في النهاية إلى إثبات بطلان حركة الأرض، ونظرًا لأهمية النص من الناحيتين الفلكية والفيزياوية ودقة الاستنتاج الذي توصل إليه أصحاب رأي حركة الأرض، أذكر من دون تعليق **البيروني** عليه «وأما أنا فقد شاهدت أحد من مال إلى نصرة هذا الرأي من المبرزين في علم الهيئة لم يلتزم نزول الثقيل إلى الأرض على القطر عمودًا على وجهها، بل محرفًا على زوايا مختلفة لا نضبط فيه ولا نحفظ غير المسامتة، لأن الرجل رأى للثقيل المنفصل عن الأرض حركتين: إحداهما دورية لما في طبيعة الجزء من ثقل الكل في خواصه والأخرى مستقيمة لانجذابه إلى معدنه، فالثقيل إذا انفصل عن الأرض تحرك بأولاهما حركة توجب في الهواء لزوم المسامتة الواجبة، وأما الثانية المستقيمة فتوجب لو تجردت وقوعه عن غرب المسامتة أبدًا، لكن هويه مركب منهما فلذلك لا ينحرف عن المسامتة، والخط الذي ينزل عليه ليس بعمود على الأرض

---

(1) المصدر السابق، ص52-53. (المؤلف)

(2) يُراجع، نيلنو، مصدر سبق ذكره، ص251. (المؤلف)

بالحقيقة، بل مائل نحو المشرق، وليس رسمه في الهواء محفوظًا وللحس مستبينًا حتى يعتبر قيامه أو ميله، وإنما يتخيل له القيام من أجل ما ثبت في الوهم من صورة مسامتة...»[1].

يشير هذا النص إلى عدة حقائق علمية فيها مقدمات ونتائج، فالمقدمات لإثبات حركة الأرض حول محورها هي: أن للجسم الثقيل النازل من أعلى اتجاهين في الحركة: حركة دورية وأخرى مستقيمة رأسيًا إلى مركز الأرض، والأولى تفرض بقاء حركته باتجاه حركة الأرض، والثانية تجذبه نحو الأرض فلا تسمح له باستمرار الحركة الدورية، ولما كانت حركته مركبة من هاتين الحركتين فإن الخط الذي ينزل عليه الجسم الثقيل ليس بعمود على الأرض بل مائل نحو المشرق، وهذا استنتاج صحيح، ولو قدر **للعلماء العرب** إجراء تجربة بإسقاط جسم من مرتفع شاهق وكانت عندهم أقيسة وآلات دقيقة لأمكن البرهان بالتجربة التي كان **البيروني** يتوخاها، لإثبات حركة الأرض حول محورها.

نترك الآن الأرض وحركتها لنبحث في النظرية الفلكية بصورة عامة بما فيها من مفاهيم ومبادئ عامة تتعلق بالكواكب الثابتة والمتحركة والمتحيرة والأفلاك الخاصة بها، وتفسير بعض الظواهر الفلكية، لنقف على الصورة التي وصل إلى رسمها علم الفلك عند العرب.

الكواكب الثابتة هي النجوم المبثوثة في السماء ما عدا الكواكب السبعة السيارة، وسميت ثابتة لأنها ثابتة الأبعاد لا يقرب أحدها من الآخر ولا يبعد عنه، والكواكب السيارة السبعة التي اختص كل واحد منها بكرة على حده ولا يزال كل واحد منها يقرب من غيره السيارة ومن الثوابت، ويبعد عنها بالمسافة والمحاذاة وذلك لأجل حركته وسرعة مسيره[2].

ونظرًا لتأثير نظرية الأكر **اليونانية** في علم الفلك العربي، فقد ذهب **الفلكيون العرب** إلى القول إن «الفلك جسم كري متحرك في مكانه مشتمل في جوفه على أشياء غير متحركة بطبعها كحركته ونحن في وسطه، وسمي فلكًا لاستدارته وحركته تشبيهًا بفلك المغزل»[3].

---

(1) البيروني، القانون المسعودي، ص50-51. (المؤلف)

(2) يُراجع، البيروني، كتاب التفهيم لأوائل صناعة التنجيم، ص46-47. نقلًا عن The Book Of Instruction In The Elements Of The Art Of Astrology By A.M.AL-BIRUNI, Redroduced From Britt.Mus. Ms.Or.8349 Translation by R. Ramsay Wright, London 1934. (المؤلف)

(3) المصدر السابق، ص43. (المؤلف)

وفيما يلي مجموعة من التعريفات لبعض المفاهيم الفلكية استقيناها من كتاب مفاتيح العلوم **للخوارزمي الكاتب**[1]

**الفلك المستقيم** - هو معدل النهار وهو الدائرة العظمى التي تحيط على قطبي السماء اللذين عليهما يتحرك من المشرق إلى المغرب دورة في كل يوم وليلة، سمي معدل النهار، لأن الشمس إذا بلغته اعتدل النهار.

**فلك البروج** - هو الدائرة التي ترسمها الشمس بسيرها من المغرب إلى المشرق في سنة واحدة، وهو مقسوم اثني عشر قسمًا وهي البروج، (الحمل، والثور، والجوزاء، والسرطان، والأسد، والسنبلة، والميزان، والعقرب، والقوس، والجدي، والدلو، والحوت). ولما كان طول فلك البروج 360 درجة وهو مقسوم اثني عشر قسمًا، فإن طول كل برج منها ثلاثون درجة، وكل درجة ستون ثانية وكل ثانية ستون ثالثة وهكذا.

**منطقة البروج** - هي نطاق البروج ووسط البروج الذي فيه مسير الشمس.

**فلك الأوج** - هو الخارج عن المركز وسمي خارج عن المركز لأن مركزه غير مركز الأرض، ولكنه يحيط بالأرض.

**فلك التدوير** - هو فلك صغير لكل كوكب ولا يحيط بالأرض ويكون فيه سير جرم الكوكب.

**الأوج** - هو أرفع موضع من الفلك الخارج المركز، أعني أبعده من الأرض.

**الحضيض** - هو مقابل الأوج وهو أخفض موضع في هذا الفلك وأقربه من الأرض.

**سير الطول للكوكب** - هو سير في نطاق البروج.

**سير العرض** - هو تباعد الكواكب عن نطاق البروج إلى ما يلي قطب الشمال وقطب الجنوب.

**رجوع الكوكب ورجعتها**- هو سيرها طولًا على خلاف نضد البروج.

---

(1) يُراجع، ص125-130. (المؤلف)

**واستقامتـها** - هو سيرها على نضد البروج.

**الإقـامـة** - وقفة الكواكب قبل الرجوع وقبل الاستقامة في رأي العين، فأما الحقيقة فإن الكواكب لا تقف البتة ولا تسكن عن سيرها.

**وسط الكوكب** - هو سيره الوسط في فلكه الخاص والخارج المركز.

**السير المعدل** - هو تقويمه وهو حركته في فلك البروج.

**التعـديـل** - ما يزاد على وسطه أو ينقص منه حتى يعلم سيره المعدل المقيس برأي العين في فلك البروج.

**نقطة الاعتدال الربيعي**- هي رأس الحمل، لأن الشمس إذا بلغته اعتدل النهار في الربيع.

**نقطة الاعتدال الخريفي**- هي رأس الميزان، لأن الليل والنهار يعتدلان في الخريف إذا بلغته الشمس.

**نقطة المنقلب الصيفي**- هي رأس السرطان، لأن الشمس إذا بلغته تناهى قصر النهار وبدأ في الزيادة.

**نقطة المنقلب الشتوي**- هي رأس الجدي، لأن الشمس إذا بلغته تناهى قصر النهار وبدأ في الزيادة.

إن هيئة العالَم عند **علماء الفلك العرب** تعتمد على أدلة وفروض مع محاولة لتبسيط النظرية الفلكية بعيدًا عن تعقيدات **بطليموس**، فالأرض كروية لا شك في ذلك، وأن الأدلة على كرويتها كثيرة منها ما يشاهده المرء من استدارة سطح الماء، وما يشاهده المرء على الأرض «فإن السائر في براريها نحو الجبال يظهر له منها أعاليها كأنها تبرز من الأرض شيئًا بعد شيء حتى ينتهي إليها، وهذا ظاهر في الوجود يستقيم منه الدلالة على الأرض والماء معًا في الكرية»(1).

أما الأفلاك فهي تامة الاستدارة كرية، وإن الأرض تقع في مركز الأفلاك، وإن الكواكب

---

(1) يُراجع، البيروني، القانون المسعودي، ج1، ص48. (المؤلف)

السيارة تدور في أفلاكها حول الأرض، ومن وراء أفلاك الكواكب السيارة يوجد فلك الكواكب الثابتة أو فلك البروج، والكواكب السيارة سبعة تترتب أفلاكها بعضها فوق بعض، وهي القمر وعطارد والزهرة والشمس والمريخ والمشتري وزحل، ومن الملاحظ أن الكواكب السيارة تختلف في حركتها، وهذا أمر ظاهر لمن يشاهد حركاتها في القبة السماوية، ولأجل تفسير التفاوت في الحركة نجد **إخوان الصفا** يذهبون في رسائلهم إلى القول إن: «الفلك المحيط (ما وراء فلك البروج) الذي هو المحرك الأول عن الحركة الأولى التي هي النفس الكلية يدور حول الأرض في كل أربع وعشرين ساعة سواء دورة واحدة، ولما كان الكوكب في جوفه مماسًا له من داخله صار يديره معه نحو الجهة التي يدور إليها، ولكن تقتصر حركته عن سرعة حركة محركه بشيء يسير، فيختلف عن موازاة أجزائه في كل مائة سنة درجة واحدة، ولما كان فلك زحل في جوف هذا الفلك مماسًا له في داخله صار يديره معه نحو الجهة التي يدور إليها، ويتبعه فلك زحل، ولكن تقتصر أيضًا حركته عن سرعة محركه بشيء يسير، فيختلف في كل يوم عن موازاة أجزاء الفلك المحيط دقيقتين، وهكذا يجري حكم فلك المشتري في جوف فلك زحل كل يوم خمس دقائق يتأخر عن موازاة أجزاء الفلك المحيط، وكذلك حكم فلك المريخ، في جوف فلك المشتري يتأخر عن موازاة أجزاء الفلك المحيط في دورة في كل يوم إحدى وثلاثين دقيقة، وهكذا حكم الشمس في جوف فلك المريخ، وفلك الزهرة في جوف فلك الشمس، وفلك عطارد في جوف فلك الزهرة يتأخر كل واحد منها عن موازاة أجزاء الفلك المحيط في كل يوم تسعًا وخمسين دقيقة، وأما فلك القمر فيتأخر كل يوم عن موازاة الدرجة التي كان موازيًا لها ثلاث عشرة درجة وكسرًا»[(1)].

ومن الكواكب السيارة السبعة خمسة تعرف بالمتحيرة وهي: زحل والمشتري والمريخ وزهرة وعطارد، وسميت متحيرة لأنها تظهر للمراقب لها أنها ترجع من وقت لآخر عن سيرها المستقيم، وقد وصف الفلكيون ثلاث حالات للكوكب المتحير: الرجوع والاستقامة والوقوف، وكان لا بد من تفسير هذه الظاهرة الفلكية في ضوء نظرية مركزية الأرض في العالَم، فاتبع **بطليموس** الخطوات الآتية:

(1) يُراجع، إخوان الصفا، الرسائل، بيروت، ج2، ص34-35. (المؤلف)

**أولًا:** إن لكل كوكب من الكواكب المتحيرة فلكه الخاص به، والذي يحيط بالأرض باعتبارها مركز العالَم، والفلك في كل الحالات مستدير الشكل تقع الأرض في مركزه.

**ثانيًا:** إن اختلاف سرعة الكوكب المتحير واقترابه وابتعاده واختلاف حركته استقامة ورجوعًا ووقوفًا، لا يمكن تفسيره بالفلك المحيط بالأرض، بل لا بد من افتراض فلك آخر يختص بالكوكب ولكنه لا يحيط بالأرض وهذا هو فلك التدوير، فعندما يكون الكوكب في القسم الأعلى من فلك التدوير تكون حركته نحو الشرق وعلى توالي البروج، وعندما يكون الكوكب في القسم الأسفل تكون حركته نحو الغرب وعكس توالي البروج من الآخر إلى الأول، وبالطريقة نفسها يظهر الكوكب قريبًا عندما يكون في القسم الأسفل من فلك التدوير، وبعيدًا عندما يكون في القسم الأعلى منه، وفي حالة الصعود والنزول يُرى الكوكب وكأنه واقف.

**ثالثًا:** أضاف **بطليموس** فلكًا ثالثًا لا ينطبق على مركز العالَم، وأُطلق عليه اسم (معدل للمسير)، وذلك لتفسير حركة القمر والكواكب المتحيرة، وهذا الفلك الثالث حيلة لجأ إليها **بطليموس** للإبقاء على فرضية الحركة المنتظمة للكواكب، فالكوكب يدور في فلكه حركة منتظمة بالقياس إلى الفلك الثالث.

**وفيما يلي صورة توضيحية لفلك التدوير وفلك الكواكب حول الأرض.**

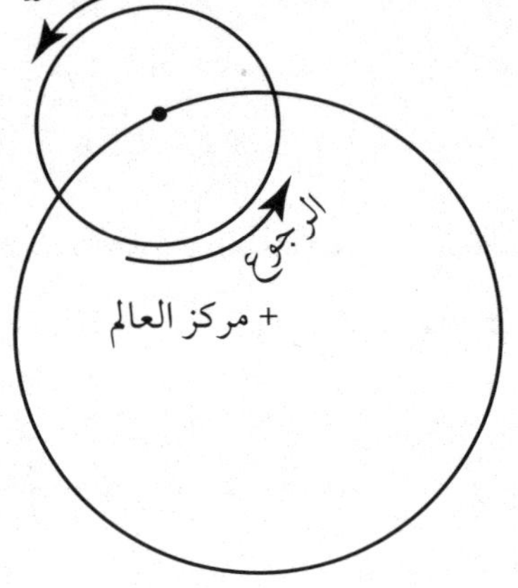

**ثم صورة توضيحية أخرى للأفلاك الثلاثة: فلك المعدل للمسير والفلك الحامل وفلك التدوير.**

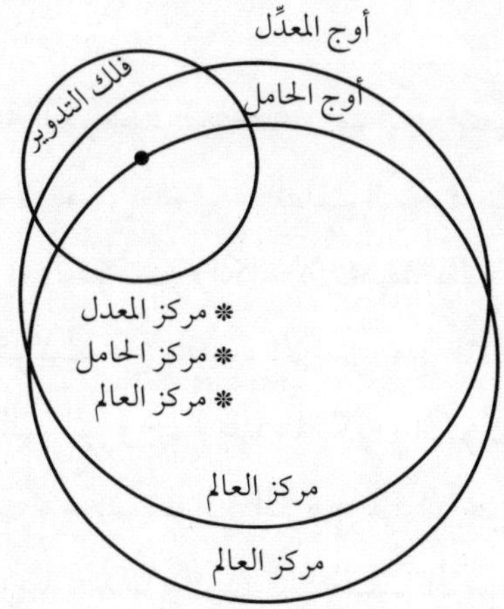


إن افتراض **بطليموس** للفلك المعدل أدى إلى صعوبات وتعقيدات كثيرة، ولم يحض هذا الافتراض بقبول تام من قبل **علماء الفلك العرب**، ومن أبرز من تصدى له بالنقد وإظهار الشُّبَه والشكوك والتناقضات حول أقوال **بطليموس** في هذا الصدد هو **الحسن بن الهيثم** في رسالته الموسومة (الشكوك على بطليموس)، وكانت غايته التخلص من افتراض **بطليموس** للفلك الثالث الجديد.

ولم يكن **ابن الهيثم** وحده من بين علماء الفلك في إثارة الشكوك حول تعاليم **بطليموس**، بل من المعروف أن **نور الدين البطروجي الأشبيلي** (ت1185م)، قد عارض صراحة تعاليم **بطليموس**، فكان بذلك مجددًا في علم الفلك من جهة ومؤسسًا أو مساهمًا في تأسيس علم الفلك الحديث من جهة أخرى، إذ ساهمت تصوراته العلمية في زعزعة الثقة بنظرية **بطليموس** والتمهيد لبزوغ نظرية فلكية جديدة.

إن الإصلاحات التي ساهم بها **علماء الفلك العرب** لمعظم أرصاد **بطليموس** كانت هي الأخرى مادة علمية دقيقة، بالإضافة إلى ما تقدم في زعزعة الثقة بالتعاليم اليونانية، فقال عنه **ابن القفطي**: «أحد المشهورين برصد الكواكب والمتقدمين في علم الهندسة وهيئة الأفلاك وحساب النجوم وصناعة الأحكام له وله زيج جليل ضمنه أرصاد النيرين وإصلاح حركاتها المثبتة في كتاب **بطليموس** المعروف بكتاب المجسطي، وذكر فيه حركات الخمسة المتحيرة

على حسب ما أمكنه من إصلاحها وسائر ما يحتاج إليه من حساب الفلك وكان بعض أرصاده التي سماها في زيجه سنة تسع وستين ومائتين من الهجرة ومن ذلك في سنة سبع وثمانين ولا نعلم أحدًا في **الإسلام** بلغ مبلغه في تصحيح أرصاد الكواكب وامتحان حركاتها»[1].

والمسألة الأخيرة التي نتناولها في هذا الفصل هي صور الكواكب مع الإشارة إلى بعض النجوم التي فيها على مذهبي **المنجمين العرب**، تتوزع النجوم في صور يختلف في عددها المنجمون فيذكر الكاتب **الخوارزمي** في موسوعته أن الكواكب الثابتة تقع في خمس وأربعين صورة[2]، ويذكر **عبد الرحمن الصوفي** أن عددها ثمانٍ وأربعون صورة، منها في النصف الشمالي من الكرة إحدى وعشرون صورة، ومنها في النصف الجنوبي من الكرة خمس عشرة صورة[3]. وقد سميت هذه الصور بأسماء الأشياء المشابهة لها، فمنها على صورة الإنسان مثل: صورة كوكبة الجوزاء وصورة كوكبة الجاثي وصورة كوكبة الحواء، ومنها على صورة الحيوان مثل: الحمل والثور والسرطان والأسد والعقرب والحوت والدب الكبير والدب الأصغر، ومنها ما هو خلاف ذلك كله مثل: الميزان والسفينة والإكليل.

والصورة التي تقع في النصف الشمالي من الكرة هي: الدب الأصغر والدب الأكبر والتنين وقيقاوس والعواء والإكليل الشمالي والجاثي على ركبته والشلياف والطائر وذات الكرسي وحامل رأس الغول، وممسك الأعنة والحواء وحية الحواء والسهم والعقاب والدلفين وقطعة الفرس والفرس الثاني والمرأة المسلسلة والمثلث.

ومن الصور ما يقع في وسط الفلك وهي صور البروج الإثني عشر: الحمل والثور والتوءمان والسرطان والأسد والسنبلة والميزان والعقرب والقوس والجدي والدلو والحوت.

ومن الصور ما يقع في النصف الجنوبي من الكرة وهي: قيطس والجبار والنهر والأرنب والكلب الأكبر والكلب الأصغر والشجاع والسفينة والباطية والغراب وقيطورس والضبع والمجمرة والإكليل الجنوبي والحوت الجنوبي.

---

(1) يُراجع، القفطي، أخبار الحكماء، مصدر سبق ذكره، ص184. (المؤلف)

(2) يُراجع، الخوارزمي الكاتب، مفاتيح العلوم، ص123. (المؤلف)

(3) يُراجع، عبد الرحمن الصوفي، مصدر سبق ذكره، ص22-23. (المؤلف)

وكما أن للشمس بروجها الإثني عشر، فإن للقمر منازله، وهي ثمانية وعشرون منزلًا على **مذهب العرب**: الشرطان والبطين والثريا والدبران وضربان والهقعة والهنعة والذراع والنثرة والطرف والجبهة والزبرة والصرفة والعواء والسماك والغفر والزياني والإكليل والقلب والشولة والنعائم والبلدة وسعد ذابح وسعد بلع وسعد السعود وسعد الأخبية والفرغان والرشاء أو بطن الحوت. والمنازل مقسومة على البروج موزعة عليها، فالشرطان والبطين وثلث الثريا للحمل، وثلثا الثريا والدبران وثلثا الهقعة للثور، وثلث الهقعة والهنعة والذراع للجوزاء، والنثرة والطرف وثلث الجبهة للسرطان، وثلثا الجبهة والخرتان وثلثا الصرفة للأسد، وثلث الصرفة والعواء والسماك للسنبلة، والغفر والزبانان وثلث الإكليل للميزان، وثلثا الإكليل والقلب وثلثا الشولة للعقرب، وثلث الشولة والنعائم والبلدة للقوس، وسعد الذابح وسعد بلع وثلث سعد السعود للجدي، وثلث الفرغ المقدم والفرغ المؤخر وبطن الحوت للحوت[1].

ونختار الآن بعض صور الكواكب وأسماء النجوم فيها على **مذهب العرب** للدلالة على دقة ملاحظات **العرب** في رصد السماء ومواقع النجوم والكواكب فيها ومعرفتهم الدقيقة بالنجوم وأحوالها.

**صورة الدب الأصغر**- عدد كواكبها سبعة، ثلاثة على الذنب وأربعة على البدن.

تسمي **العرب** هذه الصورة (بنات نعش الصغرى) أربعة على المربع المستطيل تؤلف النعش، بينما تؤلف الثلاثة الذنب، وهي عند **العرب** تسمى بنات، ويوجد على المربع الفرقدان، وفي طرف الذنب الجدي.

**صورة الدب الأكبر**- عدد كواكبها سبعة وعشرون كوكبًا موزعة على أجزاء جسمه كلها، وتسمي **العرب** هذه الصورة (بنات نعش الكبرى)، إذ فيها أربعة كواكب نيرة وتؤلف النعش وثلاثة أُخرى على الذنب، ومن الكوكب في هذه الصورة: القايد والعناق والجوز والسها والصيدق ونعيش والصرفة والصفيرة التي تسميها **العرب** الهلبة.

---

(1) ذكرت ذلك المصنفات العربية في الأنواء وكذلك بعض المصنفات الفلكية نذكر منها كتاب الأنواء لابن قتيبة، وكتاب الأزمنة والأنواء لابن الأجدابي، وكتاب صور الكواكب الثمانية والأربعين للصوفي وغير ذلك.

**صـورة التنـين** - عدد كواكبها واحد وثلاثون كوكبًا، وقد سمت **العرب** الكوكب الواقع على طرف اللسان الراقص، والأربعة التي رأسه العوائد، وفي وسط العوا كوكب صغير جدًا تسميه **العرب** الربع ولم يذكره **بطليموس**، وتسمي الاثنين النيرين اللذين بين الفرقدين وبين العوائد الذئبين والجرين والعوهقين[1].

**صـورة العـوا** - عدد كوكبها اثنان وعشرون كوكبًا، ومن كواكبه النيرة السماك الرامح، وتسمي **العرب** الكواكب التي حول السماك السلاح.

**صـورة الشلياق** - عدد كوكبها عشرة، أولها نير ويسمى النسر الواقع، وقدام النسر كواكب خفية هي الأظفار كما تسميها **العرب**.

**صـورة الطـائـر**- عدد كواكبها سبعة عشر كوكبًا من الصورة واثنان خارجها، ومن كوكبها أربعة مصطنعة أطلقت **العرب** عليها اسم الفوارس، ثم الردف الذي يطلق على كوكب نير يقع على الذنب.

**صورة الفرس الأعظم** - عدد كوكبها عشرون كوكبًا، منها أربعة نيرة على المربع تسمى الدلو عند **العرب**، وتسمى الاثنين المتقدمين من الأربعة الفرغ المؤخر والفرغ المقدم، وتسميها أيضًا العرقرة العليا وناهزي الدلو المقدمين، ويسمى الاثنان التاليان من الأربعة وهما الأول والثاني الفرغ المؤخر، والفرغ الثاني والعرقوة السفلى، وناهزي الدلو المؤخرين، وتسمي الاثنين اللذين في البدن النعام، وفي هذه الصورة سعد البهائم وسعد البارع وسعد الهمام وسعد مطر.

---

(1) يُراجع، عبد الرحمن الصوفي، مصدر سبق ذكره، ص41. (المؤلف)

# الفصل الرابع
# علم المناظر (البصريات)

## المبحث الأول: الأصول اليونانية لعلم المناظر العربي

**أطلق العلماء العرب** على العلم الذي يتناول بالدراسة والتحليل جميع الظواهر الصوتية، ما يتصل بها بالطبيعة، وما يتعلق منها بالأشياء الصناعية وعلاقة كل ذلك بالبصر والإبصار اسم (**علم المناظر**).

ونقصد بالظواهر الضوئية الطبيعية الأضواء الطبيعية جميعها، (مثل الشمس وأضواء الكواكب التي تشرق الضوء بذاتها)، والمكتسبة (مثل ضوء القمر لاكتسابه الضوء من الشمس) التي تحدث في الطبيعة، وما يرافقها من شروق وانعكاس وانكسار وظلال وغير ذلك، وما يحدث لهذه الأضواء عند شروقها في أوساط متجانسة أو في أوساط مختلفة الكثافات من أحوال.

ونقصد بالظواهر الضوئية الصناعية جميع الأضواء التي يحدثها الإنسان بالعمل والصناعة مثل: ضوء الشمعة وضوء النار وغير ذلك، وما يرافقها من شروق وانعكاس وانكسار وظلال وغير ذلك، وما يحدث لهذه الأضواء عند شروقها في أوساط متجانسة أو في أوساط مختلفة الكثافات من أحوال.

وقد استحدث الإنسان من أجل دراسة سلوك الضوء في ظروف مختلفة عدة أنواع من المرايا والأجهزة، ومراقبة ما يحدث من ظواهر ضوئية جديدة، فتوسعت بذلك دائرة علم الضوء لتشمل موضوعات كثيرة وظواهر ضوئية طبيعية وصناعية.

لقد ورث **العرب** بحوثًا متفرقة في الضوء عن **اليونان والمدرسة الإسكندرية** فكان منها بعيدًا عن الروح العلمية، ومنها ما اكتسب طابعا علميًا ورياضيًا، فاطلع **العرب** على نتائج

ما توصل إليه من سبقهم في هذا المضمار بعد ترجمة ما وصل إلى أيديهم من دراسات ومؤلفات في هذا العلم، فعرفوا بخاصة نتائج ما توصل إليه كل من **إقليدس وبطليموس** من آراء وفروض في كيفية الإبصار، وطبيعة الضوء، وما يحدث للضوء من ظواهر مختلفة، وشروق الأضواء على الأنواع المختلفة من المرايا وغير ذلك، ولم يكن موقف **العلماء العرب** من هذه الآراء والفروض متفقًا معها، إذ نجد منهم من وقف بين الآراء المتعارضة والمتناقضة الموروثة يختار منها ما يتفق ومنهجه الفكري، ومنهم من شق لنفسه طريقًا جديدًا فحصل على نتائج علمية مغايرة لما توصل إليه **علماء مدرسة الإسكندرية**.

## المبحث الثاني: دور الحسن بن الهيثم في علم الضوء

ولسنا هنا في موضع نورد فيه جميع الآراء، ولكننا نكتفي بدراسة علم المناظر عند **الحسن بن الهيثم** مع الإشارة إلى آراء من سبقه باختصار، أما السبب الذي يدعونا إلى أن نقتصر على إيراد مبادئ وفروض وقوانين الضوء **لابن الهيثم**، فذلك لأن هذا العلم قد اتخذ مساره العلمي الصحيح على يد هذا العالِم العربي دون غيره ممن سبقه في هذا المجال، إذ تحول علم الضوء عنده إلى علم مستقل له مقدماته وفروضه وأدواته وأجهزته العلمية بالإضافة إلى طريقته العلمية في البحث التي تميزت بدقة الملاحظة والتجريب والاستقراء وامتحان الفروض والتعليل العلمي(1).

لا شك أن لعلم المناظر جذورًا فكرية وعلمية موغلة في القدم، فقد تناول **فلاسفة اليونان** الضوء بالبحث كما تناولوا بعض الظواهر الضوئية مثل: الهالة والقوس قزح وغيرها بالدراسة والتعليل، ولكن جميع ما وصلنا منهم لا يتعدى أن يكون مجرد آراء واجتهادات يسودها الغموض في كثير من الأحيان، فالمعلومات **اليونانية** في الضوء يسيرة ومتفرقة، والبحوث المتعلقة بالضوء قبل بروز **المدرسة الإسكندرية** لا تستند على مبادئ علمية واضحة

---

(1) يلاحظ هنا أن الدكتور ياسين خليل يضع تاريخًا علميًا لنشأة علم الضوء يبدأ مع الحسن بن الهيثم، وأن كل ما سبقه من آراء في هذا المجال لم تتخذ الشكل العلمي المطلوب، وذلك لما قدمه ابن الهيثم من كشوف علمية دقيقة في مجال البصريات تشهد لها كتبه ومؤلفاته التي وصلت إلينا. وبحسب قول توماس كون عن الثورة العلمية، حدث ما يشبه القطيعة العلمية في مجال دراسة الضوء مع ابن الهيثم. (المحقق)

وطريقة في التثبت، فلم تكن آراء **أفلاطون** و**أرسطو** غير محاولات فلسفية لا يسندها دليل علمي، فالضوء الذي يكتسبه جسم ما بالنسبة **لأرسطو** ليس له وجود في ذاته، فهو مجرد حالة عرضية تظهر على الشيء ثم تزول بزواله، فإذا أشرق الضوء على جسم ما كان وجود ذلك الضوء على الجسم عرضيًا، وبالتالي فإنه يزول من الجسم وتحل به الظلمة، فهو ليس صورة أو صفة جوهرية تحمل على الجسم.

واكتسبت بحوث الضوء قيمة علمية كبيرة في **المدرسة الإسكندرية**، إذ توسعت حدود علم الضوء فشملت موضوعات كثيرة، كما اقترن بعلم الهندسة حتى أصبح فرعًا من فروعه، واتجهت محاولات **علماء المدرسة الإسكندرية** ومنهم: **إقليدس** و**بطليموس** إلى البحث عن مقدمات هذا العلم والاستعانة بالأساليب الهندسية للبرهنة على قضاياه ونظرياته.

فمن المعروف أن **إقليدس** في كتابه المناظر قد طرح مجموعة من المبادئ الأساسية للضوء والظواهر الضوئية المعروفة في زمانه، وبرهن بعد ذلك ببراهين هندسية على مبرهنات خاصة بالضوء وسلوكه، وبذلك يكون علم المناظر مجرد فرع من فروع علم الهندسة، لافتقار الأول إلى الثاني، وعمومية الثاني، وخصوصية الأول الذي ينضوي تحت العام.

وعرف **العرب** كتاب المناظر **لبطليموس** وترجموه إلى العربية، وأخذوا عنه الشيء الكثير، نظرًا لفضله على غيره من المؤلفات في الضوء وسعة الموضوعات التي يتناولونها، وقد أخذ عدد كبير من **فلاسفة وعلماء العرب** معلوماتهم عن الضوء من هذا الكتاب، بينما وقف آخرون من البراهين الواردة فيه موقف الممتحن والمراجع والمصحح نظرًا لضعفها، ووقف آخرون من نظرياته الضوئية وفروضه موقف المعارض والناقد والممتحن.

إنّ **لابن الهيثم** الفضل الكبير في علم الضوء، فهو لم يكن ناقدًا وفاحصًا لآراء من تقدمه في هذا العلم وحسب، بل أحدث ثورة فكرية قلبت موازين النظرية السابقة في الضوء، وشق طريقه العلمي الصحيح الذي ندين له بالفضل فيه، إذ تبلورت عنده حدود علم الضوء ومقدماته وفروضه العلمية، كما تبينت الطريقة العلمية في بحث الظواهر الضوئية بالتجارب والاستقراء وفحص أو امتحان الفروض، وقد طرح نتائج ما توصل إليه من بحث واستقصاء في كتاب رئيس يعرف بكتاب المناظر، ورسائل علمية أُخرى منها رسالة في الضوء، ورسالة

في أضواء الكواكب، ورسالة في المرايا المحرقة بالقطوع، ورسالة في المرايا المحرقة بالدائرة، ورسالة في ضوء القمر وغير ذلك. وحسبنا أن نبين فضله بالنقاط الموجزة الآتية:

**أولًا:** تفنيده للآراء والفروض السابقة الموروثة عن **اليونان** حول كيفية الإبصار وتعديله للنتائج التي تم التوصل إليها عند من سبقه، وقلبه أوضاع علم المناظر من حالته التي ساد فيها الغموض والاضطراب إلى حالة ثابتة الأسس مدعومة بالبراهين الرياضية والتجريبية، وتوسعه في التحليل والبرهان ليبين الأخطاء التي وقع فيها غيره، وما يجب أن يحل محلها والبرهان على صحتها ببراهين سليمة.

**ثانيًا:** تعيينه للحدود التي يكون عليها موضوع بحث علم المناظر، وما هي أبرز الموضوعات العامة والتفصيلية التي يتناولها بدقة، وذلك على أساس أن علم المناظر علم مستقل تكون الأقوال فيه عن الضوء والظواهر الضوئية مركبة من العلوم الطبيعية والعلوم الرياضية، وأن اهتمامه ينصب بالدرجة الأولى على الأضواء سواء كانت من مصدر ضوئي ذاتي أو مصدر ضوئي مكتسب، وما يتعلق بسلوك الضوء على هيئة شعاعات مستقيمة أو غير مستقيمة وما يحدث له بالنسبة لمختلف أنواع المرايا والأوساط المختلفة في الكثافات، وغير ذلك.

**ثالثًا:** إدراكه لأهمية التجربة والملاحظة في استقراء الظواهر الضوئية المختلفة وتوجهه العلمي لبحث الانتظامات في الطبيعة والظواهر المتكررة، لأن ذلك هو السبيل العلمي الصحيح لطرح الفروض، وصياغة الأقوال العلمية العامة، واتخاذه التجربة والمشاهدة سبيلًا للتثبت من الأقوال وامتحان الفروض.

**رابعًا:** صياغته للعديد من القوانين العلمية المدعمة بالتجربة والشاهد، وتوسعه في دراسة الظواهر الضوئية بأوضاع مختلفة، إذ لم يكتف بدراسة الظواهر الضوئية المتعارف عليها من أجل صياغة الفروض والقوانين، بل تعدى ذلك إلى دراسة أضواء الكواكب وصلة الضوء بالأوساط والظواهر الفلكية، وأوضاع الضوء والصور في المرايا المختلفة وغير ذلك، وهكذا حدد **ابن الهيثم** المجال العلمي الواسع لعلم المناظر، وصاغ نظريات وقوانين وفرضيات ما تزال حية في العلم الفيزياوي الحديث.

وقبل أن نتناول النقطة الأولى بالدراسة والتحليل يجدر بنا أولًا أن نتعرف ما يقصد بعلم المناظر والموضوعات التي ارتبطت به باعتبارها مادة بحثه ومجال اهتماماته، فمن **العلماء العرب** الذين جعلوا علم المناظر جزءًا أو فرعًا من علم الهندسة على طريقة **علماء المدرسة الإسكندرية أبو نصر الفارابي** الذي يحدد علم المناظر بقوله: «وعلم المناظر يفحص عما يفحص عنه علم الهندسة عن الأشكال والأعظام والترتيب والأوضاع والتساوي والتفاضل وغير ذلك، لكن ليس على أنها في خطوط وسطوح ومجسمات على الإطلاق ننظر إليها»[1]. «فيكون نظر الهندسة أعم، وإنما احتيج إلى أن يفرد علم المناظر وإن كان داخلًا في جملة ما فحصت عنه الهندسة»[2]. فعلم الهندسة يبحث في الخطوط والسطوح والمجسمات (الهندسة المستوية والهندسة المجسمة أو الفراغية)، لا على أساس أنها متحققة في الأشياء أو الموجودات، بل على أساس أنها خطوط وسطوح ومجسمات مطلقة لا صلة لها بنوع معين من الموجودات، بينما يهتم علم المناظر بدراسة ما تبحث عنه الهندسة ولكن في حدود الظواهر الضوئية، فالهندسة أصل وعلم المناظر فرع.

وعلى الرغم من إنجازات **ابن الهيثم** في علم المناظر وتصحيحه لآراء وفروض كثيرة موروثة من **مدرسة الإسكندرية**، فإن **ابن خلدون** وهو من العلماء المتأخرين، لم يلتفت على ما يبدو إلى ما قدمه **ابن الهيثم**، فاعتبر علم المناظر فرعًا من فروع علم الهندسة، وتبنى مذهب **بطليموس** القائل بأن الإبصار يحدث بخروج شعاع على هيئة مخروط من البصر فيكون رأسه ممتدًا من البصر وقاعدته منتهية عند المرئي[3]، ويعرف علم المناظر بقوله: «المناظر من فروع الهندسة، وهو علم يتبين به أسباب الغلط في الإدراك البصري بمعرفة كيفية وقوعها بناء على إدراك البصر يكون بمخروط شعاعي رأسه يقطعه الباصر وقاعدته المرئي، ثم يقع الغلط كثيرًا

---

(1) يُراجع، الفارابي، إحصاء العلوم، مصدر سبق ذكره، ص79. (المؤلف)

(2) المصدر السابق، ص80. (المؤلف)

(3) إنّ رأي ابن خلدون هذا، وغيره من الآراء الفلسفية والعلمية له، لها أصول عند فلاسفة عرب سبقوه وعلى الأخص الفيلسوف الفارابي، ولأن الفارابي قد تبنى الكثير من الآراء العلمية والفلسفية لليونان ولمدرسة الإسكندرية، فنجد ابن خلدون وهو المتأثر بأقوال الفارابي قد أغفل رأي ابن الهيثم وتبنى الآراء العلمية لبطليموس والفارابي. يُراجع، للتفصيلات، د. حميد خلف السعيدي، أثر الفارابي في فلسفة ابن خلدون، ط1، بيروت 2006. (المحقق)

في رؤية القريب كبيرًا والبعيد صغيرًا، وكذا رؤية الأشباح الصغيرة تحت الماء ووراء الأجسام الشفافة كبيرة، ورؤية النقط النازلة من المطر خطًا مستقيمًا، والشعلة دائرة وأمثال ذلك»[1].

أما موقف **ابن الهيثم** من مسألة تحديد علم المناظر، فيمكن معرفته من خلال آرائه وتصحيحاته فضلًا عن تعيينه لموضوعات علم المناظر، فهو يرى أن الكلام في الضوء يجب أن يكون مركبًا من العلم الطبيعي والعلم الرياضي، وأن الظواهر الضوئية جميعها لا تفهم إلا من خلال المركب العلمي، ولما كان موضوع علم المناظر هو الضوء، فمن الضروري أن يبحث الظواهر الخاصة بالأضواء جميعها مهما تنوعت، فتؤلف بذلك جزءًا لا يتجزأ من هذا العلم، وهذا هو ما حصل بالنسبة **لابن الهيثم** في كتابه المعروف بكتاب المناظر، إذ جمع موضوعات وأبحاثًا متفرقة لتكون مادة علمية لأبحاثه في علم المناظر، فهو لم ينظر إلى الظواهر الضوئية من زاوية هندسية كما فعل **إقليدس** بل نظر إليها على أساس أنها يمُتّ بصلة وثيقة لعلم المناظر الذي يقتضي معرفته بالعلم الطبيعي فضلًا عن العلم الرياضي، وهكذا يمكن القول إن اتجاه **ابن الهيثم** في البحث يشير بوضوح إلى جعل علم المناظر علمًا مستقلًا له حدوده وموضوعه وطريقته الخاصة في البحث.

إن الضوء في علم المناظر هو جوهر البحث، وجميع التعريفات تتضمن من دون شك الضوء والظواهر الضوئية، ولكن لا بد لنا أن نعرف موقف **ابن الهيثم** من الضوء فيما إذا كان له وجود مستقل عن البصر أو أنه مجرد صفة عارضة ليس لها أيّ وجود مستقل.

إن موقف **ابن الهيثم** من هذه المسألة يختلف عن مواقف من تقدمه من العلماء والفلاسفة في هذا العلم، فمن المعروف أن عددًا كبيرًا من **فلاسفة اليونان** ومن تبعهم من **الفلاسفة العرب** لم يقبلوا بوجود الضوء وجودًا موضوعيًا مستقلًا فاعتبره بعضهم حالة عرضية، ونظر إليه آخرون على أساس أنه ذاتي ليس له أيّ وجود موضوعي، بينما تشير أبحاث **ابن الهيثم** في الضوء إلى حقيقة ثابتة هي أن للضوء وجودًا موضوعيًا مستقلًا، فهو ينفذ في الأجسام المُشِفّة وفي أوساط مختلفة وينتقل في المكان، سواء كان ذلك الضوء مشرقًا من مصدر ضوئي ذاتي أو مصدر ضوئي مكتسب.

---

(1) يُراجع، ابن خلدون، المقدمة، مصدر سبق ذكره، ج3، ص1099. (المؤلف)

فإذا جمعنا هذه النقاط وهي:

إن البحث في الضوء يقتضي أن يكون مركبًا من العلم الطبيعي والرياضي.

وحصر جميع الموضوعات والأبحاث التي تمت بصلة بالضوء في موضوع واحد هو مجال علم المناظر.

وإن للضوء وجودًا مستقلًا عن الذات، وبالتالي التحقق من وجوده الموضوعي.

نحصل على استنتاج هو: أن علم المناظر ليس علمًا فرعيًا يدخل في باب علم الهندسة، بل هو علم له أصوله ومقدماته وموضوعه، وطريقته في البحث. وهي الطريقة التي تختلف جذريًا عن الطريقة في الهندسة، وذلك لاعتماد الأولى على الملاحظة والتجربة والاستقراء. واعتماد الثانية على البرهان فقط.

وتدل الأبحاث التي خلّفها **ابن الهيثم** في الضوء إلى فضله في توسيع مجال البحث وجمع شتات الأبحاث فيه، فهو لم يتوقف عند حدود الموضوعات التي تناولها بالدراسة كل من **إقليدس وبطليموس**، بل تجاوزها بكثير، إذ حصر في علم المناظر كافة الدراسات المتعلقة بالضوء في علاقته بحاسة البصر والموجودات والأوساط، كما قاده البحث التجريبي والاستقراء إلى امتحان فروضه التي أصبحت قوانين في الضوء في ظروف مختلفة وتجارب متعددة، فإذا بدأنا بالإبصار نجد اهتمام **ابن الهيثم** ينصب على بحث كيفية الإبصار، واتخاذ موقف ثابت من مسألة الشعاع كما وردت عند **بطليموس** وغيره، وهي أن الإبصار يحدث بخروج شعاع من العين فيلامس الأشياء، وهو لم يكتف بذلك بل وجد ضرورة تشريح العين إلى طبقاتها ورطوباتها للتثبت من عملية الإبصار وتكون الصور، **وبذلك يكون رائدًا في وضع أسس نظرية المعرفة الفسيولوجية**، ثم يتناول ما يدركه البصر من الضوء واللون والبعد والوضع والتجسم والشكل والعظم والتفرق والاتصال والعدد، والحركة والسكون والخشونة والشكل والملاسة والشفيف والكثافة والظل والظلمة والحسن والقبح والتشابه والاختلاف، ويطلق عليها جميعًا المعاني التي يدركها البصر.

ولما كان الضوء هو جوهر البحث نجد **ابن الهيثم** يبحث في الشعاعات والتمييز بين خطوط الشعاع وامتداداته على خطوط أو سموت مستقيمة وخصائص أخرى، وكيفية إدراك

البصر بالانعكاس عن الأجسام الصقيلة، وبحث الصور التي ترى في الأجسام الصقيلة، ولكن الانعكاس لا يكون محصورًا في الأجسام المستوية الصقيلة، كما أن دراسة الضوء لا تتوقف عند هذه الحدود بل لا بد من معرفة ما يحدث للضوء عندما يسقط على مرايا مسطحة، ومرايا كروية محدبة ومرايا أُسطوانية محدبة ومرايا مخروطية محدبة ومرايا كروية مقعرة ومرايا أُسطوانية مقعرة ومرايا مخروطية مقعرة.

وقد تناول **ابن الهيثم** انعكاس الضوء عن هذه المرايا جميعًا بالدراسة التجريبية والتمثيل الهندسي، ودرس **ابن الهيثم** ما يحدث للضوء عند مروره في أوساط مختلفة الكثافات، فالضوء يسلك على سموت مستقيمة في الأجسام المُشِفّة، ولكنه ينعطف (ينكسر) إذا صادف جسمًا يختلف في الكثافة عن الجسم الذي كان فيه، وهذا أمر يستوجب دراسة كيفية انعطاف الأضواء في الأجسام المُشِفّة وإدراك البصر للضوء المائل عن الأعمدة القائمة على سطوح الأجسام المُشِفّة هو إدراك الانعطاف. وغير ذلك من الموضوعات ذات الصلة.

وبناء على ما تقدم يكون تعريف علم المناظر من خلال أبحاث **ابن الهيثم**: أنه علم يهتم بدراسة جميع الأضواء الذاتية والمكتسبة وصلتها بالبصر والأوساط وسلوكها في الأجسام المُشِفّة، وصولًا إلى كشف القوانين العلمية ذات الصلة بخصائص الشعاع ونفوذه على هيئة خطوط مستقيمة في الأجسام المُشِفّة، وما يحدث له من انعطافات في الأجسام المختلفة من حيث الكثافة.

عرف **العلماء العرب** عن الأقدمين نظرية الشعاع، وأطلق **ابن الهيثم** على جميع الذين تمسكوا بهذه النظرية اسم **أصحاب الشعاع**، وملخص هذه النظرية أن شعاعًا يخرج من العين فيلامس الأجسام المضيئة ليحدث الإبصار، وقد ذهب **أمبادوقليس** إلى الاعتقاد بأن الإبصار يحدث بخروج عناصر من البصر لتلقي بعناصر مشابهة لها يبعثها الجسم، وذهب **الأفلاطونيون** إلى الاعتقاد أن الإبصار يحدث بانبعاث قوة نورية من البصر وانبعاث نور مشابه من الأجسام المضيئة بذاتها، إذ يندمج الاثنان معًا في شعاع واحد فيحدث الإبصار.

وتبلورت نظرية الشعاع في **المدرسة الإسكندرية**، وتطور على أساسها علم المناظر على يد كل من **إقليدس** و**بطليموس**، فذهب **إقليدس** إلى القول إن: «العين تحدث باستمداد

الأجسام النيرة في الجسم الشفاف المتوسط بينها وبين المبصرات كالهواء وما شاكله، شعاعًا كما تحدثه الأجرام النيرة وحدها بعينه ويكون ذلك الشعاع كأنه منبعث من العين وخارج منها»[1].

واعتنق **بطليموس** نظرية الشعاع في علم المناظر على أساس أن الإبصار يتم بواسطة شعاع يخرج من العين ويقع على المبصر، وسار على منواله عدد كبير من **الفلاسفة والعلماء العرب**، فهذا **الفيلسوف الفارابي** يذهب مذهب أصحاب الشعاع بقوله: «فكل ما يُنظر إليه ويُرى فإنما يُرى بشعاع ينفذ في الهواء أو في جسم مُشِفٍّ يُماسّ ما بين بصائرنا إلى أن يقع على الشيء المنظور إليه والشعاعات النافذة في الأجسام المُشِفّة إلى المنظور إليه إما أن تكون مستقيمة أو منعطفة وإما منعكسة أو منكسرة، فالمستقيمة هي التي إذا خرجت عن البصر امتدت على استقامة سمت البصر إلى أن تجوز وتنقطع، والمنعطفة هي التي إذا امتدت نافذة من البصر....»[2]. واستمر مذهب أصحاب الشعاع في مؤلفات العلماء والأطباء العرب، وأخذ به نصير الدين الطوسي من دون أن يلتفت إلى آراء ابن الهيثم في تفنيده[3].

تناول **ابن الهيثم** في المقالة الأولى من كتابه المناظر جميع الآراء القائلة بخروج الشعاع من البصر بالنقد والتحليل، وقد استعمل في كل ذلك منطقًا علميًا بسيطًا أساسه التجربة وما يحيط بالظاهرة المراد دراستها من ظروف، فالإبصار يتوقف أولًا على الشروط التي تحيط بالشيء الذي يطلق عليه اسم المبصر، كما يتوقف على العين أو البصر ثانيًا، وعلى أساس علاقة عِلية (سببية) بين المبصر والبصر، لأن المبصر هو علة الإبصار، وأن غياب العلة يستدعي غياب المعلول، وجملة الشروط التي يتوقف عليها الإبصار هي شروط موضوعية استمدها ابن الهيثم من ملاحظاته وممارساته التجريبية، ففي عملية الإبصار طرفان: المبصر

---

(1) يُراجع، مصطفى نظيف، الحسن بن الهيثم، مصدر سبق ذكره، ج1، ص59. (المؤلف)

(2) يُراجع، إحصاء العلوم، مصدر سبق ذكره، ص81. (المؤلف)

(3) سواء التفت الطوسي ومن سبقه من الفلاسفة والعلماء العرب أم لم يلتفتوا، فإن المشكلة من أساسها تعود إلى التقليد العلمي الدارج، لكن من المستغرب أن يكون ذلك من فلاسفة كبار عرف عنهم الشك العلمي والنقد والتحليل الفلسفي المعمق، إنها مشكلة السلطة العلمية والمعرفية الموروثة التي لا يجب أن نتحداها، وهذا خلاف طبيعة التفلسف نفسه. فضلًا عن أن المشكلة معرفية علمية وليست ميتافيزيقية أنطولوجية. (المحقق)

الذي يجب أن يكون مضيئًا بذاته أو بإشراق ضوء عليه، والعين التي تتلقى التأثير وهو الضوء الصادر عن الجسم، ولكن يجب أن يكون للبعد بين المبصر والبصر دوره، وأن يكون الخط المستقيم الواصل بين الطرفين غير منقطع بساتر أو جسم كثيف، وبعبارة أخرى: يشترط في الإبصار أن يكون المبصر مضيئًا أو عرضيًا، وأن يكون الوسط بين المبصر والبصر جسمًا مُشِفًّا لا كثيفًا، وأن يكون البعد مناسبًا لإدراك الضوء المنبعث من المبصر.

ويلخص **ابن الهيثم** منطقه بعبارات بسيطة واضحة فيقول: «إن البصر إذا أحس بالمبصر بعد أن كان لا يحس به فقد حدث فيه شيء ما، بعد أن لم يكن، وليس يحدث شيء بعد أن لم يكن إلا لِعلة، وتجد المبصر إذا قابل البصر أحس به البصر، وإذا زال عن مقابلة البصر لم يحس به البصر، وإذا عاد المبصر إلى مقابلة البصر عاد الإحساس، وكذلك نجد البصر إذا أحس بالمبصر ثم أطبق أجفانه بطل ذلك الإحساس، وإذا فتح أجفانه والمبصر في مقابلته عاد ذلك الإحساس، والعِلة هي التي إذا أبطلت بطل المعلول، وإذا عادت عاد المعلول، فالعلة إذن التي تحدث ذلك الشيء في البصر هو المبصر»[1].

لقد أدرك **ابن الهيثم** بوضوح أن نقض رأي **أصحاب الشعاع** أن يكون نهاية المطاف، لأن القول بالشعاع على **مذهب الأقدمين** لا يمثل إلا مقدمة أو فرضية أساسية في النظرية الضوئية القديمة، وأن تفنيد هذه الفرضية يتطلب إعادة النظر بكل المقدمات الأخرى والنتائج المترتبة عليها، وإذا سَلم **ابن الهيثم** بأن للضوء وجودًا مستقلًا عن البصر وأنه حقيقة ترد إلى البصر فتثير الإبصار، فمن الضروري أن يفحص بدقة في ضوء مقدمته الجديدة الألوان واختلاف الأضواء والصور التي تظهر على المرايا المستوية والمحدبة والمقعرة وغيرها، والظواهر الضوئية، وأن يقدم التعليلات العلمية والبراهين الرياضية لكل الحالات، وبذلك يكون قد حقق التماسك والترابط في نظريته الضوئية الجديدة.

و**لابن الهيثم** قاموسه العلمي في المصطلحات، فهو عندما يتعرض في بحوثه الضوئية المختلفة بالدراسة يستخدم مفاهيم علمية، ويحدد معانيها بدقة، فلكيلا يختلط مفهومه في

---

(1) يُراجع، مصطفى نظيف، مصدر سبق ذكره، ج1، ص95-96. نص من مخطوطة المناظر، المقالة الأولى. (المؤلف)

الشعاع عن مفهوم **أصحاب الشعاع**، نجده يحدد بدقة ما يقصده بالشعاع في أكثر من موضع من رسالته في الضوء فيقول: «فالشعاع هو الضوء الممتد من الجسم المضيء في الجسم المُشِفّ على سموت خطوط مستقيمة، والخطوط المستقيمة التي يمتد عليها الضوء هي خطوط متوهمة لا محسوسة، والخطوط المتوهمة مع الضوء الممتد عليها بمجموعها هو الذي يسمى الشعاع»[1].

ثم يستعرض آراء **أصحاب الشعاع** في كيفية الإبصار، والذين يرون أن الإبصار يكون بصورة ترد من المبصر إلى البصر، ليصل إلى تعريف كلي جامع فيقول: «والشعاع بالقول الكلي هو ضوء ممتد على سموت خطوط مستقيمة كان الضوء ضوء الشمس أو ضوء القمر أو ضوء الكواكب أو ضوء النار أو ضوء البصر وهذا هو حد الشعاع وليس لأصحاب العلم الطبيعي قول محرر في الشعاع»[2].

يظهر في التعريف الجامع ذكر لضوء البصر مع بقية الأضواء، وهذا لا يعني مطلقًا أن **ابن الهيثم** يشاطر **أصحاب الشعاع** الرأي، بل إنه اهتم بتعريف الشعاع بالخصائص الجوهرية فيه جامعًا فيه كل أنواع الأضواء لأنها جميعًا واحدة في أن امتداداتها على سموت خطوط مستقيمة، ولا فرق بين ضوء القمر وضوء الشمس وضوء النار وغير ذلك من الأضواء.

فالشعاع حزمة ضوئية، وخطوط الشعاع مستقيمة، ولكن هذه الخطوط متوهمة وليست حقيقية، وامتداد الضوء على سموت الخطوط المستقيمة خاصية تخص الضوء، فهو يحتفظ بهذا السلوك في الأوساط المتجانسة، ويلجأ **ابن الهيثم** إلى التجربة (الاعتبار) ليبين استقامة خطوط الشعاع فيقول: «وإن اعتبر هذا الضوء الظاهر بعود مستقيم وجد الضوء ممتدًا على استقامة العود، وإن لم يكن في البيت غبار وظهر الضوء على الأرض أو على الحائط المقابل ثم جُعل بين الضوء الظاهر وبين الثقب عود مستقيم أو مُدَّ بينهما خيط مدًا شديدًا ثم جُعل فيما بين الضوء والثقب جسم كثيف ظهر الضوء على ذلك الجسم الكثيف وبطُل من الموضع الذي كان يظهر فيه»[3].

---

(1) يُراجع، ابن الهيثم، رسالة في الضوء، مصدر سبق ذكره، ص9. (المؤلف)

(2) المصدر السابق، ص10. (المؤلف)

(3) المصدر السابق، ص7. (المؤلف)

ومن خلال دراسة **ابن الهيثم** لخواص الضوء وامتدادات شعاعاته واستخدامه للثقوب التي ينفذ منها الضوء في البيوت المظلمة، توصَّل إلى خواص أخرى ذات أهمية علمية، فالضوء يمتد على سموت خطوط مستقيمة، فإذا ما أشرق ضوء من جسم ما ونفذ من خلال ثقب مناسب في حاجز تكونت صورة مقلوبة على الحاجز الذي استقبل الضوء النافذ من الثقب، وقد أدرك أهمية سعة الثقب وبعد الجسم في تكوين صورة مقلوبة واضحة، فاشترط لأن يكون الثقب ضيقًا ليحصل المرء على صورة شبيهة بالجسم يتجلى فيها الوضوح ولكن ضيق الثقب من ناحية أخرى قد يؤدي إلى اختفاء الصورة، لذلك فإن من شروط نجاح تكوين الصورة للجسم الذي يقابل الثقب في البيت المظلم أن يكون الثقب مناسبًا، بحيث لا يكون ضيقًا فتختفي الصورة، ولا يكون واسعًا فلا تظهر واضحة على الحاجز الأبيض، وابتغاء الدقة نطرح شروط التجربة على هيئة نقاط:

**أولًا:** أن عناصر التجربة هي: جسم يشرق بضوئه على حاجز فيه ثقب مناسب، ويوجد وراء الثقب حاجز أبيض يستقبل الضوء النافذ من الثقب لترسم عليه الصورة.

**ثانيًا:** أن يكون بعد الجسم عن الثقب مناسبًا، وألا تكون نسبة قُطْر الثقب إلى قُطر الجسم أكبر من نسبة بعد الحاجز الذي تظهر عليه الصورة عن الثقب إلى بعد الحاجز.

## المبحث الثالث: امتداد الضوء في الأجسام وقوانينه

يتناول **ابن الهيثم** بالبحث والدراسة علاقة الأوساط بالضوء ليصل إلى نتائج تجريبية وعلمية، فالأجسام المُشِفّة أو الشفيف من الأجسام والجسم الكثيف أوساط لا بد من معرفة سلوك الضوء فيها، كما أن اختلاف كثافات الأوساط بصورة عامة يكشف عن ظواهر ضوئية تحتاج إلى تعليل علمي قويم وأول الحقائق التي يتوصل إليها من بحوثه التجريبية هي : «ان امتداد الضوء في الأجسام المُشِفّة هو خاصية طبيعية لجميع الأضواء، وقد يقال إن امتداد الضوء في الأجسام المُشِفّة على سموت الخطوط المستقيمة هو خاصة للأجسام المُشِفّة، وذلك لأنها لا تؤدي الضوء إلا على سموت الخطوط المستقيمة، وهذا المعنى يفسد عند السبر والاعتبار، والقول الأول صحيح»[1].

---

(1) المصدر السابق، ص8. (المؤلف)

وإذا أشرق الضوء على جسم شفيف، فإن الضوء الذي يصدر عنه قد يكون قويًا أو ضعيفًا حسب كثافة الجسم، ولكن على العموم فإن الضوء الذي يصدر عن الجسم المُشِفّ هو في رأي **ابن الهيثم** ضوء ثانٍ، فالهواء والزجاج والأحجار المُشِفّة التي إذا أشرق عليها ضوء الشمس صدر عنها ضوء ثانٍ، «فكل جسم من الأجسام المُشِفّة التي فيما دون الفلك فإنه إذا أشرق عليها ضوء الشمس فإنه يصدر عنه ضوء ثانٍ كما يصدر عن الأجسام الكثيفة إذا أشرق عليها ضوء الشمس، إلا أن الضوء الثاني الذي يصدر عن الأجسام المُشِفّة يوجد أضعف من الضوء الثاني الذي يصدر عن الأجسام الكثيفة»[1].

وفي هذا النص إشارة واضحة إلى حقيقة علمية هي أن الضوء ينفذ في الجسم الكثيف الذي لا كثافة فيه بوجه من الوجوه، وهو ينفذ في الشفيف، بينما يثبت الضوء في الجسم الكثيف ولا ينفذ فيه، ولكنه ينعكس عنه، وهكذا توصل **ابن الهيثم** إلى نتائج علمية من خلال دراساته لسلوك الضوء في الأوساط المختلفة وتعمق بالتجربة والنظر والتعليل العلمي بدراسة ظاهرتي الانعكاس والانعطاف. وحسبنا أن نتناول أولًا ظاهرة الانعكاس بالدراسة والتحليل.

تفترض هذه الظاهرة لدراستها علميًا عدة مقدمات مدعومة بالتجارب منها:

1. إن الضوء لا ينفذ في الأجسام الكثيفة أو الصلبة.
2. ينعكس الضوء عن الأجسام الصقيلة، فالضوء الساقط على جسم كثيفٍ وصقيل ينعكس عنه.
3. يكون الضوء الذي يشرق من جسم ضوءًا ذاتيًا، بينما يكون الضوء المنعكس عن جسم ما ضوءًا عرضيًا.
4. الانعكاس ضوء مرتدّ عن الأجسام الصقيلة، فهو ظاهرة ضوئية ويخضع إلى ما يخضع له الضوء الذاتي.

اهتم **ابن الهيثم** بدراسة ظاهرة الانعكاس، واعتمد التجارب العلمية الدقيقة لها ووضع قاموسه الخاص بهذه الظاهرة، وقد أفاد من دراساته التجريبية لفهم ظواهر الطبيعة، وهذا يدل

---

(1) المصدر السابق، ص12. (المؤلف)

بوضوح على أنه أدرك ما للتجربة من أهمية في البحث الفيزياوي، وما للأقوال الكلية التي يتوصل إلى صياغتها في ضوء التجارب من صدق على ظواهر فيزياوية وهي حرة في الطبيعة.

وبعبارة أخرى: إن **ابن الهيثم** قد نقل الظاهرة الطبيعية الحرة إلى الجهاز العلمي الذي عمل على عزلها عن بقية الظواهر وحصرها في ظروف معينة، ليحصل على أحكام عامة تنطبق على الظواهر المشابهة في الطبيعة.

بحث **ابن الهيثم** مسألة انعكاس الأضواء عن الأجسام الثقيلة، واهتم في أبحاثه بالانعكاس عن المرايا على اختلاف هيئاتها، ليصل بعد التجارب إلى أحكام عامة هي في حكم القوانين الخاصة بانعكاس الأضواء، فسواء كانت المرايا مستوية أو محدبة أو مقعرة أو أُسطوانية أو غير ذلك فإن قوانين الانعكاس تصدق عليها جميعًا، وأبرز القوانين التي تم صياغتها بالدقة العلمية ولا تزال مستعملة حتى الآن ما يأتي:

**القانون الأول**: يقع الشعاع الساقط على جسم صقيل في نقطة والعمود الخارج منها والشعاع المنعكس في سطح واحد مستوٍ، «إن كل ضوء ينعكس على سطح صقيل فإن كل نقطة من السطح الصقيل الذي منه انعكس الضوء، ينعكس الضوء منها على خط مستقيم يكون هو والخط المستقيم الذي عليه امتد الضوء إلى تلك النقطة، والعمود الخارج من تلك النقطة القائم على السطح المستوي المماس للسطح الصقيل على تلك النقطة في سطح واحد مستو»[1].

**القانون الثاني**: تكون الزاوية التي يحدثها الشعاع الساقط على جسم صقيل في نقطة مع العمود الخارج منها مساوية للزاوية التي يحدثها الشعاع المنعكس من النقطة ذاتها مع العمود المُقام. «ويكون وضع الخط الذي عليه ينعكس الضوء بالقياس إلى العمود المذكور كوضع الخط الذي عليه امتد الضوء إلى نقطة الانعكاس، بالقياس إلى ذلك العمود، أعني أن كل خط ينعكس عليه ضوء من سطح صقيل فإنه يحيط مع العمود الذي يخرج من تلك النقطة قائمًا على السطح المستوي المُماسّ للسطح الصقيل على تلك النقطة، بزاوية مساوية للزاوية التي يحيط بها الخط الأول الذي عليه امتد الضوء إلى تلك النقطة مع ذلك العمود»[2].

---

(1) يُراجع، مصطفى نظيف، مصدر سبق ذكره، ج1، ص343,. نص من مخطوطة المناظر، المقالة الرابعة. (المؤلف)

(2) المصدر السابق، ص344. (المؤلف)

إن الدقة العلمية التي صاغ بها **ابن الهيثم** قوانين الانعكاس تثير الدهشة، إذ استخدم في تضامين أقواله تحديدًا هندسيًا لكيفية تحديد العمود سواء كان الجسم الصقيل مرآة مستوية أو محدبة أو أُسطوانية أو مقعرة أو غير ذلك، ويجري العمل بالأسلوب الآتي:

1. أن نعيِّن في البداية النقطة التي عندها يكون سقوط الشعاع وانعكاسه عن الجسم الصقيل، ولما كان الشعاع يمتد على سموت الخطوط المستقيمة فإنه يلتقي عند الجسم الصقيل في نقاط كثيرة، ومنها جميعًا تنعكس أضواء ممتدة على سموت الخطوط المستقيمة كذلك.
2. أن نعيّن العمود الذي يخرج من نقطة التقاء الشعاع الساقط والشعاع المنعكس، وذلك بتعيين مستوى يكون مُماسًّا لتلك النقطة، ويكون العمود قائمًا على المستوى المُماسّ، ويصدق ذلك على جميع النقاط على السطح الصقيل.

استعان **ابن الهيثم** بتجربة ميكانيكية (مثال ميكانيكي)، يوضح في ضوئها ظاهرة الانعكاس، ويعلل كيفية حدوث الانعكاس عن الأجسام مستعينًا بنتائج أبحاثه البصرية وقوانين الانعكاس التي توصل إليها، ولفهم قيمة هذه التجربة والتعليل العلمي لانعكاس الأضواء جميعها لا بد أن نضيف مقدمات أخرى من العلم الطبيعي يذكرها **ابن الهيثم** صراحة، وأولى هذه المقدمات هي: أن الأضواء تمتد على خطوط مستقيمة سواء كان الضوء ضوء الشمس أو ضوء القمر أو ضوء الكواكب أو ضوء النار، وأن الضوء ليس صورة عرضية من الجسم المضيء، بل فضلًا عن كونه صورة جوهرية هو معنى من جملة المعاني التي تتقوم بها ماهية الجسم، فللضوء بناء على ذلك وجود مستقل.

والمقدمة الطبيعية الأخرى هي: أن الأجسام تنقسم إلى أجزاء والأجزاء إلى أجزاء أصغر منها حتى نصل إلى أصغر الصغير الذي لا يقبل القسمة[1]، مثال ذلك

---

(1) لكن هذا الانقسام للجسم هل هو بالقوة أم بالفعل؟، فإن كان بالقوة فإن ابن الهيثم من القائلين بمذهب أرسطو في الطبيعة، وهي أن الموجودات تنقسم إلى مادة وصورة، وأن المادة (الهيولى) دائمًا بالقوة وتقبل القسمة إلى ما لانهاية بالفرض العقلي وإلى نهاية بالحقيقة، وإن كانت هذه القسمة إلى ما لا نهاية بالفعل فيكون ابن الهيثم من القائلين بالمذهب الذري، أي أن الأجسام تنقسم إلى ذرات صغيرة، يُراجع بشأن ذلك، كتابنا، العلوم الطبيعية في فلسفة ابن رشد، الفصل الأول والثاني. (المحقق)

أن الماء إذا قسم إلى أبعد غاية فإنه ينتهي إلى جزء هو أصغر الصغير من أجزاء الماء، فإذا انقسم بعد ذلك خلع صورة الماء ولبس صورة الهواء، ثم الهواء ينقسم إلى أصغر الصغير من أجزاء الهواء ثم إذا انقسم بعد ذلك خلع صورة الهواء ولبس صورة النار، ثم أن النار تنقسم إلى أصغر الصغير من أجزاء النار ثم لا يمكن أن تنقسم بعد ذلك لأنه ليس في الوجود صورة ألطف من صورة النار[1].

إذا ربطنا هذه المقدمات مع المقدمات الأربع السابقة (أ، ب، ج، د) بعضها بعضًا، فإن النتيجة التي نتوصل لها لا تتعارض مع أية مقدمة منها، وهي أن الضوء يسلك سلوكًا دقائقيًا وعلى سموت الخطوط المستقيمة، فهو يسلك سلوك الأجسام ولكن سرعته كبيرة جدًا، فإذا كانت النار تتألف من أجزاء صغيرة جدًا لا تنقسم، وأن الضوء صورة جوهرية للنار، فإن الضوء بدوره يتألف من أجزاء صغيرة لا تنقسم، وإذا أضفنا إلى هذه النتيجة خصائص الضوء، كانت النتيجة النهائية هي السلوك الدقائقي للضوء وامتداده على خطوط مستقيمة، وفي التجربة الميكانيكية التي يذكرها **ابن الهيثم** لتعليل انعكاس الضوء ما يؤيد هذه النتيجة، لأن التجربة هذه تمثيل يحاول بها تعليل ظاهرة ضوئية بظاهرة ميكانيكية، ولا يمكن أن يكون التمثيل صحيحًا، ولا يمكن أن تكون النتائج التي يحصل عليها من الظاهرة المعلومة ذات أهمية ما لم يكن بين المعلوم والظاهرة المراد تعليلها توافق[2].

يذكر **ابن الهيثم** هذه التجربة في المقالة الرابعة من كتاب المناظر، ويثبت الشروط الواجب مراعاتها لنجاح التجربة، فيختار كرة صغيرة ملساء من الحديد أو النحاس، ويشترط أن يكون وزن الكرة لا يزيد على مثقال واحد، وأن تكون في الأسفل مرآة مستوية مصنوعة من الحديد وقد وضعت بشكل أفقي، ثم تلقى الكرة الصغيرة من ارتفاع لا يقل عن عشرين ذراعًا، وربما يتساءل المرء لماذا جعل الكرة صغيرة ملساء؟ ولماذا اختار مرآة مستوية مصنوعة من الحديد؟

---

(1) يُراجع، ابن الهيثم، رسالة في الضوء، ص17-18. (المؤلف)

(2) هذه النتيجة تخالف ما ذهب إليه مصطفى نظيف في كتابه الحسن بن الهيثم، بحوثه وكشوفه البصرية، الجزء الأول، ص135، حيث يرى أن ابن الهيثم في هذه النظرية لا يدلي برأي في حقيقة الضوء فلم يضمن لأقواله ما يفيد أنه يرى أن الضوء من قبيل الدقائق الكرية المتناهية في الصغر كما ذهب نيوتن في نظريته.

والجواب ببساطة: أنه أراد أن يخلق ظروفًا مشابهة لظروف سقوط الضوء وانعكاسه، فالكرة الصغيرة الملساء ذات احتكاك أقل عند اصطدامها، والمرآة صقيلة لا تعرقل ارتداد الكرة، فإذا تصورنا الضوء على هيئة دقائق فإن انعكاسه عن المرآة الصقيلة أفضل، أما إذا كانت المرآة غير صقيلة فإن الضوء الساقط سرعان ما يصيبه التشتت وينعدم الانعكاس، والجسم الصقيل في عرف ابن الهيثم ما كانت مساماته معدومة، وأجزاؤه متماسكة، بحيث إذا سقط الضوء عليه انعكس عنه بشدة، فلا يصيبه التشتت، فكان ابن الهيثم في تقييده لظروف التجربة أراد أن يكون التمثيل تامًا بين سلوك الضوء وسلوك الكرة الملساء في التجربة.

فإذا ما أُلقيت الكرة من مرتفع على مرآة صقيلة فإنها ترجع إلى جهة الارتفاع ثم تهبط إلى الأسفل، وإذا ما أُلقيت من مسافة أكبر كان انعكاسها عن المرآة إلى مسافة أبعد، وبالعكس ترتد الكرة إلى مسافة أقل إذا ما أُلقيت من مسافة أقرب.

ثم يغير **ابن الهيثم** ظروف التجربة بمثال آخر تكون فيه المرآة عمودية وقد ثبتت في جدار بشكل قائم على سطح الأرض، وتقذف الكرة نحو المرآة بقوة، وذلك بأن تكون الكرة في رأس سهم قوس، وتكون حركتها على استقامة العمود على سطح المرآة، وفي الحالة يجد المجرب (المعتبر) أن الكرة ترتد على العمود القائم بنفسه، ثم ما تلبث الكرة أن تهبط إلى الأسفل، أما إذا قذفت الكرة بقوة وتكون حركتها على استقامة خط مائل على سطح المرآة ومواز للأفق، فإن الكرة عندئذ ترجع على خط مواز للأفق، ومائل على سطح المرآة ميلًا شبيهًا بميل السهم عند تفويقه إلى المرآة بالقياس إلى الحس، ثم لا تلبث الكرة حتى تهبط إلى جهة السفل للقوة الطبيعية المحركة لها إلى أسفل، وكلما كانت حركة القاذف أقوى فإنه يجد رجوع هذه الكرة أقوى، وإن اعتبر هذا المعنى بجسم غير المرآة ويكون فيه بعض اللين كالخشب أو ما يجري مجراه وجد رجوع الكرة بقوة دون القوة الأولى[1].

يخلص **ابن الهيثم** بعد هذه التجربة إلى استنتاج عدة معانٍ فيزياوية، أهمها ما يخص الضوء، أن الانعكاس عن سطح صقيل لا يختلف عن كيفية ارتداد الكرة الصغيرة الملساء عن المرآة الصقيلة المصنوعة من الحديد، «فكما أن الكرة في هذا المثال ترتد عن سطح

(1) المصدر السابق، ص123. (المؤلف)

الجسم الصلب المانع لها من الحركة بحيث يكون خط حركتها أولًا وخط حركتها ثانيًا والعمود المقام من نقطة اللقاء جميعًا في مستوى واحد، وبحيث تكون الزاوية التي يحيط بها الخط الثاني والعمود مثل الزاوية التي يحيط بهما الخط الأول والعمود، فكذلك يكون انعكاس الضوء إذا لقي جسمًا صقيلًا وفعل السطح الصقيل في الضوء كفعل هذا الجسم الذي ممانعته في الغاية في الكرة»[1]

تتجلى في هذا النص عدة اعتبارات فيزياوية ومنهجية نجملها بالنقاط الآتية:

1. إن التشبيه أو التمثيل بين ارتداد الكرة عن المرآة وانعكاس الضوء عن المرآة الصقيلة لا يفتقر إلى توضيح أكثر، فهو من الناحية المنطقية غاية في الصحة.
2. إن خط سقوط الكرة وخط انعكاسها أو ارتدادها والعمود المقام من نقطة اللقاء تقع جميعها في مستوى واحد، وهذا أمر ينطبق على ضوء بقانون الانعكاس الأول.
3. إن الزاوية التي يحدثها خط سقوط الكرة مع العمود تساوي الزاوية التي يحدثها خط الارتداد مع العمود نفسه، وهذا أمر ينطبق على الضوء بقانون الانعكاس الثاني.

ولكن **ابن الهيثم** تنبه إلى الاختلافات بين نتائج المثال الميكانيكي وسلوك الضوء، فإذا كانت الكرة تنتهي إلى أسفل بعد رجوعها عن المرآة فإن الضوء بحركته السريعة للغاية ليس فيه قوة تحركه غير خاصيته في الحركة على استقامته، ولا يحيد عن هذه الاستقامة بالانعكاس كذلك.

والظاهرة الضوئية الأخرى التي أولاها **ابن الهيثم** اهتمامه هي الانعطاف وعلاقتها بالأوساط التي ينفذ فيها الضوء، وقد توصل إلى نتائج علمية مهمة وقوانين أو أقوال كلية أفاد منها لفهم الظواهر الطبيعية، واختلاف سرعة الضوء في الأوساط المختلفة، فالضوء الذي يشرق من جسم ينفذ في الجسم الشفيف على استقامته، ولكنه سرعان ما ينعطف إذا ما كان في طريقه يختلف عنه من حيث الكثافة، فلا ينفذ على الاستقامة التي كان عليها في

---

(1) المصدر السابق، ص134. (المؤلف)

الجسم الأول، ويوضح الانعطاف بقوله: «فنقول إن كل ضوء يشرق على جسم مُشِفٍّ فإنه ينفذ في ذلك الجسم المُشِفّ على سموت خطوط مستقيمة والوجود يشهد بذلك ثم إذا امتد الضوء في الجسم المُشِفّ وانتهى إلى جسم آخر مشف مخالف الشفيف للجسم الأول الذي امتد فيه وكان مائلًا على سطح الجسم الثاني انعطف الضوء ولم ينفذ على استقامته»[1].

في هذا النص ما يشير إلى عدة حقائق علمية استنبطها **ابن الهيثم** من التجارب:

1. إن الانعطاف يحدث عندما يمتد شعاع ضوء على سموت الخطوط المستقيمة في جسم مُشِفٍ ثم يلاقي جسمًا غليظًا في كثافته أو جسمًا ألطف من الأول في شفافيته، فانعطاف الضوء بناء على ذلك يكون بعلة اختلاف كثافات الأجسام التي ينفذ الضوء فيها.
2. اشترط لحدوث الانعطاف أن يكون الشعاع الممتد في الجسم الأول مائلًا على سطح الجسم الثاني المخالف في كثافته عن الجسم الأول، وعندئذ يحدث انعطاف الضوء ولا ينفذ على استقامته.

يظهر الآن بوضوح أن **ابن الهيثم** قد استخدم مفاهيم علمية في النصوص السابقة، فالشعاع والجسم الكثيف والجسم الصلب والممانعة والانعطاف والانعكاس وخطوط الشعاع وغير ذلك مفاهيم أساسية في النظرية الضوئية. وقد تم له تعريف الشعاع، وتبين معنى المصطلحات الأخرى من خلال التحليل، فالجسم الشفيف هو كل ما ينفذ الضوء فيه ويدرك البصر ما وراءه، والجسم الكثيف هو كل ما يقع عليه الضوء ولا يسمح له بالنفوذ، وقد سبق أن أدركنا معنى الجسم الصلب بعلاقته بالممانعة من خلال التجربة التي أجراها في الانعكاس وسنأتي على تفصيل ذلك.

أما الانعطاف فهو حيود الشعاع عن استقامته بزاوية معينة باختلاف كثافة الأجسام المُشِفّة، ويمكن معرفة الجسم الألطف عن طريق زاوية الانعطاف كما يشير ذلك بقوله: «وشفيف الأجسام المُشِفّة هو صورة مؤدية للضوء، والشفيف يختلف ويعتبر اختلاف الشفيف بزوايا الانعطاف إذا كان جسمان مُشِفّان مختلفا الشفيف وامتد فيهما شعاعان وأحاط الشعاعان

---

(1) يُراجع، ابن الهيثم، رسالة في الضوء، ص13. (المؤلف)

مع العمودين الخارجين من موضعي الانعطاف بزاويتين متساويتين مما يلي الجسمين ثم انعطفا في جسم واحد أغلظ منهما وكان انعطافهما في الجسم الأغلظ على خطين مختلفي الوضع وأحاطا مع العمودين بزاويتين مختلفتين مما يلي الجسم الأغلظ، فالذي أحدث الزاوية الصغرى هو أشد شفيفًا»[1]. وزاوية الانعطاف هي الزاوية التي يحيط بها امتداد الخط الذي يمتد عليه الضوء في الجسم الأول والخط الذي يمتد عليه في الثاني، وقد توصل إلى عدة حقائق فيزياوية عامة فيما يخص الانعطاف نجملها بالنقاط الآتية:

1. إذا صادف الضوء النافذ في جسم مُشِفٍّ جسمًا آخر مخالفًا له، وكان على خطوط قائمة على سطح الجسم الثاني، امتد الضوء على استقامته في الجسم الثاني، أما إذا كان على خطوط مائلة على سطح الجسم الثاني انعطف في الجسم الثاني ولم ينفذ على استقامته، واحتفظ بخطوط مستقيمة غير الخطوط التي امتد عليها في الجسم الأول.
2. إذا صادف الضوء النافذ في جسم مُشِفٍّ جسمًا آخر، وكان غليظًا فإن الانعطاف يكون إلى جهة العمود الخارج من موضع الانعطاف، أما إذا كان الجسم الثاني ألطف من الأول، فإن الانعطاف يكون إلى ضد الجهة التي فيها العمود الخارج من موضع الانعطاف.
3. إذا صادف الضوء النافذ في جسم مُشِفٍّ جسمًا آخر مخالفًا له، كان الشعاع الساقط والعمود القائم من نقطة السقوط والشعاع المنعطف جميعًا في مستوى واحد (وهذا هو قانون الانكسار الأول).

ولم يكتف **ابن الهيثم** بالأحكام العامة في انعطاف الشعاع الضوئي عند انتقاله في أوساط مختلفة الكثافة، بل عمل على أن تكون أحكامه دقيقة كميًا، باستخدام آلة مدرجة تعرف بآلة الانعطاف، وكانت غايته قياس درجة انعطاف الضوء عند نفوذه من الهواء إلى الماء ومنه إلى الزجاج ومن الزجاج إلى الهواء ومنه إلى الماء.

وهكذا يكون **ابن الهيثم** قد توصل إلى حقيقة علمية هي أن اختلاف الكثافات للأجسام

(1) المصدر السابق، ص19.

المُشِفّة يؤدي إلى اختلاف زوايا الانعطاف، وأن هذا الاختلاف يقاس كميًا بواسطة آلة الانعطاف المدرجة بدرجات[1].

أما مفهوم الممانعة فهو الآخر من المفاهيم العلمية التي يستخدمها **ابن الهيثم** في بحوثه الضوئية، وقد بينا استخدامه لهذا المفهوم في التجربة الميكانيكية، أما الآن فغايتنا أن نتعقب استخدامه في الانعطاف وسرعة الضوء، فالجسم الصلب يمانع حركة الجسم المتحرك، فعندما يلقى جسم متحرك جسمًا آخر يمنعه وقد احتفظ بقوة فيه، فإنه يرجع حيث الجهة التي تحرك منها، وتكون قوة حركته في الرجوع متناسبة مع قوة حركته الأولى وممانعة الجسم.

ويرى **ابن الهيثم** أن ذلك يصدق على الضوء عند نفوذه في الأجسام المُشِفّة، فكلما كان الجسم المُشِفّ أكثر كثافة كانت درجة ممانعته أكبر، وبذلك ينعطف الضوء ولا يستمر على استقامته، ويربط بين سرعة الضوء والممانعة والانعطاف.

**ويكفي ابن الهيثم فخرًا أنه تنبَّه إلى حقيقة علمية كبرى هي أن للضوء سرعة في زمن،** وإن لم يستطع تعيين مقدار هذه السرعة، ولكن المهم في نظر العلم أن طرح المشكلة بشكل صحيح للبحث يمثل نصف الطريق المؤدي إلى الحل[2].

يظهر **لي** أن مباحث **ابن الهيثم** في الانعطاف قد أوحت إليه أن للضوء سرعة، فمن مشاهداته وتجاربه وبراهينه الرياضية توصل إلى أن سرعة الضوء ليست واحدة في الأجسام المختلفة من حيث الكثافة، وأن سرعة الضوء في الجسم المُشِفّ أكبر من سرعته في الجسم

---

(1) يُراجع، مصطفى نظيف، مصدر سبق ذكره، ج2، ص685. (من مخطوطة المناظر، المقالة السابعة) (المؤلف)

(2) C.f: Einstein, A, & Infeld, L, The Evolution Of Physics, P95.

ويرى آينشتاين وزميله في هذا الكتاب أن غاليليو هو صاحب الفضل في صياغة مشكلة قياس سرعة الضوء ويعقب بقوله «غالبًا ما تكون صياغة المشكلة أكثر أهمية من حلها، وهو الحل الذي ربما يكون مجرد مسألة مهارة رياضية وتجريبية). وكان الأجدر أن تكون تلك الإشارة عن ابن الهيثم الذي أولى موضوع الضوء وسرعته عناية فائقة، مما يجعله صاحب الفضل في صياغة مشكلة سرعة الضوء. (المؤلف). ولكن يبقى من وجهة نظرنا هو هل أن غاليليو قد اطلع على نصوص ابن الهيثم العلمية في مجال الضوء، بمعنى هل نقلت نصوص ابن الهيثم إلى اللاتينية فاطلع عليها غاليليو أو غيره وصولًا إلى آينشتاين، إنها مسألة جديرة بالبحث والاعتبار من قبل الباحثين عن التأثير والتأثر بأدلة علمية ملموسة ووثائق لا كلام يطلق من أجل التفاخر بالأسبقية في الكشف العلمي أو غير ذلك. (المحقق)

الغليظ، ويعلل ذلك بالممانعة، إذ يرى أن الجسم المُشِفّ يمانع الضوء بحسب ما فيه من الغلظ، فإذا نفذ الضوء في جسم مشف ثم لقي جسمًا آخر أغلظ منه (أكثر كثافة)، كانت ممانعة الثاني للضوء أكبر من ممانعة الأول له، وهذا معناه: أن سرعة الضوء في الجسم الذي يثير ممانعة أقل، أكبر من سرعة الضوء في الجسم الذي يثير ممانعة أكبر، ومن أقواله التي تعزز هذا الرأي ما ذكره في كتاب المناظر: «فأما لِم ينعطف الضوء إذا لقي جسمًا مُشِفًّا مخالف الشفيف للجسم الذي هو فيه، فذلك لأن نفوذ الضوء في الأجسام المُشِفّة إنما يكون بحركة وبحركة في غاية السرعة، وهذا المعنى قد بيّنّاه في المقالة الثانية. والأضواء تمتد في الأجسام المُشِفّة بحركة سريعة تخفى عن الحس بسرعتها. ومع ذلك فإن حركتها في الأجسام اللطيفة أعني الشديدة الشفيف أسرع من حركتها في الأجسام الغليظة أعني الأضعف شفيفًا. وذلك أن كل جسم مشف إذا نفذ فيه الضوء فإن الجسم المُشِفّ يمانع ممانعة ما بحسب ما فيه من الغلظ»[1].

(1) يُراجع، مصطفى نظيف، مصدر سبق ذكره، ج1، ص139. (المؤلف)، وبدوري أترك للقارئ الكريم أن يلاحظ على هذا الفصل كيف احتفى الفيلسوف ياسين خليل بعلم ابن الهيثم في مجال البصريات ودعم أقواله بأدلة علمية وتجريبية محكمة، فقدم بذلك قراءة ممتازة للتراث العلمي العربي ودوره في بناء الحضارة الإنسانية على وفق مبدأ التراكم المعرفي. (المحقق)

# الفصل الخامس
# علم الموازين والأثقال

## المبحث الأول: ميكانيك الأجسام المستقرة

ورث **العلماء العرب** عن **اليونان** و**المدرسة الإسكندرية** معرفتهم بعلم الطبيعة، ولكنهم لم يقفوا عند ما انتهى إليه العلم **اليوناني** وقفة المتعلم المتواضع، بل جاهدوا بالبحث والنظر لتصحيح كثير من الآراء والنتائج، فضلًا عن تعزيز هذا العلم بطرح مبادئ ومقدمات جديدة، واثبات فروض بالتجربة والمشاهدة وإدراك واضح لعلاقة الرياضيات من حساب وهندسة وجبر بالأبحاث الفيزياوية.

عرف **العرب** الفلسفة الطبيعية **لأرسطو**[1]، كما عرفوا ما أنجزه **أرخميدس في** حقل الميكانيك والرياضيات، وما ابتكره **علماء مدرسة الإسكندرية في** صناعة الآلات والمبادئ التي تقوم عليها، فوضعوا مؤلفات متنوعة في الفلسفة الطبيعية اتسم بعضها بالنظر الفلسفي والعقلي المجرد، واتسم البعض الآخر بالاعتماد على التجربة والخبرة مع معرفة دقيقة بمقدمات هندسية وفيزياوية معينة. وبذلك نستطيع أن ننظر إلى ما أنجزه **العلماء العرب في** حقل الأبحاث الفيزياوية من زاويتين:

---

(1) الفلسفة الطبيعية، تعني دراسة الطبيعة وموجوداتها من مادة وصورة ودراسة الجسم الطبيعي ولواحقه من حركة وزمان ومكان وتتالٍ وتشافع واتصال وانفصال وغيرها، وقد أودع أرسطو دراسة الفلسفة الطبيعية في كتابه الطبيعة، وقد ترجم هذا الكتاب إلى العربية في بيت الحكمة العباسي من قبل إسحق بن حنين وقد جرت عليه تعليقات عدة، وقد نشر الكتاب بتحقيق علمي من قبل الدكتور عبد الرحمن بدوي، وصدر في جزأين، القاهرة 1964، كما شرح هذا الكتاب بالتفصيل من قبل ابن سينا في الشفاء وابن رشد في كتبه الطبيعية، فضلًا عن شروحات الفارابي وإخوان الصفا ومسكويه وابن باجة الأندلسي وابن طفيل الأندلسي، يُراجع للتفصيلات، كتابنا، العلوم الطبيعية في فلسفة ابن رشد، مصدر سبق ذكره. (المحقق)

**الأولى**: وتظهر في معالجات **الفلاسفة العرب** للحركة[1] والسكون وحالات الأجسام والزمان والمكان والقوة وغير ذلك جريًا على طريقة **الفلاسفة اليونان** في فهم الظواهر الطبيعية[2] عن طريق التأمل والنظر في طبائع الأشياء مع الاستعانة بأساليب المنطق والحجج العقلية.

**الثانية**: وتظهر في معالجات **العلماء العرب** لظواهر الطبيعة وحالات الأجسام وعلاقة الأجسام بالزمان والمكان والحركة[3]، ودراسة مراكز الأثقال وتعيين الأوزان النوعية للأجسام الصلبة (المعادن والأحجار) والسوائل أو المائعات، واستخلاص مبادئ صناعة الموازين المختلفة وما يترتب عليها من براهين هندسية وتجريبية وغير ذلك، عن طريق استخدام التحليل النظري الدقيق واستعمال التجارب وامتحان النتائج فضلًا عن توظيف مبادئ رياضية وفيزياوية، واعتماد التجربة أساسًا للتثبت من صدق المبادئ والقوانين الفيزياوية.

إن **نظرتنا** إلى ما أنجزه **العلماء العرب** في حقل الميكانيك تنحصر في ما ورد في الزاوية الثانية، لأننا نعتقد أن معظم المعالجات الفلسفية لم تكن إلا مجرد تأملات، وأن النتائج التي

---

(1) تعرف الحركة عند أرسطو: أنها انتقال من القوة إلى الفعل، وهي عنده على أنواع، منها: الحركة المكانية والحركة الكمية والحركة الكيفية، أما الوضع فليس فيه حركة على مذهب أرسطو، أما الجوهر والزمان والفعل والانفعال فليس فيها حركة عند أرسطو، بل يحدث فيها تغير، فالتغير أعم من الحركة، لأنه يحدث دفعة واحدة من الكون إلى الفساد وبالعكس، أما الحركة فتحدث على التدريج، وقد تابع موقف أرسطو في الحركة معظم فلاسفتنا العرب المسلمين من أمثال: الكندي والفارابي وابن سينا وابن رشد وغيرهم، ولكن ابن سينا يتميز عن أرسطو أن جعل في الوضع حركة. أما السكون فهو ضد الحركة، والحركة تنتهي عندما يتم الانتقال من القوة إلى الفعل، أي باقتران المادة بالصورة، فالمادة إمكان ونقص والصورة وجود وكمال. يُراجع للتفصيلات، كتابنا، نظرية المكان في فلسفة ابن سينا، بغداد 1987. (المحقق)

(2) الطبيعة عند الفلاسفة اليونان ومن سايرهم من الفلاسفة العرب المسلمين، تعني: مبدأ حركة الشيء من ذاته وسكونه من ذاته، بخلاف الصناعة التي تعني مبدأ حركة الشيء من خارج وسكونه من خارج. (المحقق)

(3) يعدّ الزمان والمكان والحركة من لواحق الجسم الطبيعي لا من مبادئه، وقد أولى الفلاسفة من أرسطو حتى ابن رشد الاهتمام الكافي بدراسة الحركة والمكان والزمان، وأفرد لهم أرسطو في كتابه الطبيعة عدة فصول لدراسة الحركة والمكان ونقد نظرية الخلاء (الفراغ) والزمان. ومثل ذلك فعل الكندي والفارابي وابن سينا وابن رشد وابن طفيل. وقد اتفق هؤلاء الفلاسفة على أن المكان هو سطح للجسم، وأن الزمان هو مقدار الحركة من حيث المتقدم والمتأخر، وأن الخلاء لا وجود له في الطبيعة. يُراجع للتفصيلات كتابنا، نظرية المكان في فلسفة ابن سينا. (المحقق)

توصلوا إليها لم تكن مدعومة بالدليل التجريبي، بل ولم تكن في التحليل النظري سائرة في الطريق العلمي الصائب، وأن هذه المعالجات كانت تسير في مجرى الخط الفكري الذي وضع **أرسطو** أصوله، وهو الخط الذي عرقل تطور الفلسفة الطبيعية لعدة قرون، وأن الاختلافات التي ظهرت بسبب اجتهادات **الفلاسفة العرب** هي إضافات وتعديلات للفلسفة الطبيعية الأرسطية بخاصة والفلسفة بعامة، ولكننا في الوقت نفسه لا ننكر على **الفلاسفة العرب** بعض الفروض العلمية الجيدة التي أدت فيما بعد إلى خدمات في تطوير علم الفيزياء، إلا أنها لم تُستغل استغلالًا جيدًا، وبقيت مطمورة في ثنايا البحث الطبيعي لم يلتفت إلى أهميتها في وقتها.

تناولت الفلسفة الطبيعية بالبحث: الحركات وأنواعها والعلل والقوى من طبيعية ومكتسبة، وحاول الفلاسفة إيجاد تفسيرات أو تعليلات للحركة وسقوط الأجسام، واختلاف المواد والكتل وتباين سرعة الأجسام وغير ذلك، وقد درس **الفلاسفة العرب** هذه الظواهر الطبيعية، واجتهد كل واحد منهم لفهم المسائل المطروحة بأساليب الفلسفة والمنطق، بينما نجد عددًا من العلماء وقد انهمكوا بدراسة الموضوعات ذاتها وغيرها بأساليب جديدة قائمة على التحليل العلمي الدقيق والتجارب بالإضافة إلى استخدام الرياضيات في التعبير والبرهان.

أدرك **العلماء العرب** أهمية دراسة الأجسام[1] في حالتي الاستقرار والحركة، وعلاقة الحركة بالكتلة وبالزمان والمكان. وميل الأجسام المتحركة إلى الاستقرار وعلاقته بتحريك الكتل في الزمان والمكان وغير ذلك من الأمور المتعلقة بالمقاومة وانعدامها. وتأثير ذلك في سرعة الأجسام في الهواء أو في المائعات، وكان لازدياد اهتمامهم بعلم الموازين أثره البالغ في تطور معرفتهم بالعتلات والأثقال ومراكزها، كما أن شغفهم بصناعة المكاثيف والموازين

---

(1) الجسم في تعريف الفلاسفة من أرسطو إلى فلاسفتنا العرب المسلمين، هو: ماله ثلاثة أبعاد، هي: الطول والعرض والعمق، بخلاف السطح الذي له بعدان، والخط الذي له بعد واحد، ولكن هذه الأبعاد ليست حقيقة في الجسم بل مفروضة. يُراجع، أرسطو، الطبيعة، الترجمة العربية القديمة، مصدر سبق ذكره، ج1، المقالة الأولى، كذلك، الكندي، رسالة في الحدود والرسوم، تحقيق عبد الأمير الأعسم، ضمن كتاب المصطلح الفلسفي عند العرب، بغداد 1986. أما تعريف الجسم عند الفلاسفة الفارابي وابن سينا والغزالي وابن باجة وابن طفيل وابن رشد وغيرهم، يُراجع، كتابنا، العلوم الطبيعية في فلسفة ابن رشد، مصدر سبق ذكره، الفصل الأول. (المحقق)

ابتغاء الحصول على نتائج دقيقة قد ساعدهم على معرفة كثير من الأوزان النوعية لمعادن وأحجار وسوائل، وقد أرشدتهم التجارب إلى وضع مبادئ فيزياوية عامة، وهكذا نستطيع القول إن أبحاثهم الفيزياوية قد شملت الحقول الفرعية الثلاثة لعلم الميكانيك، وإن النتائج التي توصلوا إليها قد أثرت من دون شك في تطور علم الفيزياء بالاتجاه العلمي الصائب.

نقصد بعلم الميكانيك حديثًا ذلك الحقل الواسع من المعرفة الذي يتناول بالدراسة جميع الحالات أو الظروف التي تكون عليها الأجسام أو الأشياء في العالم الخارجي. سواء كانت في حالة الحركة أم السكون، وقد ذهب العلماء إلى تقسيم علم الميكانيك إلى نوعين هما: ميكانيك الأجسام المستقرة (الستاتسيكا Statics)، وميكانيك الأجسام المتحركة (الديناميكا Dynamics)، وإلى جانب هذين الفرعين هناك فرع ثالث يؤلف مجالًا خاصًا لوحده هو ميكانيك السوائل (هيدرو ستاتيكا Hydrostatics)، إذ تطبق مبادئ ميكانيك الأجسام الصلبة على السوائل والغازات.

تناول **العلماء العرب** الميكانيك بفروعه وطبقوه بنجاح كثيرًا من مبادئ الميكانيك على السوائل، فاستنبطوا عددًا من القواعد والقوانين المهمة، وقد ساعدتهم أبحاثهم النظرية والتجريبية على الإفادة من هذه المعلومات في صناعة الأجهزة والآلات، فبرعوا فيها براعة كبيرة واخترعوا طرقًا مختلفة للإفادة من ميكانيك السوائل، لذلك فإنه من الأفضل أن ننظر كذلك إلى علم الميكانيك من زاويتين: زاوية علاقته بالمبادئ والقوانين والتجارب، وزاوية علاقته بالأجهزة وصناعة الآلات والأدوات، فنطلق على الأولى اسم الميكانيك النظري لاهتمامه بدراسة حالات الأجسام والسوائل والغازات وصولًا إلى صياغة المبادئ والتعريفات واستنباط النتائج، ونطلق على الثاني اسم الميكانيك التطبيقي أو العملي لاهتمامه بتطبيق مبادئ ونتائج الميكانيك النظري في الصناعة على اختلاف أنواعها وأغراضها سواء ما يتعلق منها بصناعة الأجهزة العلمية والمختبرية أو ما يتعلق بالصناعات مثل: صناعة الأدوات الحربية وصناعة الآلات التي تستخدم مبدأ ضغط السوائل، وصناعة الساعات وغير ذلك.

ويمكن أن ننظر إلى علم الميكانيك على أساس فكري وتجريبي، إذ يؤلف الجانب الفكري منه نظامًا من تعريفات ومبادئ أساسية ومشتقات، ويؤلف الجانب التجريبي منه ما له صلة بالتجارب، والملاحظات والشروط الواجب اتباعها والمهارات التي تقتضيها وغير ذلك.

إن الخطوة الأولى في الانتقال بالمعرفة إلى العملية، هي: أن يبدأ العلم بالتجارب والمشاهدات من أجل صياغة القضايا العلمية أو الفروض والقوانين، ولكن هذه الخطوة ليست نهائية، بل يحاول العالِم النظري دراسة ما توصل إليه بنفسه أو ما توصل إليه الباحثون من حقائق علمية ليقوم بدوره بإعداد البناء وضبط التعريفات واختيار المبادئ الضرورية التي بمثابة مقدمات علمية، وإجراء الاشتقاقات اللازمة والتثبت من النتائج.

أدرك **العلماء العرب** ولا سيما من اشتغل بعلم الطبيعة أمثال **ابن الهيثم** و**البيروني** و**ابن سينا**(1) و**الخازني** وغيرهم أن العلوم الطبيعية بحاجة إلى الملاحظات والتجارب، وأن العلوم الطبيعية بحاجة إلى الملاحظات والتجارب، وأن المعرفة العلمية المكتسبة لا يمكن الحصول عليها إلا عن طريق التجربة والمشاهدة والاعتبار، فوقفوا بذلك موقفًا واضحًا في التمييز بين العلوم البرهانية القائمة على البرهان دون التجربة، والعلوم الطبيعية القائمة على التجربة والاعتبار. ولكنهم في الوقت نفسه أدركوا ما للرياضيات من أهمية في العلم الطبيعي، وضرورة استخدامها في البحوث الفيزياوية المختلفة، فربطوا بشكل دقيق بين التجربة والمبادئ الرياضية وامتحان النتائج بأسلوب البرهان الرياضي في بعض الأحيان.

## المبحث الثاني: في كيفية حساب مراكز الأثقال

غطت أبحاث **العلماء العرب** مساحة كبيرة في علم الميكانيك، وعليه نحصر اهتمامنا بما أنجزوه وما خلفوه من معارف في الحقول الآتية:

**أولًا**: ميكانيك الأجسام المستقرة فيما يتصل بمراكز الأثقال والعتلات وكل ما له صلة بالموازين وما تقوم عليه هذه الصناعة من مبادئ طبيعية ورياضية، وقد أطلق **العرب** على هذا الحقل اسم علم الموازين وعلم الأثقال.

**ثانيًا**: ميكانيك السوائل أو المائعات بكل مل يتضمنه هذا الحقل من مبادئ عامة وتجارب غايتها الأوزان النوعية للسوائل وخواص الغازات.

---

(1) إنّ الإشارة هنا إلى ابن سينا ضمن العلماء الذين اهتموا بالميكانيك، إنما تأتي من قبل الدكتور ياسين خليل على أنه عالم لا فيلسوف تأملي. (المحقق)

**ثالثًا:** ميكانيك الأجسام المتحركة وما يتصل بها من دراسة للزمان والمكان والقوى الطبيعية، وكشف العلاقات الفيزياوية بين المفاهيم الأساسية في الديناميكا، وتحديد المبادئ الفيزياوية العامة.

أما التطبيقات الميكانيكية في صناعة الآلات والأجهزة المختلفة التي استخدمها الإنسان العربي في المجالات العلمية والعملية والتطبيقية والصناعية، فإنها تخص الهندسة التطبيقية والتكنولوجيا عند **العرب**، فلا نتناولها في هذا الكتاب.

وقبل أن نبدأ بتحليل المفاهيم والمبادئ التي يقوم عليها علم الموازين والأثقال لا بد لنا من بيان العلاقة بين هذا العلم والرياضيات للتعرف على مدى استعمال **العلماء العرب** للعلم الرياضي في الفيزياء.

من المعروف أن العلم الرياضي في الفترة التي عاشها **العلماء العرب** وهي **العصر الوسيط**، يتألف من علم الحساب وعلم الهندسة وعلم الجبر والمقابلة فضلًا عن الموسيقى وعلم الفلك، نظرًا لحاجة هذين الفرعين إلى الحساب والمثلثات، ولما كانت الحاجة في الفيزياء لا تقتصر على الوصف وطرح المبادئ العامة، بل تعتمد في التعبير عن الحقائق الفيزياوية كميًا كان من الضروري استخدام الرياضيات على نطاق واسع، وهذا هو ما حصل بالفعل، إذ استخدمت الهندسة والحساب والجبر والمقابلة في استخراج مراكز الأثقال وحساب الموازين، والأوزان النوعية للمائعات والمعادن والأحجار، وخير من يمثل هذا المنحى **عبد الرحمن الخازني** في كتابه ميزان الحكمة، الذي جمع فيه أعمال من سبقه من **اليونان والعرب** في علم الموازين والأثقال، وزاد عليها، مبينًا كيفية حساب مراكز الأثقال والأثقال والأوزان النوعية باستخدام مبادئ العلم الرياضي، وقد أورد مجموعة من المسائل الفيزياوية المتعلقة بحساب الأوزان النوعية مستخدمًا في الوقت نفسه بعض الجداول الخاصة. أما في علم الموازين فإن الحاجة إلى الهندسة كبيرة كذلك، لذلك نجد أن جميع الحسابات المتعلقة بالتوازن والبرهان على صحة الموازين وغير ذلك تعتمد على مبادئ وأعمال هندسية، ولأجل بيان العلاقة بين هذه العلوم والرياضيات سنحاول إبراز هذا الجانب بوضوح في هذا الفصل ما احتاج منها إلى الهندسة أو الحساب أو الجبر والمقابلة.

يشتمل علم الموازين على مجموعة كثيرة ومتنوعة من الموازين، وإن مفهوم الميزان لم يكن محدودًا في فرع واحد من فروع المعرفة، ففي الكيمياء مثلًا نجد علم الميزان بمعنى علم القياس الدقيق في اختيار النسب التي تدخل في التفاعلات الكيمياوية، كما نجده بمعنى علم القياس الأوزان النوعية، فضلًا عما أورده **جابر بن حيان** في استخدامه الميزان الطبائعي (طبائع الأشياء) إلى جانب الميزان الوزني[1].

واستعمل مفهوم الميزان في الرياضيات، إذ أشار إلى ذلك **جمشيد غياث الدين الكاشي** (ت1429م)، بقوله: «للحساب امتحان يعرف بالميزان إن صح الحساب صح الميزان ولم يطرد، وطريقه أن نجمع مفردات العدد من غير اعتبار المراتب، ونطرح منه تسعة تسعة إلى أن يبقى تسعة أو أقل منها، فما بقي فهو ميزان ذلك العدد، مثاله: أردنا أن نأخذ ميزان هذا العدد 64578 جمعنا الثمانية والسبعة والخمسة والأربعة والستة، وطرحنا من المجموع تسعة تسعة فتبقى ثلاثة، وهي ميزان ذلك العدد»[2].

ويستخدم **البيروني** الميزان لتعريف الجبر والمقابلة وطريقة حل المعادلات، وذلك على أساس أن المعادلة تتكون من طرفين، فإذا رفعت من الطرف الأول أيّ مقدار، فمن الضروري أن ترفع المقدار نفسه على الطرف الآخر لتبقى المعادلة متعادلة، فالمقابلة تكون في حالة النقصان أو الرفع من طرفي المعادلة، ويكون الجبر في حالة الزيادة أو الإضافة إلى طرفي المعادلة، وطريقة **البيروني** بسيطة إذ يستخدم الميزان لتوضيح هذه العلاقات بقوله: «إذا كانت أشياء مختلفة الأجناس متعادلة قامت مقام المتوازنة في كفتي الميزان قد استوى لسانه واعتدل عموده، وظاهر أنك إذا رفعت من أحد الكفتين شيئًا من أحد الأجناس وجب رفع مثله في الجنس والقدر من الكفة الأخرى ليبقى الاعتدال والحال على هيئته، وكذلك إذا وضعت شيئًا في أحديهما وجب وضع مثله في الأخرى، فكذلك إذا حصل مقادير معادلة لمقادير أُخر وكان في إحدى الجنبتين استثناء ونقصان وجب جبره بإزالته ثم لزم منه زيادة مثله على الجنبة الأخرى وهذا هو الجبر»[3].

---

(1) يُراجع، مختار من رسائل جابر بن حيان، مصدر سبق ذكره، ج1 وج2. (المؤلف)

(2) يُراجع، جمشيد غياث الدين الكاشي، مفتاح الحساب، تحقيق وشرح أحمد سعيد الدمرداش ومحمد حمدي الحفني الشيخ، القاهرة، ص76.

(3) يُراجع، البيروني، كتاب التفهيم لأوائل صناعة التنجيم، ص37. (المؤلف)

ويطلق مفهوم الميزان على أنواع مختلفة من الموازين يذكرها **الخازني** في كتابه منها: ميزان الماء، والميزان الطبيعي، والقفان، والقسطاس المستقيم، والميزان الجامع أو ميزان الحكمة، وميزان الأرض وميزان الساعات، كما يذكر إلى جانب ذلك بعض الآلات لقياس الأوزان وهي مقياس المائعات، والآلة المخروطة ومقياس الماء وهذه الأنواع كلها من الموازين بحاجة إلى رؤوس أو مبادئ في الهندسة والحساب سواء في كيفية صناعاتها أو في حساب الأوزان بها أو في امتحانها والبرهان عليها. وبناء على ما تقدم يجدر بنا أن نقوم بدراسة الأوجه الآتية:

**أولًا:** ما يتعلق بالأجسام من حيث الوزن أو الثقل ومراكز الأثقال وكيفية حسابها وأهميتها بالنسبة للأجسام والموازين.

**ثانيًا:** ما يتعلق بالعتلات ومراكز الأثقال فيها وكيفية حساب الأثقال والأبعاد في حالة والتوازن وعدمه، سواء كانت الأجسام المعلقة من جسمين معلقين في طرفي العتلة أو عدة أجسام بأبعاد مختلفة وأوزان مختلفة أو متساوية وغير ذلك.

**ثالثًا:** ما يتعلق بحساب الأوزان النوعية للمائعات أو المعادن والأحجار، والطرق التجريبية المستخدمة في حساب هذه الأوزان والآلات أو الأجهزة المستعملة لهذا الغرض، وكيفية استخراج الأوزان النوعية.

يُعدّ كتاب ميزان الحكمة من المؤلفات الفيزياوية المهمة لإحاطته بمبادئ الفيزياء والكليات التي يجب التسليم بها، واهتمامه بالتجربة والأجهزة المختبرية المختلفة والموازين المتنوعة، وكانت غاية المؤلف فضلًا عن إحاطته بجميع الموازين المعروفة عند من سبقه صناعة ميزان الحكمة لاستقصاء الخليط من الأجسام وفحص الأحجار الكريمة والأوزان النوعية وتمييز المزيف من الحقيقي، وقد استعمل **الخازني** في ميزانه خمس كفات، وبلغ فيه مبلغًا كبيرًا في دقة الصنعة وفي الحصول على نتائج دقيقة جدًا، مستفيدًا من المبادئ الرياضية ومحاولات من سبقه في صناعة الموازين، فيقول: «إن ميزان الحكمة الذي استنبطته الأفكار وأكملته التجربة والامتحان عظيم الشأن، لما فيه من المنافع ونيابته عن حذاق الصناع، منها دقة الوزن يظهر فيه تفاوت مثقال أو حبة وإن كانت زنته بجميع أعضائه ألف مثقال، وهذا إذا كان صانعه رقيق اليد لطيف الصنعة عالمًا بها»[1].

---

(1) يُراجع، ميزان الحكمة، مصدر سبق ذكره، ص4-5. (المؤلف)

أما المبادئ التي يقوم عليها عمل الميزان لتتحقق الغاية والمنافع، فيقول فيه: «هذا الميزان العدل مبني على البراهين الهندسية ومستنبط من العلل الطبيعية من وجهين: أحدهما ـ من مراكز الأثقال الذي هو أَجَل أقسام العلوم الرياضية وأشرفها وهو معرفة أوزان الأثقال المختلفة المقادير بتفاوت أبعاد ما يقاومها وعليه مبني القفان. والثاني ـ معرفة أوزان الأثقال المختلفة المقادير بتفاوت أجرام الرطوبات يغاص فيها الموزون رقة وخثورًا وعليها مبني ميزان الحكمة»[1].

يشير هذا النص إلى جميع المسائل المتعلقة بالميزان من جهة مراكز الأثقال والأوزان المختلفة وما يترتب عليها من تفاوت أبعادها، كما يشير بوضوح إلى الأوزان النوعية للأجسام، إذ إن من فوائد ميزان الحكمة التحقق من صميم الفلز من مغشوشه ومعرفة ما في الجسم الممتزج من فلزات، ومعرفة فضل وزن أحد الفلزين على الآخر في الماء إذا استوى وزنهما في الهواء وعكسه في الهواء إذا استوى وزنهما في الماء، ومعرفة حقيقة الجواهر الحجرية الياقوت والزمرد واللؤلؤ والتمييز بينها وبين أشبهاها المغشوشة... وغير ذلك.

يتناول **الخازني** في عدة مواضع من كتابه المقدمات الطبيعية والرياضية لعلم الموازين والأثقال، ففي المقالة الأولى من كتابه يذكر رؤوس مسائل من مراكز الأثقال عن **أبي سهل القوهي** (القرن العاشر الميلادي) و**ابن الهيثم** ورؤوس مسائل **أرخميدس** و**إقليدس** و**مانالاوس**، كما يذكر في المقالة الثانية مقدمات من مراكز الأثقال **لثابت بن قرة** و**المظفر الإسفزاري** (القرن الثاني عشر الميلادي). ونظرًا لأهمية مفاهيم ومقدمات مراكز الأثقال من دون تحميل النصوص أكثر مما تعرضه من مفاهيم ومبادئ.

لا شك أن الوزن أو الثقل من المفاهيم الفيزياوية المهمة، وأن الأجسام في الطبيعة إنما تتباين بأوزانها وأحجامها، وأن الموازين وسيلة جيدة للتمييز بين الثقيل والخفيف، ولكن تعريف الثقل مهمة علمية، وعلى من يريد تعريف المفهوم أن يكون على معرفة جيدة بطريقة تحديد المعنى واستيفائه للشروط المنطقية والطبيعية، فالثقل هو: القوة التي بها يتحرك الجسم الثقيل إلى مركز العالَم[2].

---

(1) المصدر السابق، ص5-6. (المؤلف)

(2) المصدر السابق، ص16. (المؤلف)

ينطوي هذا التعريف للثقل على ثلاثة مفاهيم رئيسية هي: القوة والجسم الثقيل وحركة إلى مركز العالَم. إن تعريف الثقل بالقوة جدير بالملاحظة، لا سيما وأن القوة (التي يشير إليها التعريف) في الجسم ذاتية وليست مكتسبة من تأثير خارجي بفعل إنسان أو آلة، ولم يقتصر التعريف على ذكر القوة، بل عيّن اتجاهها فهي قوة إضافة إلى الجسم (كتلة الجسم) الثقيل، وبعبارة أخرى أن القوة الواردة في تعريف الثقل هي متجهة عمودية (شاقولية) على مركز العالَم، وأنه يمكن عرض القوة على هذه الصفة.

ولقد أدرك **العالِم العربي** حقيقة فيزياوية مهمة هي: أن لكل جسم مركز ثقل واحدًا، وأن الأجسام مهما اختلفت أشكالها وأحجامها لا بد أن يكون لها نقطة واحدة فقط هي مركز الثقل. فبالنسبة لجسم واحد يكون تعريف مركز الثقل بالنص الآتي: «كل جسم ثقيل فإن النقطة منه التي تنطبق على مركز العالَم إذا كان ساكنًا عليه يسمى مركز ثقل لذلك الجسم»[1].

هذا التعريف فيه جملة مفاهيم لا بد من معرفة معانيها أولًا لفهم المقصود بمركز الثقل. فللجسم الثقيل نقطة مفروضة، وهذه النقطة تنطبق على مركز العالَم إذا كان ساكنًا عليه، ويفهم السكون هنا على أساس أنه الاستقرار والتوازن، فإذا أخذنا جسمًا ما واخترنا نقطة بحيث إذا توازن الجسم عليها كان مستقرًا، فإن هذه النقطة يمر منها خط عمل القوة التي تمثل مركز الثقل، فمفهوم مركز العالَم الوارد سابقًا يشمل مركز ثقل الجسم ومركز ثقل الأرض، ويمكن أن نفهم هذا المبدأ على أساس أن للجسم المتوازن نقطة مفروضة، وأن المستقيم الواصل بين مركز العالَم وهذه النقطة يجعل تلك النقطة مركز ثقله، أو أن السهم الذي يخرج من مركز العالَم يمر بنقطة واحدة في الجسم هي مركز ثقله.

وإذا كان لكل جسم مركز ثقل معينًا، فإن ميل جميع الأجزاء إلى مركز الثقل يكون متساويًا، شريطة أن يكون مركز ثقله في وسطه، وقد ورد هذا المبدأ بالصيغة الآتية: «وكل جسم ثقيل يكون على مركز العالَم، فإن مركز العالم يكون في وسطه، ويكون ميل أجزائه مع جميع جهاته إلى مركز العالَم ميلًا متساويًا، ويكون كل السطوح التي تخرج من مركز العالَم يقسم كل واحد منها الجسم بقسمين متعادلي الثقل عند ذلك السطح،

---

(1) المصدر السابق، ص17. (المؤلف)

وكل السطوح التي تفصله ولا تمر بمركز العالَم تقسمه بقسمين غير متعادلي الثقل عند ذلك السطح»[1].

هذا النص يتضمن عدة حقائق فيزياوية هي:

1. يتألف كل جسم ثقيل من أجزاء، وهذه الأجزاء جميعها تميل إلى مركز العالَم ميلًا متساويًا، وبعبارة أخرى: سبق أن عرفنا الجسم الثقيل بالقوة، لذلك فإننا نستطيع التعبير عن الجسم بقوة متجهة عمودية إلى مركز العالِم. ولما كان الجسم مؤلفًا من أجزاء، فإن الميل المتساوي للأجزاء جميعها معناه أن القوى في الجسم متجهات، وأن مركز هذه القوى هو مركز الثقل، وهذه الأجزاء متساوية الميل بالنسبة لمركز العالم.
2. إن جميع السطوح التي تخرج من مركز العالِم تمر بمركز ثقل الجسم الثقيل فتقسمه قسمين متعادلي الوزن، وهذا معناه أن المستقيم الذي يمر بمركز ثقل الجسم ومركز العالَم يقع كليًا على المستوى الذي يقسم الجسم إلى قسمين متعادلين، ويكون مركز ثقله عند ذلك المستوى.

واستخدمت الهندسة لتعيين مراكز أثقال الأجسام التي يكون أشكالها أشكالًا هندسية، وهذه طريقة صحيحة من جهة، كما أن لها فوائد تطبيقية مهمة من جهة لأخرى، ومن الأمثلة على ذلك النص الآتي: «كل جسم متوازي السطوح متشابه الأجزاء فإن مركز ثقله هو مركزه، أعني النقطة التي تتقاطع عليها أقطاره»[2]. وفي هذا النص إشارة واضحة على شرطين أحدهما هندسي والآخر عملي، فالشرط الأول متوفر في أن الجسم الذي نبحث عن مركز ثقله متوازي السطوح، ويتوفر الشرط الثاني في أن هذا الجسم متشابه الأجزاء، أي من معدن أو مادة واحدة متوزعة توزيعًا متساويًا، ولا شك فإن نقطة تقاطع الأقطار لهذا الجسم هي نقطة هندسية وبالتالي هي مركز ثقل الجسم.

ونصل مما تقدم إلى أحكام أو نتائج عامة في البحث عن مراكز الأثقال، هي على التوالي:

---

(1) المصدر السابق، ص17. (المؤلف)

(2) المصدر السابق، ص19. (المؤلف)

1. أن للأجسام الثقيلة مراكز أثقال سواء كانت هذه الأجسام منتظمة أو غير منتظمة، وأن طريقة تعيين هذه المراكز تكون على أساس توازن الجسم، بحيث ينطبق مركز ثقله على مركز العالم، أما مراكز أثقال الأجسام المنتظمة فإن الطريقة الهندسية في تعيينها هي السبيل إلى ذلك.
2. مركز ثقل الجسم هو نقطة مفروضة واحدة، شريطة أن تحفظ سكونه أو توازنه، فهي مركز قوى الجسم إذا اعتبرنا الجسم مؤلفًا من أجزاء، أما الأجسام المنتظمة فإن النقاط الهندسية فيها هي مراكز أثقالها، فللمربع المتشابه الأجزاء مركز ثقل واحد هو نقطة التقاء أقطاره، وكذلك المستطيل ومتوازي الأضلاع، والدائرة فإن مركزها هو مركز ثقلها، وما ينطبق على السطوح في البحث عن مراكز أثقالها بالطريقة الهندسية ينطبق كذلك على الأجسام المنتظمة مثل: متوازي الأضلاع والكرة.

وكما أن للجسم الواحد مركزَ ثقل واحدًا، فإن للأجسام المجتمعة بعضها مع بعض مركز ثقل واحدًا فقط، وبعبارة أخرى: لما كان كل جسم يعبر عنه بقوة، فإن مجموعة الأجسام هي مجموعة القوى، وأن التعبير عن هذه القوى يكون بقوة المركز التي هي مركز ثقل جميع الأجسام مجتمعة.

إنّ المبادئ السابقة في تعيين مراكز أثقال الأجسام تنطبق على العتلات سواء كانت منتظمة أو غير منتظمة، فإذا كانت العتلة منتظمة فإن مركز الثقل فيها يكون في الوسط عندما تكون في حالة توازن، وقد اتخذ العلماء العرب هذا المبدأ أساسًا في صناعة الموازين، أما إذا كانت العتلة غير منتظمة فإن مركز ثقلها لا يكون في وسطها، بل في نقطة مفروضة تحفظ توازنها وتجعلها مستقرة، وفي حالة وجود أكثر من جسم واحد، فإن المبدأ الأساس الذي تقوم عليه دراسة أو تعيين مراكز الأثقال هو: «كل جسمين ثقيلين بينهما واصل يحفظ وضع أحدهما عند الآخر، فلمجموعهما مركز ثقل وهو نقطة واحدة فقط، وكل جسمين ثقيلين يصل بينهما جسم ثقيل يكون مركز ثقله على الخط المستقيم الذي يصل بين مركزي ثقلهما، فإن مركز ثقل الجميع على ذلك الخط»[1].

---

(1) المصدر السابق، ص19. (المؤلف)

في هذا النص تظهر عدة حقائق فيزياوية مهمة نعرضها كما يأتي:

1. إذا افترضنا وجود ثلاثة أجسام في حالة توازن، فإن النقطة التي تحفظ توازن هذه الأجسام هي مركز ثقل الجميع، وقد ورد في الفقرة الأولى مع النص صراحة وجود نقطة واحدة فقط هي مركز الثقل للجميع.
2. لكل جسم من الأجسام الثلاثة مركز ثقل معين، وكلها تشير إلى قوى متجهة إلى مركز العالَم، فللجسم الذي يصل بين الجسمين مركز ثقل يقع على الخط المستقيم الذي يصل بين مركزي ثقليهما، ولكن مركز ثقل الجميع يقع على الخط المستقيم، وقد لا يكون منطبقًا على مركز ثقل الجسم الواصل.
3. إذا نظرنا إلى الأجسام الثلاثة وهي في حالة توازن فإن تعيين مركز الثقل يكون بحساب مركز ثقل الجسمين، وهي محصلة القوتين، ثم بحساب مركز ثقل الجسم الواصل مع محصلة القوى، إذ يتعين مركز الثقل باعتباره محصلة القوى للأجسام الثلاثة.

وتختلف الأجسام في الثقل، ولكنها قد تتعادل إذا ما وصلت بجسم ثقيل وتوازنت على نقطة مفروضة هي مركز ثقل الجميع، وهنا النص أو المبدأ الفيزياوي في العتلات، «كل جسمين متعادلي الثقل عند نقطة مفروضة، فإن نسبة ثقل أحدهما إلى ثقل الآخر كنسبة قسمي الخط الذي يمر بتلك النقطة ويمر بمركزي ثقلهما أحدهما إلى الآخر»[1].

يمثل هذا النص قاعدة عامة في العتلات والموازين، وتحليله بدقة يكشف عن عدة حقائق مهمة مع المعادلة الخاصة بالعتلات:

1. أن النقطة المفروضة التي تقع بين مركزي ثقل الجسمين هي مركز ثقلهما، وأن المستقيم الواصل بين المركزين يمر بتلك النقطة.
2. إذا افترضنا اختلاف ثقل الجسم الأول عن ثقل الجسم الثاني، فإن مركز ثقلهما لا يكون في الوسط، أما إذا تساوت أثقالهما، فإن مركز ثقلهما يكون عندئذ بالوسط، وفي الحالتين تبقى المعادلة الرياضية ثابتة في النسبة بين الأثقال، والمسافات أو الأبعاد التي تفصل مركز أثقالهما عن النقطة المفروضة.

---

(1) المصدر السابق، ص20. (المؤلف)

3. إذا افترضنا أن النقطة المفروضة هي (م)، وأن مركز ثقل الجسم الأول هو (أ)، وأن مركز ثقل الجسم الثاني هو (ب)، علمًا أن جميع النقاط الثلاث تقع على مستقيم واحد، فإن المعادلة الرياضية في النسبة تصبح بالشكل الآتي: ثقل الجسم الأول/ ثقل الجسم الثاني= ب م/ أ م

وبعبارة أخرى: ثقل الجسم الأول × أ م =ثقل الجسم الثاني ×ب م

وعندما تكون الأجسام الثقيلة ثلاثة يمر خط مستقيم بمراكز أثقالها، فإن نقطة مفروضة واحدة هي مركز أثقالها جميعًا، وفيما يلي النص الخاص بهذه الحالة: «كل جسمين ثقيلين يعادلان واحدًا ثقيلًا بالقياس إلى نقطة واحدة فإن أقربهما من تلك النقطة أثقل من أبعدهما»(1).

إنّ الأجسام الثلاثة في حالة توازن، نفترض خطًا مستقيمًا يمر بمراكز أثقال الأجسام الثلاثة، بحيث يكون أحد هذه الأجسام في جهة بينما يكون الجسمان في جهة أخرى، وتصبح النقطة المفروضة فاصلة بين هذا الوضع من الأجسام، فإذا كانت مراكز الأثقال للأجسام الثلاثة هي أ، ب، ج، والنقطة المفروضة هي م، فإن المعادلة الخاصة بتوازن هذه الأثقال تكون بالشكل الآتي:

ثقل الجسم الأول × أ م + ثقل الجسم الثاني × ب م = ثقل الجسم الثالث × ج م

إنّ الجسم الأثقل هو الأقرب إلى النقطة المفروضة، وذلك على أساس أن قرب الجسم الأثقل إلى المركز يجعل التوازن بين الأجسام قائمًا، وأنه إذا تحرك الجسم المعلق بعيدًا عن النقطة المفروضة كان ثقله أعظم، وفي ذلك نجد نصًا آخر يقول: «كل جسم ثقيل يعادل جسمًا ثقيلًا بالقياس إلى نقطة ثم ينتقل الجسم في ضد الجهة التي فيها الجسم الآخر ويصير أيضًا مركز ثقله على الخط المستقيم الذي عليه المراكز فإنه كلما بعد كان ثقله أعظم»(2).

ولتوضيح هذه المبادئ جميعًا نجد نصًا مهمًا في العتلات والموازين، ونظرًا لأهميته من الناحيتين الرياضية والفيزياوية نذكره بتفاصيله. «إن كل عمود تعلق بنقطة غير الوسط ويجعل على طرفيه ثقلان نسبة أحدهما إلى الآخر كنسبة أحد قسمي العمود إلى الآخر بالتكافؤ فإن

(1) المصدر السابق، ص20. (المؤلف)

(2) المصدر السابق، ص20. (المؤلف)

العمود على موازاة الأفق، مثاله وليكن العمود أ ب وموضع المِعلاق ج وليكن أ ج خمس ج ب فيكون ج ب خمسة أمثال أ ج وعلقنا من نقطة ب ثقلًا ما.

د ح ز هـ أ ب

ج

فالقول إننا لو علقنا من نقطة أ ثقلًا تكون نسبته إلى الثقل الذي هو معلق من نقطة ب كنسبة خط ب ج إلى ج أ أعني أن يكون ذلك الثقل خمسة أمثال ثقل ب يصير خط أ ب موازيًا للأفق.

**برهانه:**

أننا نخرج خط ج أ على استقامته إلى د وليكن ج د مساويًا لـ ج ب فيكون أ د أربعة أمثال أ ج فنقسمه بأربعة أقسام متساوية ولتكن الأقسام أ هـ، هـ ب، زج، ج د.

فالأقسام الخمسة كلها متساوية، فلو علقنا عمود ب د على نقطة ج وهي وسطه، ووضعنا على نقطة د ثقلًا مساويًا للذي وضعناه على نقطة ب لصار خط ب د موازيًا للأفق، ثم إن قربنا ثقل د إلى جانب العِلاقة فجعلناه على نقطة ج ووضعنا على نقطة أ التي بعدها من المِعلاق مثل بعد د ج ثقلًا مساويًا للثقل الذي عند نقطة ج لاعتدل الوزن وبقي عمود د ب موازيًا للأفق بالأثقال الثلاثة التي عند نقطة ج أ ب، ثم لو قربنا الثقل الذي عند ج إلى جهة العِلاقة ثانيًا وجعلناه على نقطة ز ووضعنا عند نقطة أ ثقلًا آخر مساويًا عند ز كان عمود د ب موازيًا للأفق كما كان، وذلك لمساواة أ ج ز ح والأثقال الحافظة له على موازاة الأفق أربعة، واحد منها عند ز واثنان عند أ وواحد عند ب، ثم لو قربنا الثقل الذي عند نقطة د ثالثًا إلى المِعلاق أيضًا ووضعناه على نقطة هـ ووضعنا على نقطة أ ثقلًا ثالثًا مساويًا للثقل عند هـ لحفظت الأثقال الخمسة التي واحدة منها على نقطة هـ وثلاثة على أ وواحد على ب عمود دب على موازاة الأفق لأجل تساوي أ ج ز هـ، ثم لو قربنا الثقل على نقطة أ التي بُعدها من ج المِعلاق مثل بُعد هـ أ ثقلًا رابعًا مساويًا للثقل الذي كان عند هـ، يبقى عمود د ب على موازاة الأفق وذلك لمساواة بُعد أ ج مع بُعد أ هـ، فحصل عند نقطة أ خمسة أثقال كل واحد منها مساوٍ لثقل ب وقد بقي العمود موازيًا ص للأفق، وقد فرضنا بُعد ب ج خمسة

أمثال بُعد ج أ، فنسبة ثقل أ إلى ثقل ب كنسبة بُعد ب ج إلى بُعد ج أ فعند تكافؤ النسبة بين قسمي العمود والثقلين المعلقين من طرفيه حصلت الموازاة[1].

يحتوي هذا النص على مقدمات وحقائق فيزياوية فضلًا عن البرهان على المطلوب، وتخص جميعها العتلات والموازين، ولأجله نقوم بتحليله بالطريقة الآتية:

نعرف مما سبق أن الثقل قوة متجهة عمودية إلى مركز العالِم، وأن العمود هو عتلة منظمة مركز ثقلها الوسط.

ولتوضيح النص نشير إلى الثقل بسهم للدلالة على أنه قوة متجهة عمودية، ونشير بسهم إلى الأعلى للدلالة على المِعلاق الذي يحفظ التوازن بين الأثقال من مفروضه.

الفرض: العمود أ ب، والنقطة ج تشير إلى المِعلاق، فلكي يكون العمود متوازيًا لا بد من تعليق ثقل في أ يعادل خمسة أضعاف الثقل الذي نعلقه في ب.

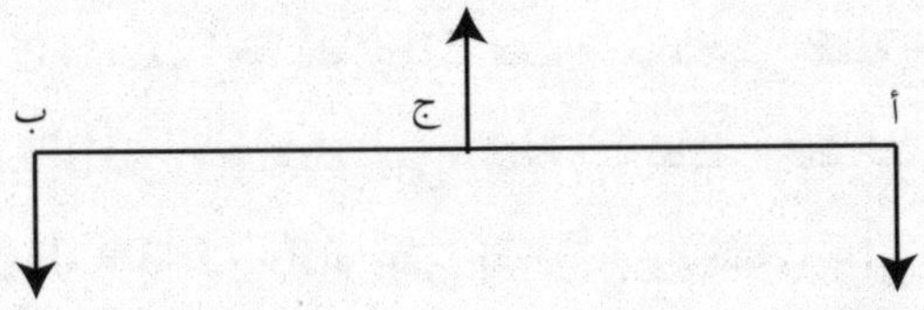


**البرهان**: نمد خط ج أ على استقامته إلى د بحيث يكون ج د = ج ب

وتكون الأجزاء ج ا = أ هـ = هـ ز= ز ح = ح د

**الحالة الأولى**: إذا علقنا ثقلًا مساويًا لثقل ب في النقط د، لتوازن العمود. إذا قربنا الثقل المعلق في د ووضعنا عند النقطة ح، وعلقنا ثقلًا مساويًا لثقل ح عند أ لاعتدال الميزان ذلك لأن أ ج = د ح

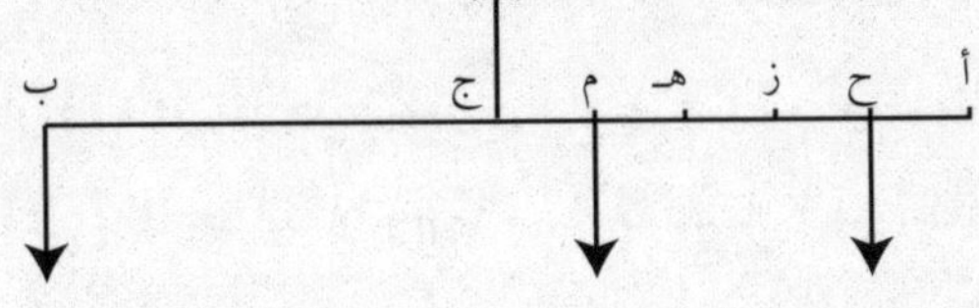


(1) المصدر السابق، ص43–44. (المؤلف)

**الحالة الثانية**: إذا قربنا الثقل المعلق في ح ووضعناه عند النقطة ز، وأضفنا عند النقطة أ ثقلًا مساويًا عند ز، لاعتدال الميزان، وذلك لأن أ ح= ز هـ

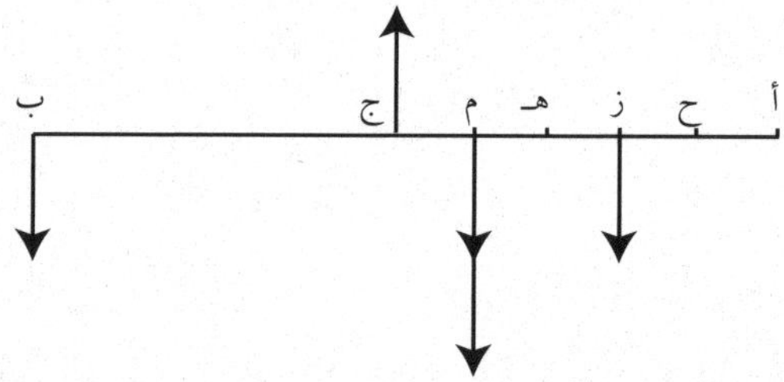


**الحالة الثالثة**: إذا قربنا الثقل المعلق في ز ووضعناه عند النقطة هـ، وأضفنا عند النقطة أ ثقلًا مساويًا للثقل عند هـ، لاعتدال الميزان، وذلك لأن أ ح = ز هـ

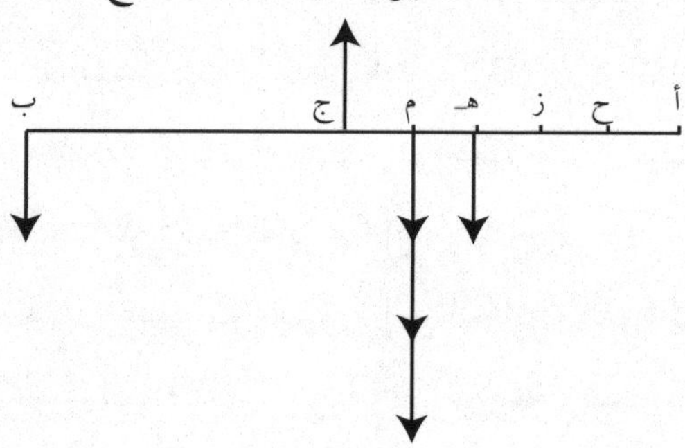


**الحالة الرابعة**: إذا قربنا الثقل المعلق في هـ ووضعناه مع الأثقال المعلقة في أ على أساس أن الثقل الرابع مساوي للثقل في هـ، وأضفنا ثقلًا آخر مساويًا للثقل المعلق في هـ، لأصبحت لدينا خمسة أثقال معلقة في أ واعتدل الميزان، لأن هـ أ =أ ج

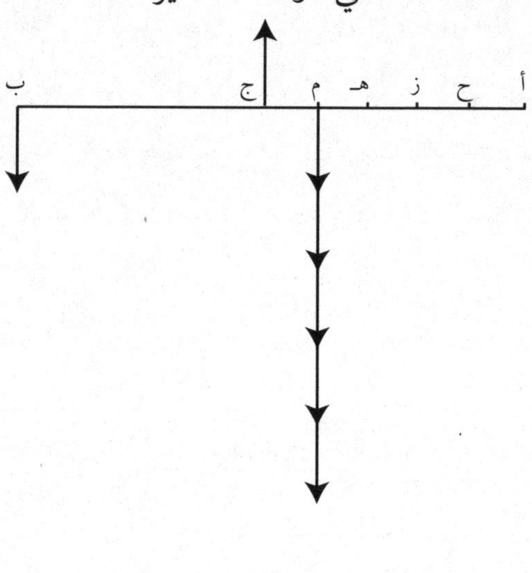

**الاستنتاج**: أن كل ثقل من الأثقال الخمسة في أ تساوي الثقل المعلق في ب، وبالفرض أن بُعد ب ج = هـ أ ج

إذًا نسبة ثقل أ إلى ب كنسبة بُعد ب ج إلى ج أ

أما المقدمات العامة للموازاة، والتي يعتمد عليها في العتلات والموازين، فهي كما يشير النص الآتي، الأساس النظري لصناعة الموازين: «إذا علق عمود ما بنقطة هي وسط العمود ووضع على بُعدين متساويين من المِعلاق ثقلان متساويان، فإن العمود يوازي الأفق وإن كان الثقلان المتساويا البُعد عن المِعلاق مختلفين فيرجحن الثقل الأعظم ويقرب من سطح الأفق ويبعد الثقل الأصغر بذلك المقدار عن سطح الأفق قسرًا، ويحدث عن حركتيهما قطاعان وقوسان متساويان، وإنما ينحدر الأثقل لأنه أثقل المقدارين والثقل هو الذي أوجب الأرجحتان، فلأثقل لذلك أوجب، ولو جعل الثقلان متساويين والمِعلاق بنقطة غير الوسط فإن الثقل الأبعد عن العلاقة يرجحن ويتثاقل إلى الأرض متحركًا على قوس ويحرك الأقرب إلى المِعلاق فيتحرك مقسورًا إلى الجانب الفوقاني على قوس ويحدث عن حركتيهما قطاعان شبيهان، فكل قوس من دائرتهما ونصف قطر كل دائرة بمقدار بُعد الثقل عن المِعلاق وقوس الأعظم أعظم وثقلاهما متساويان وإنما حصلت الحركة الطبيعية لعظمها والعمود يصير موازيًا للأفق إذا زيد في ثقل الأقرب بُعدًا زيادة تكون نسبة ثقل الأقرب مع الزيادة إلى ثقل الأبعد كنسبة القوس التي يرسمها الأبعد إلى التي يرسمها الأقرب، فيكون فضل القوس الأبعد على القوس الأقرب موجبًا لأرجحتان ثقل الأبعد، وفضل ثقل الأقرب مع الزيادة على ثقل الأبعد موجبًا لأرجحتان ثقل الأقرب، فحصل معنا معنيان متباينان كل واحد منهما موجب للأرجحتان وهما الثقل والبعد ففضل أحدهما على الآخر في الثقل كفضل ذلك الآخر عليه في البعد فأوجبت المساواة بينهما المقاومة وأن يستوي العمود موازيًا للأفق»[1].

---

(1) المصدر السابق، ص41-42. (المؤلف)، ولفظتا(لارجحتان) و(للارجحتان) وردتا هكذا في النص، والصواب (لأرجحتين) (للأرجحتين).

يمكن صياغة هذه المقدمات بالشكل الآتي:

**مقدمة**: إذا علق عمود منتظم من وسطه، وعلق على أبعاد متساوية من الوسط ثقلان متساويان، فإن العمود يوازي الأفق (متوازن).

**مقدمة**: إذا اختلف الثقلان في عمود منتظم، وكانا على بعدين متساويين من الوسط، فإن الثقل الأعظم يرجح ويقرب من سطح الأفق، ويحدث عن حركتيهما قطاعان وقوسان متساويان.

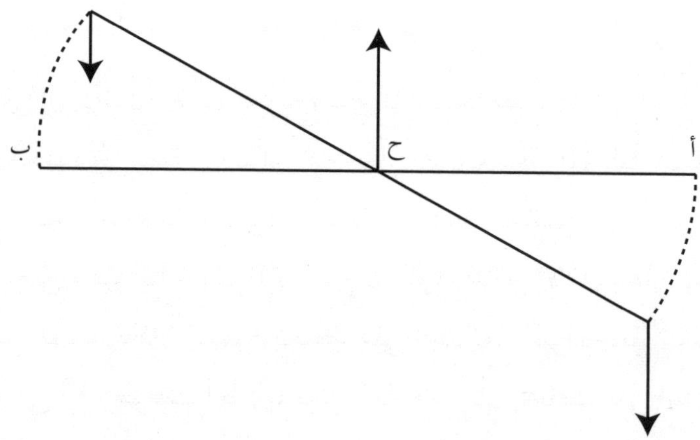


**مقدمة**: إذا تساوى الثقلان المعلقان في عمود منتظم وكانا على بُعدين مختلفين والمِعلاق بنقطة غي الوسط فإن الثقل الأبعد عن العِلاقة هو الأرجح ويحدث عن حركتيهما قطاعان بحيث يكون القوس الذي يرسمه الثقل الأبعد أكبر من القوس الذي يرسمه الثقل الأكبر

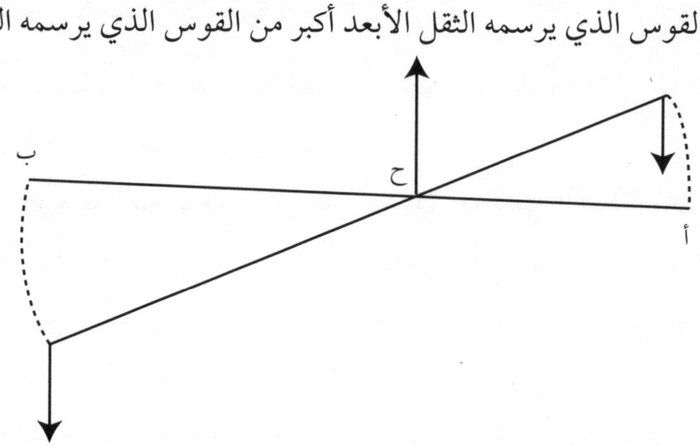


وللموازين أهميتها العلمية في قياس أوزان الأجسام في الهواء أو في الماء أو في

رطوبات أخرى، واستنباط أوزانها النوعية، وللآلات أهميتها العلمية كذلك لقياس كثافات السوائل أو المائعات ولقياس أوزان المعادن والأحجار في الماء، فمقياس المائعات آلة استخدمت لقياس كثافات السوائل، والآلة المخروطة **للبيروني** جهاز لقياس الأوزان النوعية للمعادن والأحجار.

وفي الموازين والآلات عرف **العلماء العرب** بدقة المبادئ التي تقوم عليها هذه الصناعة، والطرق العلمية السليمة التي يجب إتباعها من أجل الحصول على نتائج علمية دقيقة، فوضعوا من أجل ذلك الشروط اللازمة لصناعة كل آلة وميزان.

ويشترط في الميزان أن يكون عموده مستقيمًا منتظمًا مصنوعًا من مادة أو جوهر واحد، بحيث إذا قسم العمود إلى نصفين متساويين وجعل النصف محورًا، وذلك أن يعلق بمِعلاق أو يرتكز على شيء يحمله، اعتدل العمود فلا يميل إلى أحد الجانبين، وإذا علق بأحد الجانبين ثقل على بُعد معين وعلق بالجانب الآخر ثقل مساوي للثقل الأول وعلى بُعد يساوي بُعد الثقل الأول عن المحور، فإن العمود يحافظ على اعتداله، وسواء جعل الميزان في الهواء أو في الماء أو في أية رطوبات أخرى، فمن المفروض أن يحافظ على اعتداله، وبخلاف ذلك ترجح الكفة عن كفة أخرى عند اختلاف كثافة السائل الذي تكون فيه إحدى الكفتين عن كثافة السائل الذي تكون فيه الكفة الأخرى.

وهكذا نواجه الاحتمالات الآتية في الوزن:

**أولًا:** يعتدل الميزان إذا جعلت الكفتان في الهواء، أو إذا جعلتا في الماء، أو إذا جعلتا في أية رطوبة من جنس واحد.

**ثانيًا:** إذا جعلت الكفتان مع ما فيهما في شيئين مختلفي الكثافة، فإن الجانب الذي تكون فيه الكفة في الشيء الأخف منهما ترجح عن الكفة الأخرى.

**ثالثًا:** قد تكون إحدى الكفتين في الهواء والأخرى في الماء أو في أية رطوبة أخرى وقد تكون إحدى الكفتين في الماء والأخرى في رطوبة مختلفة، وقد تكون إحدى الكفتين في رطوبة غير الماء والأخرى في رطوبة مختلفة كذلك.

«وبالجملة متى كان الجانبان والشيئان الموزونان أحدهما بحَذاء الآخر من جوهر واحد

واعتدل بهما الميزان في الهواء ثم جعلت الكفتان مع ما فيهما منهما في شيئين أحدهما أخف من الآخر إما في هواء أو في رطوبة، وإما في رطوبتين مختلفتين ترجح الجانب الذي يكون في الشيء الأخف منهما، وسبب ذلك أن كل جسم فإن وزنه في الماء أخف من وزنه في الهواء، ووزنه في الرطوبة التي هي أثقل أخف من وزنه في غيرها، فأما إذا غرقت الكفتان جميعًا في ماء واحد أو في رطوبة واحدة بعينها فإن الميزان يستوي ويعتدل كما استدل واعتدل في الهواء إذا كان الشيئان المتوازنان متشابهي الجوهرين»[(1)].

أما إذا اختلف الجوهر الموجود في إحدى الكفتين عن الجوهر الموجود في الكفة الأخرى وتم الوزن في الهواء أو في الماء أو في رطوبات مختلفة فإن احتمالات هذه الحالة تكون كما يأتي:

**أولًا:** أن نضع في إحدى الكفتين جوهرًا معينًا مثل: الذهب وفي الكفة الأخرى جوهرًا آخر مثل الفضة أو النحاس، ويكون وزنهما في الهواء واحدًا فيعتدل الميزان، ثم ننقل الكفتين بما فيهما إلى الماء، نجد أن الميزان يخرج عن اعتداله وترجح الكفة التي يكون فيها الذهب على الكفة الأخرى.

**ثانيًا:** أن نجعل الميزان بما فيه من جواهر في حالة اعتدال وهو في الماء، ثم نرفعه في الهواء نجد أن الكفة الأخرى ترجح على الكفة التي يكون فيها الذهب.

**ثالثًا:** أن نجعل الميزان بما فيه من جواهر في حالة اعتدال وهو في الماء، ثم ننقله إلى رطوبة أخف، نجد أن الكفة التي يكون فيها الجوهر الأخف (النحاس أخف من الذهب) ترجح، أما إذا نقل من رطوبة أخف إلى رطوبة أثقل، نجد أن الكفة التي يكون فيها الجوهر الأثقل ترجح. «وبالجملة فإنه إذا اعتدل الوزن في الهواء من شيئين أحدهما أخف جوهرًا ثم نقلا إلى الماء رجح الذي جوهره أثقل، فإن كان الوزن إنما استوى في الماء ثم نقل إلى الهواء رجح الذي جوهره أخف، وكذلك إن نقل من رطوبة إلى رطوبة أخف منها فنقل من الماء مثلًا إلى الزيت، فأما إن نقل من رطوبة أخف إلى رطوبة أثقل فإنه يعرض حينئذ ذلك»[(2)]. ويعود

---

(1) المصدر السابق، ص35-36. (المؤلف)

(2) المصدر السابق، ص36. (المؤلف)

سبب ذلك إلى أن كل جسمين أحدهما أثقل من الآخر فهو في الماء أثقل وزنًا من الآخر.

## المبحث الثالث: في الأوزان النوعية للأجسام

وبسبب تعدد الاختبارات ودقة النتائج في الوزن وتعدد الموازين والآلات توصل **العلماء العرب** إلى عدة حقائق علمية مهمة نذكرها على التوالي:

**الحقيقة الأولى**: إن اختلاف الأهوية من شأنه أن يؤثر في الزنة الهوائية، إذ ليست الأهوية واحدة، وإن اختلافها معناه اختلاف كثافاتها، وهذا أمر يجعل الزنة الهوائية للأجسام مختلفة باختلاف الأهوية.

**الحقيقة الثانية**: إن اختلاف المياه من شأنه أن يجعل في الزنة المائية للأجسام تفاوتا، فمياه الآبار والأنهار والمستنقعات تختلف من حيث اللطافة والكثافة، وهذا الاختلاف في الكثافة يؤثر من دون شك في الزنة المائية للجسم الموزون.

**الحقيقة الثالثة**: تختلف كثافة المياه باختلاف الفصول والمواضع، ففي الشتاء تكون كثافة الماء أكثر مما هي عليه في الصيف، وبعبارة أخرى أن للحرارة والبرودة أثرهما في تغيير كثافة الماء، فالماء البارد يعاوق الثقل، بينما يسرع في الماء الحار، وقد حُسِبت بالفعل أوزان المياه المختلفة وكذلك حُسِب وزن الماء الحار ووزن الماء الجامد.

**الحقيقة الرابعة**: ونظرًا لتعدد العوامل في تغيير كثافات المياه لا بد من جعل نوع معين من المياه أساسًا للقياس، بحيث تنسب القياسات للمياه والرطوبات الأخرى إليه، وهذا معناه ضرورة اختبار ماء بقعة معينة وبلد معروف ثم رصد زنته المائية لمائة مثقال ويحفظ وقت الحاجة.

ونظرًا لاختلاف المياه من حيث البرودة والحرارة وغيرها من العوامل التي تؤدي إلى تغيير في الكثافة، اتخذ **العلماء العرب** ماءً معينًا في فصل معين ودرجة حرارة معينةً، وذلك أن يكون أول الصيف، وأن يكون الماء فاترًا ليس بالبارد وليس بالحار، وتحفظ منه كمية معينة لإجراء التجارب وقياس الأوزان، وقد أطلق العلماء العرب على الماء الذي تقاس عليه بقية المياه والرطوبات **بماء المثل**، وقد استخدم لقياس كثافات السوائل الأخرى، كما استخدم

لقياس أوزان المعادن والأحجار، ففي مقياس نجد أن صناعته تتم على وفق مواصفات معينة، وأن التخطيط على الآلة يجري بدقة مع توفر شروط علمية أخرى، وهذا المقياس هو مكثاف بطول معين يشترط أن يكون عموديًا منصبًا على سطح السائل ومعتدلًا لا يميل إلى جانب دون آخر، ليستطيع المرء قراءة المؤشر عليه عند مستوى سطح السائل، ويتم تدرج المقياس بالنسبة لماء المثل، حيث يوضع في أسفله رصاص بزنة معينة حتى يصل إلى خط معين يستوي عنده الماء، وعند ذلك تقاس بقية الكثافات للسوائل بالنسبة لماء المثل، سواء كانت هذه السوائل خفيفة أو كثيفة، وقد تمكن **العلماء العرب** من تحقيق أوزان السوائل بالمكثاف بصورة دقيقة، إذ نجد جدولًا بأسمائها وأوزانها وهي: الماء الزلال، والماء الحار، والجمد، والماء الملح وماء البحر، وماء البطيخ الهندي، وماء القثاء، وماء البطيخ المطلق، وخل الخمر، والخمر، ودهن السمسم، والزيت، والعسل، وحليب البقر، وبيض الدجاج، ودم الإنسان المفتصد، وبول الناس الحار وبول الناس البارد[1].

أما بالنسبة للمعادن والأحجار فقد اخترع **أبو الريحان البيروني** الآلة المخروطة التي تظهر هيئتها كما يأتي:

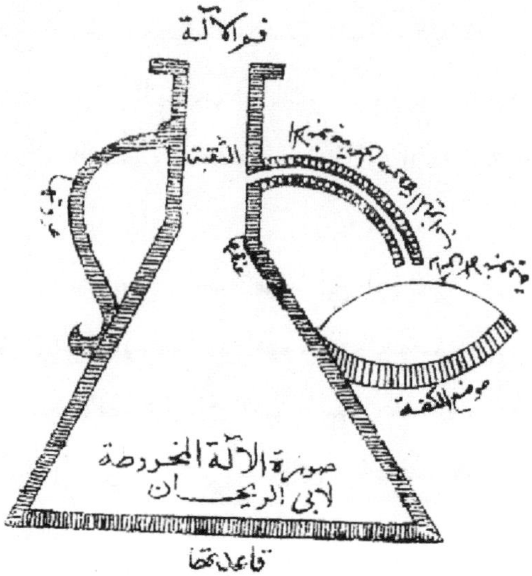


(1) المصدر السابق، ص70-71. (المؤلف)

وتتلخص طريقة العمل بالآلة المخروطة على الوجه الآتي:

1. تُملأ بالماء إلى مستوى فتحة الميزاب الذي يبدأ من عنق الآلة وينحني إلى الأسفل، لكي تكون جاهزة للتجربة، فإذا ما وضع في الماء من فتحة الآلة قطعة من معدن ما على هيئة بُندقة، فإن النماء سرعان ما ينساب إلى جفنة موضوعة تحت الميزاب مباشرة أو أن ينساب الماء مباشرة إلى كفة ميزان[1]. والماء المزاح من الآلة يكون بقدر حجم القطعة المعدنية.

2. تؤخذ قطعة من معدن خالص، وذلك بعد تخليص المعدن من كل الشوائب العالقة فيه، وكذلك يعمل بكل قطعة من معدن نريد معرفة وزنه النوعي سواء كان ذهبًا أو فضةً أو نحاسًا أو رصاصًا وغير ذلك. ويشترط أن يكون وزن القطعة من كل معدن عند تساوي أوزانها بمقدار واحد، وهو عند **البيروني** في مائة مثقال.

3. تُسقَط القطعة من فم الآلة فتزيح مقدارًا معينًا من الماء، ثم تكرر التجربة لعدة مرات، وفي كل مرة يحسب وزن الماء المزاح، وبعد ذلك يؤخذ معدل مجموع الحد الأعلى والحد الأدنى للماء الموزون، تجنبًا لما يمكن حدوثه من أخطاء بسبب ما يعلق من قطرات الماء أو نداوة على الميزاب.

يحسب الوزن النوعي للمعدن ببساطة بالنسبة للماء وذلك على أساس القاعدة الآتية:

الوزن النوعي للمعدن = وزن المعدن في الهواء/ وزن حجم الماء المزاح

ويمكن استخدام الآلة المخروطة لحساب الأوزان النوعية النسبية بين المعادن في الحالتين:

في حالة تساوي حجم المعدنين واختلافهما في الوزن.

وفي حالة تساوي وزن المعدنين واختلافهما في الحجم.

**والقاعدة العامة لهذه الحالات هي** «إذا كان جسمان متساويين في الحجم مختلفين في الوزن، فإن نسبة وزن الأول إلى وزن الثاني تساوي حجمهما كنسبة حجم الثاني إلى حجم الأول عند تساوي وزنيهما»[2]

---

(1) يُراجع، الكاشي، مفتاح الحساب، ص173. (المؤلف)

(2) المصدر السابق، ص173. (المؤلف)

# الفصل السادس
# علم الحركة (الديناميكا)*

## المبحث الأول: المفاهيم الأساسية للديناميكا

تناولت مؤلفات الفلاسفة والعلماء العرب، الخاصة بالعلم الطبيعي[1]، بالدراسة والتحليل

---

* مصطلح الديناميكا (Dynamics)، من المصطلحات المستحدثة في الفلسفة والعلم، إذ لم نجد لها ذكرًا عند فلاسفتنا المسلمين، ويقابل مصطلح الإستاتيكا، ويحدده لالاند في موسوعته الفلسفية بالقول: الديناميكا ما يتضمن تحولًا أو صيرورة، وهو قسم من الميكانيك يعالج الحركة الطبيعية والواقعية بكل خصائصها، وخصوصًا القوة الحية في علاقتها مع الأجسام المتحركة. يُراجع، مادة ديناميكا، ترجمة خليل أحمد خليل، بيروت 1996، ج1، ص308. وتعني الديناميكا في الترجمة العربية مذهب النقلة، ويدل فلسفيًا على تصور للطبيعة المادية يدخل فيها القوى التي يمكنها أن تفعل فعلها من مسافة، مثل قوة الجذب في الدوران العام عند نيوتن. يُراجع، خليل أحمد خليل، معجم مفاتيح العلوم الإنسانية، بيروت، ص380. ونجد عند الاصطلاحين من الفلاسفة العرب المعاصرين تحديد لهذا المصطلح، فهو عند يوسف كرم، في المعجم الفلسفي، القاهرة 1971، ص98، يعني: اللفظ الإفرنجي مأخوذ من اللفظ اليوناني (دوناميس أي القوة) أما عند إبراهيم مدكور فيعني المصطلح: اتجاه مقابل الميكانيكية، ويفسر جميع الظواهر بردها إلى قوى، ويرى أن الموجود متحرك بذاته. يُراجع، المعجم الفلسفي، القاهرة 1979، ص86. في حين يقول جميل صليبا: إن مصطلح الديناميكا قسم من علم الميكانيكا، يبحث في الحركات المادية من جهة علاقتها بالقوى التي تحدثها. ومن عادة علماء الميكانيك أن يقسموا هذا العلم إلى ثلاثة أقسام هي: علم الإستاتيكا وموضوعه دراسة توازن القوى المؤثرة في الأجسام الساكنة، وعلم السنماتيكا وموضوعه دراسة الحركات بصرف النظر عن الأسباب التي تحدثها، وعلم الديناميكا. والديناميكية مذهب فلسفي مقابل للميكانيكية أو الآلية، ويطلق على الفلسفة التي تفسر جميع الظواهر المادية بقوى لا ترجع إلى الكتلة والحركة كمذهب ليبنتز فهو مذهب ديناميكي يقرر أن الموجود متحرك بذاته بخلاف مذهب ديكارت المسمى بالمذهب الميكانيكي أو الآلي. ويطلق لفظ الديناميكية أيضًا على المذاهب الفلسفية التي ترى أن الحركة أو الصيرورة أولية وأن حقيقة المادة هي الحركة. يُراجع، المعجم الفلسفي، بيروت، ج1، ص574-575. (المحقق)

(1) يحدد الفلاسفة العرب العلم الطبيعي، أنه الذي يفحص عن الأشياء التي لها عنصر ومادة، يُراجع، الكندي، رسالة في حدود الأشياء ورسومها، ضمن كتاب المصطلح الفلسفي عند العرب، تحقيق عبد الأمير الأعسم، مصدر سبق ذكره، ص207، ونجد أول تحديد لمصطلح العلم الطبيعي يذكر عند الفيلسوف جابر بن حيان، في رسالة الحدود، ص168، وأما الكندي وبعد أن حددنا تعريفه يقسم العلم الطبيعي إلى أقسام هي: علم

موضوع حركة الأجسام المادية في الطبيعة، واعتمدت دراساتهم على التجارب والملاحظات من جهة وعلى النظر العقلي من جهة أخرى، فالطبيعيات هي الأشياء الواقعة تحت الحواس من الأجسام وأحوالها وما يصدر عنها من حركات وأفعالها وما يفعل ذلك فيها من قوى وذوات غير محسوسة[1]، فالعلم يعرض لأظهرها أولًا، ويترقى منه إلى الأخفى فالأخفى[2].

ولم تكن المبادئ التي توصلوا إلى تثبيتها محدودة بحدود ظاهرة أو مجموعة معينة من الظواهر، بل استهدفت أن تكون عامة تنطبق على الحركات التي نشاهدها على الأرض

---

الطب، وعلم الآثار العلوية، وعلم المعادن وعلم النبات وعلم الحيوان وعلم طبيعة كل شيء مما تحت فلك القمر، وصناعة الكيمياء تدخل تحت أقسام العلم الطبيعي لأنها باحثة عن المعدنيات، يُراجع، ص208، من المصطلح الفلسفي، أما الفيلسوف الفارابي فيعرفه، هو الذي يعطي مبادئ الأجسام الطبيعية ومبادئ أعراضها، يُراجع، إحصاء العلوم، ص95، أو نجد هناك تحديدات أخرى للعلم الطبيعي منها: هو الذي ينظر في جميع ما هو شيء شيء وفي سائر المقولات التي توجب ماهية أنواع ما هو هذا المشار إليه أن توجد لها...ويعطي جميع أسباب ما ينظر فيه، يُراجع، كتاب الحروف، تحقيق محسن مهدي، بيروت 1970، ص68. أو هو: صناعة نظرية يحصل بها اليقين في الأجسام الطبيعي وفي الأعراض الذاتية لها، يُراجع، رسالة الرد على جالينوس فيما ناقض فيه ارسطوطاليس، ضمن كتاب رسائل فلسفية، نشرة عبد الرحمن بدوي، بيروت 1980، ص39، أو هو: علم ينظر في بعض الموجودات، وهو الجسم، من جهة ما يتحرك ويتغير ويسكن عن الحركة، من جهة ما له مبادئ، يُراجع، رسالة في أغراض ما بعد الطبيعة، نشرة ديترشي، ليدن 1890، ص35، ونسبة هذا العلم كما يقول الفارابي: إلى ما تحته نسبة العلوم الكلية إلى العلوم الجزئية. يُراجع، كتاب التعليقات، نشرة حيدر آباد 1346هـ، ص22. في حين يغيب تعريف العلم الطبيعي عند ابن سينا والغزالي في رسالتيهما عن الحدود والرسوم، أما الفيلسوف الآمدي فيحدد العلم الطبيعي أنه: العلم الناظر في أحوال الأجسام الطبيعية، يُراجع، كتاب المبين في ألفاظ الحكماء والمتكلمين، ضمن كتاب المصطلح الفلسفي، ص387، في حين يحدد الجرجاني، العلم الطبيعي أنه العلم الباحث عن الجسم الطبيعي من جهة ما يصح عليه من الحركة والسكون، يُراجع، التعريفات، مصدر سبق ذكره، ص89. ومن هنا يظهر مدى ارتباط موضوع الحركة والسكون بالعلم الطبيعي الذي يتناوله الدكتور ياسين خليل في هذا الفصل. (المحقق)

(1) إن تناول موضوع العلم الطبيعي إنما يقع ضمن أكثر من مجال من مجالات الفلسفة وأقسامها، فهي تقع ضمن مباحث نظرية المعرفة التي تدرك بالحواس، وأما ما لها صلة بعلوم أعلى منها كالميتافيزيقا والبرهنة على صدقية موضوعات ومبادئ العلم الطبيعي فإنه يقع ضمن مجال العلم الإلهي (الميتافيزيقا)، وقد فصل الفلاسفة من أرسطو إلى فلاسفتنا العرب المسلمين هذه الصلة بين العلم الطبيعي والعلم الإلهي الميتافيزيقي في كتبهم، يُراجع للتفصيلات، كتابنا، العلوم الطبيعية في فلسفة ابن رشد، مصدر سبق ذكره، الفصل الأول، كذلك، يُراجع، محمد عاطف العراقي، الفلسفة الطبيعية عند ابن سينا، القاهرة 1966. (المحقق)

(2) يُراجع، أبو البركات البغدادي، المعتبر في الحكمة، مصدر سبق ذكره، ج2، ص6. (المؤلف)

وحركات الكواكب التي نرصدها في القبة السماوية، لذلك فإن استنباط هذه المبادئ لا يعتمد على مجال واحد من مجالات الفلسفة الطبيعية، بل يجب أن ننظر في أمرها في علم الفلك وعلم الموازين والأثقال فضلًا عن الموضوعات التي تتناولها الفلسفة الطبيعية بالدراسة وهي الأجسام والحركة والمكان والخلاء والزمان والقوة والسرعة والعلاقات القائمة بينها[1].

الحركة، ولا سيما الانتقالية تعني انتقال الجسم من موضع إلى آخر في المكان، وأن كل انتقال من هذا النوع لا يتم إلا في زمان يقيس الحركة، فنميّز بين الجسم السريع والجسم البطيء عندما يقطع كل منهما مسافة معلومة واحدة[2].

واختلفت الآراء والمذاهب (الفلسفية) في مسألة الجسم والحركة والمكان والزمان بين الفلاسفة والعلماء. وحسبنا هنا أن نتابع النتائج التي توصل إليها العلماء لاعتمادهم على منهج واضح قائم على الملاحظة والرصد والتجارب[3]، مع عدم التفريط ببعض الآراء الفلسفية النافعة والمتفقة في التحليل والنتائج مع التفكير العلمي السليم.

---

(1) هناك مبادئ للأجسام عند الفلاسفة، منها ما هو ذاتي كالمادة والصورة، ومنها ما هو خارجي كالفاعل والغاية، ولهذا كانت فلسفتهم غائية المنحى، وهناك لواحق للأجسام وهي الحركة والمكان والخلاء والزمان والسرعة وغير ذلك، وقد تناول الفلاسفة أرسطو والعرب المسلمين، هذه الموضوعات بالتفصيل في كتبهم في الطبيعة التي تسمى السماع الطبيعي وكذلك في كتبهم الميتافيزيقية لارتباط موضوعات الطبيعة بالميتافيزيقا، لكن الملاحظ أن تناولهم لموضوعات المكان والخلاء كان منفصلًا عن موضوع الزمان، بخلاف الفلسفة العلمية الحديثة ولا سيما نظرية النسبية التي ربطت بين المكان والزمان وجعلت الزمان بعدًا رابعًا للمكان. يُراجع، للتفصيلات، كتابنا، نظرية المكان في فلسفة ابن سينا، مصدر سبق ذكره، الفصل الأول بالتحديد. (المحقق)

(2) يتناول الدكتور ياسين خليل الحركة المكانية فقط، في حين أن هناك أنواعًا أخرى من الحركات كالحركة الكمية والكيفية والوضعية، ولأن هذه الحركات تكون في الأجسام لكنها ليست انتقالية من مكان إلى آخر، بل حركتها في المكان نفسه. ولكن يجري عليها الزمان أيضًا. وقد تناولنا هذا الموضوع في حاشية سابقة في الفصل الخامس، فليُراجع في موضعه. (المحقق)

(3) إنّ موضوعات العلم الطبيعي تقع ضمن نطاق المحسوس لا التأملي المعقول، ولكن مفاهيم العلم الطبيعي من مادة وصورة (شكل) ولواحق كالمكان والزمان وغيرها فإنها مفاهيم عقلية تأملية، توصل إليها الفلاسفة من خلال ربط الطبيعي بالميتافيزيقي، والبرهنة على الطبيعي كصدقية في العلم إنما تكون في مجال الميتافيزيقي، هكذا هي النظرة الفلسفية السائدة في العصر الوسيط الإسلامي تبعًا لفلسفة أرسطو الطبيعية، وإن شذ عنها الفيلسوف ابن رشد في أن جعل البرهنة على الطبيعي إنما تكون من الطبيعي نفسه، وهذا ما لم يشر إليه الدكتور ياسين خليل هنا. (المحقق)

إن الموضوعات التي **نريد** بحثها في علم الحركة هي تلك التي لها علاقة بالأجسام المادية والحركة وما يتصل بهما من زمان ومكان ومقاومة واحتكاك وغير ذلك، موجهين النظر في الوقت نفسه على تلك الموضوعات التي أولاها العلماء العرب اهتمامهم من الناحيتين العملية والنظرية، وأفضل وسيلة لدراسة الموضوع هو أن نقسمه على ثلاثة أقسام هي:

**القسم الأول**: يتناول مجموعة المفاهيم الرئيسية في الديناميكا، وهي الجسم والحركة والمكان والخلاء والزمان والقوة وغير ذلك، لمعرفة ما توصل إليه العلماء العرب بهذا الصدد، مع ذكر بعض الآراء والمذاهب في كل واحدة منها.

**القسم الثاني**: يتناول مجموعة المبادئ والفروض الأساسية ذات العلاقة بالمفاهيم السابقة مع ذكر الاجتهادات فيها وكيفية الوصول إلى تثبيتها، وبيان علاقة المفاهيم ببعضها ليتسنى لنا معرفة أبرز المبادئ التي قادت علم الفيزياء إلى الطريق الصائب.

**القسم الثالث**: يتناول مجموعة من التحليلات والتجارب والاجتهادات والفروض النظرية والقياس عليها وتعميمها على حالات أو ظواهر أخرى، والاستدلالات المترتبة على المبادئ وتعليل الظواهر المختلفة وغير ذلك من المسائل ذات العلاقة بالديناميكا.

وستغطي هذه الأقسام جميع الآراء المتصلة بعلم الحركة مثل المقاومة والاحتكاك، واختلاف حركة الأجسام باختلاف الأوساط، وعلاقة الزمان والمكان بالجسم المتحرك، وماهية الحركة المنتظمة واختلاف سرع الأجسام، والعلاقة بين كتلة الجسم والقوة والسرعة، والأجسام الساقطة والتسارع، والجاذبية والاستمرارية، والممانعة وصلابة الأجسام وغير ذلك.

لقد **اتبعتُ** طريقة بسيطة في معرفة واكتشاف المبادئ العامة، وهي: أن يبدأ المرء بالمحسوسات القريبة، لأنها أعرف إلى الإنسان من غيرها، ثم يرتقي بعد ذلك إلى المحسوسات البعيدة سائرًا بخطى حثيثة تدعمها الملاحظة والتجربة باتجاه المقولات وهي المفاهيم الكلية المجردة والمبادئ العامة، ولا شك أن هذه الطريقة الاستقرائية التي تبدأ بالجزئيات أولًا ثم ترتقي خطوة بعد أخرى إلى القوانين والمبادئ هي السبيل العلمي لتحصيل المعرفة العلمية.

صحيح أن المرء يدرك الأشياء جملة واحدة، ولكنه ينتقل إلى ملاحظة تفصيلاتها من لون وشكل وصغر وعظم، فإذا اختبرنا هذه التفصيلات فإننا سرعان ما نكتشف أشياء لا يستطيع البصر وحده مجردًا من معرفتها، وأن الشيء أو الجسم الذي رأيناه جملة واحدة أصبح بعد الاختبار والتجارب له معنىً آخر. وبعبارة أخرى: إن البحث في الأجسام الطبيعية يستدعي دراستها على خطوات:

**أولًا:** أن نبحث الجزئيات أو التفصيلات للأشياء سواء بالملاحظة أو بإجراء التجارب. والغاية من ذلك تتجلى في معرفة الخصائص الملازمة للشيء وتلك التي تفارقه فضلًا عن معرفة دقيقة بالأعراض أو الصفات التي تحمل على الأشياء.

**ثانيًا:** أن ننتقل بعد ذلك إلى تجريد تلك الخصائص الثابتة والملازمة للشيء وأن نتأمل الشيء من خلال هذه الخصائص فقط، فالجسم يحمل صفات كثيرة مثل اللون والشكل والعظم والصغر وغير ذلك، وهي جميعًا ليست ملازمة للجسم، بينما نجد أن جميع الأجسام مهما اختلفت تلتقي في كونها حائزة على ثلاثة أبعاد هي الطول والعرض والعمق[1].

**ثالثًا:** أن ننتقل بعد ذلك إلى تعريف الشيء أو الجسم بخصائصه الجوهرية فقط من دون أن نذكر الصفات العرضية أو الزائلة، فنقول: إن الجسم الطبيعي جوهر له طول وعرض وعمق، أو إن الجسم الطبيعي بعد امتدادي يتقدر طولًا وعرضًا وعمقًا، وبذلك يشغل كل جسم طبيعي حيزًا من المكان[2].

---

(1) يتحدث الدكتور ياسين خليل هنا عن مبادئ الجسم ولواحقه وعن تعريف الجسم، فيعرفه بأنه الحائز على ثلاثة أبعاد، وقد أشرنا من قبل إلى أن هذا التعريف هو تعريف الفلاسفة للجسم من أرسطو وحتى فلاسفتنا العرب المسلمين، فهم يعرفون الجسم إما ما له ثلاثة أبعاد، أو هو الممتد في الأبعاد الثلاثة. مع العلم أن هذه الأبعاد ليست حقيقية ثابتة في الجسم بل مفروضة فيه، أما كون الجسم جوهرًا يتألف من مادة وصورة، وأن اللون والشكل والكبر والصغر فهي أعراض تُحمل على الجسم، وبهذا فقد عدنا إلى المفاهيم الأرسطية السنوية في الفلسفة الطبيعية. (المحقق)

(2) لا يوجد جسم إلا ويشغل حيزًا في المكان، ولكن الفلاسفة والمتكلمين اختلفوا في ماهية هذا المكان، هل هو السطح الحاوي للجسم المحوي، أم هو البعد الامتدادي له. يُراجع للتفصيلات، كتابنا، نظرية المكان في فلسفة ابن سينا، الفصل الثالث. وهناك المكان الطبيعي لكل جسم، فمثلًا التراب مكانه الطبيعي في الأسفل في حين النار تطلب مكانًا طبيعيًا هو الأعلى. (المحقق)

إن هذا الأسلوب في الانتقال من المحسوس إلى المعقول، ومن الجزئي إلى الكلي[1]، هو المنهج الذي اتبعه **العلماء العرب** في أبحاثهم الطبيعية في الديناميكا. سواء بالنسبة للمفاهيم مثل الجسم الطبيعي والحركة والمكان والخلاء[2] والزمان وغير ذلك، أو بالنسبة للفروض والمبادئ العامة.

**نظرية المكان** - فمن الظواهر الطبيعية التي نشاهدها بالحواس وهي الأعرف بالنسبة لنا، حركة الأجسام الطبيعية، فتظهر في انتقال الجسم من مكان إلى مكان آخر وتظهر في حركة الجسم الموضعية (المكانية)، وعندما تنتقل أجزاء الجسم في المكان ذاته من دون مغادرته إلى مكان آخر مثل حركة الدولاب الدورانية، كما تظهر الحركة في نمو الأجسام مثل ما يحدث بالنسبة للنبات والحيوان، وكذلك نلاحظ الحركة بالنسبة للكون والفساد عندما تأتلف الأجسام أو تنحل[3].

فمفهوم الحركة بناء على ذلك مفهوم واسع يشمل أنواعًا مختلفة من الحركات ولكننا سنولي اهتمامنا للحركة الانتقالية (المكانية)، سواء كانت بالنسبة لحركة الأجسام على الأرض أو لحركة الكواكب والأجرام السماوية. فما هي الحركة؟

---

(1) تقسم دراسة الموجود أو الشيء إلى عدة مستويات وأقسام، كل بحسب موقعه في التفلسف، فمثلًا تناول الجسم كونه محسوسًا أو معقولًا يقع ضمن نطاق نظرية المعرفة، في حين تناوله ضمن كونه جزئيًا أو كليًا يقع ضمن نطاق الميتافيزيقا، أما تناوله كونه جوهرًا أو عرضًا، فإنه يقع ضمن المجال المنطقي الطبيعي، وهكذا بقية أقسام دراسة الموجود، يُراجع، للتفصيلات، كتاب ابن سينا الموسوم بالنجاة، تحقيق ماجد فخري، بيروت 1986. (المحقق)

(2) انقسم الفلاسفة في موضوع الخلاء، فمنهم من نفى وجوده وهؤلاء هم أرسطو وشيعته من الفلاسفة العرب المسلمين من أمثال: الكندي والفارابي وابن سينا والغزالي وابن رشد وابن طفيل وابن باجة وإخوان الصفا ومسكويه، ومنهم من أكد وجوده وهؤلاء هم أبو بكر الرازي وأبو البركات البغدادي فضلًا عن عموم المتكلمين من معتزلة (سوى النظام) والأشاعرة وغيرهم. ولكل فريق أدلته العلمية والعقلية الفلسفية من مضمنات لربما تتجاوز الحدود الفلسفية للطبيعة إلى الأبعاد الأيدلوجية السياسية مما لا مجال لشرحها في هذه الحاشية. (المحقق)

(3) لا حركة في الكون والفساد بل تغير دفعة واحدة من وجود إلى عدم ومن عدم إلى وجود، على رأي أرسطو ومدرسته ومنهم: الفارابي وابن سينا وابن رشد وعموم المشائين، وذلك مثلًا أن الجوهر يحدث فيه الكون والفساد، أما الزمان والفعل والانفعال فلا حركة فيها بل تغير، والتغير أعم من الحركة وأوسع، وكان على الدكتور ياسين خليل أن يشير إلى أن هناك حركة وتغيرًا والتغير أوسع وأشمل من الحركة. يُراجع، للتفصيلات، كتابنا، نظرية المكان، الفصل الثاني، أي المقولات تقع فيها حركة؟ (المحقق)

لا شك أن الحركة ليست شيئًا منفصلًا عن الجسم، إذ لا يمكن ملاحظة الحركة بالطريقة التي نلاحظ بها الجسم الطبيعي، لأن للجسم وجودًا قائمًا بذاته، بينما الحركة ليست كذلك، ولكنها تظهر مقترنة بالجسم، فعندما يغادر جسم ما مكانه إلى مكان آخر نلاحظ حركته، فإذا كان مماسًا لجسم آخر فإنه بحركته ينتقل إلى مكان يكون فيه بعيدًا عن الجسم الأول.

والحركة تقابل السكون، وذلك على أساس أن السكون هو عدم الحركة، ويمكن أن نفهم أن الحركة بالقياس إلى السكون، فنقول: إن الحركة مقابلة السكون، فإذا وجدنا جسمًا كان ساكنًا في مكان معين ثم وجدناه ترك سكونه وتحرك إلى مكان آخر قلنا إن الجسم تحرك بعد أن كان ساكنًا.

وبناء على ما تقدم نتوصل إلى جملة من الحقائق الفيزيائية المهمة، وهي:

1. يقال للجسم الطبيعي إنه تحرك حركة انتقالية إذا ما خرج عن سكونه فانتقل من مكانه الذي كان فيه إلى مكان آخر.
2. يقال للجسم الطبيعي إنه ساكن إذا كان غير متحرك من مكانه الذي كان فيه، فالسكون هو عدم الحركة.
3. لا تُعرف حركة الجسم إلا بالقياس إلى جسم ساكن، فإذا تحرك جسمان باتجاهين مختلفين ولم نعتبرهما بالقياس إلى غيرهما أو بقياس أحدهما إلى الآخر، فسوف لا نعرف هل كلاهما يتحركان بالسواء بسرعة واحدة وباتجاهين مختلفين، أو أن أحدهما أسرع من الآخر، أو أن أحدهما يتحرك والآخر ساكن.

الجسم الطبيعي يسكن ويتحرك، وتكون حركته وسكونه في مكان، بل إن لكل جسم طبيعي حيزًا أو مكانًا، والحركة الانتقالية لا تتم إلا في مكان، والمرء يدرك مكان الشيء بقوله مثلًا الكتاب في مكان، والطائر في مكان، ولكن هذا المعنى العامي ليس غاية العالِم، فهو يبدأ بالمحسوس لأنه أعرف من غيره، ولكنه يطلب المعنى العام والمفهوم المجرد[1].

---

(1) يُفهم من هذا النص للدكتور ياسين خليل، ما معناه أن المكان مفهوم مجرد أو صورة ذهنية أو حساسية أو إطار كما هو في مفهوم الفيلسوف الألماني كانت، ولكن الفلاسفة أرسطو والعرب المسلمون ممن أخذ برأيه يعتبرون أن المكان موجود ويدافعون عن وجوده بأدلة علمية تجريبية وعقلية، ولهذا يناقش ابن سينا في كتابه الشفاء، قسم الطبيعيات، كتاب السماع الطبيعي هذا الموضوع بتساؤل مفاده: هل المكان موجود أم لا؟

واختلفت الآراء في تحديد ماهية المكان، فمنها ما هو قريب إلى عالم المحسوسات، ومنها ما هو بعيد عنه، وبصورة عامة نجد جملة من هذه التعريفات نذكر منها ما يأتي:

1. يقال: إن المكان هو الموضع الذي يكون فيه الجسم، فمكان الإنسان مثلًا هو الموضع من الأرض الذي يجلس فيه أو يقف أو يضطجع عليه. ومثل ذلك يقال على الكتاب والماء والهواء وغيرها، بأن كل واحد منها في مكان أو موضع[1].

2. يقال: إن المكان هو الموضع الذي يملؤه المتمكن (الجسم) ويفارقه بحركته عنه ويَلزَمَهُ بسكونه فيه[2]، فالمكان هو السطح المحيط بالجسم، فيما إذا جعلنا العمق للجسم وليس للمكان.

---

فيجيب أن المكان موجود، وأن وجوده مرتبط بوجود الجسم، ولكن المكان ليس بمادة بل هو سطح يحوي المادة، وبما أن السطح يحتوي على بعدين هما الطول والعرض، فإنه اختلف عن الجسم لكونه يحتوي على ثلاثة أبعاد. يُراجع، للتفصيلات، كتابنا، نظرية المكان، الفصل الثالث، طبيعة المكان. (المحقق)

(1) المكان عند الفلاسفة أرسطو والعرب المسلمين، مكانان، مكان عام يحوي جميع الأشياء، ومكان خاص يحوي الجسم الواحد. فمثلًا الكتاب مكانه الخاص على الطاولة ومكانه العام في الغرفة، والغرفة مكان خاص في البيت والبيت مكان عام لها، والبيت مكان خاص في المحلة والمحلة مكان عام للبيت، وهكذا دواليك، وقد ناقش هذه المسألة بالتفصيل ابن سينا وابن رشد على وفق رؤية أرسطو للمكان، ولكنهما لم يناقشا هل المكان قديم أو حادث، بخلاف ما أورده الفيلسوف أبو بكر الرازي في القدماء الخمسة وهي الهيولى والصورة والمكان والزمان والنفس، فعّد الرازي المكان أحد هذه القدماء، يُراجع، رأي الرازي الفيلسوف في رسائل فلسفية، نشرة بول كراوس. (المحقق)

(2) يُراجع، أبو البركات البغدادي، المعتبر في الحكمة، ج2، ص43. (المؤلف)، ومن هنا وحتى نهاية هذا الفصل سيعتمد الدكتور ياسين خليل على كتاب المعتبر لأبي البركات البغدادي وعلى رسالة المكان للحسن بن الهيثم في تحليل طبيعة المكان، في حين سيهمل عن عمد آراء الفلاسفة الفارابي وابن سينا وإخوان الصفا وابن رشد وغيرهم، والسبب يعود بنظري إلى أن المرحوم يتصور أن حل البغدادي وابن الهيثم هو الحل العلمي بصدد فلسفة المكان، في حين أن البغدادي وابن الهيثم لم يخرجا عن تحديد ماهية المكان على وفق ما جاءت به الفلسفة التأملية سواء الأرسطية منها أم الأفلاطونية. فالبغدادي يقر بوجود الخلاء وهذا خلاف جوهري مع أرسطو وابن سينا في حين أن ابن الهيثم يقر بعدم وجود خلاء في العالم ولا خارجه وهو بهذا يتابع ابن سينا، هذا من جهة ومن جهة أخرى ونظرًا لانتماء الدكتور ياسين خليل إلى الفلسفة الوضعية المنطقية التحليلية، يتصور أن حل الفلاسفة للمكان إنما هو حل تأملي ميتافيزيقي، ولأن الميتافيزيقا بحسب تصوره كلام فارغ لا يمكن التحقق من صدقه بالتجربة الاختبارية، ولكن هذا التصور ليس محله، إذ إن معالجات المكان إنما تمت في داخل الفلسفة الطبيعية حصرًا ولم تتعداه إلى الفلسفة الميتافيزيقية بخلاف الزمان الذي تناوله البحث في الطبيعة والميتافيزيقا (ما بعد الطبيعة). (المحقق)

3. يقال: إن المكان هو فضاء له طول وعرض وعمق يحل فيه الجسم أو يكون خاليًا منه[1].

تناول **ابن الهيثم** في رسالته في المكان هذا المفهوم بالدراسة والنقد والتحليل، فعرض بادئ الأمر آراء فلسفية كانت مطروحة من قبل، ثم تناولها بالنقد لبيان الأخطاء فيها معتمدًا على الملاحظة والاعتبار، ليصل في النهاية إلى تعريف جامع واضح لمفهوم المكان. ففي عرضه لآراء من تقدمه يقول: «قد اختلف أهل النظر المتحققون بالبحث عن حقائق الأمور الموجودة في ماهية المكان، فقال قوم إن مكان الجسم هو السطح المحيط بالجسم[2]، وقال قوم آخرون إن مكان الجسم هو الخلاء المتخيل الذي قد ملأه الجسم[3]، ولم نجد لأحد من المتقدمين كلامًا مستقصى في ماهية المكان ولا دليلًا واضحًا يفصح عن حقيقة المكان، ولما كان ذلك كذلك رأينا أن نبحث في ماهية المكان بحثًا مستقصى يظهر ماهية المكان وتنكشف حقيقته ويسقط به الخلاف ويزول معه الاشتباه، فنقول: إن المكان اسم مشترك يقال على أشياء كثيرة كل واحد منها يسمى مكانًا، وذلك أن المكان هو الذي يجاب به السائل عن مكان الجسم وجواب السائل عن مكان الجسم قد يكون لكل واحد من عدة أشياء»[4].

وينتهي **ابن الهيثم** من عرضه للمشكلة المراد بحثها بعد تحليله للمكان كمفهوم عام يطلق على جميع الأمكنة أو المواضع التي تحل فيها الأجسام إلى تحدي المشكلة بقوله:

---

(1) الفضاء هو مكان لا متمكن فيه، بحسب التصور الحسي للأشياء، ولكن هذا التصور أثبتت الفلسفة الطبيعية خطأه، لأنه قائم على الرؤية الحسية البصرية للفضاء، ولهذا فالفضاء هو الخلاء أو المكان الخالي من الأجسام الطبيعية، ولكن ابن سينا وابن رشد رفضا هذا القول، وعدا الفضاء مملوءًا بالأجسام ودليلهم هو حركة القذيفة في الهواء، نجدها تبدأ من مكان وتنتهي إلى مكان وهذا يعني وجود مقاومة وممانعة لاستمرار الجسم في حركته إلى ما لانهاية. ولو كان المكان هو الفضاء لاستمرت حركة الأشياء بلا توقف وهذا خلاف المشاهد والمحسوس، فالفضاء هو تصور ذهني ولفظ لغوي لا أساس له في الواقع الطبيعي للأشياء. فضلًا عن أن المكان هو الفضاء وهو يضم الأبعاد الثلاثة، فإن في ذلك تداخلًا مع أبعاد الجسم فكيف تتداخل الأبعاد فيما بينها؟ يُراجع، للتفصيلات مع الحجج حول المكان الخالي والفضاء، كتابنا، نظرية المكان، الفصل الرابع. (المحقق)

(2) هذا هو رأي المدرسة الأرسطوطاليسية السينوية في المكان. (المحقق)

(3) هذا هو رأي ابن الهيثم في المكان، وسيدافع عنه ضد منتقديه. (المحقق)

(4) يُراجع، رسالة في المكان، مصدر سبق ذكره، ص2. (المؤلف)

«إن كل جسم فله شيئان كل واحد منهما يحتمل أن يسمى مكانًا له، فأحدهما السطح المحيط بالجسم أعني سطح الهواء المحيط بالجسم الذي في الهواء، وسطح الماء المحيط بالجسم الذي يكون في الماء، وسطح كل جسم في داخله جسم منفصل عنه، وهو الذي ذهبت إليه إحدى الطائفتين المختلفتين، والمعنى الآخر هو الخلاء المتخيل الذي قد ملأه الجسم، فإن كل جسم فإنه قد انتقل من الموضع الذي هو فيه فإن السطح المحيط كان به يمكن أن يتخيل خاليًا لا جسم فيه، وإن كان قد ملأه هواء أو ماء أو جسم من الأجسام غير الجسم الذي كان فيه، وأُريد بالموضع أحد الأمكنة التي تقدم ذكرها التي كل واحد منها يسمى بالاتفاق مكانًا»[1].

في هذا النص ثلاثة مفاهيم مستخدمة بمعنى المكان، ولكن **ابن الهيثم** يميز بينها بوضوح، وهذه المفاهيم هي:

1. المكان اسم مشترك يقال على أمكنة كثيرة.
2. المكان بمعنى حلول الجسم في الهواء أو الماء، فيكون السطح المحيط هو المكان.
3. المكان بمعنى الموضع.

وطريقة **ابن الهيثم** في تعريف المكان هي أن يبطل عند التحليل جميع المفاهيم التي سبق لمن تقدموه استعمالها بمعنى المكان. ليضع في نهاية التحليل تعريفًا دقيقًا يقترب في روحه من التعريف العلمي[2]. فهو يرفض بالحجة العلمية أن يكون المكان هو السطح المحيط بالجسم سواء كان ذلك السطح هواءً أو ماءً، ويميل شيئًا فشيئًا نحو الصورة الهندسية، فيفضل الخلاء المتخيل بقوله: «فقد تبين من جميع ما بيناه أن الأبعاد المتخيلة التي بين

---

(1) المصدر السابق، ص3. (المؤلف)

(2) لا يوجد تعريف علمي واحد للمكان يمكن الركون إليه والرجوع له، بمعنى التعريف الجامع المانع على وفق لغة أهل المنطق، والسبب يعود لاختلاف المواقف الفلسفية والعلمية من طبيعة المكان وماهيته. فهناك رأي للفلسفة في المكان وهو ما يشهد به تاريخ الفلسفة من القديم وإلى اليوم، وهناك رأي للعلم يشهد به تاريخه وصولًا إلى النظرية النسبية ونظرية الكوانتم وما قدمه باشلار في هذا الصدد يدل على ذلك، فضلًا عما طرحه الفيلسوف الفرنسي المعاصر هنري بيرغسون في أطروحته للدكتوراه عن المكان عند أرسطو، وبالتالي لا ابن الهيثم ولا غيره يستطيع أن يقدم تعريفًا جامعًا مانعًا له. (المحقق)

النقط المتقابلة من السطح المحيط بالجسم التي هي الخلاء المتخيل الذي قد ملأه الجسم أولى بأن يكون مكان الجسم من السطح المحيط بالجسم... فالأبعاد المتخيلة التي بين النقط المتقابلة من السطح المحيط بالجسم هي المكان الذي قد تمكن فيه الجسم الذي ليس يزيد على مقدار الجسم. ومن أجل تلك الأبعاد من بعد تمكن الجسم فيها ومن بعد انطباق أبعاده على الجسم عليها يتحدد أبعاد الجسم، ويصير أبعادًا للجسم. فيكون الخلاء المتخيل المساوي للجسم الذي قد ملأه الجسم هي أبعاد الجسم نفسه، وإذ ذلك كذلك فمكان الجسم هو أبعاد الجسم»[1].

وعندما يتحدث **ابن الهيثم** عن العلاقة بين الجسم والمكان، فإنه لا ينسى تحديد معنى الجسم المادي عن طريق خاصية المدافعة والممانعة، بينما يخلو الخلاء من المادة التي هي الأبعاد المتخيلة متهيئة لقبولها الأبعاد، وكل الأبعاد فهي متهيئة لقبول كل مادة[2].

ومن خلال تحليل النصوص السابقة نتوصل إلى عدة حقائق فيزياوية مهمة نجملها كما يأتي:

1. إن المكان هو الخلاء المتخيل، وإن الخلاء المتخيل يتعين بأبعاد هندسية هي أبعاد الجسم الذي يحل فيه.
2. إن بين المكان بمعنى الخلاء المتخيل والجسم المادي اختلافات أهمها خلو الخلاء من خاصيتي الممانعة والمدافعة، وهي التي يعتبرها **ابن الهيثم** ملازمة للجسم الطبيعي.
3. يتحدد مفهوم الجسم الطبيعي بالمادة والأبعاد الهندسية على أساس أن كل الأبعاد متهيئة لقبول كل مادة، وأن مكان الجسم هو أبعاد الجسم.
4. إذا أردنا التخصيص لمعرفة موقف ابن الهيثم من الأجسام الطبيعية الصلبة، فإن مفهوم الجسم الصلب Rigid Body، المستخدم حديثًا في الفيزياء سيكون في مفهوم ابن الهيثم المادة الحائزة على خاصيتي المدافعة والممانعة ذات الأبعاد الهندسية الثابتة، بحيث إن حركة الجسم من مكان إلى آخر لا تؤثر في أبعاده.

---

(1) المصدر السابق، ص9. (المؤلف)، وهذا النقد موجه إلى أرسطو ومن قال مثله ولا سيما ابن سينا. (المحقق)

(2) المصدر السابق، ص10. (المؤلف)، ولكن هذه الأبعاد تبقى مفروضة في الجسم وليست حقيقية ثابتة فيه. (المحقق)

**نظرية الزمان** - لكل جسم طبيعي حيز طبيعي في المكان، وأن حركته معناها ترك ذلك الحيز الطبيعي إلى حيز طبيعي آخر[1]، والحركة في المكان تعني بلا شك قطع مسافة معينة، وقد يكون الجسم سريعًا أو بطيئًا في حركته، فإذا تحرك جسمان ليقطعا مسافة واحدة وكان أحدهما أسرع من الآخر، فإن الأسرع يقطع المسافة بزمن أقل من الجسم البطيء الذي يقطع المسافة نفسها، فالحركة والمكان والزمان[2] تتلازم بعضها بعضًا، ولكن ذلك لا يعني مطلقًا أن الجسم الساكن لا يكون في زمان، فسواء كان الجسم ساكنًا أو متحركًا فهو في زمان، «والساكن هو الذي يكون في مكان واحد زمانًا كما أن المتحرك هو الذي لا يكون في المكان الواحد زمانًا»[3].

ينصرف الذهن عند بحث حركة الجسم وسكونه إلى الزمان في محاولة لمعرفة ما هو الزمان؟ وهل له وجود مثل وجود الأجسام أو مثل وجود المكان وكيف؟

---

(1) الجسم الطبيعي بخلاف الجسم الصناعي، الأول حركته من ذاته، وسكونه من ذاته، بينما الثاني حركته وسكونه من خارج، وبالتالي فإن الحيز الطبيعي للجسم الطبيعي هو مكانه الطبيعي، فإذا تحرك من مكانه الطبيعي إلى مكان آخر فالحركة هنا تسمى حركة قسرية وليست من ذاته. ويلاحظ هنا أن الدكتور ياسين خليل قد أهمل الإشارة إلى موقف الفلاسفة والعلماء العرب من موضوع الخلاء (الفضاء الخالي) وما هو موقف ابن الهيثم من هذه المشكلة الفلسفية الطبيعية. يُراجع، للتفصيلات حول موقف الفلاسفة والعلماء والمتكلمين العرب المسلمين من الخلاء، كتابنا، نظرية المكان، الفصل الرابع كله. (المحقق)

(2) من هنا سيبدأ الدكتور ياسين خليل بالحديث عن الزمان، وذلك لارتباطه بالمكان والحركة، ولأنهم من لواحق الجسم لا من مقوماته كما أشرنا من قبل، فضلًا عن الفلاسفة في حديثهم عن الزمان جاء تاليًا على المكان، وهو ما تشهد به كتبهم في الفلسفة الطبيعية، وقد ورث الفلاسفة العرب هذا الأمر من أرسطو في مؤلفاته الطبيعية وساروا على منواله ولم يحيدوا عنه في التقسيم والتبويب لموضوعات الزمان، ولكن الذي يؤخذ على الفلاسفة العرب المسلمين أنهم فصلوا المكان عن الزمان في حديثهم عنهما، ونظروا إلى موضوعاتهما بشكل مستقل. (المحقق)

(3) يُراجع، أبو البركات البغدادي، المعتبر في الحكمة، مصدر سبق ذكره، ج2، ص70. (المؤلف)، ويلاحظ هنا مرة أخرى أن الدكتور ياسين خليل قد أهمل عن عمد الإشارة إلى تناول موضوع الزمان في كتب الفلاسفة قبل أبي البركات البغدادي، ولا سيما أرسطو وابن سينا وإخوان الصفا وغيرهم، مع العلم أن خط البغدادي في تحديد ماهية الزمان وطبيعته وهل هو موجود؟ مخالف لرأي الفلاسفة أرسطو وابن سينا ومتابع لرأي المدرسة الأفلاطونية، يُراجع، للتفصيلات، د. حسام الآلوسي، الزمان في الفكر الديني والفلسفي القديم وفلسفة العلم، بيروت 2007. (المحقق)

بحث **الفلاسفة العرب**[1] مسألة الزمان وماهيته، وذلك على أساس أنه منفصل في الوجود ومتصل في الماهية، وبعبارة أخرى: أنهم نظروا إليه من زاويتين:

**الأولى**: من حيث إن للزمان[2] كمية وأجزاء فهو مقدار منفصل مثل: الدقائق والساعات والأيام والشهور والأعوام، فهو بهذا المعنى أجزاء منفصلة تعرف بها مقادير الحركات والسرعة، وما ذهب منه في الماضي وما يأتي في المستقبل وبينها الحاضر.

**الثانية**: من حيث إن الزمان سيل متصل لا تفصله فواصل ولا يتألف من أجزاء «فدخول الزمان في الوجود دخول ما هو في سيلان، وإذا أردت أن تمثله بمثل رأس إبرة دقيق يخط به خط فكل ما يلقاه من الخطوط فيه إنما هو نقطة فهو يلاقي بنقطة

---

(1) ليس الفلاسفة العرب فقط من بحث موضوع الزمان، بل سبقهم إليه الفلاسفة اليونان من أمثال: أفلاطون وأرسطو وغيرهم، فضلًا عن الأديان السماوية وعلماء الكلام من كل الأديان والفرق، والحضارات القديمة من بابلية وسومرية ومصرية وهندية وصينية وغيرها. وذلك لأهمية موضوعه وما يثيره من إشكالات عدة تتعلق بالخلق والوجود والقدم للعالم أو حدوثه وغير ذلك من المفاهيم كالأزل والسرمد والخلود والأبد. (المحقق)

(2) الزمان Time: الزمان هو مقدار الحركة من حيث المتقدم والمتأخر، هكذا في تحديد أرسطو له، يُراجع، الطبيعة، ترجمة إسحق بن حنين، مصدر سبق ذكره، أما فلاسفتنا العرب المسلمون فقد اهتموا كثيرًا بتحديد موضوع الزمان والآن، فيحدده الكندي أنه: مدة تعدها الحركة غير ثابتة الأجزاء، يُراجع، رسالة في الحدود والرسوم، ضمن المصطلح الفلسفي، ص192. أما الفارابي فيحدده: هو الذي يمكن أن يوجد فيه شيء ما قياسي، كقياس النقطة إلى الخط وهو الآن، فيكون ذلك مشتركًا بين زمانين ماضٍ ومستقبل، إن أجزاء الزمان لا توجد معًا إذ لا يمكن أن يثبت أصلًا، وهو الكم المتصل الذي لا وضع لأجزائه، يُراجع، كتاب قاطيغورياس، مجلة المورد البغدادية، مج4، ع3، 1975، ص151، في حين يحدده ابن سينا بقوله: هو مقدار الحركة من جهة المتقدم والمتأخر، يُراجع، رسالة الحدود، ضمن المصطلح، ص253، أو هو مقدار للحركة إلا أنه ليس له وضع إذ لا توجد أجزاؤه معا وإن كان له اتصال إذ ماضيه ومستقبله يتحدان بطرف هو الآن، يُراجع، النجاة، ص80. ويعرفه الغزالي: هو مقدار الحركة موسوم من جهة التقدم والمتأخر، يُراجع، رسالة الحدود، ضمن المصطلح، ص297، في حين يقول الجرجاني عن الزمان: هو مقدار حركة الأطلس عند الحكماء وعند المتكلمين عبارة عن متجدد معلوم يقدر به متجدد آخر موهوم، كما يقال: آتيك عند طلوع الشمس، فان طلوع الشمس معلوم ومجيئه موهوم، فإذا ذلك الموهوم بذلك المعلوم زال الإبهام، يُراجع، كتاب التعريفات، ص67. أما الفيلسوف الألماني كانت فيقول عن الزمان: إنه صورة قبلية ترجع إلى قوة الحساسية الباطنة بصفة مباشرة وإلى قوة الحساسية الظاهرة بصفة غير مباشرة من حيث إن كل إحساس فهو حدث نفسي له موضعه من الزمان. يُراجع، يوسف كرم، المعجم الفلسفي، ص108. (المحقق)

بعد نقطة لكنه لا يقر على نقطة، بل يتحرك فأيّ موضع وقفته كان نقطة، وفي أي موضع حركته تتوهم النقطة توهمًا ولا تجدها واحدة بعد أخرى»[1].

والزمان بهذا المعنى ثابت لا يتغير، فهو لا يشبه الحركة التي تختلف من حيث السرعة والبطء والاتجاه والمسافة وغير ذلك، لأنه لا يتبدل من حال إلى حال ولا يتكثر.

إنّ التمييز بين الزمان الاعتيادي الذي نقيس به الحركات والأشياء، والزمان الذي ينساب في الكون بشكل ثابت لا يتغير هو تمييز بين الزمان النسبي والزمان المطلق[2].

وفي البحوث الطبيعية نقول: إن الحركة في زمان ولا نقول إن الزمان في حركة، فوجود الزمان لا يتوقف على وجود الأشياء وحركتها، وكما نقول: إن الحركة في زمان يقيسها. فكذلك نقول: إن الجسم في مكان ولا نقول المكان في جسم، فالجسم الذي يقطع مسافة معينة إنما ينتقل من موضع إلى آخر في زمن معين يقيس حركة الجسم المتحرك، وأن العلاقة بين المكان والزمان والجسم المتحرك متلازمة، إذ لا يمكن معرفة سرعة الجسم إلا بقياس المسافة والزمن الذي يستغرقه الجسم لقطع المسافة، وإن الاختلاف في السُرعات إنما يتم عن طريق اختلاف حركة الأجسام في قطع المسافات وما تستغرقه من زمن.

## المبحث الثاني: المبادئ التي قادت علم الفيزياء نحو الطريق الصائب

وبناء على هذا التحليل توصل **الفلاسفة والعلماء العرب** إلى عدة حقائق فيزياوية في العلاقة بين الجسم المتحرك والمكان (المسافة) والزمن، نجملها كما يأتي:

1. الزمان مقياس حركة الجسم، فإذا تحرك جسمان بسرعة واحدة لقطع مسافة معينة كان الزمن المستغرق لكليهما واحدًا.

---

(1) يُراجع، المعتبر في الحكمة، مصدر سبق ذكره، ص78. (المؤلف)

(2) يلاحظ هنا أن الدكتور ياسين خليل يتناول الزمان من منظور علمي بحت ولا يتابعه من حيث الدلالة الميتافيزيقية، فنراه يتحدث عن زمان نسبي وزمان مطلق وهي من المصطلحات التي شاعت في الفلسفة الحديثة على يد العالم إسحق نيوتن ومَن بعده تحددت بشكل دقيق على يد الفيلسوف والعالم آينشتاين. وتقرر النظرية النسبية أن الزمان بعد رابع للأشياء، وأن كل واقعة توجد في الزمان وفي المكان معًا، ولا يمكن فصل أحدهما عن الآخر. (المحقق)

2. الزمان مقياس حركة الجسم، فإذا تحرك جسمان بسُرعات مختلفة ولزمن واحد فإن الجسم الأسرع يقطع مسافة أكبر من الجسم البطيء.
3. الزمان مقياس حركة الجسم، فإذا تحرك جسمان بسُرعات مختلفة ولمسافة واحدة، فإن الجسم الأسرع يقطع المسافة المذكورة بزمن أقل من زمن الجسم المتحرك الآخر.
4. تقاس السرعة بالمسافة والزمن.

**أنواع الحركات**: والحركات التي تتحرك بها الأجسام في مكان وزمان ليست واحدة، فمن الأجسام ما يتحرك بصورة دائمية، ومنها ما يتحرك لوقت ما ثم يسكن، ومنها ما يتحرك سريعًا وآخر بطيئًا وآخر تزداد سرعته، ومنها ما يتحرك على استدارة، ومنها ما يتحرك على خط مستقيم، ومنها ما يتحرك إلى جهة وآخر إلى جهة أُخرى.

لقد ميز **العلماء العرب** بين الحركة المنظمة والحركة غير المنتظمة، وذلك على أساس أن الحركة التي يقطع فيها الجسم المتحرك مسافات متساوية في أزمنة متساوية هي سرعة منتظمة، وأن الجسم المتحرك الذي يقطع مسافات غير متساوية في أزمنة متساوية، أو مسافات متساوية في أزمنة غير متساوية، إنما يتحرك بسرعة غير منتظمة، فالجسم المقذوف يتحرك بقوة إلى الأعلى، والجسم الساقط يتحرك إلى مركز الأرض، وقد يتحرك الجسم على خط مستقيم، وقد يتحرك على خط منحني أو على استدارة في دائرة.

وفي ذلك قرر **العلماء العرب** من خلال ملاحظاتهم للحركات أن لكل جسم طبيعي ميلًا معينًا لا يحيد عنه إلا بتأثير خارجي أو قوة قسرية. فالحركة الطبيعية للجسم الذي يتحرك على خط مستقيم تعبر عن الميل الطبيعي لذلك الجسم، والحركة الطبيعية للجسم الذي يتحرك حركة دائرية تعبر عن الميل الطبيعي لذلك الجسم، فإذا ما أُجبر الجسم على تغيير حركته سرعة أو اتجاهًا كان ذلك بسبب تأثير خارجي، فالأجسام الطبيعية تميل إلى مركز الأرض في حركتها، لأن الأرض هي مهبط الأثقال من كل جهة من جهات إحاطتها الكرية، فإذا حاولنا قذف حجر إلى الأعلى فإننا بذلك ندفعه بقوة قسرية لتغيير ميله أو اتجاهه، ولكن الحجر المقذوف سرعان ما يغير اتجاهه بعد مدة من الزمن فيعود إلى ميله الطبيعي، وإذا انفصل عن الجسم المتحرك حركة دائرية جسم أصغر منه فإنه يستمر في حركته الدائرية بمحاذاة الجسم الأول.

لقد ظهر **لنا** في فصل علم الهيئة إن الذين يقولون بحركة الأرض حول نفسها يرون في الجسم المنفصل عن الأرض حركتين:

**الأولى**: حركة دورية يجري الجسم بها بمحاذاة الأرض، لأن ما يخص الكل في طبيعته يخص الجزء، ولما كانت الأرض تتحرك حركة دورانية فإن الجسم المنفصل يتحرك هو الآخر حركة دورانية بمحاذاة الأرض.

**الثانية**: حركة مستقيمة إلى الأرض، وذلك لانجذاب الجسم إلى معدنه، فيسقط على خط مستقيم عمودي.

فإذا انعدمت الحركة الدورانية سقط الجسم إلى الأرض عموديًا عليها بفعل الجاذبية[1]، وإذا انعدمت الجاذبية بقي الجسم في حركة دورانية، ولكن لما كان لهذا الجسم حركة مركبة ودورية ومستقيمة، فإن الجسم لا يسقط على الأرض عموديًا بل بميل منحرف.

وبناء على ما تقدم نتوصل إلى استنتاج مهم نثبته على هيئة نقاط هي:

1. إن للجسم ميلًا طبيعيًا، وهذا الميل قد يكون على شكل حركة مستقيمة أو على شكل حركة دائرية.
2. يغير الجسم الطبيعي ميله الطبيعي بتأثير خارجي، فالجسم المقذوف إلى أعلى يستمر في الصعود بقوة قسرية، ولكنه يأخذ بالتباطؤ شيئًا فشيئًا حتى يعجز عن مقاومة الميل الطبيعي فيعود هابطًا إلى الأسفل.
3. يكون للجسم حركة مركبة، وفي هذه الحالة يكون اتجاه الجسم في حركته عبارة عن محصلة حركتين، سواء كانت الحركة المركبة مكونة من حركة دورانية وأخرى مستقيمة، أو مكونة من حركة إلى أعلى وأخرى إلى أسفل على هيئة خط مستقيم.

وذهب **أبو البركات البغدادي** إلى الاعتقاد أن الحركات ثلاث هي: حركة طبيعية من ذات الشيء[2]، فلا يتحرك الجسم بتأثير من الخارج، وحركة إرادية، وحركة بتأثير من الخارج

---

(1) الجاذبية Attraction: قوة الجذب هي القوة التي يؤثر بها جسم على آخر دون أن يكون هناك اتصال ظاهر بين الجسمين. يُراجع، يوسف كرم، المعجم الفلسفي، ص68. (المحقق)

(2) وهذا هو تعريف الطبيعة عند الفلاسفة، أنها حركة الشيء من ذاته وسكونه من ذاته، أما الحركة الإرادية فهي

وهي حركة قسرية. وفي ذلك يقول: «والحركة إذا كانت في ذات الشيء فقد تنبعث من طبيعة لا من خارج ولا بإرادة وقصد كنزول الحجر، وقد تنبعث عنه بالإرادة كحركة الإنسان، وقد تكون بسبب قسري كصعود الحجر»[1].

ويؤكد **أبو البركات البغدادي** بعد ذلك أن الحركة الطبيعية الوحيدة هي الحركة المستقيمة وأن حركة الاستدارة ليست حركة طبيعية، فيقول: «فكل حركة طبيعية فعلى استقامة والمستديرة ليست بطبيعية»[2]. و«كل حركة طبيعية إذا لم يَعُق عائق فهي تنتهي إلى غاية طبيعية لم يسكن المتحرك عند تلك الغاية فلا يتحرك عنها بالطبع... فكل حركة طبيعية إذًا غايتها سكون»[3]. والحركة المستديرة ليست طبيعية، وما دامت هي كذلك فإن من أسباب هذه الحركة وجود تأثير من خارج.

الأجسام الطبيعية لا تتحرك بسرعة منتظمة إذا كانت تحت تأثير قوة خارجية أو محرك يحركها، وإذا كان لجسم طبيعي أن يتحرك بطبيعته على خط مستقيم، فإن القوة الخارجية قد تجبره على تغيير اتجاهه فيتحول إلى حركة دائرية، والجسم المقذوف بقوة إلى أعلى يبدأ بسرعة تتزايد ثم تأخذ بالتباطؤ شيئًا فشيئًا، والجسم الساقط من أعلى تتزايد سرعته باستمرار كلما اقترب من الأرض.

لقد أدرك **الفلاسفة والعلماء العرب** هذه المعاني الفيزياوية، فذهب **أبو البركات البغدادي** إلى الاعتقاد «أن الحجر المقذوف إلى الأعلى ميلًا يقاوم الميل القاذف إلا أنه مقهور بقوة القاذف، ولأن القوة القاسرة عرضية فيه فهي تضعف لمقاومة هذه القوة والميل الطبيعيين ولمقاومة المخروق»[4]. ويشبه الميل الطبيعي للحجر المقذوف والقوة القاسرة الحلقة المتجاذبة بين المصارعين لكل واحد من المتجاذبين في جذبها قوة مقاومة لقوة الآخر وليس

---

للنفس في علاقتها بالجسم، وأما الحركة القسرية فهي بتأثير من خارج، وتكون للأجسام الطبيعية بخلاف ميلها. (المحقق)

(1) يُراجع، المعتبر في الحكمة، ج2، ص104. (المؤلف)

(2) المصدر السابق، ج2، ص105. (المؤلف)

(3) المصدر السابق، ج2، ص105. (المؤلف)

(4) المصدر السابق، ج2، ص100. (المؤلف)

إذا غلب أحدهما فجذبها نحوه تكون قد خلت من قوة جذب الآخر، بل تلك القوة موجودة مقهورة فلولاها لما احتاج الآخر إلى كل ذلك الجذب»[1]. فالجسم المقذوف إلى الأعلى تذهب منه قوته القاسرة تدريجيًا فيبطئ في حركته، حتى إذا غلبته القوة الطبيعية رجع هابطًا على خط مستقيم وهو ميله الطبيعي ليستقر في حيزه في سكون.

وقد بين **أبو البركات البغدادي** ملاحظة دقيقة عند هبوط الحجر إلى الأسفل، إذ وجد أن سرعته تأخذ بالازدياد كلما اقترب من الأرض، فإذا كانت سرعته الأولية صفرًا فإن سرعته النهائية عند اقترابه من الأرض تكون أكبر من أية سرعة أخرى له في مسافة سقوط، كما لاحظ أن لارتفاع الجسم الساقط أثره البالغ في زيادة سرعة الحجر، فكلما كانت المسافة أبعد عن سطح الأرض كانت سرعة الجسم عند اقترابه إلى الأرض أكبر، وفي ذلك يقول بالنص «كلما كان أبعد كان آخر حركته أسرع وقوة ميله أشد وبذلك يشج ويسحق فلا يكون له ذلك إذا أُلقي عن مسافة أقصر، بل يتبين التفاوت في ذلك بقدر طول المسافة التي سلكها»[2].

وإذا استخدمنا لغة الفيزياء نقول: إن الجسم يتسارع بسبب التعجيل الأرضي، وإن سرعة الجسم تزداد كلما اقترب من سطح الأرض، وإن الزيادة في السرعة تعتمد على طول المسافة التي يقطعها الجسم.

وبناء على ما تقدم يجب التمييز بين السرعة والتسارع، وأن نفهم علاقة القوة بالنسبة لهما، فقد عرفنا مما سبق أن الجسم الثقيل (الكتلة) قوة متجهة إلى الأسفل إلى مركز الأرض، وأن جميع الأجسام الطبيعية تميل إلى مركز الأرض على خط مستقيم، فالجسم الأثقل له قوة أكبر، وبعبارة أخرى: أن بين الكتلة والقوة تناسبًا طرديًا، فالجسم الثقيل يحتاج إلى قوة أكبر لتحريكه من الجسم الخفيف، وأن للجسم الثقيل الساقط من مسافة معينة قوة أكبر من الجسم الخفيف، وإذا ربطنا بين القوة والسرعة والزمان فإن ما نحصل عليه من نتائج يكون كما يأتي:

1. إن القوة الأشد تحرك الجسم أسرع من القوة الأقل شدة، وإذا تحرك الجسم بفعل القوة الأشد بسرعة فإن الزمن الذي يستغرقه يكون أقل من الجسم الذي تحرك بفعل قوة أضعف.

---

(1) المصدر السابق، ج2، ص100. (المؤلف)

(2) المصدر السابق، ج2، ص101. (المؤلف)

2. إذا بقيت القوة مستمرة من دون أن تنتهي، لم يكن عندئذ للسرعة نهاية وتبقى القوة فاعلة من دون مدة معلومة أو زمان معين.

والجسم المتحرك الذي يتحرك حركة قسرية إما أن يكون محركه من الخارج مثل تحريك الحجر جرًا على الأرض، أو أن تكون حركته مضادة لميله الطبيعي مثل تحريك الحجر إلى الأعلى، أو تكون حركته بالجذب أو بالدفع. أما التدوير القسري فإنه «مركّب من جذب ودفع وحط ورفع، وأما الدحرجة فقد تكون عن سببين خارجين جاذب ودافع، وقد تكون عن ميل طبيعي مع دفع أو جذب قسري»[1]. فالقوة لا تكون من نوع واحد، فقد تكون قوة جاذبة أو قوة دافعة أو قوة رافعة أو قوة للحط، وكل قوة من هذه القوى تفعل فعلها في الجسم، وقد تكون القوة مركبة من قوتين أو أكثر.

وتختلف حركة الأجسام في الأوساط، فإن سرعتها في الماء غير سرعتها في الهواء، وكلما كانت الأوساط التي يتحرك فيها الجسم ألطف وأرق من حيث الكثافة كانت سرعته أكبر نظرًا لسهولة خرق الجسم لهذا الوسط الذي تقل فيه المقاومة أو المعاوقة.

**ولكن ماذا يحدث إذا تحركت الأجسام في الخلاء؟**

يجيب **أبو البركات البغدادي**[2] بفرضية فيزياوية مهمة هي: «لو تحركت الأجسام في الخلاء لتساوت حركة الثقيل والخفيف والكبير والصغير والمخروط المتحرك على رأسه الحاد والمخروط المتحرك على قاعدته الواسعة في السرعة والبطء، لأنها إنما تختلف في الملاء بهذه الأشياء لسهولة خرقها لما تخرقه من المقاوم المخروق كالماء والهواء وغيره، فإن المخروق المتحرك على رأسه يخرق أسهل من المتحرك على قاعدته ولا مخروق في الخلاء، فتتساوى الحركات فيه في الزمان»[3].

---

(1) المصدر السابق، ج2، ص112. (المؤلف)

(2) أبو البركات البغدادي من القائلين بوجود الخلاء، يُراجع، المعتبر في الحكمة، ج2، الفصول الثالث عشر ولغاية السادس عشر. بخلاف أرسطو وابن سينا وابن رشد فهم من نفاته سواء في الطبيعة أو خارجها، ولكن الذي يلاحظ على الدكتور ياسين خليل أنه أورد رأي البغدادي وتجاوز الآراء الفلسفية السابقة عليه في موضوع الخلاء، وهي آراء علمية فلسفية عميقة. (المحقق)

(3) يُراجع، المعتبر في الحكمة، ج2، ص52. (المؤلف)

تشير هذه الفرضية إلى دقة في التفكير واستنتاج منطقي على الرغم من أن هذه الحالة في رأي البغدادي غير قائمة في الطبيعة، فقد توصل إلى هذه النتيجة من عدة مقدمات افتراضية وتجريبية معًا، وهذه المقدمات[1] هي:

**المقدمة الأولى**: إن جميع الأجسام الطبيعية في حركتها تجتاز أوساطًا مختلفة من حيث الكثافة، فتلاقي هذه الأجسام مقاومة أو إعاقة من قبل الأوساط كل حسب كثافة الوسط الذي يمر به، فالجسم يخرق الوسط الأخف بسهولة وتكون المقاومة له أقل، بينما يخرق الجسم الوسط الكثيف بمقاومة أكبر فتقل سرعته.

**المقدمة الثانية**: إن لشكل الجسم الطبيعي دوره في سهولة خرق الأوساط التي يمر بها، وهذا ما تؤيده التجربة، فالمخروط المتحرك على رأسه يخرق أسهل من المتحرك على قاعدته نظرًا لشدة المقاومة التي يعانيها الجسم المتحرك على قاعدته وقلة المقاومة إن كان المخروط متحركًا على رأسه.

**المقدمة الثالثة**: تتفاوت سرُعات الأجسام تبعًا لشدة المقاومة التي يبديها الوسط الذي يخرقه الجسم المتحرك، وتعتمد المقاومة على شكل الجسم كما تبين في المقدمة الثانية وحجمه.

**المقدمة الافتراضية**: إذا اختفت المقاومة التي يبديها الوسط ضد الجسم الطبيعي، وهذا ما يمكن حدوثه لو تخيلنا خلاءً ليس فيه مقاومة تمامًا.

**النتيجـة**: إن الأجسام على اختلاف أحجامها الصغيرة والكبيرة، وعلى اختلاف أوزانها الثقيلة والخفيفة، وعلى اختلاف أشكالها المخروطية والمكعبة والمكورة وغيرها، لا بد أن تتساوى حركاتها في الزمان.

---

(1) لقد عرض ابن سينا لحجج القائلين بالخلاء وقسمها إلى قسمين رئيسيين هما: الحجج الحسية التجريبية، وهي حجة القارورة وحجة الإناء والرماد وحجة الدن والشراب وحجة السراقة والزراقة وحجة الزق وحجة المسلة، أما الحجج العقلية لنفي الخلاء فهي: حجة التخلخل والتكاثف وحجة النمو وحجة الحركة، وقد نقد هذه الحجج جميعها ونقضها وتوصل من كل هذا إلى أن الخلاء غير موجود ولا معنى له في الطبيعة. يُراجع، للتفصيلات، كتابنا، نظرية المكان، الفصل الرابع. (المحقق)

واستخدم **ابن الهيثم** تجربة ميكانيكية أراد بها فهم سلوك الظاهرة الضوئية والقوانين الخاصة بها في حالة سقوط الضوء وانعكاسه مستعملًا في الوقت نفسه مفاهيم فيزياوية في الممانعة والمدافعة، والتجربة كما يأتي: «إن يسقط المعتبر كرة ملساء من الحديد أو النحاس أو ما يجري مجراهما من موضع مرتفع على مرآة مستوية أُفقية من الحديد، ثم يتأمل الكرة عند لقائها المرآة وبعده. و**ابن الهيثم** في وصف هذا الاعتبار يرى ألا يكون وزن الكرة أكثر من مثقال (المثقال=4,25 غم)، وألا يقل الارتفاع عن عشرين ذراعًا، ويبين أن الكرة بعد لقاء المرآة ترجع إلى جهة العلو ثم تهبط إلى جهة السفل، وأنها إن أُلقيت من مسافة أكبر كان انعكاسها عن المرآة أقوى وإلى مسافة أبعد، وان أُلقيت من مسافة أقرب كان رجوعها أقل»[1].

تشير تجربة **ابن الهيثم** إلى عدة حقائق فيزياوية نذكرها على التوالي:

1. إن السقوط الحر للأجسام عموديًا إنما يكون بفعل الميل الطبيعي للجسم وقوة الجسم المتحرك، وإن ارتداد الكرة يكون بفعل مدافعة المرآة وممانعتها عن الانفعال.
2. إذا كانت نقطة سقوط الكرة من مكان مرتفع وعلى مسافة كبيرة كان انعكاسها أو ارتدادها أقوى وإلى مسافة أبعد، وبالعكس إذا كانت نقطة سقوط الكرة من مسافة قريبة كان انعكاسها أو ارتدادها أضعف وإلى مسافة أقل، وهذا معناه أن **ابن الهيثم** أدرك العلاقة بين القوة والمسافة وتعجيل الجسم وثقله.
3. إن الكرة ترتد إلى الجهة نفسها وبشكل عمودي كذلك، وهذا معناه أن سقوط الضوء عموديًا على مرآة يجعل انعكاسه عنها عموديًا كذلك.

واختبر **ابن الهيثم** ارتداد الكرة عن سطح مرآة في حالة أن تكون حركتها على استقامة خط مائل على سطح المرآة، ليثبت أن خط السقوط وخط الانعكاس (الارتداد) والعمود تقع جميعها في مستو واحد، وأن زاوية السقوط تساوي زاوية الارتداد.

وفي تجاربه هذه يستعمل **ابن الهيثم** اصطلاح قوة الحركة، وأن الجسم الساقط إلى أسفل تكون حركته أقوى وأسرع إذا كانت مسافته أطول، وأنه يكتسب حركة بحسب مقدار

(1) يُراجع، مصطفى نظيف، الحسن بن الهيثم، مصدر سبق ذكره، ج1، ص122. (المؤلف)

المسافة ومقدار الثقل، وأن الجسم الساقط يكتسب حركة في جهة الرجوع بسبب الممانعة، وكلما كانت الممانعة أقوى كان الرجوع أقوى كذلك.

فيما تقدم من تحليل لعلم الحركة عند **العرب** يتضح لنا التفكير النظري القائم في الوقت نفسه على ملاحظات دقيقة وتجارب علمية، ولكي نكون على بينة من النتائج المهمة التي تم التوصل إليها، نرى أن نجمل بشكل موجز مجموعة من المفاهيم والمبادئ والافتراضات مع الإشارة إلى ما أنجزه فلاسفة وعلماء العرب في هذا الميدان، لا سيما إذا علمنا أن المفاهيم والمبادئ العامة لعلم الحركة قد وجدت لها تطبيقات في السوائل بشكل واضح سنأتي على ذكرها فيما بعد.

## المبحث الثالث: تعريفات وفرضيات

**الجسم الطبيعي**: إنه الجوهر أو البعد الامتدادي الذي له طول وعرض وعمق. وعرفه **ابن الهيثم** أنه المادة والأبعاد الهندسية، على أساس أن كل الأبعاد متهيئة لقبول المادة، وأن اختلاف الجسم الطبيعي عن المكان هو أن الأول حائز على خاصيتي المدافعة والممانعة.

**المكان**: يعرف **ابن الهيثم** المكان بأنه الأبعاد المتخيلة التي بين النقط المتقابلة من السطح المحيط بالجسم.

**الزمان**: ميّز **أبو البركات البغدادي** بين الزمن الاعتيادي الذي نقيس به حركات الأجسام، فنقسمه إلى مقادير هي دقائق وساعات وأيام وأسابيع وشهور وأعوام، وماهية الزمان (الزمان المطلق) الذي يحدده بسيل متصل لا يتألف من أجزاء، فهو كخط دقيق مستمر تلقاه الخطوط الأخرى في نقط، وهذه النقط هي الآنات التي تظهر فيها الأجسام أثناء حركتها.

**الحركة**: هي انتقال الجسم الطبيعي من حيزه في المكان إلى حيز آخر في المكان قاطعًا مسافة معينة.

**الحركة المنتظمة**: هي حركة يقطع فيها الجسم مسافات متساوية في أزمنة متساوية.

**السرعة**: هي حركة الجسم لقطع مسافات معينة في زمن معين وتساوي المسافة المقطوعة على الزمن المستغرق.

**التعجيل**: هو مقدار الزيادة في السرعة في الزمن ويُعَبَّر عنه بالسرعة المتزايدة أو اطِّراد الزيادة في السرعة.

**المبادئ العامة**:

**مبدأ السكون**: يميل الجسم الطبيعي إلى السكون لأن غاية كل حركة طبيعية هي السكون.

**مبدأ الحركة المستقيمة**: الحركة المستقيمة للجسم الطبيعي حركة باتجاه ثابت ما لم يؤثر عليها تأثير من الخارج فيقسرها عن حركتها واتجاهها. وقد ورد هذا المبدأ بصياغات متعددة نذكر منها ما قاله **ابن سينا**: «أنك لتعلم أن الجسم إذا خلي وطباعه ولم يعرض له من خارج تأثير غريب لم يكن له بعد من موضع وشكل معين»[1]. ويذكر **الخازني** عن **أبي سهل القوهي** و**ابن الهيثم** «إن الجسم الثقيل هو الذي يتحرك بقوة ذاتية أبدًا إلى مركز العالَم فقد أعني بالثقيل هو الذي له قوة تحركه إلى نقطة المركز وفي الجهة أبدًا التي فيها المركز، ولا تحركه تلك القوة في جهة غير تلك الجهة، وتلك القوة هي لذاته لا مكتسبة من خارج وغير مفارقة له ما دام على غير المركز ومتحركًا بها أبدًا ما لم يعقه عائق إلى أن يصير إلى مركز العالَم»[2].

**مبدأ السكون وحركة الاستدارة**: «لكل جسم طبيعي بطبعه وخاصيته حيِّز طبيعيّ يخالف به ما يخالفه في طبعه ومبدئه هو قوة أو خاصية تخصه بذلك الحيز تسكنه فيه أو تحركه إليه أو تحركه فيه حركة لا تخرجه عنه وهي الحركة على الاستدارة، فإن فيها معنى السكون في الحيز وزيادة هي أتم في معنى السكون من السكون، فإن المتحرك على الاستدارة يتحرك وهو في مكانه ولا تخرجه حركته عن مكانه، بل هي تبدل الأجزاء إلى أجزاء المكان وثبات الكل في كل المكان»[3]

**مبـدأ الجاذبيـة**: الميل الطبيعي للجسم الساقط أن يهبط على استقامة إلى مركز الأرض، فإذا قسرته قوة ما باتجاه معاكس، فإن هذه القوة ترفعه إلى مسافة ثم تذهب منه قوته القاسرة

---

(1) يُراجع، ابن سينا، الإشارات والتنبيهات، الطبيعيات، تحقيق سليمان دنيا، القاهرة، ج2، ص274. (المؤلف)

(2) يُراجع، عبد الرحمن الخازني، ميزان الحكمة، ص108. (المؤلف)

(3) يُراجع، المعتبر في الحكمة، ج2، ص16. (المؤلف)

تدريجيًا فيبطئ في حركته، حتى إذا غلبته القوة الطبيعية (الجذب) رجع هابطًا على خط مستقيم في حيزه في سكونه.

**مبدأ القوة والشغل**: تتناسب القوة مع التعجيل والمسافة، فإذا كان الجسم أبعد مسافة كانت آخر حركته أسرع وقوة ميله أشد، وإذا كان الجسم أقصر مسافة كان آخر حركته أبطأ وقوة ميله أقل. وينطوي هذا التناسب على قانونين، أحدهما قانون يختص بالقوة، والآخر يختص بالشغل.

**ق = ك× ع     القوة= الكتلة × التعجيل**

**ش= ق× م     الشغل= القوة × المسافة**

**الفـرضيات:**

**فرضية تساوي الحركات في الفراغ**: إذا تحركت الأجسام في الخلاء كانت حركاتها متساوية في الزمان بغض النظر عن اختلاف أوزانها أو أحجامها أو أشكالها.

**فرضية استمرار الحركة في الفراغ**: إذا كانت الحركة في الخلاء بسبب قوة فارقته، فإن المتحرك لا يقف أبدًا، لأنه لا يكون أولى بالوقوف في موضع منه دون موضع، وإذا كانت الحركة في الخلاء لم تبطل القوة المكتسبة في المرمى التي خلقت قوة الرامي لأنها تبطل في الخلاء بما يلقاها من مقاومة المخروق فيضعفها أولًا فأولًا حتى يبطلها، وإذ لا مقاومة في الخلاء فالمرمي فيه لا تلقى قوته ما يبطلها وهي فلا تبطل بنفسها لأن الشيء لا يبطل ذاته، وإذ لا مقاومة في الخلاء فالمرمي فيه يتحرك أبدأ»[1].

**فرضية نسبية الحركة**: إذا تحرك جسمان فلا يمكن معرفة حركتهما إلا بالقياس إلى غيرهما، وإذا أردت أن تعرف أحدهما بالقياس إلى الآخر، لما أمكن معرفة أيهما أسرع، وهل أن أحدهما يتحرك مع سكون الآخر، لذلك فإن الضرورة تحتم أن تقاس حركتهما بالنسبة لساكن.

---

(1) يُراجع، المعتبر في الحكمة، ج2، ص51-52. (المؤلف)

## حركة الأجسام في الرطوبات المختلفة

وتناول **العلماء العرب** بالبحث الدقيق القائم على التجارب حركة الأجسام المختلفة في الرطوبات المختلفة، وسُرع الأجسام المتساوية في السوائل الواحدة، وسُرعات الأجسام المختلفة في السوائل الواحدة، وسُرعات الأجسام المتساوية في السوائل المختلفة، وحددوا بدقة العوامل المؤثرة على سُرعات الأجسام في السوائل. وكان إدراكهم للحركة المنتظمة واضحًا في الهواء وفي السوائل، وفيما يلي نص يشير إلى ذلك بوضوح: «والأجسام المتساوية الثقل هي التي إذا تحركت في جسم واحد من الأجسام الرطبة من نقطة واحدة، كانت حركتها متساوية، أعني أنها تجوز في أزمنة متساوية مسافات متساوية»[1].

وبعبارة أخرى: يقال لجسم ما متحرك في وسط ما بسرعة متساوية أن حركته منتظمة إذا قطع مسافات متساوية في أزمنة متساوية.

وما دامت المسألة متعلقة بالرطوبات التي يجتازها الجسم فإن عوامل أخرى غير ثقله تحدد حركته وسرعته، منها ما يتصل بالحجم والشكل والبُعد عن مركز الأرض، وفيما يلي أحد المبادئ الرئيسية في ذلك: «الأجسام الثقال قد تتساوى أثقالها وإن كانت مختلفة في القوة، مختلفة في الشكل، والأجسام المتساوية الثقل هي التي إذا تحركت في جسم واحد من الأجسام الرطبة من نقطة واحدة كانت حركاتها متساوية، أعني أنها تجوز في أزمنة متساوية مسافات متساوية، والأجسام المختلفة الثقل هي التي إذا تحركت على هذه الصفة كانت حركاتها مختلفة، وأعظمها ثقلًا أسرعها حركة، والأجسام المتساوية في القوة والحجم والشكل والبُعد عن مركز العالَم متساوية»[2].

يشير هذا النص إلى عدة حقائق فيزياوية هي:

1. إن العوامل الفيزياوية كما وردت في النص هي: الحجم والشكل والبُعد عن مركز العالَم فضلًا عن عاملي القوة والثقل.
2. إن الأجسام الثقيلة قد تتساوى أوزانها، ولكن مع ذلك فهي مختلفة في القوة

(1) يُراجع، الخازني، ميزان الحكمة، ص17. (المؤلف)

(2) يُراجع، الخازني، ميزان الحكمة، ص17. (المؤلف)

والشكل نظرًا لأهمية الشكل في حركة الأجسام في الرطوبات، وبناء على ذلك يكون المبدأ الجديد هو: إذا اختلفت الأجسام الثقيلة في الشكل وتساوت في الأوزان كانت القوى فيها مختلفة.

3. في النص إشارة واضحة إلى تعريف الحركة المنتظمة في الرطوبات، فضلًا عن تثبيت مبدأ هام يخص الحركة المتساوية للأجسام في الرطوبات وهو: أن الأجسام المتساوية في القوة والحجم والشكل والبُعد عن مركز العالَم متساوية.

ومن المبادئ الرئيسية في ميكانيك السوائل ما يذكره **الخازني** عن **أبي سهل القوهي** و**الحسن بن الهيثم** ما نصه: «إذا تحرك جسم ثقيل في أجسام رطبة فإن حركته فيها بحسب رطوباتها، فتكون حركته في الجسم الأرطب أسرع، وإذا تحرك في جسم رطب جسمان متساويا الحجم متشابها الشكل مختلفا الكثافة، فإن حركة الجسم الأكثف فيه تكون أسرع، وإذا تحرك في جسم رطب جسمان متساويا الحجم متساويا في القوة مختلفا الشكل فإن الذي يلقي الجسم الرطب منه سطح أصغر تكون حركته فيه أسرع، وإذا تحرك في جسم رطب جسمان متساويان في القوة مختلفا الحجم فإن حركة الأعظم فيه أبطأ»[1].

هذا النص يتضمن عدة حقائق مستقاة من التجربة ولا شك، وهذه الحقائق هي:

1. إن حركة الجسم في وسط اللطيف الكثافة أسرع من حركته في وسك كثيف.
2. الأجسام قد تتساوى في الحجم وتتشابه في الشكل، ولكنها قد تختلف من حيث الكثافة، فالجسم الكثيف الذي يساوي جسمًا آخر في كل شيء ما عدا الكثافة تكون حركته أسرع من الجسم الآخر إذا اجتاز وسطًا واحدًا.
3. إذا تساوى جسمان في كل شيء من حيث القوة والحجم واختلفا من حيث الشكل فقط، فإن الجسم الذي يلاقي سطحه الأصغر ذلك الوسط الرطب تكون حركته أسرع.
4. إذا تساوى جسمان من حيث القوة واختلفا من حيث الحجم فقط، فإن الجسم الكبير الحجم تكون سرعته أبطأ من الجسم الصغير حجمًا.

---

(1) يُراجع، الخازني، ميزان الحكمة، ص16. (المؤلف)

كما بحث العلماء العرب باستفاضة موضوع الأجسام الطافية والأجسام الراسبة مستندين على إجراء التجارب من جهة وعلى مبادئ فيزياوية من جهة أخرى. وقد تناولت دراساتهم أحكام الجسم المصمت في الماء، وأحكام الجرم المجوف في الماء والرسوب فيه والطفو عليه، والفرق بالأثقال[1]، ونورد هنا بعض المبادئ العامة ومنها:

يقال للجرم مثليًا إذا كان وزنه مساويًا لوزن الماء المزاح.

يقال للجسم راسب إذا كان وزنه أثقل من وزن الماء المزاح.

يقال للجرم طافٍ إذا كان وزنه أقل من وزن الماء المزاح.

وبذلك نحصل على العلاقات الفيزياوية الآتية:

1. في حالة الاستقرار: وزن الجسم = وزن الماء المزاح (و= و)
2. في حالة الرسوب: وزن الجرم > وزن الماء (و > و)
3. في حالة الطفـو: وزن الجرم < وزن الماء (و< و)

(1) يُراجع، الخازني، ميزان الحكمة، ص26-27. (المؤلف)

# الفصل السابع

## علم الكيمياء*

(*) قبل أن نعرض لوجهة نظر الدكتور ياسين خليل في مصطلح الكيمياء ودفاعه عن عربية المصطلح والنشأة، لا بد هنا من استعراض الآراء التي قيلت في أصل اللفظة ومرجعيتها التاريخية، فنقول: إن لفظة الكيمياء أو الخيمياء أو السيمياء Alchemy، أصبحت مبحثًا قائمًا بذاته في إطار الدراسات المتعلقة بتطور اللغة الكيميائية، والمصطلح الذي هو الخيمياء وتطور فيما بعد وأصبح الكيمياء من أعرق المصطلحات في تاريخ العلم، وهناك من الباحثين من يرى أن اللفظة تعود إلى فجر الحضارة المصرية القديمة، أيام الفراعنة، ومرجع ذلك نص لبلوتارك مفاده أن سواد تربة أرض مصر يشبه سواد العين للإنسان فاسماها المصريون (كِمي Kemt)، أي التربة السوداء، ولما عرف اليونان ذلك العلم أسموه باسم البلد البعيد الذي أتى منه أي خيميا أو كيميا، وكان أول استعمال لهذا المصطلح في مرسوم للإمبراطور دقلديانوس عام 296 م، يأمر فيه بحرق الكتب المصرية أي الخيمية أو الكيمية، كتب العلم الذي يحيل المعادن ذهبًا فيفتن الألباب ويفتح الأبواب للطمع وللدجل، بعد أن أصبحت الكيمياء الفن المصري والفن المقدس المنسوب إلى توت رب الحكمة، وبهذا تصبح الكيمياء كاسم وكمسمى اختراع مصري خالص، كما يقول مؤرخ العلم المعروف بنيامين فارنتن، يُراجع، للتفصيلات، يمنى طريف الخولي، بحوث في تاريخ العلوم عند العرب، القاهرة 1988، ص67–77، وهناك من يرى أن أصل اللفظة عبرية جاءت من كلمة (شامان) وتعني السر أو الغموض، أو كيم به، وتعني أنها من الله، ومنهم من يرى أن اللفظة عربية بدلالة وجود أداة التعريف كما يذكر هولميارد. يُراجع، د. فاضل أحمد الطائي، أعلام العرب في الكيمياء، بغداد 1981، ص36. وحول عربية اللفظة هناك من أكدها من القدماء وعلى رأسهم الخوارزمي الكاتب في كتابه مفاتيح العلوم، ص146، والزبيدي في تاج العروس، ج10، ص139، باعتبار أن اللفظة مشتقة من كمي الشيء وتكماه بمعنى ستره. وهناك من يرى أن اللفظة أعجمية معربة عن الفارسية وأصلها كي ميا، بمعنى متى تجيء على الاستبعاد، يُراجع، فاضل خليل إبراهيم، خالد بن يزيد سيرته واهتماماته العلمية، بغداد 1984، ص122. وهناك من يرى أن اللفظة جاءت من اليونانية، وتعني الصهر الذي يعني من صهر الذهب والفضة، وهناك نص بيزنطي يقول: إن ديقلديانوس أتلف الكتب المصرية المتعلقة بالكيمياء، أي بصهر الذهب والفضة، يُراجع، جورج قنواتي، الخيمياء العربية، ضمن كتاب موسوعة تاريخ العلوم العربية، ط1، مركز دراسات الوحدة العربية، بيروت 1997، ج3، ص1091، كذلك، يُراجع، فرات فائق خطاب، قصة الموز والمصطلحات والمعادلات في الكيمياء القديمة، بحث، مجلة المورد البغدادية، مج6، عدد4، السنة 1977، ص135 وما بعدها. أما لفظة **السيمياء** فإنه لا ينطبق على مفهوم الكيمياء لغة واصطلاحًا وتاريخًا، فلفظة السيمياء وردت في المعاجم العربية لكي تعني العلامة، فرقت بينها وبين لفظة الكيمياء، كما يفرق ابن خلدون بين السيمياء فيعرفها أنها من فنون السحر وضروبه،

## المبحث الأول: معنى علم الكيمياء وألفاظه

**الكيمياء من العلوم الطبيعية** التي كرس فيها **العلماء العرب** جهودهم من أجل الارتفاع بها إلى مستوى العلمية، نظريًا وتجريبيًا، فأصابوا فيها نتائج مهمة ومثمرة، وكان حظ الكيمياء فيها كبيرًا، فهي من العلوم التي توضحت فيها الطريقة التجريبية المختبرية وعلاقة النظرية بالبرهان والتجربة، فضلًا عن وضوح حدود هذا العلم وقواعده.

وعلم الكيمياء بالذات **علم عربي**، تبلورت فيه لأول مرة الطريقة العلمية في البحث واستقصاء النتائج وامتحان الفروض والاستعانة بالأجهزة المختبرية المختلفة من أجل الحصول على نتائج جديدة. وتعينت حدود الموضوع الذي هو مجال البحث والغاية التي يستهدفها البحث الكيمياوي.

لقد أثارت لفظة الكيمياء عددًا من الباحثين لمعرفة أصلها ومعناها أن كانت عربية أو أعجمية معربة، فتصدى لها علماء اللغة ومؤرخو الكيمياء بالدراسة والتدقيق، فذهبوا في ذلك مذاهب شتى، وطرحت آراء متعددة وتفسيرات مختلفة[1].

وانقسم **علماء المعاجم العرب** إلى فريقين، فريق يرى أنها **عربية** الأصل، وفريق آخر يرى أنها **أعجمية** معربة[2]. ولا نريد هنا ذكر جميع الاجتهادات في أصل اللفظة قديمًا وحديثًا؛ لأن ذلك بحث يطول، بينما تتلخص غايتنا في بحث هذا العلم من زاوية الطريقة والموضوع والغاية مع التركيز على إنجازات **العلماء العرب** فيه.

---

ومن فروعها علم أسرار الحروف وعلم استخراج الأجوبة من الأسئلة، فضلًا عن ذلك فإن التسمية (**سيمياء**) لم تستخدم من قبل علماء الكيمياء العرب، بل استخدموا لفظة الكيمياء منذ عصر خالد بن يزيد ولم نر هذه التسمية أيضًا في مؤلفات جابر بين حيان والرازي الفيلسوف. يُراجع، فاضل خليل إبراهيم، خالد بن يزيد، ص123. (المحقق)

(1) حاول بعض الباحثين رد لفظة الكيمياء إلى أصول غير عربية، فاعتقد منهم أنها ذات أصل هندي، أو ذات أصل يوناني أو فارسي، أو غير ذلك، وعلى الرغم من قناعتي بعروبة اللفظة فإن المهم هو أن الكيمياء موضوع استطاع العلماء العرب أن يضعوا أسسه التجريبية واهتماماته وأقسام فروعه. (المؤلف). يُراجع، ما قلناه في الحاشية السابقة. (المحقق)

(2) ورد في لسان العرب لابن منظور أن الكيمياء معروفة مثال السيمياء: اسم الصنعة، قال الجوهري: هو عربي، وقال ابن سيده: أحسبها أعجمية ولا أدري أهي فعلياء أم فيعلاء. يُراجع، ابن منظور، لسان العرب، بيروت 1956، مج 15، ص332. (المؤلف)

**ألفاظ علم الكيمياء**: إنَّ المراجع **العربية القديمة** التي تناولت علم الكيمياء قد أوردت ألفاظًا أخرى ترادف لفظة الكيمياء في المعنى إلى حد كبير، منها **علم الصنعة**[1]، **والحكمة وصناعة الكيمياء**. وذكرت بعض الكتب لفظة الكيمياء إلى جانب لفظة الصنعة، فتارة يرد ذكر الأولى ثم يرد ذكر الثانية مرة أخرى. وحسبنا هنا أن نستعمل لفظة الصنعة مرادفة للفظة الكيمياء في المراجع العربية القديمة مع بعض التحفظ. فإذا كانت الموضوعات التي يتناولها علم الصنعة هي الموضوعات نفسها التي يختص بها علم الكيمياء كان ذلك دلالة على التطابق بينهما، أما إذا ظهر الاختلاف فيجب عندئذ الاحتراز.

يذكر **الخوارزمي الكاتب** في كتابه مفاتيح العلوم موضوع الكيمياء في الباب التاسع من المقالة الثانية، ويتناول في البدء اسم هذه الصناعة ومعناها فيقول: «اسم هذه الصناعة الكيمياء وهو **عربي** واشتقاقه من كمي يكمي إذا ستر وأخفى، ويقال كمي الشهادة يكميها إذا كتمها، والمحققون لهذه الصناعة يسمونها الحكمة على الإطلاق وبعضهم يسميها الصنعة»[2]

---

(1) بعض الباحثين في تاريخ العلوم عند العرب يرى أن لفظة الصنعة هي **(احتيال)** نفر من المشتغلين بالعلم على تحويل المعادن الخسيسة كالنحاس والرصاص إلى معادن شريفة كالذهب والفضة، فبهذا تكون الصنعة كيمياء خرافية، بينما الكيمياء كمصطلح خاص يجري على أسس تؤدي إلى نتائج عملية صحيحة، كما هو حاصل في التحنيط وصناعة الشبه والزجاج والأصباغ وغيرها، وينسب العمل في الصنعة إلى تُحوت إله القمر عند المصريين ووزير أُوزيريس إله الشمس، وقد سماه اليونان هرمس تشبيهًا له بهرمس ابن زفس كبير آلهة اليونان، ويسمونه أيضًا هرمس مثلث العظمة، وكان تُحوت عالمًا كاتبًا وعارفًا بالسحر تُنسب إليه أمور كثيرة خارقة للعادة والطبيعة، يقول ابن النديم: أول من تكلم على علم الصنعة هرمس الحكيم البابلي المنتقل إلى مصر، وأن الصنعة صحت له. يُراجع، عمر فروخ، تاريخ العلوم عند العرب، ط3، بيروت 1980، ص79-80. في حين يرى جابر بن حيان في رسالته في الحدود، ص174، أن الصنعة هي **(علم)**، فيقول: وحّد علم الصنعة أنه العلم بالإكسير، فإذا دبر تدبيرًا ما كان منه علم الدنيا الشريف، وعلم الدنيا الشريف عند جابر هو: العلم بما أغنى الإنسان عن جميع الناس في قوام حياته الجيدة، أما علم الإكسير هو: العلم بالشيء المدبّر الصابغ القالب لأعيان الجواهر الذائبة الخسيسة إلى أعيان الجواهر الذائبة الشريفة، وينقسم علم الصنعة عند جابر إلى قسمين هما: مراد لنفسه وهو الإكسير التام الصابغ، ومراد لغيره، وهو على ضربين، عقاقير وتدابير. يُراجع، ص168-169. من رسالة الحدود. في حين صناعة الكيمياء تدخل تحت أقسام العلم الطبيعي لأنها باحثة في المعدنيات، كما يقول الخوارزمي الكاتب، مفاتيح العلوم، ص80 (المحقق)

(2) يُراجع، مفاتيح العلوم، مصدر سبق ذكره، ص146. (المؤلف)، ولربما هذا الذي دفع بالدكتور ياسين خليل إلى تبني عروبة هذا العلم، في حين نرى الفارابي في كتابه إحصاء العلوم، لا يرد عنده مصطلح علم الكيمياء كما لا يرد عنده تحديدًا له، فضلًا عن كتابه آراء أهل المدينة الفاضلة، لكن هناك من يقول إن للفارابي رسالة

يشير هذا النص بوضوح إلى الأصل **العربي** للاسم (الكيمياء) متفقًا مع ما ذهبت إليه بعض المعاجم العربية القديمة، وهو رأي أقرب إلى الصواب من جميع الآراء التي تقول بأصله **اليوناني** أو **الفارسي** وغير ذلك.

والبرهان على الأصل **العربي** للفظة من ناحيتي الاشتقاق اللغوي والمعنى يجعل المسألة برمتها أكثر احتمالًا وقربًا من الحقيقة، وفيما يلي **نورد** أدلة لإثبات الأصل **العربي** للفظة معتمدًا على ما جاء في المؤلفات:

**أولًا:** لم يكن علم الكيمياء أو علم الصنعة من العلوم المشاعة بين الناس مثل العلوم الأخرى، إذ دأب العاملون فيه على كتمان تعاليمه، فلا يعلمونها إلا للخاصة وبشروط معينة، لكيلا تنكشف أسرار هذه الصنعة لجميع النفوس، وأن يكون تعليمها سرًا لا علانية(1). وهذا أمر يعزز رأي **الخوارزمي** أن أصل الكيمياء مشتق من كَمِيَ يَكْمِي بمعنى ستر وأخفى.

**ثانيًا:** استعمل **العلماء والحكماء العرب** اسم علم الصنعة وهي تسمية عربية، فذكروا ما في هذا العلم من أدوات وما يتناول أصحاب الصنعة من موضوعات وأساليب عمل(2)، وكلها أمور تطابق ما يتناوله علم الكيمياء، ولكن يبدو أن استعمال اسم الكيمياء كانت له الغلبة، فاستخدمه المؤيدون لهذا العلم والمعرضون له على

---

في الكيمياء لم تزل مخطوطة في مكتبة ليدن برقم 1270، يؤكد الفارابي فيها وجوب صناعة الكيمياء، يُراجع، د. حميد خلف السعيدي، أثر الفارابي في فلسفة ابن خلدون، مرجع سبق ذكره، ص92. وقد سبق وأن ذكرنا موقف الفلاسفة العرب المسلمين من مسألة وجوب صناعة الكيمياء أم عدم وجوبها، ومن الذين يطلقون لفظة الحكمة على الكيمياء فضلًا عن الخوارزمي الكاتب، العالم مؤيد الدين الحسين بن على الطغرائي (ت516هـ/ 1121م)، في كتابه حقائق الاستشهاد، تحقيق رزوق فرج رزوق، بغداد 1982، ص49. (المحقق)

(1) أشار جابر بن حيان إلى ذلك بقوله: «أرأيت أن لو قال قائل إن حجر الفلاسفة هو الزيبق والكبريت، أليس كان كثير من نفوس الناس تتطلع إليه وتنحو نحوه وهم لا يعلمون ما تحته من الحق والباطل؟ فلا بد في حكم النظر من نعم إذا كان ذلك لازمًا، فكذلك هذه الأشياء التي نخبرك بها لا تدري أحق هي أم باطل. فكما أن قولنا الزيبق والكبريت حجر الفلاسفة لعلم الصنعة فنحتاج أن نعلم بسر ما تحته حتى يتم وينكشف، فكذلك ما نقول في هذه الأشياء إنما تنكشف وتحقق وتتفق عندك إذا رأيت ذلك وظهر لك وعلمت ما تحته»، يُراجع، مختار من رسائل جابر، مصدر سبق ذكره، ص330-331. (المؤلف)

(2) يُراجع، بصدد ذكر هذه الأدوات وأسمائها وأنواعها، الخوارزمي، مفاتيح العلوم، ص146. (المحقق)

حد سواء نظرًا لما يحتويه من أسرار وأعاجيب هي أقرب إلى معنى الكيمياء «الستر والإخفاء» منه إلى الصنعة.

**ثالثًا:** تميزت المؤلفات والرسائل التي كتبت في الكيمياء بطابع السرية، إذ احتوى بعضها على طِلِّسمات وأسرار، كما خاف العاملون في هذه الصناعة كشف أسرارها، لعلاقتها بتحويل المعادن الخسيسة إلى معادن ثمينة وبالعقاقير والأحجار عمومًا، فكانت رسائل **جابر بن حيان** مليئة بالغموض والتمويه وعدم الإفصاح الصريح فضلًا عما فيها من طِلِّسمات وأسرار، واختار **أبو بكر الرازي** لكتابيه في الكيمياء اسم الأسرار واسم سر الأسرار، مما يعزز ما ذهب إليه **الخوارزمي** من أن أصل اسم الكيمياء مشتق من كمي يكمي بمعنى ستر وأخفى.

إنّ كثيرًا من الألغاز والأسرار والطِّلِسمات التي وردت في بعض المؤلفات الكيمياوية ليست من صلب أو موضوع الكيمياء، بل هي جزء لا يتجزأ من (السيمياء)[1]، ولكن نظرًا لصلة بعض ما تتناوله السيمياء بالعناصر والمواد المختلفة ظن الناس أن بين الاثنين صلة وثيقة. فذهبوا في ذلك بالربط بين الكيمياء والطِّلِسمات والحروف والتنجيم وغير ذلك، ولكننا إذا فصلنا بين الكيمياء والسيمياء على أساس ما يتناوله الأول من موضوعات وطريقة معالجته لها، لأمكن وضع حد فاصل بينهما من جهة ولأدركنا بوضوح أن العرب تناولوا الكيمياء كعلم له أصوله وقواعده العلمية.

السيمياء عند **العلماء العرب** هي علم أسرار الحروف[2]، تجري فيه طِلِّسمات على أساس أن للحروف طبائع وأسرارًا تسري في الأسماء، وتسري في الكون بما فيه من عناصر وأفلاك وكواكب وعالم الطبيعة عمومًا، وطريقته ليست الطريقة العلمية أو التجريبية، بل الحدس

(1) لقد أشرنا من قبل إلى معنى هذه التسمية وفرقها عن لفظة الكيمياء. فضلًا عن لفظة السيمياء التي لم تستخدم من قبل علماء الكيمياء العرب بل استخدموا لفظة الكيمياء منذ عصر خالد بن يزيد، ولم نر هذه التسمية في مؤلفات جابر بن حيان وأبي بكر الرازي، بل شاع لديهم مصطلح الحكمة على الإطلاق والصنعة، إلى جانب المصطلح المعروف، ولذلك فإن مصطلح السيمياء يرجح تسميتها بالكيمياء القديمة. يُراجع، للتفصيلات، فاضل خليل إبراهيم، خالد بن يزيد، مرجع سبق ذكره، ص123. (المحقق)

(2) يُراجع، ابن خلدون، المقدمة، ج4، ص1151. (المؤلف)

الذي يتجاوز حدود الحس والعقل وظهور الخوارق، والرياضة التي عرفها المتصوفة[1].

أما الكيمياء فعلم يختلف عن السيمياء كليًا في الموضوع والطريقة والغاية، ولكن يبدو أن استعمال **جابر بن حيان** لعلم الحروف في رسائله قد فسح المجال للربط بين الكيمياء والسيمياء، مع العلم أن جابرًا نفسه قد جعل في تقسيمه للعلوم علم الحروف[2] فرعًا من فروع علم الدين، وجعل علم الصنعة وعلم الصنائع قسمين من أقسام علم الدنيا، وبذلك يكون الفصل بين الكيمياء والسيمياء عند جابر تامًا لعدم وقوعهما في قسم واحد من أقسام العلوم، بل في قسمين مختلفين.

ويظهر انتقال بعض مؤلفات **العلماء العرب** في الكيمياء إلى أوربا في العصر الوسيط، واستعمال الطِّلسمات والتنجيم ومبدأ تحويل المعادن الرخيصة إلى معادن ثمينة من قبل العاملين في حقل الكيمياء من الأوربيين، قد أدى إلى أن دخلت لفظة الكيمياء Alchemy في مؤلفاتهم لتعني ذلك الفن الخليط من الأسرار والتنجيم والكيمياء العملية لتحويل العناصر إلى الذهب، فهي سابقة على الكيمياء العلمية زمنيًا، واحتفظ أصحاب العلم الحديث بالاسم Chemistry، تمييزًا له من اللفظة السابقة للدلالة على دراسة ما تتألف منه العناصر وخواصها وتأثيرها الواحدة على الأخرى، والتفاعلات الكيمياوية وغير ذلك[3].

---

(1) يحاول الدكتور ياسين خليل وأنا أتفق معه على أن يربط السيمياء بالغنوص كفلسفة ظهرت في الحضارات القديمة، ثم أصبحت لها فلسفة خاصة وفلاسفة عند اليونان، وتطورت فيما بعد لتصبح ما يسمى بالعرفان، وسوف نشير إلى هذا المصطلح في موضعه. (المحقق)

(2) يحدد جابر بن حيان علم الحروف، بأنه: العلم المحيط بمباحث الحروف الأربعة من الهلية والمائية والكيفية واللمية، وهذه الحروف بعرف أهل الفلسفة هي الأسئلة التي يتم بها السؤال عن الموجود، أو ما تسمى بالمطالب العلمية للشيء، وبالتالي فإن علم الحروف أصبح علمًا قريبًا من مباحث الفلسفة العقلية، وعلم الحروف عند جابر على قسمين رئيسيين هما علم الحروف الطبيعي، ومعناه: العلم بالطبائع الخاصة بكل سبعة من الحروف في النوع، وبواحد منها في الشخص، والقسم الثاني هو علم الحروف الروحاني، وهو العلم بما هو أثر له من النور والظلمة وبكونها أشكالًا لهما على حق وجودهما بالتأثير وأصدقه. يُراجع، رسالة الحدود، مصدر سبق ذكره، ص171-172. ويلاحظ هنا أن استعمال جابر مصطلحات منطقية مثل النوع والشخص، مما يعني أن علم الحروف هو علم برأيه أقرب إلى الفلسفة والمنطق وليس مما أُشيع غلطًا عنه. (المحقق)

(3) بصدد كيفية استقبال الغرب اللاتيني لعلم الكيمياء العربية، يُراجع، البحث استقبال الخيمياء العربية في

ولكن الدراسة الدقيقة لما خلفه **الكيميائيون العرب** بعيدًا عن السيمياء تكشف من دون شك أن الكيمياء قد بدأت مع العرب باستعمال التجارب المختبرية واستحضار المركبات والحوامض وتنقية العناصر وصناعة السبائك وغير ذلك بالطرق الكيمياوية، وحسبنا أن نثبت ذلك في هذا الفصل(1).

## في تحديد علم الكيمياء:

وأول ما نبحثه هو مكانة علم الكيمياء وتعريفه وموضوع بحثه والطريقة التي استعملها العرب من أجل الحصول على مواد جديدة أو نتائج نافعة.

من الواضح أن صلة علم الكيمياء وثيقة بالعلم الطبيعي نظرًا لاهتمامه بالمعادن والأحجار والعقاقير، وقد أكد **الخوارزمي الكاتب** ذلك بقوله: «وصناعة الكيمياء تدخل تحت أقسامه، لأنها باحثة عن المعدنيات»(2).

أما **جابر بن حيان**، وهو في رأي **المؤرخين العرب** مؤسس علم الكيمياء، فإنه يتناول مكانة الكيمياء في العلوم من زاوية جديدة، فهو يقسم العلوم بطريقة تخدم أغراض مؤلفاته وما كتبه في مختلف العلوم، إذ يطرح في كتاب الحدود، طريقته في تقسيم العلوم وتعريفات لكل قسم وفرع منها.

العلوم عند **جابر** على ضربين: علم الدين وعلم الدنيا، وينقسم علم الدين إلى قسمين: شرعي وعقلي، وينقسم العقلي إلى قسمين: علم الحروف وعلم المعاني... وعلم الدنيا

---

الغرب، لروبير هالّو، ضمن كتاب موسوعة تاريخ العلوم العربية، مصدر سبق ذكره، ج3، ص1127 وما بعدها. (المحقق)

(1) هناك من الباحثين من كتب عن تاريخ الكيمياء في الحضارات الإنسانية ومن هم الكيميائيون الذين ظهروا قبل العلماء العرب في الكيمياء، ولكن يبقى البحث في الكيمياء عند العرب قد أخذ منحىً آخر في البحث العلمي الدقيق، فمن الذين كتبوا في الكيمياء قبل العرب، فضلًا عن البابليين والمصريين. اليونانيون من أمثال: فيثاغورس وأرخيلاوس وسقراط وأفلاطون وأرسطو وبورفيرس وجالينوس وبولوس المنديسي وزوسيم وهرمس وبلينوس وأغاثودمون وكيلوباترا وماريا وأوستانس وماني، فضلًا عن الأنبياء موسى وداود وحزقيال ويسوع ومتى، وهناك من يقول عن قارون أيضًا. يُراجع، للتفصيلات، جورج قنواتي، الخيمياء العربية، بحث ضمن كتاب موسوعة تاريخ العلوم العربية، ج3، 1089 وما بعدها. (المحقق)

(2) يُراجع، مفاتيح العلوم، ص80. (المؤلف)

ينقسم إلى قسمين: شريف ووضيع، والشريف هو علم الصنعة، والوضيع هو علم الصنائع، وينقسم علم الصنعة إلى قسمين: مراد لنفسه، ومراد لغيره، فالمراد لنفسه هو الإكسير التام الصابغ، والمراد لغيره على ضربين: فعقاقير وتدابير[1].

بناء على ذلك يكون علم الصنعة هو القسم الشريف من علم الدنيا، ويتناول فيما يتناوله الإكسير التام الصابغ والأدوية والعقاقير والتدابير والتجارب والعمليات الكيمياوية، وصناعات مثل: الأدهان والعطور والأصباغ وغير ذلك. وفيما يلي جملة مهمة من التعريفات يذكرها **جابر** في كتاب الحدود[2].

**علم الدنيا**: هو العلم بالنافع والضار وما جلب المنافع منها أو أعان فيه ودفع المضار منها أو أعان على ما تدفع به.

**علم الدنيا الشريف**: هو العلم بما أغنى الإنسان عن جميع الناس في قوام حياته الجيدة.

**علم الدنيا الوضيع**: هو العلم بما يوصل إلى اللذات والمنافع وحفظ الحياة قبل الموت.

**علم الصنائع**: هو العلم بما يحتاج إليه الناس في منافع دنياهم.

**علم الصنائع المحتاج إليها في علم الدنيا الشريف**: هو العلم بما لا يتم علم الدنيا الشريف إلا به.

**علم الصنعة**: هو العلم بالإكسير، فإذا دبر تدبيرًا ما كان منه علم الدنيا الشريف.

**العلم بالإكسير**: هو العلم بالشيء المدبر الصابغ القالب لأعيان الجواهر الذائبة الخسيسة إلى أعيان الجواهر الذائبة الشريفة.

**العلم بالعقاقير**: هو العلم بالأحجار والمعادن المحتاج إليها في بلوغ الإكسير والوصول إليه.

**العلم بالتدابير**: هو العلم بالأفعال المغيرة لأعراض ما حلت فيه إلى أعراض آخر أشرف منها وأسوق إلى تمام الإكسير.

---

(1) يُراجع، المختار من رسائل جابر، ص100-101. (المؤلف)

(2) المصدر السابق، ص105-107. (المؤلف)

**العلم بالحجر الذي هو المادة للإكسير**: هو العلم بالذات التي تحتاج إلى تبديل أعراضها لتصير إكسيرًا.

**العلم بالعقاقير الداخلة في تدبير هذا الحجر**: هو العلم بالجواهر المعدنية ذوات الخواص التي تغير أعراض هذا الحجر المراد تغيرها.

يتضح من قائمة التعريفات أن علم الكيمياء أو علم الصنعة هو العلم بالإكسير الذي يقلب المعادن الرخيصة إلى معادن شريفة، وهو العلم بالأحجار والعلم بالعقاقير والعلم بالتدابير.

ويحدد ابن خلدون علم الكيمياء في مقدمته بقوله: «وهو علم ينظر في المادة التي يتم بها كون الذهب والفضة بالصناعة، ويشرح العمل الذي يوصل إلى ذلك، فيتصفحون المكونات كلها بعد معرفة أمزجتها وقواها لعلهم يعثرون على المادة المستعدة لذلك، حتى من الفضلات الحيوانية كالعظام والريش والبيض والعذرات فضلًا عن المعادن، ثم يشرح الأعمال التي تخرج بها تلك المادة من القوة إلى الفعل مثل حل الأجسام إلى أجزائها الطبيعية بالتصعيد والتقطير وجمد الذائب منها بالتكليس وإمهاء الصلب بالفهر والصلاية وأمثال ذلك، وفي زعمهم أنه يخرج بهذه الصناعات كلها جسم طبيعي يسمونه الإكسير، وأنه يلقى منه على الجسم المعدني المستعد لقبول صورة الذهب أو الفضة بالاستعداد القريب من الفعل، مثل الرصاص والقصدير والنحاس بعد أن يحمى بالنار فيعود ذهبًا إبريزًا، ويكنون عن ذلك الإكسير إذا ألغزوا اصطلاحاتهم بالروح، وعن الجسم الذي يلقى عليه بالجسد، فشرح هذه الاصطلاحات وصورة هذا العمل الذي يقلب هذه الأجساد المستعدة إلى صورة الذهب والفضة هو علم الكيمياء»[1].

ينطوي هذا التعريف على ثلاثة أمور مهمة هي: موضوع العلم وطريقته وغايته[2]. فموضوعه يتعين بالعناصر من الأجسام والأرواح (وهي المواد التي منها المعادن تبقى ثابتة بالحرارة، وتلك التي تطير بفعل الحرارة)، والمواد الأخرى حيوانية ونباتية، ومعرفة خواص

(1) يُراجع، ابن خلدون، المقدمة، ج4، ص1186–1187. (المؤلف)

(2) يُلاحظ هنا أن الدكتور ياسين خليل لا يناقش موضوعَ اجتماعية علم الكيمياء، أي موقف الفلاسفة العرب المسلمين من مسألة وجوبه أم عدمه، وهل يتعلق بمسألة غنى أو فقر الباحثين في الكيمياء في تاريخ العلم العربي في العصر الوسيط. (المحقق)

المواد المختلفة وأمزجتها، وتتعين طريقته باستخدام الآلات والأجهزة للقيام بعمليات كيمياوية مثل التصعيد والتقطير والتكليس والطحن وغير ذلك، وهي طريقة تجريبية مختبريه، وتتعين الغاية بمقتضى التعريف في الحصول على الإكسير الذي تُحوَّل بواسطته المعادن الرخيصة إلى الفضة والذهب.

## المبحث الثاني: في تاريخية البحث في علم الكيمياء عند العرب

إنّ هذا التعريف يقودنا إلى ضرورة تعيين حدود موضوع علم الكيمياء من خلال ما ورد في بعض المؤلفات العربية القديمة، فنبدأ بآثار **جابر بن حيان** في الكيمياء، ثم ما ورد في مؤلفات **الرازي (أبو بكر)**، وما جاء في كتاب مفاتيح العلوم **للخوارزمي الكاتب**.

إذا تأملنا ورد من تعريفات للحدود على مذهب **جابر** أدركنا على الفور أن موضوع علم الكيمياء أو علم الصنعة يتعين بالأمور الآتية:

**أولًا:** دراسة المعادن الرخيصة والثمينة من كافة الوجوه من حيث الأعراض والخصائص والأوزان، وعلاقة بعضها ببعض من حيث إمكان تحويل معدن إلى آخر.

**ثانيًا:** البحث عن الإكسير التام الصابغ في المعادن والأحجار والعقاقير وغير ذلك ليتم به تحويل المعادن الرخيصة إلى أُخرى ثمينة، وهذا أمر يجر الباحث من دون شك إلى إجراء تفاعلات كيمياوية والحصول من جراء ذلك على نتائج وتحضيرات كيمياوية جديدة باتجاه الحصول على الإكسير.

**ثالثًا:** استعمال التجارب المختلفة والتدابير والاستعانة بالآلات والأجهزة المختبرية من أجل القيام بعمليات كيمياوية يقتضيها البحث مثل: التنقية والتذويب والتقطير والتشميع وغير ذلك من العمليات التي تخدم غرض الكيمياء سواء لتحضير مركبات من العقاقير والأدوية أو من أجل الحصول على مستحضرات كيمياوية معينة.

ونظرًا لاهتمام **جابر** وتأكيده الدائم على علم الموازين، وضرورة استخدام الميزان لتعيين كم المواد والعناصر والمركبات والسبائك وغير ذلك، فإن الأمر الرابع في موضوع الكيمياء عند **جابر** يكون الوزن والميزان، وزن العناصر على أساس أن لكل عنصر منها

ميزانه الخاص، ووضع الميزان أساسًا للتمييز بين العناصر ومعرفة نسب المواد الداخلة في السبيكة وغير ذلك، ولكن لا بد من الإشارة هنا إلى أن لعلم الموازين عند **جابر** صلة كبيرة بموضوعات أخرى غير كيمياوية متصلة بالحروف والطِّلِسمات وما شابهها، وهذه مسائل لا تدخل في البحث الكيمياوي ولا نشير إليها في هذه الدراسة.

وأصبحت الموضوعات التي يتناولها علم الكيمياء أكثر تحديدًا في مؤلفات **الرازي** الكيمياوية، كما توضحت حدود المنهج التجريبي بالابتعاد عن المسائل التي تعلقت بالكيمياء من أسرار الحروف والطِّلِسمات والألغـاز(1).

ويمكن حصر موضوع بحث الكيمياء عنده بالمواد من الأجساد والأرواح والأحجار والزاجات (البلورات) وبوارف وأملاح. وخواصها وكيفية تحضيرها.

ثم تناول **أبو بكر الرازي** بعد ذلك الآلات والأجهزة المستعملة في العمليات الكيمياوية ما كان منها لإذابة المعادن ولتدبير العقاقير، ولم يكتف بذكر هذه الآلات والأجهزة بل عمد إلى وصفها وصفًا دقيقًا مع بيان طرق استعمالها.

وأفرد **أبو بكر الرازي** لإجراء التدابير مكانًا بارزًا، إذ شرح الكيفية التي تتم بها التجارب والخطوات الواجب إتباعها في العمليات الكيمياوية، فاستخدم التلغيم والتكليس والتشميع والتحليل والتصعيد والتقطير والتنقية وغير ذلك.

أما **الخوارزمي الكاتب**(2) فقد تناول موضوع الكيمياء بالتحديد، فلم يذكر فيه أي شيء

---

(1) مع أبي بكر الرازي حدثت الثورة العلمية في ميدان علم الكيمياء، ذلك لكونه طبيبًا حاذقا وتجريبيًا مرموقًا في الطب وصاحب كتاب المنصوري في الطب الذي يُعَدّ مرجعًا في الطب لمدة طويلة حتى في أوربا الوسيطية، وله في الكيمياء كتاب سر الأسرار، وعلى الرغم من أن الرازي لا يقبل نظرية جابر المعقدة حول الميزان فإنه ليس أقل إيمانًا منه لأن العناصر الأربعة (الهواء، الماء، النار، التراب) هي في أساس كل المواد، واهتمام الرازي في الكيمياء ينصب على كيميائه التطبيقية. يُراجع للتفصيلات حول كيمياء الرازي، جورج قنواتي، الخيمياء العربية، ضمن كتاب موسوعة تاريخ العلوم العربية، ج3، ص1108–1109. (المحقق)

(2) لم يعرف عن الخوارزمي الكاتب أنه من المشتغلين تجريبًا أو نظريًا بالكيمياء، بل عُرف عنه مصنف وجامع للعلوم، شأنه في ذلك شأن ابن النديم في الفهرست، وحتى الفارابي الفيلسوف المحكم لم يشر إلى علم الكيمياء وطرائقه في كتابه إحصاء العلوم. (المحقق)

عن الطِّلِسمات والأسرار، واتبع منهجًا علميًا في تصنيف أقسامه على هيئة فصول ثلاثة على التوالي[1].

**الفصل الأول**: في آلات هذه الصناعة.

**الفصل الثاني**: في عقاقيرهم وأدويتهم من الجواهر والأحجار.

**الفصل الثالث**: في تدابير هذه الأشياء ومعالجاتها.

ونستطيع أن نقول: إن هذه الفصول الثلاثة تؤلف الأقسام أو الفروع الداخلة تحت علم الكيمياء، وفي لغتنا العلمية الحديثة يكون هذا العلم مؤلفًا من الأجهزة التجريبية والمختبرية والعناصر والمركبات والعمليات الكيمياوية.

ففي الفصل الأول: شرح للأجهزة والآلات المستخدمة في علم الكيمياء، وكيفية استعمالها وأغراضها، وقد ذكر **الخوارزمي** عددًا كبيرًا من الآلات المستخدمة لأغراض البحث الكيمياوي مثل: القرعة والإنبيق والأثال وهو مصنوع من زجاج، والزق لتصعيد الزئبق والكبريت، والقابلة والموقد وغير ذلك.

وتناول في الفصل الثاني: موضوع المعادن وهي الأجساد والأرواح، فذكر من الأجساد الذهب والفضة والحديد والنحاس والاسرب والرصاص والخارصين، وذكر من الأرواح الكبريت والزرنيخ والزئبق، أما المركبات فمنها الملح بأنواعه، والنشادر والبورق والزاجات والأحجار وغير ذلك.

وفي الفصل الثالث: درس مجموعة من العمليات الكيمياوية مثل: التقطير والتصعيد والتحليل والتشويه والتشميع والتصدئة والتكليس والتصويل والألغام والاقامة والاستنزال.

يظهر من هذا الاستعراض البسيط لموضوع بحث علم الكيمياء أن اهتمام **الكيمياوي العربي** قد انصب على ثلاثة أمور مهمة، هي: المعادن بأنواعها والمركبات المختلفة، والأجهزة العلمية المختبرية والأدوات اللازمة لصناعة الكيمياء، والعمليات الكيمياوية. وهذا أمر يشير ضمنًا إلى اهتمام الكيمياء العربية بالتجارب والعمليات المختبرية من أجل

(1) يُراجع، مفاتيح العلوم، ص80-83. (المؤلف)

الحصول على نتائج معينة، علمًا أن التجربة والنظرية معًا كانا لهما شأن كبير في الدراسات الكيمياوية العربية كلها، وكانت صورتهما واضحة في مؤلفات **جابر بن حيان وأبي بكر الرازي**، كما أدرك **جابر** أهمية العلم قبل الشروع بالعمل والتجارب «لأنه لا علم إلا بعلم قبله يتقدمه فاعرف ذلك واعمل عليه، وإياك وإهماله فإنك إن فرطت فيه ندمت ندامة تعم الحياة، وذلك أنك إذا ذهبت بزمانك فليس يمكنك كل يوم العمل والتجربة لترى الرشد فيما نقوله لك، ولكن اتعب أولًا تعبًا واحدًا واجمع وانظر واعلم ثم اعمل»[1]

إنّ الاعتماد على الأجهزة المختبرية والتجارب في الكيمياء والالتزام بالعلم والنظر والقياس، وامتحان الفروض، وملاحظة النتائج ومعرفة خواص الأشياء من مواد ومركبات وغير ذلك يشير بوضوح إلى إدراك **العلماء العرب** أهمية الطريقة التجريبية المختبرية في الكيمياء، لأنه من دونها تبقى الآراء والفروض والنظريات مجرد تأملات لا تستحق أن تكون علمًا ما لم يدعمها العمل، ولا يكون العمل إلا من خلال استحداث الأجهزة والأدوات وإقامة التجارب المختبرية وفحص النتائج ومقارنتها بدقة تامة.

## المبحث الثالث: في العلاقة بين الجانبين النظري والعملي في الكيمياء

إنّ الفهم الصحيح للكيمياء العربية يتطلب التمييز بين الجانب النظري الذي استند إليه **علماء الكيمياء العرب**، والجانب التجريبي الذي استطاع بع علماء الكيمياء العرب تحقيق إنجازات كبيرة على صعيد الأجهزة العلمية والتجارب والتحضيرات.

يمثل الجانب النظري مجموعة النظريات والآراء والفروض وبعض المواقف النظرية التي اعتمدها **العلماء العرب** في البحث الكيمياوي، فكانت دليل عمل لهم من جهة، وأساسًا لفهم وتفسير الظواهر الطبيعية والكيمياوية من جهة أخرى، ويمثل الجانب التجريبي مجموعة الإجراءات والعمليات التجريبية وما أنجزه **العلماء العرب** في حقل صناعة الأجهزة العلمية والآلات، وما حققوه في مجال الصناعة الكيمياوية، وأبرز المستحضرات الجديدة النافعة في الأعمال الكيمياوية والصناعية.

---

(1) يُراجع، المختار من رسائل جابر، ص323-324. (المؤلف)

نبدأ البحث أولًا بالجانب النظري فنقسمه الأقسام الآتية:

1. النظريات العامة.
2. الفروض الموجهَة للبحث.
3. الفروض العلمية.
4. مواقف نظرية متعارضة.

لقد ورث **العرب عن اليونان** نظريات فلسفية عامة كان لها الأثر البالغ في الدراسات الطبيعية، وكان من أبرز هذه النظريات نظرية العناصر الأربعة، التي تؤكد أن جميع الموجودات في الكون من نبات وحيوان وأحجار وغيرها تتألف من عناصر هي: النار والهواء والماء والتراب، وبنسب مختلفة. أما النظرية الأخرى فهي النظرية الذرية التي تؤكد على أن جميع الموجودات في الكون تتألف من ذرات غير قابلة للقسمة، وأن اختلاف الموجودات ناتج من اختلاف في أشكال الذرات وأحجامها وترتيبها، وذلك لأن طبيعة الذرات واحدة.

لقد وجدت نظرية العناصر الأربعة تطبيقات واسعة في جميع فروع العلم الطبيعي، وكان لها أثر بالغ في علم الطب والصيدلة، في حين لم نجد للنظرية الذرية مثل هذا التأثير إلا في ميادين علمية ضيقة، وإن كان تأثيرها في الفلسفة كبيرًا[(1)].

وفي الكيمياء تصدرت نظرية العناصر الأربعة مؤلفات **الكيميائيين العرب** حتى أصبحت جزءًا لا يتجزأ من النظرية الكيمياوية العامة في فهم مكونات المادة وخصائص المعادن والأحجار وغير ذلك.

وغايتنا أن نحصر اهتمامنا في حدود النظرية الكيمياوية العامة في هذا المبحث، ونلخص أبرز ما فيها على النحو الآتي:

---

(1) إن أبرز ممثلي الذرية في تاريخ الفلسفة من اليونانيين لوقيبوس وديمقريطس والمدرسة الأبيقورية، ومن علماء الكلام العرب المسلمين، المعتزلة والأشاعرة، ومن الفلاسفة أبي بكر الرازي وأبي البركات البغدادي، ومن الفلاسفة المحدثين الفيلسوف ليبنتز ومن المعاصرين الفلاسفة فتجنشتين ورسل، يُراجع للتفصيلات، علي سامي النشار وجماعته، ديمقريطس فيلسوف الذرة وأثره في الفكر الفلسفي حتى عصورنا الحديثة، الإسكندرية 1972، كذلك، س. بينيس، مذهب الذرة عند المسلمين وعلاقته بمذاهب اليونان والهنود، ترجمة محمد عبد الهادي أبو ريدة، القاهرة 1946. (المحقق)

**أولًا:** العناصر في الطبيعة أربعة مرتبة من أعلى إلى أسفل كما يأتي: النار، الهواء، الماء، التراب، وقد ذكر **جابر** هذه العناصر بقوله إن: «الله تبارك وتعالى لما خلق الفلك وخلق فيه هذه الأربعة عناصر التي هي النار والماء والهواء والأرض، وكان أصلها أولًا أن العناصر الأُوَل لما اختلطت ولحق كل واحد مركزه وذلك بعد استعماله الجوهر لحقت النار فكان مركزها، ولحق الهواء النار لما فيه من الحرارة فأعجزه عن البلوغ والاختلاط بها الرطوبة، فصار دونها وصار وسطًا، ثم لحق الماء بعد ذلك السفل وكان في البعد من النار على النهاية بقطر مساوٍ لبعده على قياس الأضداد، ولحقت الأرض بالماء فأقامتها بيبوستها، ثم أن الفلك دار وكانت الطبائع ضعيفة فعملت الحجارة في المعادن، ثم أنه قوي وزاد دورانه فانعملت الأشجار والنبات، ثم أنه قوى ودار دورانًا تامًا فانفعلت بذلك الحيوانات»[1]

**ثانيًا:** يلحق بالعناصر الأربعة كيفيات هي: الحرارة والبرودة والرطوبة واليبوسة، فيقال عن الجسم أنه حار أو بارد أو رطب أو يابس، وتقسم هذه الكيفيات إلى فاعل ومنفعل، فالحرارة فاعلة واليبوسة منفعلة، والبرودة فاعلة والرطوبة منفعلة، ولا تجتمع الحرارة والبرودة في الجسم معًا إلا بتتابع، فإذا حل أحدهما في جسم ما فمن الجائز أن يحل الآخر بعده، ويصدق الشيء نفسه على الرطوبة واليبوسة. «فإن علقت الحرارة باليبوسة كانت النار، وعلى قدر ما يحل في الجسم من الحرارة واليبوسة يكون ذلك الشيء أي هو في طبع النار أو دون ذلك إلا أنه من جنسها، وان استعملت الحرارة الرطوبة صار الهواء أولًا، فإن كان في غيره فهو في طبع الهواء أعني من هذه الموجودات وعلى قدر ما يحل في كل جسم من هذه العناصر يكون قرب ذلك الجسم إلى ذلك العنصر ويكون ذلك له أصل مثل الهواء والهواء له أصل، فاعرف ذلك، والحرارة لا تستعمل البرودة أبدًا، وكذلك البرودة لا تستعمل الحرارة أبدًا، فتلك أعمال الحرارة فاعرفها. فأما استعمال البرودة فاعلم أنها تستعمل أولًا الرطوبة فيكون الماء وجميع الأشياء التي هي في طبع الماء، وإن لم تكن في طبع الماء، وذلك على قدر ما استعملت

(1) يُراجع، المختار من رسائل جابر، ص460-461. (المؤلف)

الجسم وعلق الجسم بها، يكون مقدارها من البرودة والرطوبة، فاعلم ذلك، ولها استعمال البرودة لليبوسة فإنما أول ما تركب منها الأرض وجميع ما كان على طبع الأرض إلا أن أقوى ما تركب منها الأرض، فاعرف ذلك»[1].

**ثالثًا:** لكل معدن، بل ولكل موجود خصائص يطلق عليها اسم الطبائع، وليست الطبائع واحدة، بل منها ما هو ظاهر، ومنها ما هو باطن، ولما كانت الطبائع منها فاعل وآخر منفعل، فإنه يكون للجسم طبعان ظاهران فاعل ومنفعل، وطبعان باطنان فاعل ومنفعل كذلك، فالأسرب بارد يابس في ظاهره رخو جدًا وهو حار رطب في باطنه، وأما القلعي فظاهره بارد رطب رخو، وباطنه حار يابس صلب، ولما اعتدلت هذه الطبائع في هذا الجسم على هذا المقدار سمي رصاصًا، فداخله حديد وخارجه رصاص، وأما الحديد فظاهره حار يابس صلب وباطنه بارد رطب رخو، أما الذهب فظاهره حار رطب، وباطنه بارد يابس وهوة طبع معتدل، وأما الزئبق فظاهره بارد رطب رخو وباطنه حار يابس صلب، فظاهره زئبق وباطنه حديد، وأما الفضة فظاهرها بارد يابس، وباطنها حار رطب، فظاهره فضة وباطنها ذهب[2].

لقد استطاع **جابر** أن يستغل نظرية العناصر الأربعة **اليونانية** استغلالًا جيدًا فيفسر في ضوئها تَكَوّن المعادن والموجودات في الطبيعة، وأن يسير بها في خطوات فكرية وعملية تعتمد على التأمل من جهة وعلى التجربة وملاحظة خصائص المعادن المعروفة في زمانه من جهة أخرى، ليصل في نهاية الأمر إلى فرضيته الكيمياوية في تحويل المعادن الخسيسة إلى معدني الفضة والذهب، وذلك بالاستناد إلى طبائع العناصر الظاهرة والباطنة، والاستعانة بالتجربة من أجل تغيير هذه الطبائع لتصير إلى طبائع الفضة والذهب.

## المبحث الرابع: فرضيات علم الكيمياء العربية

في **الأعمال الكيمياوية العربية** نجد مجموعة كبيرة من الفرضيات الموجهة للبحث، ونقصد هنا بالفرضيات الموجهة مجموعة الآراء النظرية أو الأصول التي دفعت عالم الكيمياء

---

(1) المصدر السابق، ص462-463. (المؤلف)

(2) المصدر السابق، ص465-470. (المؤلف)

إلى البحث والتنقيب وإقامة التجارب، وليس بالضرورة أن تكون الفرضيات صحيحة، ولكن المهم أن طرحها كان سببًا مهمًا لتقدم علم الكيمياء واكتشاف حقائق علمية جديدة أو تنبيه الباحث إلى التفكير في الموضوع بجدية من أجل معرفة أفضل، ونختار من هذه الفرضيات ثلاثًا هي على التوالي:

1. فرضية الإكسير أو **حجر الفلاسفة** لتحويل المعادن بالتدبير والتجربة إلى فضة وذهب.
2. فرضية أصل المعادن وكيف تكونت في باطن الأرض بالحرارة، (الطبخ).
3. فرضية خصائص المعادن وعلاقاتها بالكواكب.

إن **فرضية الإكسير** تقوم هي الأخرى على جملة مبادئ وأصول، إذ لا يعقل أن تكون هذه الفرضية مجرد رأي عابر، فهي عند **الكيميائيين العرب** جوهر العمل الكيمياوي، والمبادئ التي تقوم عليها الفرضية ليست إلا آراء مستخلصة من مشاهدات وتدابير عملية، وأول هذه المبادئ أن المعادن أو الجواهر وبقية الموجودات يختلف بعضها عن بعض في الصفات والخصائص، فلكل جوهر أو معدن صفاته التي تنكشف لنا عن طريق الفحص والمشاهدة، وعن طريق التجارب مثل تعريضه للنار أو تفاعله مع الأحماض أو غير ذلك.

وتقوم الفرضية كذلك على مبدأ آخر هو أن الطبيعة هي التي كونت المعادن المختلفة بالطبخ، «وأن في قوة الإنسان أن يعمل كعمل الطبيعة، فعمل المذابة أولًا وهي شكل مدور على شكل الكرة وجعل ذلك في نهر على عمل الدولاب وجعل دورانه دائمًا، ثم أَوقد عليه وقودًا دائمًا في **الحُفر** (= جمع حفرة) التي تحت المذابة، وجعل في المذابة الرصاص الأسرب أولًا ولم يزل الطبخ يأخذه دائمًا حتى أخرجه فضة بيضاء، ثم أخذه الطبخ أيضًا حتى أخرجه ذهبًا، ثم كذلك دبر القلعي والحديد والنحاس حتى عملها كلها، وكذلك فعل بالفضة فكان أول الصنعة هذا، ثم أنه غاب فظهر ظاهر آخر فيه قوة عجيبة فعمل الإكسير الأعظم في المدة البعيدة أولًا»[1].

وتقوم فرضية الإكسير على مبدأ اختلاف طبائع الأجسام واختلاف موازينها، وأنه

(1) المصدر السابق، ص463-464. (المؤلف)

بالإمكان تغيير هذه الطبائع، فما هو ظاهر يصبح بالتدبير باطنًا وبالعكس، حتى يتحول المعدن بفعل الإكسير المضاف إلى الأجسام الذائبة إلى ذهب، فتكون له طبائع الذهب وميزاته.

لقد دفعت فرضية الإكسير **علماء الكيمياء العرب** إلى استحداث الآلات والأجهزة المختلفة والتفنن في الصنعة، وإجراء العمليات الكيمياوية المختلفة لتنقية المعادن وتذويبها بالحرارة أو بالحوامض، وتطوير أساليب العمل الكيمياوي من أجل الحصول على ذلك الإكسير القادر على تحويل المعادن إلى فضة وذهب.

**والفرضية الثانية** من الفرضيات الموجهة، تتعلق ببحث كيفية تكون المعادن في باطن الأرض، فتجعل الإنسان يفكر في الطريقة التي تمت بها المعادن.

ويطرح **جابر بن حيان** نظرية مثيرة مفادها أن الزئبق والكبريت هما أصل المعادن، باتحادهما في باطن الأرض تكونت الفلزات، ولكن لما كانت المعادن مختلفة وجب أن يكون الاختلاف في نسب اتحاد الزئبق بالكبريت، فإذا اختلفت نسبة الكبريت والزئبق اختلفت بذلك المعادن وتميزت.

ولهذه الفرضية صلة وثيقة بالفرضية الأولى، فإذا كانت الطبيعة قد أنضجت الفلزات بالحرارة فخرج منها النحاس والرصاص والحديد والفضة والذهب وغيرها، فإنه بإمكان الإنسان أن يعمل عمل الطبيعة، فيحول المعادن بعضها إلى بعض بالتدبير والتجارب والحرارة.

أما **الفرضية الثالثة** في خصائص المعادن، فالمعروف بين المشتغلين من **علماء الكيمياء العرب** أنهم ربطوا بين المعادن والكواكب، فجعلوا بينها خصائص عامة مشتركة هي الطبائع فضلًا عن خصائص أخرى اختصت بها المعادن فقط، والمعادن التي لها صلة بالكواكب هي المنطرقة، وهي سبعة: الرصاص الأسرب وهو بطبع زحل، والذهب وهو بطبع الشمس، والنحاس وهو بطبع الزهرة، والفضة وهو بطبع القمر، والخارالصيني وهو بطبع عطارد[1].

إن هذا الربط بين المعادن والكواكب يقوم بالأساس على دراسة لخصائص المعادن المختلفة والتمييز فيما بينها، وذلك عن طريق ما يجري لها بالطَرق وبالنار.

---

(1) المصدر السابق، ص62-63. (المؤلف)

وأول تصنيف للمعادن هو تقسيمها إلى أجساد وأرواح، والأجساد التي ارتبطت طبائعها بطبائع الكواكب قابلة للطرق فضلًا عن كونها تثبت وتقوم على النار، لذلك استبعد **جابر** الزئبق من قائمة الأجساد وجعله ضمن قائمة الأرواح التي تتميز بكونها لا تنطرق ولا تثبت على النار، لأنها تطير إذا مستها النار.

ترتبط هذه الفرضية بالفرضية الأولى كذلك، فالمعادن تختلف في خصائصها أو طبائعها، فمنها ما يتفق ظاهره مع باطن معدن آخر وبالعكس، ومنها ما يختلف كليًا في الطبائع، فإذا أردنا أن نحول معدن إلى آخر فما علينا إلا أن نجعل الاتفاق تامًا في الطبائع بين المعدنين، وذلك أن نبطن الظاهر ونظهر الباطن مثلًا، ومثل هذا العمل يحتاج إلى معرفة بطبائع المعادن ودربة تامة، وفي ذلك يقول **جابر**: «ثم إن الأصل أيضًا كان من الطبائع لا غيرها، فالوصول إلى معرفتها ميزانها، فمن عرف ميزانها عرف كل ما فيها وكيف تركبت، والدربة تخرج ذلك، فمن كان دربًا كان عالمًا حقًا ومن لم يكن دربًا لم يكن عالمًا، وحسبك بالدربة في جميع الصنائع، إن الصانع الدرب يحذق وغير الدرب يعطل، فحسبك فيما الناس فيه أكفى فكيف هذه الصناعة؟!»[(1)].

ونجد إلى جانب الفرضيات الموجهة مجموعة أخرى من الفرضيات نطلق عليها اسم الفرضيات العلمية، لأنها تستند إلى تجارب وملاحظات أكثر من كونها تستند إلى نظريات طبيعية عامة، ونذكر من هذه الفرضيات ما يختص بتصنيف الأشياء الترابية:

1. فرضية تصنيف المواد.
2. فرضية تصنيف العناصر.
3. فرضية الوزن النوعي وتصنيف الفلزات.

إن الطريقة التجريبية التي اتبعها **جابر** و**الرازي** قد أمدتهما بمعلومات كثيرة عن خصائص المعادن الترابية (كما يسميها **الرازي**). فقد قسم **الرازي** هذه المواد إلى ستة أصناف هي: الأرواح والأجساد والأحجار والزاجات والبوارق والأملاح. وقد جرى هذا التصنيف بموجب ما اختصت به هذه المواد من صفات فميزتها بعضها عن بعض.

---

(1) المصدر السابق، ص462. (المؤلف)

وقد ذكر **جابر** في معرض كلامه عن الأجساد والأرواح أن الأجساد هي التي اختلطت في معادنها من الأرواح والأجساد على غير مِزاج، فهي تطير وتثبت لأن الطيار فيها أرواحها والحال منها أجسادها. وإنما افترقت في التدبير لأنها غير ممتزجة[1]. ويضيف إلى ذلك الأجسام المركبة التي يقول عنها إنها ليست أرواحًا ولا أجسادًا. وهي التي يقع فيها الالتئام وقبول بعضها لبعض لتصبح ذات طبيعة واحدة.

وهذا يشير بوضوح إلى التمييز بين المواد التي يمتزج بعضها ببعض من دون أن يتم فيها تفاعل كيمياوي، فهي بالتدبير والتجربة ينفصل بعضها عن بعض، والمواد المركبة التي تتحول إلى مواد جديدة بفضل التفاعل الكيمياوي، فلا يتم انفصال المواد الداخلة فيها بالتدابير المعروفة.

وبناء على ذلك تكون المواد على ثلاثة أصناف: الأجساد والأرواح والأجسام، ولكل صنف منها خصائصه وصفاته التي يُعرف بها. وقد ذكر **الخوارزمي الكاتب** في كتابه مفاتيح العلوم جميع الأصناف المعروفة في صناعة الكيمياء، فهي الأجساد والأرواح والعقاقير، ثم جعل للعقاقير أصنافًا من المواد هي: الأملاح والبوارق والزاجات والأحجار، ويضيف إلى ذلك كل عقاقير مولدة يقول عنها ليست أصلية، وهذه مواد ناتجة من تفاعل كيمياوي.

وإذا أهملنا جميع أنواع المركبات باعتبارها تتألف من بسائط سواء بالامتزاج أو بالتفاعل الكيمياوي، يبقى لدينا مجموعة العناصر التي كانت معروفة آنذاك، وقد أجمع **علماء الكيمياء العرب** على تصنيفها (كما وجدنا في أكثر من موضع) إلى أجساد وهي الفلزات، وأرواح هي أقرب ما يكون أكثرها من طبائع اللافلزات، نجدهم يضعون الزئبق في قائمة الأرواح، ولكن بشكل عام نستطيع القول إن تصنيف العناصر إلى أجساد وأرواح يحمل بين تضاعيفه الأساس العلمي لتصنيف العناصر إلى فلزية وأخرى لافلزية.

ونجد في مصنفات العلماء الآخرين تصنيفًا آخر للعناصر هو أفضل جميع التصنيفات بسبب اتخاذه لمبدأ أكثر دقة في ترتيب وتصنيف العناصر، والمبدأ الجديد هو الوزن النوعي للعناصر.

---

(1) المصدر السابق، ص64. (المؤلف)

يميز **جابر بن حيان** في علم الميزان بين الميزان الطبائعي والميزان الوزني، وما يهمنا هنا هو الميزان الوزني، وله شروط هي: «أن يكون مقدار الجوهرين في الميزان مقدارًا واحدًا، وإن كان مدورًا كان الآخر مدورًا، وإن كان سطحًا كان الآخر سطحًا، وعلى مثال ذلك في كل واحد منها، وإن كان الماء أقل من ملأ الكفة فالصواب إملاء الكفة حتى يفيض عليها، وكذلك في الكفة الأخرى. ولا يجوز أن تكون إحدى الكفتين تنخلع وترجع والأخرى قائمة»[1]، إن هذا الميزان يقيس من دون شك الأوزان النوعية للعناصر بالاستناد إلى قاعدة **أرخميدس**، كما أنه يكشف هذه العناصر في السبائك بناء على معرفة الأوزان النوعية لكل عنصر داخل السبيكة.

يصف **جابر** الميزان الذي توزن به الأشياء ويذكر شروطه وكيفية شده، ثم يقول: «ثم خُذ إناءً فيه ما يكون عمقه إلى أسفل نحو الشبر أو دونه أو أكثر كيف شئت، ثم املأه ماءً قد صفى أيامًا من دغله وقذره وما فيه كما تصفى البنكانات، ثم اعمد إلى سبيكة ذهب أحمر خالص نقي جيد ويكون وزنها درهمًا، وسبيكة فضة بيضاء خالصة صرفًا، ويكون وزنها درهمًا ويكون مقدار السبيكتين واحدًا، ثم ضع الذهب في إحدى الكفتين والفضة في الأخرى، ثم دل الكفتين في ذلك الماء الذي وصفناه إلى أن تغوصا في الماء وتمتلئا من الماء، ثم اطرح الميزان، فإنك تجد الكفة التي فيها الذهب ترجح عن الكفة التي فيها الفضة، وذلك لصغر جرم الذهب وانتفاش الفضة... وكذلك يقاس كل جوهرين وثلاثة وأربعة وخمسة وما شئت من الكثرة والقلة، مثل أن تعرف النسبة التي بين الذهب والنحاس، والفضة والنحاس، والفضة والذهب والرصاص..»[2].

ومن كل ما تقدم من تحليل كيمياء **جابر** نستطيع أن نصوغ عدة فروض رئيسية تشمل تصنيف العناصر وتحويلها، نطلق عليها اسم فروض **جابر** في الكيمياء، وهي:

**الفرض الأول**: يمكن تحويل معدن أدنى إلى معدن أعلى منه بإضافة مادة الإكسير إليه، وعليه يمكن تحويل المعادن الخسيسة (الرخيصة الثمن) إلى معادن شريفة ثمينة مثل: الفضة والذهب.

---

(1) المصدر السابق، ص92. (المؤلف)

(2) المصدر السابق، ص142-143. (المؤلف)

**الفرض الثاني**: تترتب المعادن في نظام خاص يعتمد على ميزان الطبائع لكل منها أو الميزان الوزني، فلا يمكن تحويل معدن إلى معدن آخر (سواء بإظهار ما يبطن أو تبطين ما يظهر، أو بتحويل ميزانه الوزني فيصير الميزان الوزني لمعدن آخر)، إلا بترتيب فلا يجوز أن يتحول عنصر ما من مرتبته إلى مرتبة أعلى دون المرور بالمرتبة الوسطية إن كانت موجودة، فلا بد مثلًا من أن يتحول النحاس إلى فضة قبل أن يصير ذهبًا إبريزًا.

**الفرض الثالث**: لكل شيء في الطبيعة موازينها، ولكل عنصر من العناصر الموجودة في الطبيعة ميزانه الخاص به الذي يتميز به عن غيره لذلك يمكن تصنيف المعادن حسب أوزانها النوعية.

يشترك عدد من **العلماء العرب** في هذه الفروض ممن سار على منهج **جابر** في الكيمياء، وبصورة خاصة **أبي بكر الرازي** الطبيب و**مسلمة المجريطي** (ت1007م)[1] وتلامذته، وقد اتخذوها أساسًا للتفكير الكيميائي، فتحويل المعادن الرخيصة الثمن إلى الفضة والذهب بواسطة الإكسير وضرورة معرفة ميزان المعادن: ميزان الطبائع والميزان الوزني، من المقدمات الواجب على الباحث التسليم بها.

أما الفرضية الثالثة، فإنها وإن كانت من بين الأسس أو المقدمات التي يقوم عليها علم الكيمياء، إلا أنها مقدمة ضرورية اتخذها عدد من **العلماء العرب** أساسًا لأبحاثهم في المعادن والأحجار والمائعات، على الرغم من عدم اقتناعهم بإمكانية تحويل المعادن، فالأبحاث التي أولاها **البيروني** عنايته وكذلك **الخازني** و**كمال الدين الفارسي** وغيرهم، تركزت حول معرفة الأوزان النوعية وتصنيف المعادن في جداول حسب أوزانها النوعية، وتصنيف الأحجار

---

(1) المجريطي، ويسمى مسلمة بن أحمد، وأصله من قرطبة، وأقام مدة في مدريد، وقد استوعب العلوم الإسلامية في الشرق العربي، إذ كانت له على ما يبدو صلات وثيقة مع كُتاب رسائل إخوان الصفا الشهيرة، فقد نقل إلى الأندلس نسخة منقحة جديدة عن الرسائل، وكان معروفًا بفضل عمله في علم الفلك، كما ينسب إليه عمل كيميائي مهم اسمه رتبة الحكيم ومدخل التعليم، وكتاب في التنجيم اسمه غاية الحكيم، يتضمن كتاب رتبة الحكيم تعليمات دقيقة حول تنقية الذهب والفضة بطريقة أكسدة المعادن الموجودة مع الذهب في المزيج المنصهر أو بوسائل أخرى، مما يظهر أن المجريطي كان يعرف العمل التطبيقي في المختبر. يُراجع، جورج قنواتي، الخيمياء العربية، ضمن كتاب موسوعة تاريخ العلوم العربية، ج3، مصدر سبق ذكره، ص1114-1115. (المحقق)

وكذلك المائعات حسب أوزانها النوعية، فكان الذهب أول المعادن لأنه أكثر كثافة، ثم تليه المعادن الأخرى، وكان الياقوت الكحلي أول الأحجار، لأنه أكثر كثافة، ثم تليه الأحجار الأخرى، وكان العسل أول المائعات لأنه أكثر كثافة، ثم تليه بقية الرطوبات أو المائعات.

إن مسألة تحويل المعادن الخسيسة إلى معادن ثمينة والبحث عن الإكسير لم تكن مقبولة بشكل تام بين **علماء الطبيعة العرب**، بل ذهب بعضهم إلى رفضها ومهاجمتها والتقليل من شأنها، واتهام العاملين بصناعة الكيمياء بالسحر والطِّلسمات والألغاز وغير ذلك من النعوت.

وإذا تصفحنا آراء المدافعين وآراء المعارضين، فإننا نخرج بنتيجة مهمة هي: أن هذه المسألة قد أبرزت لنا مدرستين مختلفتين من الناحية الفكرية، مدرسة يرى أصحابها إمكانية تحويل المعادن وإن هدفهم يتجلى في البحث عن الإكسير الذي إذا أُضيف إلى المعدن المذاب تحول إلى معدن آخر، ومدرسة أُخرى يرى أصحابها عكس ذلك تمامًا، إذ لا يمكن تحويل المعادن بعضها إلى بعض بأي شكل كان[1].

يقف على رأس المدافعين عن المدرسة الأولى **جابر بن حيان** و**أبو بكر الرازي** و**مسلمة المجريطي**، ويقف على رأس المدرسة الثانية الفيلسوف **أبو يوسف يعقوب الكندي** (ت873م) و**ابن سينا** و**أبو الريحان البيروني**. ومن الجدير بالذكر هنا أن الطائفة الثانية قد اتخذت منهجًا آخر في البحث الكيميائي، وأن ما تركته من آثار علمية يشهد على ما أنجزه كل عالم من مباحث علمية مهمة.

لقد كتب **الفيلسوف الكندي** عدة كتب في الكيمياء والمعادن، فله رسالة في أنواع الجواهر الثمينة وغيرها، ورسالة في أنواع السيوف والحديد وغيرها، فضلًا عن رسالته في كيمياء العطر، ورسالته في التنبيه على خُدع الكيميائيين[2]، وما يقصده **الكندي** بخُدع الكيميائيين مجموعة التدابير التي قصد منها تحويل المعادن الرخيصة إلى ثمينة، وليس المقصود عمل

---

(1) ذكرنا من قبل هاتين المدرستين ومن يمثلهما وما هي آراؤهما في مسألة تحويل المعادن، وحللنا الأسباب الاقتصادية الكامنة وراء موقف كل مدرسة، في الفصل الأول من هذا الكتاب، فليُراجع، وللمزيد، يُراجع، الخيمياء العربية، ج3، ص1117 وما بعدها. إذ يفصل القول في موقف ابن سينا وابن خلدون من هذه المشكلة، (المحقق)

(2) يُراجع، ابن النديم، الفهرست، مصدر سبق ذكره، ص320. (المؤلف)

الكيمياء بعامة، فهو في ذلك يرفض نظرية تحويل المعادن، ويتجه صوب الكيمياء الصناعية ما اختص منها بصناعة السيوف أو كيمياء العطر.

أما **الفيلسوف ابن سينا**، فإن ما كتبه في كتاب الشِفاء مما يشير بوضوح إلى حقيقتين رئيسيتين هما: أنه آمن بنظرية العناصر الأربعة وأن المعادن تتكون في باطن الأرض عن طريق ما ينعقد من الكبريت بالزئبق، وأن الاختلاف بين العناصر مرده إلى اختلاف نسبة الكبريت والزئبق فيها، وأنه رفض نظرية تحويل المعادن على أساس «أن التركيب الأساسي للعنصر في الطبيعة لا يمكن تفكيكه وإعادته ثانية تركيبًا آخر بعنصر مغاير، واعتبر ابن سينا تقليد الطبيعة أمرًا عسيرًا بل متعذرًا على الإنسان، ولهذا كان ابن سينا لا يؤمن بنظرية الاستحالة من عنصر إلى آخر بواسطة التدبير والصنعة»[1].

ويذهب **العالِم البيروني** في كتابه الجماهر في معرفة الجواهر، مذهبًا مخالفًا لمذهب تحويل العناصر، فالتزم بالبحث الوصفي للأحجار والمعادن، كما طبق منهجه التجريبي في تعيين الأوزان النوعية للأحجار والمعادن، ولم يقتنع بما يفعله الكيميائيون على مذهب جابر، ولكنه في الوقت نفسه ذكر نظرية تكوين المعادن من الكبريت والزئبق، فما قاله في رفض نظرية تحويل العناصر بالصنعة والتدبير: «لأن كل ما يصنعه الناس من مواد الفلزات فالطبيعة أولى بصنعه، وليس هذا الحكم بمنعكس كما يعكسه الكيميائيون حتى يصير ذهبهم المرئي في المنام أضغاث أحلام أفضل من المعدني لاقتداره على إحالة ما يحمل عليه إلى نفسه ذهبًا خالصًا زعموا وعجز المعدني عن مثله»[2].

يشير هذا النص إلى أن **البيروني** يرى أن العناصر إنما تكونت بفعل الطبيعة، فهي أولى بصنعه، وأن ما يفعله الكيميائيون محاكاة لعمل الطبيعة غير صحيح، وأن ما يفعلونه مجرد أضغاث أحلام، وهذا كما هو واضح رد صريح على مذهب جابر بن حيان.

لقد كان الاتفاق بين الكيميائيين على اختلاف مذاهبهم ومناهجهم على أهمية الميزان

---

(1) يُراجع، فاضل الطائي، ابن سينا وكيمياؤه، القسم الثاني، مجلة المجمع العلمي العراقي، مج29، السنة 1978، ص63. (المؤلف)

(2) يُراجع، البيروني، كتاب الجماهر، حيدر آباد، الهند 1355هـ، ص247. (المحقق)

ودوره في المباحث الكيميائية، سواء ما كان متعلقًا منها بصناعة السبائك المختلفة ونسب المعادن فيها، أو ما كان منها متعلقًا بالمستحضرات الكيميائية المختلفة، أو ما كان منها متعلقًا بحسابات الأوزان النوعية للمعادن والأحجار والمائعات، وقد مهدت التجارب أو التدابير التي قام بها علماء الكيمياء إلى معرفة دقيقة بالنسب الوزنية بين المواد، فمن ذلك ما ذهب إليه **جابر** على سبيل المثال لا الحصر بقوله «فإن درهمًا من الزيبق يغطي عشرين من النحاس حتى يصير كله أبيض بلونه، ودرهم من الكبريت يحرق درهمين من النحاس ويلون عشرين منه أزرق مستحيلًا عن لونه الطبيعي»[1].

وقد ميز جابر بين الأشياء المختلطة والأشياء الممتزجة، فالأولى تفترق بالتدبير لأنها غير متحدة من الناحية الكيمياوية، في حين أن الثانية متحدة ووقع فيها التئام، «فالمزاج يحتاج برهانه إلى شيئين استحدا بحد كيفية واحدة ويمكن أن تتساوى في الكيفية، وما لم يستحد الشيئان بحد واحد وتجزأ مجزء واحد لم يقع الالتئام. ومتى لم يكن الكيفية ـ أعني الصورة ـ واحدة لم يقع الالتحام»[2].

الواضح من هذا القول أن اتحاد شيئين كيميائيًا، بحيث يفقد كل شيء منهما كيفيته ويتحولان معًا إلى كيفية جديدة، هو ما يعبر عنه بالتفاعل الكيمياوي، وهو بلغة **جابر** اتحاد والتئام، ويظهر كما أوضحنا أن مسألة التفاعل الكيمياوي باستخدام الأجهزة المختبرية والتجارب قد قادته إلى الاهتمام بالنسب الوزنية الثابتة، وخير دليل على ذلك قوله الذي يعبر بوضوح تام عن قانون النسب الثابتة: «فأما الكمية فالأشياء التي بينها نسبة هي الأشياء التي يجب أن تكون واحدة، والتي لا نسبة بينها هي التي يقع فيها الخلف في الكمية بينها، وهذا ما في المزاج»[3].

بناء على ذلك يجب التمييز بين المركبات المتحدة كيميائيًا بالتدبير والتفاعل، والمركبات غير المتحدة كيميائيًا، فالأولى توجب أن تكون العناصر فيها على نسبة وزنية ثابتة لكي يتم الاتحاد والتفاعل، بينما لا يشترط في الثانية ذلك، وأن الاختلاف في الكمية ونسب العناصر الداخلة في المركب هو مصدر الخلف.

---

(1) يُراجع، المختار من رسائل جابر، ص64. (المؤلف)

(2) المصدر السابق، ص69. (المؤلف)

(3) المصدر السابق، ص69-70. (المؤلف)

لقد حفلت كتب **مشاهير الكيمياء العرب** بأمثلة كثيرة تدل بوضوح لا يقبل الشك على أهمية قانون النسب الوزنية الثابتة بالنسبة للمركبات الكيمياوية، وأن جميع التدابير التي ضمنها **الرازي** في كتابيه الأسرار وسر الأسرار، تعتمد بالدرجة الأولى على النسب الوزنية للمواد الداخلة في التفاعل، كما أن ما خلفه من مصنفات طبية تشير كذلك إلى الاهتمام الكبير بالأوزان ونسب المواد الداخلة في صناعة الأدوية، و**للرازي** في الكيمياء مباحث ومصنفات يذكرها **ابن أبي أُصيبعة** فيقول: «الاثنا عشر كتابًا في الصنعة: الأول كتاب المدخل التعليمي، الثاني كتاب المدخل البرهاني، الثالث كتاب الإثبات، الرابع كتاب التدبير، الخامس كتاب الحجر، السادس كتاب الإكسير عشرة أبواب، السابع كتاب شرف الصناعة وفضلها، الثامن كتاب الترتيب، التاسع كتاب التدابير، العاشر كتاب الشواهد ونكت الرموز، الحادي عشر كتاب المحبة، الثاني عشر كتاب الحيل، وكتاب الأحجار يبين فيه الإيضاح عن الشيء الذي يكون في هذا العمل، كتاب الأسرار، كتاب سر الأسرار، كتاب التبويب، كتاب رسالة خاصة، كتاب الحجر الأصفر، كتاب رسائل الملوك، كتاب الرد على الكندي في إدخاله صناعة الكيمياء في الممتنع»[1].

ويرى **الرازي** أن صناعة الكيمياء تحتاج إلى معرفة بالعقاقير ومعرفة بالآلات والتدابير، فإذا علمنا أن العقاقير على ثلاثة أنواع منها: النباتية والحيوانية والمعدنية، كانت الكيمياء مهتمة بهذه الأنواع الثلاثة فضلًا عن المستحضرات أو المواد المُوَلِدَة. والمعدنية منها على ستة أقسام هي الأرواح والأجساد والأحجار والزاجات والبوارق والأملاح، والمقصود بالأرواح تلك المواد التي لا تثبت على النار ومنها الزئبق والزرنيخ والنشادر والكبريت، والمقصود بالأجساد أنواع المعادن التي تثبت على النار وتتميز أنها منطرقة، ومنها الذهب والفضة والنحاس والحديد والقصدير والرصاص والخارصين. والمقصود بالأحجار بعض المواد أو المركبات المعدنية مثل: المرقشيتا والتوتيا (سبيكة الخارصين) واللازورد والكحل (كبريتيد الأنتيمون)، ويقصد بالزاجات البلورات ومنها الزاج الأسود والزاج الأخضر والشَبْ، ويقصد بالبوارق الأملاح التي يدخل فيها عنصر البورون، ويقصد بالأملاح مجموعة من المركبات مثل الملح الحلو أو ملح الطعام والملح المُر والقلي وجوهر البول.

---

(1) يُراجع، عيون الأنباء في طبقات الأطباء، مصدر سبق ذكره، ص422. (المؤلف)

واستخدم **علماء الكيمياء والأطباء والصيادلة العرب** مجموعة كبيرة من الأجهزة المختبرية لتحضير العقاقير والمستحضرات، وقد ساعدهم على ذلك تطور صناعة الزجاج وتشكيل الأدوات المختلفة منه على هيئة أنابيب ودوارق وإنبيقات وغير ذلك. كما كان للأفران والمواقد الحرارية دورها الكبير في صناعة الأدوات المختلفة ما كان منها من معادن وفخار، ويظهر بوضوح من الأدوات المستعملة في تحضير المواد الكيمياوية والمركبات وغيرها أن **العلماء العرب** قد امتلكوا جملة واسعة من مختلف المواد المصنوعة، فمنها آلات لتذويب الأجسام والمعادن وصهرها. ومنها الدوارق والأنابيب والأقماع الزجاجية والأحواض والأواني. ومنها ملاعق الحرق والملاعق المختلفة، واستعمل التنور والموقد والأتون والقنديل في عمليات الصهر والتسخين والتقطير وغير ذلك من العمليات الكيمياوية، واختلفت الآلات أو الأدوات المستعملة باختلاف الأغراض، فمنها المصنوع من المواد المعدنية ومنها المصنوع من الخزف.

أما العمليات الكيمياوية أو التدابير، فإن ما ذَكَرَتْهُ المصنفات العربية في الكيمياء والطب والصيدلة، تشير بوضوح إلى أن **العلماء العرب** قد عرفوا جملة واسعة من التدابير البسيطة والمعقدة، منها: الطبخ والسحق والإحراق والتنقية والتشوية والتقطير والاستنزال والملغمة والتكليس والتشميع والعقد والتحليل والتبلور والتصعيد.

يقصد بالطبخ تحضير المادة على نار قد تكون حارة جدًا أو معتدلة، ويرعى في التحضير ألا تفقد المادة خواصها الدوائية، وأن تكون الحرارة التي يحتاجها الطبخ مناسبة، لأن من المواد ما تفسدها حرارة الطبخ العالية.

ويقصد بالسَحِق تجزئة المادة إلى أجزاء صغيرة، بحيث نحصل على المادة المسحوقة مع الاحتفاظ بقوتها الدوائية، فلا يبالغ في السحق، ولا تترك المادة على حالها، ويراعى في ذلك الغرض، فإن كانت العملية تحتاج إلى أن تكون المادة سريعة الذوبان أو الامتصاص من قبل الجسم، فلا بد أن تكون المادة مسحوقة جدًا.

ويقصد بالإحراق حرق المادة التي يراد التعامل معها، ومن الأمثلة على ذلك حرق الزاج وحرق النُورَة وإحراق بعض المواد العضوية، ويراعى في عملية الإحراق الغرض من

المادة المستعملة، فمن الممكن أن تحرق بعض المواد قبل سحقها، وربما تحرق لتكتسب حِدَة، وربما تحرق لتكون ذات جوهر لطيف وغير ذلك.

ويقصد بالتنقية Purification إزالة الشوائب العالقة عن المادة المطلوبة، وقد تستخدم في ذلك الغربلة والتقطير والتذويب من أجل التخلص من الأوساخ والشوائب.

ويقصد بالتشوية أو التحميص Assation، وضع المادة في صلاية بعد أن تُبَلّ في الماء ثم تنقل إلى قارورة معلقة داخل قارورة أخرى وتسخن الأخيرة على نار لإزالة الرطوبة، ثم يُسَدّ فم القارورة الداخلية ويستمر التسخين وهذا معناه أن التشوية تتطلب التسخين بواسطة حَمَّامْ هوائي.

ويقصد بالتقطير Distillation، تحويل السائل بالحرارة إلى بخار ثم تكثيف هذا البخار ثانية، ويستخدم في هذه العملية القرعة أو الإنبيق، ويُستقبل البخار المكثف في القابلة.

ويقصد بالاستنزال Descensory، إذابة المادة وفصل الخبث والأوساخ عنها، وذلك عن طريق وضعها في بوتقة ذات ثقبين من الأسفل، ثم تسخن إلى أن تذوب المادة فينزل منها عبر الثقبين إلى بوتقة سفلى بينما يتخلف الخبث والأوساخ في البوتقة العليا.

ويقصد بالملغمة مزج الزئبق بالمعادن، ويُفاد من هذه العملية لعمليات كيميائية أخرى هي التكليس والتصعيد، فتكون بمثابة تمهيد لها.

ويقصد بالتكليس Calcination، وضع المادة في قارورة ثم تسخينها على النار مباشرة حتى تتحول إلى مسحوق دقيق.

ويقصد بالتشميع Ceration، عملية تسهيل ذوبان أو انصهار المواد إلى المادة التي يراد صهرها، فتسرع تلك المادة بالانصهار.

ويقصد بالعقد Congealing، عملية الغاية منها الحصول على الإكسير وهو على أنواع: عقد التشوية وعقد الإنبيق وعقد بالدفن وعقد بقارورة، وقد ترافق عملية العقد عملية كيميائية هي عملية التحليل، وعندئذ يقال مثلًا تحليل الزئبق وعقده.

ويقصد بالتبلور Crystallisation، عملية فصل بلورات المادة المذابة عن المحلول بعد

إذابة المادة في أحد المذيبات باستخدام الحرارة الشديدة ثم تبريد المحلول حتى تنفصل بلورات المادة وتبقى الشوائب، فالتبلور بناء على ذلك عملية تخدم تنقية المواد من الشوائب والأوساخ عن طريق ترشيح المحلول.

ويقصد بالتصعيد Sublimation، تجمع المادة في عنق القارورة التي تحتوي على المادة وحدها أو بإضافة زيت، إذ يجري تسخين القارورة لإزالة الرطوبة إن كانت المادة لوحدها أو إزالة الزيوت إن كانت القارورة تشتمل على زيت، ثم تُسدّ القارورة ويجري تسخينها بحرارة شديدة حتى تصعد المادة إلى عنق القارورة وتتجمع هناك.

# الفصل الثامن
# علم المعادن والأحجار

## المبحث الأول: مصنفات العرب بعلمي المعادن والأحجار[1]

**نتناول في هذا الفصل** عدة موضوعات مهمة اجتهد فيها **العلماء العرب** بالدراسة والبحث والتحليل، فتوصلوا إلى نتائج جديدة مخالفة لما ورثوه من مؤلفات **قدماء اليونان** في المعادن والأحجار، وكان منهج **العلماء العرب** في ذلك الملاحظة والمشاهدة المقصودة والتجربة وإقامة التدابير المختلفة، فلم تكن النتائج التي توصلوا إليها تأملات فلسفية وفروضًا عابرة لا يسندها دليل بل كانت على العكس مواليد تجريبية مشفوعة بآراء ومفاهيم نظرية ممتعة[2]، لذلك فإن أفضل عرض لما أنتجته العقلية العربية في حقل المعادن والأحجار

---

(1) علم المعادن: هو من العلوم التي تقع ضمن نطاق الطبيعيات من العلوم الفلسفية، وكما أشرنا من قبل إلى أن الفلاسفة في تقسيماتهم للعلوم إلى نظرية وعملية، يجعلون من أقسام العلم النظري، علم الطبيعيات، ويقسمون العلم الطبيعي إلى أقسام، منها: علم المعادن والأحجار، فيضعه الفارابي في السياق، ويشير إلى ذلك في كتابه إحصاء العلوم، ص119، من نشرة عثمان أمين، ويقول عنه: النظر فيما تشترك فيه الأجسام المركبة والمتشابهة الأجزاء التي ليست أجزاء لمختلفة الأجزاء وهي الأجسام المعدنية كالحجارة وأصنافها وأصناف الأشياء المعدنية يخص كل نوع منها. في حين يشير إلى ذلك أيضًا الخوارزمي الكاتب في مفاتيح العلوم عند تقسيمه للعلم الطبيعي، ص80، أما ابن سينا فيشير إلى علم المعادن في رسالته في أقسام العلوم العقلية، نشرة القاهرة 1908، ص108، عند حديثه عن أقسام الحكمة الطبيعية، فيقول: والقسم الخامس منه يعرف حال الكائنات ويشتمل عليه كتاب المعادن وهو المقالة الرابعة من الآثار العلوية. ويخصص له في كتبه الأخرى حديثًا مطولًا، فمثلا يكتب كتابًا مستقلًا عنه في الشِفاء، قسم الطبيعيات، وهو الكتاب الخامس بعنوان المعادن والآثار العلوية، وقد حققه الدكتور عبد الحليم منتصر وجماعته، القاهرة. ويستمر هذا السياق من التأليف في الفكر العلمي العربي في العصر الوسيط. مما لا يسع المجال هنا للتفصيلات. (المحقق)

(2) لا يمكن لموضوعات هكذا طبيعتها أن تكون نتاج تأمل فلسفي ميتافيزيقي، ولهذا كان الفلاسفة والعلماء العرب على دراية تامة أن موضوع المعادن يقع ضمن مجال المحسوس المدرك بوسائل حسية، لا ناتج تأمل فلسفي ميتافيزيقي. (المحقق)

خاصة والعلوم بعامة هو أن نتناول بالتدريج الأوجه المختلفة للنشاط العلمي، والتي يمكن حصرها بالأوجه الآتية:

**أولًا:** أن نعرض لكل مسألة بوضع الفرضية أو الفروض أو النظرية التي استند إليها البحث، سواء كانت الفرضية أو النظرية موجهة للبحث أو كانت نتاج ملاحظات ومشاهدات وتجارب أدت في نهاية الأمر إلى صياغة تعميم على المستوى النظري، ونقصد بالنظرية أو الفرضية الوجهة مجرد افتراض لا يشترط أن يكون مثبتًا بالوسائل التجريبية بل إنه مجرد أطروحة للعمل غايتها البحث المتواصل والمثابرة التجريبية من أجل تحقيق الفرض مع عدم إمكان ذلك.

**ثانيًا:** أن نعرض بعد طرح الفروض أو النظرية لدراسة خواص المعادن والأحجار، وصلة هذه الخواص بالملاحظة الدقيقة والتدابير التجريبية لأن من الخواص ما يمكن معرفته بالملاحظة والتدقيق وبإجراء بعض العمليات البسيطة على المعادن والأحجار، ومن الخواص ما يمكن اكتشافه عن طريق التجارب المختبرية والتدابير المعروفة في علم الكيمياء[1].

**ثالثًا:** أن نعرض بعد ذلك جملة من الإجراءات التي أدت بالعالِم العربي إلى إدراك الخاصية الكمية للمعادن والأحجار. ففي الوقت الذي يصف العالِم الأشياء من حيث اللون والرائحة والذوبان والانطراق والتفتت وغير ذلك من الخواص، فإن الانتقال إلى الوصف الكمي فضلًا عن الوصف الكيفي يكمل عمل الباحث، لا سيما إذا أدرك أن لكل معدن وزنه النوعي الذي يختلف به عن الأوزان النوعية للمعادن الأخرى.

**رابعًا:** أن نعرض بعد هذا وذاك النتائج العلمية التي أدت إليها التجارب والملاحظات وغير ذلك من الإجراءات، وتقويمها من حيث الدقة والصدق ومناقشة أهميتها في البحث العلمي وتأثيرها على مسيرة العلم.

ولعل أفضل مدخل لهذا الفصل هو في عرض المصنفات العلمية التي أسهمت من

---

(1) يتضح من هنا مدى ارتباط علم المعادن بعلم الكيمياء من حيث المنهج والخصائص، ولهذا أدرك الدكتور ياسين خليل مدى هذا الارتباط منهجيًا فجعل فصل علم المعادن تاليًا على فصل علم الكيمياء. (المحقق)

دون شك في تطوير هذا العلم وتثبيت أركان الطريقة العلمية فيه، فنقسم هذه المصنفات إلى قسمين: قسم يتناول المعادن والأحجار ضمن ما يتناول من موضوعات كثيرة في العلم الطبيعي، فهي مصنفات جامعة، وقسم يتناول المعادن والأحجار في مؤلفات خاصة بهذا الغرض فقط، فهي مصنفات خاصة أو متخصصة، وإننا لنجد هذين النوعين من المصنفات عند **العلماء العرب** بشكل واضح لا يقبل الشك.

نختار للتدليل على المصنفات الجامعة ما صنفه الفيلسوف **ابن سينا** و**إخوان الصفا** و**أبو البركات البغدادي**، فكتاب الشِفاء **لابن سينا** موسوعة علمية جامعة تناولت مختلف ضروب المعرفة العلمية والفلسفية، واختص بجزءٍ منها جميع فروع العلم الطبيعي وأقسامه بالبحث والدراسة، وتناول في رسالة من رسائل العلم الطبيعي موضوع المعادن والآثار العلوية. إذ طرح في هذا المبحث آراءً ونظريات في تكوين المعادن والأحجار وصورة الأرض والزلازل. وتُعَدّ رسائل **إخوان الصفا** موسوعة علمية جامعة كذلك، وكانت الرسالة الخامسة من الرسائل الخاصة بالطبيعيات مختصة بتكوين المعادن. وقد تناولت هذه الرسالة موضوعات واسعة من أبرزها ما يتصل بوصف الكرة الأرضية من أنواع الأحجار والطبقات والمياه والقفار والجبال، وأنواع الجواهر المعدنية وخصائصها، وتكوين المعادن واختلافها من حيث الطبائع.

أما كتاب **أبو البركات البغدادي** الموسوم المعتبر في الحكمة، فقد اختص هو الآخر وفي الفصل الرابع من الجزء الرابع من العلم الطبيعي ببحث المعادن والمعدنيات، وقد تناول فيه باختصار شديد صلة أنواع الأراضي بالمعادن، وخواص المعادن من حيث الصلابة والذوبان والانطراق وغير ذلك، وعرض نظرية تكوين المعادن من الكبريت والزئبق وعلق عليها بالرفض.

ولا بد لنا أن نذكر هنا أن المؤلفات الطبية والصيدلانية قد احتوت هي الأخرى على معلومات واسعة عن المعادن والأحجار وخصائص كل معدن وفائدته من ناحية التأثير الطبي والدوائي، ويكاد لا يخلو أيّ مصنف في الطب من المعلومات القيمة عن المعادن والأحجار،

لا سيما إذا علمنا أن **الأطباء العرب** قد صنفوا الأدوية إلى ما هو نباتي وحيواني ومعدن[1].

أما الكتب أو المصنفات الخاصة التي تناولت المعادن والأحجار فقط فكثيرة جدًا، نذكر منها مؤلفات **جابر بن حيان ويوحنا بن ماسويه** (ت857م) **وأبو بكر الرازي ويعقوب بن إسحق الكندي وأبو الريحان البيروني وشهاب الدين أبو العباس التيفاشي** (ت1293م) وغيرهم.

وضع **جابر** ما بحثه في الأحجار في عدة مصنفات هي: كتاب الأحجار، وكتاب الأحجار الثاني، وكتاب الجواهر الكبير، وألف **يوحنا بن ماسويه** كتابه في الجواهر وصفاتها، وبحث **الرازي في** المعادن والجواهر فألف كتاب الخواص وعلل المعادن.

أما الفيلسوف **الكندي** فإن له رسالة في أنواع الجواهر الثمينة، ورسالة في أنواع الحجارة، وكان من أبرز المصنفات في الجواهر والمعادن ما كتبه **أبو الريحان البيروني في** مصنفه المشهور الجماهر في معرفة الجواهر، الذي اعتمد في تأليفه على ما ورد إليه من معلومات واسعة من مصادرها اليونانية والهندية والفارسية والعربية، ويعتبر كتاب **التيفاشي** الموسوم أزهار الأفكار في جواهر الأحجار، والذي يعرف أحيانًا باسم كتاب الأحجار الملوكية[2]، من أبرز المصنفات في علم المعادن والأحجار، إذ عالج فيه المؤلف أصل كل معدن وخواصه واستخداماته وفوائده وقيمته وثمنه متبعًا في ذلك منهجًا علميًا دقيقًا.

ويجب ألا ننسى أن مصنفات أخرى أسهمت في تطوير علم المعادن والأحجار وإن لم تكن مختصة بذلك بصورة مباشرة، فمن هذه المؤلفات كتاب **الخازني** ميزان الحكمة، الذي عالج فيه المؤلف مسألة الأوزان النوعية للمعادن والأحجار، وكتاب **منصور بن بعرة الذهبي الكاملي** الموسوم كشف الأسرار العلمية بدار الضرب المصرية، الذي عالج فيه من بين ما عالجه مصادر الذهب وتصفية الفضة وجلاء سبك الذهب قبل السبك وما إلى ذلك من العمليات الكيمياوية الخاصة بالذهب والفضة.

---

(1) من المعلوم أن الدكتور ياسين خليل قد كتب كتابًا في الطب والصيدلة عند العرب، ويشكل هذا الكتاب الثالث من المجلد الأول موضوع تحقيقنا، وسنفرغ لتحقيقه ونشره بعد هذا الكتاب. (المحقق)

(2) يُراجع، التيفاشي، كتاب أزهار الأفكار في جواهر الأحجار، تحقيق محمد يوسف حسن وزميله، مركز إحياء التراث العلمي العربي، بغداد 1977، ص12. (المؤلف)

## المبحث الثاني: النظريات والفروض العلمية لعلم المعادن

وبُعَدّ هذا العرض لبعض المصنفات المهمة في علم المعادن والأحجار نتناول الأوجه والنظريات والفروض العلمية في هذا العلم، فنبدأ بنظرية عامة تتناول صورة الأرض وما عليها من حجارة وجبال وأنهار ووديان وغير ذلك من التضاريس وما يصيب القشرة الأرضية من تَغييرات بمرور الزمن.

إنّ الكرة الأرضية مؤلفة من طبقات ساف فوق ساف، متلبدة، منعقدة، مختلفة التركيب والخلقة، فمنها صخور وجبال صلبة، وأحجار وجلامد صلدة، وحصيات ملس، ورمال جريشة، وطين رخو، وتراب لين، وسباخ وشروج بعضها مختلط ببعض، أو متجاورة...

والأرض بجملها كثيرة التخلخل والثقب والتجاويف والعروق والجداول والأنهار، داخلها وخارجها، كثيرة الأهوية والمغارات والكهوف، وكل هذه مملوءة من المياه والبخارات، وتكون طعوم تلك المياه وروائحها وغلظها ولطافتها وثقلها وخفتها بحسب تربة بقاعها وطيبن مكانها وأجوافه وقرارات مستنقعاتها[1].

إنّ هذا الوصف للأرض ما هو إلا مقدمة ضرورية لتثبيت العوامل التي تؤدي إلى تغيير قشرتها بمرور الزمن، فالجبال تتحول إلى سهول وبراري، وتتحول البراري غدرانًا وأنهارًا، وتصير مواضع البحار جبالًا وتلالًا ورمالًا وغير ذلك.

ولقد طرح **إخوان الصفا** مجموعة من هذه العوامل منها ما يتصل بالكواكب والبروج ومنها ما يتصل بأنواع التضاريس الأرضية من آثار المياه وجريانها، من تكسر الأحجار والصخور، وشدة أمواج البحر والمد والجزر وغير ذلك من العوامل.

وبناء على ذلك يمكننا النظر إلى العوامل والعلل التي تؤثر في القشرة الأرضية على أساس أن قسمًا منها كونية وأخرى أرضية، ونقصد بالعوامل الكونية العلل التي تغير أحوال الأرض، فاختلاف مواقع الكواكب الثابتة والكواكب السيارة ودورانها في البروج يؤدي إلى اختلاف مسامات الكواكب ومطارح شعاعاتها على بقاع الأرض، واختلاف تعاقب الليل

---

(1) يُراجع، رسائل إخوان الصفا، مصدر سبق ذكره، مج2، ص90-91. (المؤلف)

والنهار والشتاء والصيف وغير ذلك، وأن شدة إشراق الشمس وانقضاض الصواعق وطلوعات القمر عوامل أخرى تؤثر على أحوال الكرة الأرضية وتحدث في القشرة تغيرات كثيرة.

أما ما نقصده بالعوامل الأرضية العلل التي تغير أحوال الأرض، فالأمواج والرياح والأمطار والعواصف من العوامل التي تؤدي إلى تغييرات في القشرة الأرضية، «فالأمطار والسيول تحط تلك الصخور والرمال إلى بطون الأودية والأنهار، ويحمل ذلك شدة جريانها إلى البحار والغدران والآجام، وأن البحار لشدة أمواجها وشدة اضطرابها وفورانها تبسط تلك الرمال والطين والحصى في مقرها سافًا على سافٍ بطول الزمان والدهور، ويتلبد بعضها فوق بعض، وينعقد وينبت في قعور البحار جبالًا وتلالًا، كما تتلبد من هبوب الرياح أدعاص الرمال في البراري والقفار»[1].

وتحدث تغيرات في القشرة الأرضية نتيجة الزلازل، «والزلزلة هي اختلاج الأرض عن حركة هواء محتبس في غور عظيم من أغوارها إما لسخونة عرضت له أو لقوة ريحية حركته، وإذا كانت الأرض مستحصفة الظاهر صخرية كالجبال أو ما يقاربها كثرت وقويت حركة الهواء فيما يوجد من أغوارها وقد يكون لانهدام الجبال في أغوار من الأرض فتزلزلها ويكون ذلك في زلزلة على أثر زلزلة على الأكثر وقد يسمع دوي الريح في خروجها من الأرض بانشقاقها ويكون له صوت شديد جدًا، فإن لم يكن في البلاد الجبلية أغوار عظيمة لم توجد فيها الزلازل، وإن وجدت الأغوار العظيمة في الأرض المستحصفة كانت فيها الزلازل أعظم فأكثر على الأقل فقد تتزلزل أراضٍ فتنخسف فيها خسفات تظهر فيها مياه في أغوار الخسوف»[2]. وإذا لم تجد الزلزلة مخرجًا لها بقيت في جوف الأرض فتتكاثف بخاراتها لتتحول بعد طول الزمن إلى أكثر كثافة بفعل اختلاطها بالمعادن، فتكون منها ضروب من الجواهر المعدنية[3].

لقد أدرك **العلماء العرب** أهمية الحرارة الداخلية في باطن الأرض في تكوين المعادن وامتزاجها، وحاولوا إيجاد نظرية مقبولة تفسر طريقة تكوين المعادن واختلافها واختلاف

---

(1) المصدر السابق، مج2، ص94. (المؤلف)

(2) يُراجع، أبو البركات البغدادي، المعتبر في الحكمة، ج2، ص221. (المؤلف)

(3) يُراجع، رسائل إخوان الصفا، مج2، ص97. (المؤلف)

خواصها، فاعتقدوا أن لكل بقعة من بقاع الأرض ما يخصها من المعادن، فإذا وجدت بعض المعادن في بقعة ما فلأن هذه البقعة هي منبت هذه المعادن، فلكل نوع من المعادن بقعة مخصوصة وتربة معروفة، وأن المعادن تتكون في باطن الأرض نتيجة للبخارات المحتبسة والرطوبات وحرارة المعدن واختلاطها بالتربة، فإذا ما نضجت بفعل الحرارة وطول الزمن وُجِد منها الزئبق والكبريت أولًا.

وبذلك نكون أمام نظرية واضحة المعالم في تكوين المعادن الترابية تقوم على أساس أن الزئبق والكبريت قوام كل المعادن، وأن تكوين المعادن واختلافها ما هو إلا بأسباب أو عوامل، فاختلاف نسبة الزئبق والكبريت في المقدار واختلافها من حيث النقاوة والرداءة، والحرارة والبرودة، وعوامل مسؤولة عن تنوع المعادن، وهكذا نستطيع أن نميز في النظرية عدة عوامل مسببة في اختلافات الجواهر المعدنية الترابية، منها ما يتعلق بالكم ومنها ما يتعلق بالكيف، وهي:

1. تختلف المعادن بعضها عن بعض بمقدار نسبة كل من الزئبق والكبريت من زيادة ونقصان.
2. تختلف المعادن بعضها عن بعض في درجة الحرارة من حيث الشدة والضعف.
3. تختلف المعادن بعضها عن بعض في النضج أو عدمه، فقد يعرض للأجزاء المتحدة من الزئبق والكبريت بردق قبل اتحادها أو أن تخرج عن الاعتدال.

وبالاستناد إلى هذه العوامل تفسر النظرية تكوين المعادن من الذهب والفضة والنحاس والرصاص والحديد والأُسْرُب[1] على النحو الآتي:

**الذهب**: يتكون هذا المعدن إذا كانت العوامل الثلاثة الداخلة في تكوينه معتدلة بمعنى:

1. أن يكون الزئبق صافيًا والكبريت نقيًا، وكانت النسبة لمقاديرهما هي النسبة الأفضل.
2. أن تكون الحرارة اللازمة لاتحادهما معتدلة في طبخها ونضجها.
3. ألا يعرض للأجزاء المتحدة من الزئبق والكبريت عارض من البرد واليبس قبل إنضاجها.

---

(1) الأُسْرُب: معدن مركب من الكربون وقليل من الحديد ومن مادة الكتابة في أقلام الرصاص. (المحقق)

فالمعادلة الكيميائية في تكوين الذهب بمقتضى النظرية تتخذ الصورة الآتية:

**الذهب** = اتحاد أجزاء زئبق صافي وكبريت نقي. (وكانت مقاديرهما على النسبة الأفضل، وكانت حرارة المعدن على الاعتدال، ولم يعرض لها عارض من البرد واليبس قبل الإنضاج).

**الفضة**: يتكون هذا المعدن من الزئبق والكبريت كذلك، ويختلف عن الذهب في عامل واحد هو أن الفضة تتكون نتيجة تعرض عملية الاتحاد للبرد قبل النضج.

فالمعادلة الكيميائية في تكوين الفضة بمقتضى النظرية تتخذ الصورة الآتية:

**الفضة** = اتحاد أجزاء زئبق صافٍ وكبريت نقي (وكانت مقاديرهما على النسبة الأفضل وعرض لها البرد قبل النضج).

**النحاس**: يتكون هذا المعدن من اتحاد الزئبق والكبريت غير النقيين، وذلك لاتحاد أجزاء ترابية فيهما، ومن فرط الحرارة حيث تصاب الأجزاء المتحدة باليبس.

والمعادلة الكيميائية في تكوين النحاس بمقتضى النظرية كما يأتي:

**النحاس**= اتحاد أجزاء من الزئبق والكبريت وأجزاء أرضية. (وكانت الحرارة شديدة جدًا فعرض لها اليبس).

**الرصاص**: يتكون هذا المعدن من اتحاد الزئبق والكبريت غير النقيين، ومن تَعَرُض الأجزاء للبرد قبل أن تتحد قبل النضج.

والمعادلة الكيميائية في تكوين الرصاص بمقتضى النظرية كما يأتي:

**الرصاص** = اتحاد أجزاء من الزئبق والكبريت وأجزاء ترابية. (وعُرِضَ للأجزاء المتحدة البرد قبل أن تتحد وقبل النضج).

**الحديد**: يتكون هذا المعدن من اتحاد الزئبق والكبريت مع زيادة الأجزاء الترابية وأن يَعْرِض البرد للأجزاء قبل النضج.

والمعادلة الكيميائية في تكوين الحديد بمقتضى النظرية كما يأتي:

**الحديد** = اتحاد أجزاء الزئبق والكبريت وأجزاء ترابية أكثر. (وعُرِضَ البرد للأجزاء المتحدة قبل النضج).

**الأُسْرُب**: يتكون هذا المعدن من زئبق أكثر وكبريت أقل وأجزاء ترابية كثيرة وكانت الحرارة ضعيفة.

والمعادلة الكيميائية في تكوين الأسرب بمقتضى النظرية كما يأتي:

**الأُسْرُب** = اتحاد أجزاء من الزئبق والكبريت وأجزاء ترابية أكثر (وأن يكون الزئبق أكثر والكبريت أقل والحرارة ضعيفة).

نلاحظ أن نظرية الزئبق والكبريت تطرح تدريجيًا في المعادن، فالزئبق والكبريت والذهب والفضة والنحاس والرصاص والحديد والأُسْرُب معادن ترابية، وأن الأجزاء الترابية ابتداءً من النحاس بينما يبقى الذهب والفضة خاليتين من الأجزاء الترابية، وأن الاختلاف بين المعادن يكمن في اختلاف العوامل الداخلة فيها[1].

ولا تسري هذه النظرية على الأحجار مثل: البلور والياقوت والعقيق وغيرها، فهي عند **العلماء العرب** تنعقد من مياه الأمطار وما يترشح في المغارات والكهوف والأودية من الجبال الصلدة والحجارة الصلبة، وتعمل الحرارة عملها في طبخها حتى تصير صلبة صافية.

## المبحث الثالث: طرق استخراج المعادن عند العلماء العرب

كما بحث **العلماء العرب** في المعادن والأمكنة التي توجد فيها، وأنواع التربة والصخور التي تظهر فيها، وطرق استخراجها وتعدينها، فالزئبق يوجد في المعادن مُبَدَدًا في التربة، وقد «يستخرج من أحجار حُمر تحمى في الكُوَرّ حتى ينشقوا ويتدحرج الزئبق من البزال، ومنهم من يدقها ويقطرها في آلات على هيئة التقطير بالقرع والإنبيق، فيتجمع الزئبق في القابلة»[2].

أما الكبريت فمنه النقي والرديء، ومنه الأبيض والأحمر، ويقصد بالكبريت النقي ما كان خاليًا من العناصر الترابية ونحوها، وبقصد بالكبريت غير النقي أو الرديء ما كان مخالطًا لأجزاء ترابية وتنحوها، بحيث يعسر بالتصفية تخليصه مما علق ومن مواد غريبة،

---

(1) إنّ نظرية تكوين المعادن من الكبريت والزئبق مقبولة عند عدد من العلماء العرب المشتغلين بعلم الكيمياء أمثال: جابر بن حيان وابن سينا وإخوان الصفا وغيرهم. (المؤلف)

(2) يُراجع، البيروني، الجماهر في معرفة الجواهر، ص231. (المؤلف)

ويدخل الكبريت الأبيض مع الزئبق النقي في تكوين الفضة، بينما يدخل الكبريت الأحمر والزئبق النقي في تكوين الذهب.

والذهب من الفلزات الثمينة، وقد اشتغل **العلماء العرب** في البحث عن مصادره وكيفية تصفيته، واستخدامه في الحُلِي والتزويق والنقود وغير ذلك من الاستخدامات كالسبائك، وقد صنف **ابن بعرة الذهبي الكاملي** الذهب إلى ثلاثة أصناف هي: معدني، وتربة، ونبات. «فأما المعدني فهو الذي خلقه الله تعالى في الحجر يشبه العروق المفرعة فيه، وهو بالمغرب، وأما التربة فهي التبر[1] المشبه بالجص والرمل، وأما النبات فهو الذي ينبت في بحر النيل خلف جبال القمر ولطيف هذا النبات يحمله النيل إلى أرض أسوان يجمع ترابها منه، وهو ظاهر في الفخار الأسواني إذا تأملته كالدر اللطيف»[2].

ويذكر **البيروني** طريقة استخراج الذهب من الأحجار بقوله: «وربما كان الذهب متحدًا بالحجر كأنه مسبوك معه فاحتيج إلى دقه، والطواحين تسحقه، إلا أن دقه بالمشاجن أصوب وأبلغ في تجويده حتى يقال إنه يزيده حمرة، وذلك أنه إن صدق مستغرب عجيب، والمشاجن هي الحجارة المشدودة على أعمدة الجوازات المنصوبة على الماء الجاري للدق كالحال بسمرقند في دق القُنْب[3] للكواغد، وإذا اندق جوهر الذهب أو انطحن غسل عن حجارته وجمع الذهب بالزئبق ثم عُصِرَ في قطعة جلد حتى يخرج الزئبق من مسامه، ويطير ما يبقى منه بالنار فيسمى ذهبًا زئبقيًا ومزبقًا»[4].

وتوجد عدة طرق أخرى في استخراج الذهب من الأحجار أو إذا كان الذهب مختلطًا بالمعادن الأخرى مثل الفضة ونحوهما، منها طريقة التشوية وطريقة الإذابة، ويقصد بالتشوية تعريض الحجارة إلى النار فينفصل الذهب عن الأتربة والمواد العالقة، ويقصد بالإذابة استخدام مواد مذيبة للذهب لتصفيته، وهي أدوية حادة تذيب الذهب ولا تؤثر على الأتربة

(1) التبر: الذهب غير المضروب أو غير المصوغ، والواحدة تبرة. (المحقق)

(2) يُراجع، منصور بن بعرة الذهبي، كشف الأسرار العلمية بدار الضرب المصرية، تحقيق عبد الرحمن فهمي، القاهرة 1966، ص51. (المؤلف)

(3) القُنْب: الشِّراع العظيم، ما يدخل فيه الأسد ونحوه مخلبه، والجمع أقناب. (المحقق)

(4) يُراجع، البيروني، الجماهر في معرفة الجواهر، ص234. (المؤلف)

والمواد العالقة، وقد استخدم العلماء العرب طريقة تنقية الذهب بالمواد الحادة لأغراض علمية منها قياس الوزن النوعي، كما استخدمت هذه الطريقة لقياس الوزن النوعي للفضة، وقد لجأ العالِم العربي إلى هذه الطريقة في تصفية الذهب والفضة بغية الحصول على ذهب صافي خالي من الشوائب، والحصول على فضة نقية لتكون النتائج العلمية التي يتوصل إليها دقيقة جدًا[1].

وطريقة تلغيم الذهب بالزئبق من أجل تنقية الذهب والحصول عليه هي نفسها مستخدمة في استخراج الفضة من الأتربة والشوائب، فإذا كانت الفضة ممتزجة بالذهب فإن طريقة التعليق من الطرق المستخدمة للفصل بينهما، وخلاصتها أن يوضع الخليط في أتون تحت نار قوية ونفصل الذهب عن تراب التعليق الذي يحتوي الفضة، وتستخرج الفضة منه، وهي فضة تعليق أول ليلة، ثم يعلق الذهب مرة أخرى لليلة ثانية ونستخرج الفضة من ترابه وهي فضة تعليق الليلة الثانية، ويستمر العمل بهذه الطريقة حتى لا يخرج من تراب التعليق معدن الفضة، وتتم طريقة استخراج الفضة من تراب التعليق على النحو الآتي: «يتخذ لذلك صلابة مقعرة من حجر مانع وفهر مانع ملء اليد، ثم يجعل فيها تراب التعليق أول ليلة بمفردها، وتنديه بقليل ماء وتسحقه بالفهر سحقًا قويًا إلى أن تحقق نعومته، فتجعل عليه من الزئبق ما أردت وأنت ملازم السحق إلى أن تعلم أن جميع ما في جسم ذلك التراب من الفضة قد علق بالزئبق، فعند ذلك تفيض عليه الماء، وتغسله، وتصفي عنه الماء، وتحترز أن يخرج من الزئبق في الماء شيء، ثم تجعل الزئبق في رق وتلويه ليًا قويًا، وتعصره فيخرج الزئبق من مسام الرق، وتبقى الفضة كالجوزة، فاجعلها على شقفة فوق النار فإن الزئبق الذي قد بقي مع الفضة يفارقها، ثم تسبك، وتعرف وزنها، وتكتب عليها فضة تعليق أول ليلة، ثم تفعل بجميع الأتربة كذلك على التوالي»[2].

ولمعدن الزئبق خواص وصفات ذكرها العلماء العرب في مؤلفاتهم الكيمياوية ومصنفاتهم في المعادن والأحجار، وقد تفوق **البيروني** على غيره من العلماء في حصر

---

(1) يُراجع، الخازني، ميزان الحكمة، مصدر سبق ذكره، ص60-61. (المؤلف)

(2) يُراجع، ابن بعرة الذهبي، كشف الأسرار العلمية، ص57. (المؤلف)

جميع الخصائص المعروفة للزئبق في كتابه الجماهر في معرفة الجواهر[1]. وفيما يلي أبرز هذه الخواص:

1. يفر الزئبق من النار بمعنى أن النار تعمل على تبخير الزئبق، وقد أشار الكيميائيون الأوائل إلى هذه الخاصية، فاعتبره جابر بن حيان من الأرواح أُسوة بالكبريت والزرنيخ والنشادر والكافور والدهن[2].
2. الزئبق مادة سامة «تفسد رائحته الصناع والصاغة وتؤدي بهم إلى التهيج والتورم والفالج»[3].
3. يستخدم الزئبق في ملغمة المعادن، وأن نجاره يملغم الذهب، «والزئبق غواص في الأجساد الذائبة بسهولة وفي الحديد بعسرٍ، كَسار للذهب، مفتت إياه بجرمه، وبرائحته إن فاحت من النار وأَمرتها ريح على ذهب بعيد عنه»[4]، ويذكر **إخوان الصفا** خواص الزئبق بقولهم: «أما الزئبق فهو جسم رطب سيال يطير إذا أصابته حرارة النار، لا صبر له على النار، وهو يخالط الأجسام المعدنية بالتدبير، ويرخيها ويكسرها ويوهنها، فإذا أصابت تلك الأجسام حرارة النار طار الزئبق ورجع إلى حالته الأولى صلبًا كما كان»[5].
4. يتكون الزُّنجُفْر[6] من مزاوجة الزئبق مع الكبريت في النار (ويقصد بالزنجفر كبرتيد الزئبق).
5. يقول **البيروني** في ثقل الزئبق ووزنه النوعي إن جميع الأحجار تطفوا على وجه الزئبق ما خلا الذهب فإنه يرسب فيه بفضل الثقل، واتخذ البيروني من الذهب أساسًا لقياس الأوزان النوعية للمعادن، فجعل مائة مثقال من الذهب الإبريز

---

(1) يُراجع، البيروني، الجماهر في معرفة الجواهر، ص229-231. (المؤلف)

(2) يُراجع، المختار من رسائل جابر، ص61. (المؤلف)

(3) يراجع، البيروني، الجماهر في معرفة الجواهر، ص229.

(4) المصدر السابق، ص229. هكذا وردت في النص..

(5) يُراجع، إخوان الصفا، الرسائل، مج2، ص120. (المؤلف)

(6) الزُّنجُفْر: معدن متفتت بصّاص حاصل من ازدواج الزئبق بالكبريت ومسحوقه أحمر ناصع يستعمله المصورون. (المحقق)

قطبًا ليستدل على أوزان غيره من الفلزات، فكان الزئبق المساوي لحجم الذهب واحدًا وسبعين من القطب.

وازداد اهتمام **العلماء العرب** بالذهب والفضة لأنهما من المعادن الثمينة من جهة وطلب ذوي الجاه والسلطان والأغنياء عليهما من جهة أخرى، ولكن الأهم من وجهة النظر العلمية هو اتخاذ **العلماء العرب** الذهب أساسًا يقيسون عليه جميع المعادن من حيث أوزانها النوعية، كما أن تنقية الذهب وبقية المعادن كان من الضرورات العلمية لمعرفة الوزن النوعي لكل معدن قياسًا بالذهب بصورة دقيقة وتامة، ويذكر **البيروني** الكيفية التي يوجد فيها في الطبيعة فيذكر أن منه ما يعثر عليه حرًا في الطبيعة فيقول: «والجيد المختار يسمى لُقطًا، لأنه يُلقط من المعدن قطاعًا يسمى ركازًا، وأركز المعدن إذا فيه القطع سواء معدن فضة أو ذهب، وربما لم يخلُ من شوب ما فخلصته التصفية حتى اتصف بالإبريز لخلاصه»[1]. ويذكر أن منه ما كان متحدًا بالحجر المسبوك معه، وفي هذه الحالة تحتاج تصفيته عدة عمليات منها سحقه بالمشاجن ثم غسله لإزالة حجارته، ثم جمع الذهب بالزئبق بواسطة ملغمته، ثم عصره بقطعة جلد لتخليصه من الزئبق، ثم وضعه على النار ليطير منه ما تبقى من الزئبق، ولمعدن الذهب خواص وصفات تذكرها كتب **علماء الكيمياء والمعادن العرب**، ومن أبرزها:

1. يذوب الذهب في المواد الحادة حتى يصبح محلولًا، «والذهب المحلول عند الكيميائيين يكون في زجاجة ماء أصفر رجراجًا قد زالت ذهبيته»[2].
2. إن الذهب يذوب بالحرارة لكنه لا يحترق، وعلة ذلك أن النار لا تفرق بين أجزاء الذهب لشدة اتحاد أجزائه بعضها ببعض.
3. يقبل الذهب الطرق لأنه لا يتفتت، فتُعمل منه الشرائط والخيوط الطويلة الرقيقة إذ يستخدم لأغراض الزينة والصناعة والطب والمعالجة.
4. ولتعلق الزئبق بالذهب يستخدم لتذهيب الدروع والخوذ وأدوات الزينة وغير ذلك من الأشياء التي تصنع من الحديد، لأن الزئبق وحده لا يتعلق بالحديد، فيذهب الحديد أولًا ثم يفضض بملاغم الفضة ثانيًا.

---

(1) يُراجع، البيروني، كتاب الجماهر، ص233. (المؤلف)

(2) المصدر السابق، ص235. (المؤلف)

5. إن الوزن النوعي للذهب قياسًا بغيره هو كما ذكره البيروني بقوله «ومتى وازى الذهب غيره في الوزن لم يساو حجمه، وسنجات العيار في الأغلب تكون من حديد، ونسبة حجم الحديد إلى حجم الذهب المتساويين في الوزن نسبة مائة واحد وخمسين إلى ثلاثة وستين»[1].

أما الفضة فهو الآخر معدن ثمين درس **العلماء العرب** بعض خواصه، وازداد الاهتمام بالفضة من الناحيتين العملية والعلمية، فهي مثل الذهب تستخدم في صناعة الحلي والأواني وتُصْنَعْ منها الخيوط الفضية نظرًا لقبولها للطرق دون تفتت، كما استخدمت في صناعة السبائك مع المعادن الأخرى، واستعملت في ضرب النقود، وقد عرف **العلماء العرب** أن الفضة قد توجد حرة في الطبيعة كما توجد مع معادن أخرى، وأن تنقيتها من الشوائب وفصلها من المعادن هو غاية الصانع والعالِم بغية الحصول على فضة نقية، فكانت طريقة الملغمة إحدى الطرق المستخدمة في تنقية الفضة كما ذكرنا آنفًا، وقد لخص **إخوان الصفا** خصائص الفضة بالقول: «وأما الفضة فإنها أقرب الجواهر الذائبة إلى الذهب، وهي باردة لينة معتدلة، وهي في قسمة القمر، فإذا طرح عليها المس (وهو النحاس) أو الرصاص عند السبك امتزجت بهما، وإذا خلصت منها تخلصت، ويسودها الكبريت ويكسرها الزئبق، ويحسن لونها البورق، ويُعِينْ على سبكها ويدفع عنها إحراق النار، وإذا سحقت وأُدخلت الأدوية المشروبة نفعت من الرطوبة اللزجة، وهي تحترق بالنار إذا ألحت عليها، وتبلى في التراب بطول الزمان»[2].

أما الوزن النوعي للفضة فيذكر **البيروني** «أن وزن الفضة المساوية لقطب الذهب هو أربعة وخمسون ونصف ثمن»[3]. وبعملية حسابية بسيطة يظهر لنا أن الوزن النوعي للفضة هو 54,625 مثقالًا.

أما النحاس فهو من المعادن التي اهتم بها **العلماء العرب** وذلك بدراسة خواصه وما يمتاز به من أهمية في الصناعة، فيستخدم في لحام الحديد، كما يستخدم في صناعة السبائك،

---

(1) المصدر السابق، ص235-236. (المؤلف)

(2) يُراجع، رسائل إخوان الصفا، مج2، ص118. (المؤلف)

(3) يُراجع، البيروني، كتاب الجماهر، ص244. (المؤلف)

فيخلط بالفضة وبالذهب وبمعادن أخرى، وقد ذكر البيروني خامات النحاس وأنواعه، منها نحاس الحملان يتميز أنه «في غاية اللين قليل السواد في الإحماء لا يصلب الفضة إذا حُمِلَ عليها فيقال إن ذلك لذهب فيه»[1]. ومن هذا النص ومن غيره يتضح لنا أن النحاس موجود مع الذهب كما هو موجود مع الفضة، والنوع الآخر من خامات النحاس ما يعرف «بمعدن (بناوكزدم) لما فيه من العقارب القتالة، تخلص ذهبه أحيانًا، ويخلط مع النحاس أحيانًا، وربما وجدا فيه متمايزين، لكن ذلك النحاس لا يخلو عن ذهب ما فيه، ويخلص منه بالإحراق»[2]. وفي هذا النص إشارة واضحة إلى اشتراك الذهب مع النحاس، وأن طريقة تخليص النحاس من الذهب تتم بالتسخين أو بالإحراق.

أما خواص النحاس كما تذكر ذلك المؤلفات العربية في الطب والكيمياء والمعادن فيمكن تلخيص أبرزها كما يأتي:

1. إذا أُدنِيَ النحاس من الحموضات أخرج زنجارًا[3]، والنحاس يتزنجر بالخل[4]. ومن المعروف أن **الكيميائيين العرب** قد حَضَّروا الزنجار من وضع صفائح النحاس في الخَل مدة من الزمن، فيصير المحلول أخضر اللون، وعندئذ يكون الزنجار في هذه الحالة خلات النحاس القاعدية.

2. إذا أُحرقَ النحاس مع الكبريت كان الناتج بلون الذهب هو كبريتيد النحاس، وقد أطلق عليه **الكيميائيون العرب** اسم ماء الذهب، واستعمل في الكتابة.

3. يدخل النحاس في صناعة السبائك، وتسمى سبائك النحاس مع بعض الفلزات الأخرى بالمرقشيا، ومنها المرقشيا الذهبية، والمرقشيا الفضية.

4. ويذكر **إخوان الصفا** خواص النحاس السُمِّيَة بقولهم «ومن أدمن الأكل والشراب في أواني النحاس أفسد مزاجه، وعرضت له أعراض كثيرة شديدة، فإذا أُدنيت

(1) المصدر السابق، ص245. (المؤلف)

(2) المصدر السابق، ص245. (المؤلف)

(3) يُراجع، رسائل إخوان الصفا، مج2، ص119. (المؤلف)

(4) يُراجع، البيروني، كتاب الجماهر، ص246. (المؤلف)

أواني النحاس من السمك شم لها رائحة منتنة، وإن كُبت آنية النحاس على سمك مشوي أو مطبوخ بحرارتها صار سمكًا قاتلًا»[1].

5. ويذكر **البيروني** الوزن النوعي للنحاس بقوله «ووزن النحاس عند قطب الذهب خمسة وأربعين ونصف وسدس»[2]. وبذلك يكون الوزن النوعي للنحاس 45,667 تقريبًا.

أما المعدن الآخر الذي أولاه العلماء العرب اهتمامهم هو الحديد، وهو على أجناس وأنواع، فمنه الحديد المطاوع الذي يصفونه بأنه لين رخو، ومنه الحديد الصلب، ويذكر **البيروني** هذين النوعين من الحديد وهما النرماهن وهو الحديد المطاوع، والشابرقان وهو الحديد الصلب، فيقول «والحديد معدنه ينقسم إلى صنفين أحدهما لين يسمى النرماهن ويلقب بالأُنوثة، والآخر صلب يسمى الشابرقان ويلقب بالذكورة لصرامته، وهو يقبل السقي مع تَأَبِيهِ لقليل انثناء، ثم ينقسم النرماهن مثله إلى ضربين أحدهما هو والآخر ماؤه السائل منه وقت الإذابة والتخليص من الحجارة ويسمى دوصًا، و**بالفارسية** أسته، وبنواحي **زابلستان** روي لسرعة خروجه وسبقه الحديد في الجريان، وهو صلب أبيض يضرب إلى الفضة»[3].

إلى جانب ذلك يوجد الفولاذ الذي يتم تخليصه من الحديد المطاوع (النرماهن) ومن مائِهِ، «وحال الفولاذ في تركيبه على قسمين إما أن يذاب ما في البوطقة من النرماهن ومائه ذوبًا سواء يتحدان به فلا يستبين أحدهما من الآخر، ويستصلح للمبارد وأمثالها - ومنه يسبق إلى الوهم أن الشابرقان من هذا النوع وبصنعة طبيعية تقبل لها السقي - وإما أن يخلف ذوب ما في البوطقة فلا يكل الامتزاج بينهما، بل يتجاوز أجزاؤهما فيرى كل جزء من لونيهما على حدة عيانًا يسمى فرندا»[4].

وفيما يلي ما عرفه العلماء العرب عن الحديد وخواصه:

1. يدخل الحديد في صناعة السبائك، وأن السبيكة المصنوعة من الحديد والزرنيخ

---

(1) يُراجع، رسائل إخوان الصفا، مج2، ص119. (المؤلف)

(2) يُراجع، البيروني، كتاب الجماهر، ص246. (المؤلف)

(3) المصدر السابق، ص248. (المؤلف)

(4) المصدر السابق، ص252. (المؤلف)

تنصهر بسرعة قياسًا بانصهار الحديد وحده، ومن ذلك قول أصحاب الصنعة «إنهم يلينون الحديد بالزرنيخ حتى ينذاب في سرعة ذوبان الرصاص»[1].

2. تعامل **الكيميائيون العرب** مع أكاسيد الحديد، فتحدثوا عن صدأ الحديد ولونه الذي يميل إلى لون الزعفران، واحتراز إصابة الصدأ للحديد عند تعرضه للرطوبة واختلاف وزنه نتيجة لذلك عند حساب وزنه النوعي[2].
3. استحضر **الكيميائيون العرب** الدوص وهو ماء الحديد وذلك بإضافة الأحماض المعدنية إلى خام الحديد. وبناء على ذلك تم تحضير كبريتات الحديدوز (الزاج الأخضر)، من إضافة حامض الكبريتيك إلى خام الحديد.
4. يذكر **البيروني** الوزن النوعي للحديد، بقوله «ووزنه بالقياس إلى قطب الذهب أحد وأربعون وثلث»[3]، وبعبارة أخرى: إن وزنه النوعي قياسًا بالذهب يعادل 41,333 مثقالاً.

وتذكر **المصادر العربية في الكيمياء والمعادن** معدن الأُسرب ومعدن الرصاص وتضع لكل منهما وزنه النوعي، بينما نجد **البيروني** يذكر الرصاص في كلامه عن المعادن الأخرى ولا يفرد له مكانًا بارزًا في كتابه الجماهر في معرفة الجواهر، ويتحدث بإسهاب عن معدن الأُسرب. والذي يبدو من الوصف لمعدن الأُسرب ووزنه النوعي وخواصه أن **البيروني** قصد به الرصاص، وأن ما ذَكَرَتْهُ المصادر العربية من خواص فضلًا عن الوزن النوعي للرصاص إن هو إلا القصدير.

يستخرج الرصاص من تُراب مخصوص ومن أحجار من معدنه[4]، ويصنع الإسفيداج من تعليق صفائح الرصاص في الخل، وفي ذلك يذكر **البيروني** ما نصه: «ومنه يعمل الإسفيداج بتعليق صفائحه في الخل ولفها في تفل العنب وحجمه بعد العَصِر، فإن الإسفيداج يعلوه علو الزنجار على النحاس وينحت عنها»[5]. ومن المعروف كيمياويًا أن معاملة صفائح الرصاص

(1) المصدر السابق، ص201. (المؤلف)

(2) يُراجع، الخازني، ميزان الحكمة، ص62. (المؤلف)

(3) يُراجع، البيروني، كتاب الجماهر، ص251. (المؤلف)

(4) المصدر السابق، ص258. (المؤلف)

(5) المصدر السابق، ص260. (المؤلف)

بالخل ينتج خلات الرصاص وأن التسخين الشديد لخلات الرصاص يعطي كاربونات الرصاص القاعدية. ويذكر **البيروني** الوزن النوعي للرصاص بقوله: «ووزنه النوعي عند قطب الذهب ستون وثمن»[1]. وبعبارة أخرى: أن الوزن النوعي للرصاص قياسًا بالذهب يعادل 60,125 مثقالًا.

لقد ذكرنا في معرض شرحنا للمعادن أوزانها النوعية كما جاءت في كتاب **البيروني**، الجماهر في معرفة الجواهر، ولكن من المعروف أن موضوع أوزان المعادن قد استهوى عددًا غير قليل من **العلماء العرب**، وأن التجارب والتثبت من الأوزان النوعية قد تناولها أكثر من عالِم وأكثر من كتاب.

ففي كتاب ميزان الحكمة **لعبد الرحمن الخازني** مقالة اختصت بالأوزان النوعية للمعادن والأحجار، وهي المقالة الثالثة التي جاءت في صدرها العبارة الآتية: (في النسب بين الفلزات والجواهر في الحجم **لأبي الريحان البيروني**»، وهذه النسب كما يذكر **الخازني** نتف كتاب النسب بين الفلزات والجواهر في الحجم **للبيروني**، والطريف فيما أورده **الخازني** أنه ذكر مجموعة من الجداول: جدول في أوزان المعادن قياسًا بمائة مثقال ذهب، وجدول مياه المعادن المساوية لمائة مثقال، وجدول أوزان المعادن المتساوية الجثث، وجدول لأوزان المائية لمائة مثقال هوائية.

وتناول **عماد الدين الخوام البغدادي** في رسالته الفوائد البهية في القواعد الحسابية، جدولين في نسب الفلزات والجواهر وبعض المائعات، وشرح **كمال الدين الفارسي** الرسالة البهائية، كما تناول **جمشيد غياث الدين الكاشي** (ت1249م)، موضوع الأوزان في كتابه مفتاح الحساب، فانتقد وصحح ما ورد في النسخ لمؤَلَف **الخوام** ومؤَلَف **الفارسي**. فقال: «وقد أورد الحكيم المحقق **عماد الدين خوام البغدادي** تغمده الله تعالى بغفرانه في الرسالة البهائية جدولين في نسب الفلزات والجواهر، وبعض المائعات متخرجين عن كتاب ميزان الحكمة، وهما غير صحيحين في كثير من النسخ التي طالعتها بسهو الناسخين، ولم يتعرض لذلك أحد من شارحيه. وقال **الفاضل المحقق كمال الدين الفارسي** في الشرح أن

---

(1) المصدر السابق، ص258. (المؤلف)

لا سبيل لنا إلى تصحيح الجداول، ونحن صححناها عن كتاب ميزان الحكمة، وذكرنا كيفية استخراجها أيضًا لمن أراد امتحانها»[1].

وإذا عقدنا مقارنة بين الأوزان النوعية **للبيروني في** كتاب الجماهر، وما ذكره **الخازني** في كتابه ميزان الحكمة لوجدنا بعض الاختلافات، وأول هذه الاختلافات أن جدول **الخازني** ابتدأ بالأثقل من المعادن وهو الذهب ثم الأخف فالأخف، فكان جدوله كما يأتي: الذهب، الزئبق، الأُسرب، الفضة، الصفر، النحاس، الشَبَهْ، الحديد، الرصاص[2].

وذكر **الخازني في** جداوله لأوزان: المثقال والدانق والطسوج، وذلك على أساس أن المثقال الواحد يعادل ستة دوانيق، والدانق الواحد يعادل أربعة طساسيج، بينما لم يظهر في كتاب الجماهر غير المثقال وأجزائه من الكسور، والاختلاف الآخر ما ظهر من تباين في الأوزان، لذلك وجدت من الأفضل ذكر هذه الأوزان كما وردت في كتاب الجماهر وكتاب ميزان الحكمة، والاقتصار على ذكر المعادن الخالصة دون السبائك مثل الصفر والشَبَهْ.

**جدول أوزان المعادن بالنسبة لمائة مثقال ذهب**

| المعدن | في كتاب الجماهر | في كتاب ميزان الحكمة | الوزن بالطساسيج |
|---|---|---|---|
| الذهب | 100 | 100 مثقال | 2400 |
| الزئبق | 71 | 71 ودانق واحد وطسوج واحد | 1709 |
| الأُسرب (الرصاص) | 60,125 | 59 ودانقان وطسوجان | 1426 |
| الفضة | 54,625 | 54 وطسوجان | 1298 |
| النحاس | 45,625 | 45 ودانقان | 1092 |
| الحديد | 41,333 | 40 وثلاثة دوانيق وثلاثة طسوج | 975 |
| الرصاص (القصدير) | | 38 ودانقان وطسوجان | 922 |

ويختلف هذا الجدول عن الجدول الذي ذكره **الكاشي** في كتابه مفتاح الحساب[3]،

(1) يُراجع، الكاشي، مفتاح الحساب، مصدر سبق ذكره، ص173. (المؤلف)

(2) يُراجع، الخازني، ميزان الحكمة، ص63، (الشكل السادس عشر). (المؤلف)

(3) يُراجع، الكاشي، مفتاح الحساب، ص174. (المؤلف)

في بعض الأوزان ويتفق في أخرى مع ما ورد في كتاب ميزان الحكمة، فوزن الذهب بالطساسيج يعادل 2400، ووزن الزئبق 1718، وهذا اختلاف في وزنه عما ورد في ميزان الحكمة، ووزن الأُسرب 1426، ووزن الفضة 1299، وهذا اختلاف بسيط في وزنها عما ورد في ميزان الحكمة، ووزن النحاس 1091، وهذا اختلاف بسيط كذلك، ووزن الحديد 975، ووزن القصدير 921، وهذا اختلاف بسيط كذلك.

أما الأوزان النوعية للمعادن قياسًا بالماء فقد استخدمت الآلة المخروطة **للبيروني** مع مراعاة بعض الشروط العلمية منها تصفية المعادن وتكرار التجربة لعدة مرات وحساب معدل النتائج، وفيما يلي الطريقة والنتائج كما وردت في كتاب كيزان الحكمة.

**الذهب**: صَفَيْتَهُ بأدويته الحادة مرات حتى عسر ذوبه وأسرع جموده، وقل بالمحك تشبثه ثم امتحنته عشر مرات بأوزان مختلفة مستشهدًا ببعضها على بعض عند صرفها إلى مقدار واحد وهو المائة مثقال، فاختلف الحكم في المياه مع المبالغة في تدقيق العمل، وذلك أن مقتضى جميعها وقع بين خمسة مثاقيل ودانق وطسوج وبين خمسة مثاقيل ودانقين، وأوجب الاحتياط أن أقف بين الحدين خمسة مثاقيل ودانقًا وطسوجين احتياطًا لما غشي على ميزاب الآلة من نداوة لم تقطر.

**الزئبق**: هذا وإن لم يكن من الفلزات فإنه أُمها عند من يتكلم على المعادن، والكبريت أبوها، وليس بتماسك الأجزاء ولا صابر على النار، بل فرار عنها، ولذلك لم يكن استعمال شيء منها في وزن حجمه غير آلات الماء، وقد صفيته بالأثواب الصفيقة المضاعفة بالطي مرات لزابله ما غش الفم به من أسرف حتى صُفي ثم اعتبرته في الآلة بمرات، وصرفت المقادير إلى المائة، فكان أول حدود مائها سبعة مثاقيل ودانقًا وطسوجًا وربع طسوج، وآخرها سبعة مثاقيل ودانقين وطسوجين وخمسة أسداس طسوج، وتعاون أكثرها على سبعة مثاقيل ودانقين وطسوج فأخذنا به.

**الأُسرب**: وهو الآنك وقد خلصته عن خبثه، فكان أول حدود مياه المائة ثمانية مثاقيل وأربعة دوانيق وطسوج، وآخر حدودها تسعة مثاقيل فأخذت ما بينها ثمانية مثاقيل وخمسة دوانيق.

**الفضة**: سلكت في تصفيتها ما سلكت في الذهب، واعتبرتها مرات فألفيت أول حدود

مائها للمائة تسعة مثاقيل وثلاثة دوانيق وطسوجين، وآخر حدودها تسعة مثاقيل وأربعة دوانيق وطسوجين، وأوجب الاحتياط أخذه تسعة مثاقيل وأربعة دوانيق وطسوجًا.

**النحاس**: صغته من أوساخ اللحام واعتبرته مرارًا أقبلت مقادير مياه المائة فيها من أحد عشر مثقالًا ودانق إلى عشرة مثاقيل وأربعة دوانيق وطسوج، ووقع الاختيار على أحد عشر مثقالًا وثلاثة دوانيق وطسوج.

**الحديد**: أخذت خالصًا من توباله وخبثه، وأملكت عجنه بالطرق المتين وتشديد الإيقاد، واعتبرت أنواعه فتردد ماء المائة فيها بين أثني عشر مثقالًا وثلاثة دوانيق وثلاثة طساسيج، وتضافرت محققاتها على اثني عشر مثقالًا وخمس دوانيق وطسوجين فجعلناها قانونًا.

**الرصاص**: اخترته تام الصرير قلعيًا مجلوبًا من كله في ختمه غير مغشوش بشيء، وامتحنته مرارًا فابتدأ ماء المائة فيها من ثلاثة عشر مثقالًا ودانقين وطسوج إلى ثلاثة عشر مثقالًا وخمس دوانيق وطسوج، وحامت صوادقها المدققة حول ثلاثة عشر مثقالًا وأربعة دوانيق فاعتمدناه(1).

وفي أدناه جدول للنتائج التي تم الحصول عليها من أوزان حجوم المياه كما ورد في ميزان الحكمة:

**جدول مياه ما تساوي حجم مائة مثقال**

| أسماء الفلزات | مثاقيل | دوانيق | طساسيج | طساسيج أوزان هذه المياه | أرقام طساسيج |
|---|---|---|---|---|---|
| الذهب | خمسة | واحد | اثنان | 126 | 126 |
| الزئبق | سبعة | اثنان | واحد | 177 | 177 |
| الأُسرب | ثمانية | خمسة | لا شيء | 212 | 212 |
| الفضة | تسعة | أربعة | واحد | 233 | 233 |
| النحاس | أحد عشر | ثلاثة | لا شيء | 276 | 276 |
| الحديد | ثلاثة عشر | أربعة | لا شيء | 310 | 310 |
| الرصاص | أربعة عشر | أربعة | لا شيء | 328 | 328 |

(1) يُراجع، الخازني، ميزان الحكمة، ص60-62. (المؤلف)

إذا دققنا في هذا الجدول وجدنا اختلافًا بالنسبة للنحاس، إذ كانت النتيجة أحد عشر مثقالًا وخمسة دوانيق وطسوج، بينما ورد في الجدول أحد عشر مثقالًا وثلاثة دوانيق من دون ذكر الطساسيج، وقد ذكر الكاشي في كتابه مفتاح الحساب نتائج تتفق مع ما جاء في الجدول، ولذلك يكون حساب الوزن النوعي لكل فلز بناء على ما جاء في الجدول من نتائج.

ولما كان وزن كل معدن في الهواء من المعادن التي نريد معرفة أوزانها النوعية بالنسبة للماء هو مائة مثقال، أي ما يعادل 2400 طساسيج، وأن وزن حجم الماء المزاح لكل معدن مثبت في الجدول بالطساسيج كذلك، فإن حساب الوزن النوعي لأي معدن قياسًا بالماء يكون بتطبيق القاعدة المعروفة:

الوزن النوعي للمعدن = وزنه في الهواء/ وزن حجم السائل المزاح

وبذلك نحصل على الأوزان النوعية للمعادن بالنسبة للماء وهي:

| | |
|---|---|
| الذهب | 19,047 |
| الزئبق | 13,559 |
| الأُسرب | 11,320 |
| الفضة | 10,300 |
| النحاس | 8,695 |
| الحديد | 7,741 |
| القصدير | 7,317 |

## المبحث الرابع: دراسة الأحجار عند العلماء العرب

تناول **العلماء العرب** موضوع الأحجار بالدراسة والبحث والتدقيق، فساهم بذلك عدد غير قليل من الكيميائيين والطبيعيين والفلاسفة، يدل على ما وصلنا من مصنفاتهم في هذا الباب، التي تثبت من دون شك دقة في الملاحظة واعتماد التجارب أساسًا لاستنباط النتائج والتحقق منها.

نعرض في هذا المبحث الخطوط العريضة ابتداءً بالنظرية العامة في تكوين الأحجار وانتهاءً بأوزانها النوعية مع التأكيد على الطريقة العلمية المتبعة في مباحث الأحجار.

ومبحث الأحجار يشمل الجواهر الحجرية والحيوانية والنباتية، فمن الجواهر الحجرية البلور والياقوت والماس وما شاكلها، ومن الجواهر الحيوانية كما هو معروف اللؤلؤ، ومن الجواهر النباتية البسذ أو البسد. وقد عرض **إخوان الصفا** نظرية عامة في تكوين الجواهر الحجرية هي: «وأما الجواهر الحجرية مثل: البلور والياقوت والزبرجد والعقيق وما شاكلها من التي لا تذوب بالنار، فإنها تنعقد من مياه الأمطار والأنداء التي ترشح في تك المغارات والكهوف والأودية التي من الجبال الصلدة والأحجار الصلبة، ولا يخالطها شيء من الأجزاء الترابية والطين، بل بطول الزمان كلما طال وقوفها هناك، ازدادت المياه بقاءً وثقلًا وغلظًا، وحرارة المعدن دائمًا في نضجها وطبخها، حتى تنعقد وتصير حجارة صلبة صافية، وتكون ألوانها وصفاءها ورزانتها بحسب أنوار الكواكب المتوالية لذلك الجنس من الجواهر، ومطارح شعاعاتها على تلك البقاع المختصة»[1].

أما اللؤلؤ فإنه يتكون في حيوان المحار في البحر، وفي ذلك يقول **يوحنا بن ماسويه** «اللؤلؤ يكون في دابة في البحر جلدتها صدفتان ملتزقتان بلحم أسود ذات فم وأذنين، ولها شحم يلي الفم من داخل في عامة الصدفتين، والباقي رغوة ماء، وهي تكون صغارًا ثم تنشر وتعظم حتى تنتهي إلى الغاية من العظم»[2]. يرتقي المحار سطح البحر في الليل في وقت معين، ويفتح الصدفتين فيرشح في جوفه من ندى الهواء ورطوبة الجو، وتجتمع فيه قطرات من الماء العذب من ذلك الصقيع الذي يقع بالليل على النبت والحشيش، فإذا اكتفى ضم تينك الصدفتين على نفسه ضمًا شديدًا، مخافة أن يرشح فيه ماء البحر المالح، فتفسد تلك الرطوبة العذبة بما يخالطها من ملوحته، وينزل برفق إلى قرار البحور، فيسكن هناك زمانًا فإذا طال الزمان على تلك الرطوبة العذبة، غلظت وثقلت وصارت في قوام الزئبق، وتدحرجت

(1) يُراجع، إخوان الصفا، الرسائل، مج2، ص107. (المؤلف)

(2) يُراجع، يحيى بن ماسويه، الجواهر وصفاتها، تحقيق عماد عبد السلام رؤوف، القاهرة 1977، ص30. (المؤلف)

في جوفه بحركته فيصير حبات مستديرات، كما يصير الزئبق إذا تبدد وتدحرج، ثم على ممر الزمان تجمد وتنعقد وتصير دُرًا صغارًا وكبارًا»[1].

أما البسد فإن **المصادر العربية** تذكره من الشجر وأن شجرته تتحجر في جوف البحر، وهو طري في نشأته، ولكنه يتحجر، «وقال **الكندي** إن البسد شجرة خضراء في بحر **الإفرنجة** ذات أصل وفرع ثم تصلب وتتحجر إذا اخرج وتحمر، وربما كان منه قطعة تزن ستين مثقالًا ويسمى ذلك مرجانًا»[2].

تناولت **المصنفات العربية** عددًا كبيرًا من أنواع الأحجار، فذكر ابن ماسويه في كتابه الجواهر وصفاتها: اللؤلؤ والياقوت والألماس والخرين والكركند والأفلوج والزمرد والبسد والدهنج واللازورد والبجادي والمادينج والعقيق والبقراني والجزع والجمست والفيروزج والقبوري والكبريت الأحمر والاصفر وغيرها من الأوان. وذكرت مؤلفات أخرى غير هذه الجواهر مثل البلور والبازهر وعين الهر واللعل واليشم والمغناطيس وغيرها. ولكننا سنقتصر على ذكر بعضها مع بيان صفاتها وخواصها وأوزانها النوعية، وهي: الياقوت الأسمانجوني، والياقوت الأحمر، واللعل البدخشي، والزمرد، واللازورد، واللؤلؤ، والعقيق، والبسذ، والجزع، والبلور، والزجاج الفرعوني.

فالياقوت Corundum، من الأحجار المعروفة، وهو على أنواع باختلاف ألوانه، فمنه الياقوت الأحمر والياقوت الأصفر والياقوت الأسمانجوني والياقوت الأبيض، وقد ذكر **التيفاشي** هذه الأنواع بقوله: «أصول الياقوت أربعة أصناف: أحمر وأصفر وأسمانجوني وأبيض»[3].

ويذكر **التيفاشي** خواص الياقوت بالتفصيل متبعًا في ذلك طريقة علمية دقيقة قائمة على الملاحظة والتجربة، فينظر في صلادته وثقله وانكسار الشعاع فيه وقدرته على القطع للأحجار الأخرى ما عدا الماس. فيما يلي مجمل هذه الخواص:

---

(1) يُراجع، إخوان الصفا، الرسائل، مج2، ص113. (المؤلف)

(2) يُراجع، البيروني، الجماهر في معرفة الجواهر، ص192-193. (المؤلف)

(3) يُراجع، التيفاشي، أزهار الأفكار في جواهر الأحجار، ص67. (المؤلف)

1. يعتبر الياقوت من أثقل الجواهر المساوية له في الحجم.
2. يصبر الياقوت على النار، ولا يتكلس كما يتكلس غيره من الأحجار الثمينة كالزمرد وغيره، ويتميز بقبوله للبرودة بسرعة عند خروجه من النار.
3. لا تؤثر فيه المبارد، ويقطع جميع الأحجار المُشِفّة ما عدا الماس، فهو جوهر صلد، ولكنه أقل صلادة من الماس.
4. يختص الياقوت بشعاع خاص به دون غيره من الأحجار المُشِفّة، وهذه على ما يبدو هي خاصية انكسار الشعاع عند مروره والتي تعرف بخاصية الانكسار المزدوج.
5. اتخذ **البيروني** و**الخازني** الياقوت الأسمانجوني أساسًا لقياس أوزان النوعية للأحجار الأخرى، فجعل ميزانه مائة مثقال، أي ما يعادل 2400 طسوج.

والياقوت الأحمر صنف من الياقوت، ويذكر **التيفاشي** أقسامه فيقول: «فالأحمر منه ينقسم إلى أربعة أقسام: الوردي: وهو أحمر مثل لون الورد، وهو يتفاضل في شدة الصبغ إلى حد الوردية لا يجوز ذلك ويقل صبغه إلى أن يقرب من البياض، ثم الخمري: وهو مشوب بفرفرية كلون ورد الخيري وأظهر فرفرية وهو يتفاضل في قوة الصبغ وضعفه إلى أن يقرب من البياض، ثم الأحمر: وهو بلون العصفر الشديد الحمرة، وهو يتفاضل في قوة الصبغ وضعفه حتى ينتهي إلى لون العصفر الشديد الحمرة الناصعة في القوة وإلى القرب من الوردية في الضعف. ثم الهرمان: وهو أحمر نقي الحمرة»[1].

والوزن النوعي للياقوت الأحمر قياسًا بالأسمانجوني كما يذكره **البيروني** و**الخازني** هو سبعة وتسعون مثقالًا وثلاثة طساسيج، أي ما يعادل 2331 طساسيج، وجوهر العلل البدخشي من أشباه الياقوت، وهو أحمر مشف صافي، ولكنه أقل صلابة من الياقوت، ومن أنواعه حسب ألوانه: الأصفر والأبيض والداكن والأحمر، وهو يقاوم النار إذا ما كان تسخينه بالتدريج، «وطلب اللعل ينقسم إلى قسمين أحدهما بحفر المعدن في الجبل والآخر بتفتيشه بين الحصى والتراب المنهالة من تقطع الجبال بالرجفات وأسالة السيول إلى السفوح»[2].

(1) المصدر السابق، ص67–68. (المؤلف)

(2) يُراجع، البيروني، كتاب الجماهر، ص73. (المؤلف)

أما وزنه النوعي قياسًا بمائة مثقال من الياقوت الأسمانجوني فهو تسعون مثقالًا ودانقان وثلاثة طساسيج، أي ما يعادل 2171 طساسيج.

ومن الجواهر الحجرية الزمرد، ويستخرج قطعًا صغيرة منبثة في تراب المعدن، ويذكر التيفاشي طريقة استخراجه بقوله إن: «أول ما يظهر من معدن الزمرد شيء يسمونه الطلق، وهي حجارة سوداء إذا أُحمي عليها في النار خرجت مرقشيتا ذهبية، ثم يحفر المرء فيجد هشًا فيه الزمرد في تربة حمراء لينة»[1].

وأصناف الزمرد أربعة هي: الذبابي، والريحاني، والسلفي، والصابوني، وأفضل هذه الأصناف الزمرد الذبابي، وهو أخضر لا يشوب خضرته أي لون آخر.

ومن خواص الزمرد كما يذكرها **التيفاشي**: الرخاوة وتخلخل الأجزاء، وخفة الوزن، وشدة الملاسة والصقال والنعومة، والزمرد ينحل على النار ويتكلس فيها، ولا يثبت عليها بسبب رخاوته وتخلخل أجزائه[2]. ويذكر **البيروني** و**الخازني** الوزن النوعي للزمرد بأنه تسعة وتسعون مثقالًا وثلاثة دوانيق أي ما يعادل 1668 طساسيج قياسًا بالأسمانجوني.

أما جوهر اللازورد فإن لونه يضرب إلى الأزرق (النيل)، وربما مال إلى الأسود وفي كثر الحال يكون على وجه المحكوك المجلو كواكب ذهبية[3]، واللازورد من الصخور ويتكون من تجمع بعض المعادن.

أما البقع الذهبية التي يذكرها **البيروني** فهي أجزاء دقيقة من كبرتيد الحديد، أما خواصه فإنه «إذا وضعت قطعة منه في حجر ليس له دخان خرج لسان النار من الحجر مصطبغًا بصبغ اللازورد، ويثبت لون اللازورد على ما هو عليه، وبهذه المحنة يختبر خالصه من مغشوشه»[4].

أما وزنه النوعي قياسًا بمائة مثقال من الأسمانجوني فهو سبعة وستون مثقالًا وخمسة دوانيق وطسوجان، أي ما يعادل 1630 طسوجًا.

---

(1) يُراجع، التيفاشي، أزهار الأفكار، ص81. (المؤلف)

(2) المصدر السابق، ص85. (المؤلف)

(3) يُراجع، البيروني، كتاب الجماهر، ص195. (المؤلف)

(4) يُراجع، التيفاشي، أزهار الأفكار، ص169-170. (المؤلف)

وقد اهتم **العلماء العرب** باللؤلؤ من الناحيتين النظرية والعملية، فذكروا طريقة استخراجه واصطياد حيوانه، وأماكن وجوده، وصفة الغواصين، وصفة اللؤلؤ وغير ذلك من الأمور المتصلة.

واللؤلؤ أنواع منه المدحرج ويعرف بالعيون، ومنه المستطيل المتشابه الطرفين بالاستدارة، ويقال له الزيتوني كذلك، ومنه الغلامي كأنه مخروط قاعدته بعض كرة، ومنه الفلكي، ومنه الفوفلي المسطح القاعدة، المقبب الإحاطة العليا، ومنه اللوزي والشعيري المستدق الطرفين، والمضرس غير المحدد وجه الشكل لاعوجاج به بالنواتي والأغوار، ومنه القلزمي نسبة إلى بحر قلزم وأكثره يكون مضرسًا مصطربًا»[1].

وذكر **البيروني والخازني** الوزن النوعي لنوع من اللؤلؤ وهو الكبار منه ذو العيون المدحرجة، وذلك قياسًا بالأسمانجوني، فكان خمسة وستون مثقالًا وثلاثة دوانيق وطسوجان، أي ما يعادل 1574 طساسيج.

أما العقيق، فإنه يتكون في الجبال، وجميع أنواعه كما يذكر **ابن ماسويه** «من جبال أو معادن يحتفر منها، ومنه ما يكون لُقطًا من أودية وصحاري»[2].

وأنواعه حسب اختلاف ألوانه خمسة منها: الأحمر والرطبي (أحمر يميل إلى الصفرة) والأزرق والأسود والأبيض، وأن أجود هذه الأنواع هو الأحمر ثم يليه الرطبي فبقية الأنواع على الترتيب: الأزرق فالأسود فالأبيض.

ووزنه النوعي عند قطب الياقوت الأسمانجوني أربعة وستون مثقالًا وأربعة دوانيق وطسوجان، أي ما يعادل 1554 طساسيج.

أما البسذ فإنه المرجان في البحر، فهو «شجر ينبت في البحر في قراره ذو أصل وأغصان تتشعب بعضها من بعض، ويكون في القطعة منها ثمانون مثقالًا، ويقال إنه يخرج بكلاليب حديد، وله غاصة يغوصون عليه، فيقطعونه بالجار الحديد»[3].

---

(1) يُراجع، البيروني، كتاب الجماهر، ص125. (المؤلف)

(2) يُراجع، ابن ماسويه، الجواهر وصفاتها، ص67. (المؤلف)

(3) المصدر السابق، ص59. (المؤلف)

وأنواعه باختلاف ألوانه: الأحمر وهو أجود الأنواع، ثم الأبيض وهو الرديء. ووزنه النوعي عند قطب الياقوت الأسمانجوني أربعة وستون مثقالًا وثلاثة دوانيق وطسوج، أي ما يعادل 1549 طساسيج.

وأما الجَزعْ، كالعقيق في تكوينه، وأنه يتكون مع تكون العقيق، وأصنافه كثيرة، فمنه البقراني والفروي والفارسي والحبشي والعسلي والمعرق.

ويذكر **التيفاشي** أن البقراني حجر مركب من ثلاث طبقات طبقة حمراء وأخرى بيضاء وأخرى بلورية تستشف، وأما الحبشي فإنه عرقي، وجهتاه العليا والسفلى سوداوان والوسطى شديدة البياض[1]، أما الفروي أو الفرواني فإنه مشوش الألوان لكل واحد منها عرض وسعة، والمعرق نسبة إلى كثرة العروق فيه[2]. ووزنه النوعي قياسًا بالأسمانجوني ثلاثة وستون مثقالًا وثلاثة طساسيج، أي ما يعادل 1515 طساسيج، وقد ذكر **البيروني** و**الخازني** هذا الوزن لكل من الجزع والبلور معًا، وذلك في كتاب الجماهر بقوله: «والبلور على أوزان الجزع بالقياس إلى القطب لا يخالفه»[3].

والبلور حجر متبلور أبيض، يتفتت إذا تعرض للنار، ومن أنواعه البلور **العربي** وهو أجود الأنواع ثم **الصيني**، ومنه ما يكون **ببلاد الفرنجة**، وهو جيد أيضًا، ومنه معادن بناحية **أرمينية** يميل بلورها للصفرة الزجاجية، وأجود أنواع البلور أصفاه وأنقاه، وأشفه وأبيضه وأسلمه من التشعير[4].

وأخيرًا نذكر الزجاج وهو مصنوع أو «مسبوك من الحجر المعروف لعمله أو من رمل يجتمع مع القلي ويدام إيقاد النار عليه أيامًا يجتمع بكثرتها ويتصفى ويزداد صلابة، ويتلون الزجاج بصنوف الألوان منها ما يبقى معه فيضم كالسواد والبياض وما استولى فيه البياض كالفيروزجية، وليس يتخلف مجرده المجرود عن البلور في الصفاء إذا نقي من النمش والنفاخات»[5].

---

(1) يُراجع، التيفاشي، أزهار الأفكار، ص148. (المؤلف)

(2) يُراجع، البيروني، كتاب الجماهر، ص176. (المؤلف)

(3) المصدر السابق، ص184. (المؤلف)

(4) يُراجع، التيفاشي، أزهار الأفكار، ص201. (المؤلف)

(5) يُراجع، البيروني، الجماهر في معرفة الجواهر، ص222. (المؤلف)

ويذكر **البيروني** في الجماهر الوزن النوعي للزجاج **الشامي** قياسًا بالياقوت أنه اثنان وستون وثلثان وثُمن، بينما يذكر مع **الخازني** أن وزن الزجاج **الفرعوني** يعادل اثنان وستون مثقالًا وخمسة دوانيق وطسوج.

يظهر لنا مما تقدم أن جميع الأوزان النوعية للجواهر التي ذكرناها منسوبة إلى مائة مثقال من الياقوت الأسمانجوني، إلا أن **الكاشي** يورد في كتابه مفتاح الحساب، الأوزان النوعية لهذه الجواهر قياسًا بمائة مثقال ذهب(1).

وبناء على ذلك نورد هذه النسب في جدول واحد كما يأتي:

| أسماء الجواهر | أوزانها إذا تساوت مائة مثقال ياقوت كحلي في الحجم | | | | أوزانها إذا تساوت مائة مثقال ذهب في الحجم | | | |
|---|---|---|---|---|---|---|---|---|
| الجواهر | مثاقيل | دوانيق | طسوج | مجموع | مثاقيل | دوانيق | طسوج | مجموع |
| الياقوت | 100 | لا شيء | لا شيء | 2400 | 20 | 4 | 3 | 499 |
| ياقوت أحمر | 97 | لا شيء | 3 | 2331 | 20 | 1 | لا شيء | 484 |
| اللعل | 90 | 2 | 3 | 2171 | 18 | 4 | 3 | 451 |
| الزمرد | 69 | 3 | لا شيء | 1668 | 14 | 2 | 2 | 346 |
| اللازورد | 67 | 5 | 2 | 1638 | 14 | لا شيء | 3 | 339 |
| اللؤلؤ | 65 | 3 | 2 | 1574 | 13 | 3 | 3 | 327 |
| العقيق | 64 | 4 | 2 | 1554 | 13 | 2 | 3 | 323 |
| البسذ | 64 | 3 | 1 | 1549 | 13 | 2 | 3 | 322 |
| الجزع والبلور | 63 | لا شيء | 3 | 1515 | 13 | لا شيء | 3 | 315 |
| الزجاج الفرعوني | 62 | 5 | 1 | 1509 | 13 | لا شيء | 1 | 313 |

أما الوزن النوعي لهذه الجواهر منسوبًا إلى الماء، فقد استخدم **البيروني** الآلة المخروطة

(1) يُراجع، الكاشي، مفتاح الحساب، ص174. (المؤلف)

بغية الحصول على وزن حجم الماء المزاح من كل جوهر على أساس أن الوزن الثابت لكل جوهر في الهواء هو مائة مثقال. وبتطبيق القاعدة الخاصة بالأوزان النوعية المنسوبة إلى الماء نحصل على النتائج الآتية معروضة في جدول يضم أوزان حجوم المياه المزاحة من الأجرام أو الجواهر، كما ذكرها **الخازني والكاشي** مضافًا إليها النتائج.

**وإليك الجدول الآتي**

| أسماء الجواهر | وزن المياه المزاحة لكل مائة مثقال هوائية | | | | الوزن النوعي |
|---|---|---|---|---|---|
| الجواهر | مثاقيل | دوانيق | طسوج | مجموع | النسبة |
| الياقوت | 25 | 1 | 2 | 606 | 3,960 |
| ياقوت أحمر | 27 | لا شيء | لا شيء | 624 | 3,846 |
| اللعل | 27 | 5 | 2 | 670 | 3,582 |
| الزمرد | 36 | 2 | لا شيء | 872 | 2,752 |
| اللازورد | 37 | 1 | لا شيء | 892 | 2,690 |
| اللؤلؤ | 38 | 3 | لا شيء | 924 | 2,597 |
| العقيق | 39 | لا شيء | لا شيء | 936 | 2,564 |
| البسذ | 39 | لا شيء | 3 | 939 | 2,555 |
| الجزع | 40 | لا شيء | لا شيء | 960 | 2,500 |
| زجاج | 40 | 1 | لا شيء | 964 | 2,489 |

# الفصل التاسع
# علم النبات

## المبحث الأول: في الدلالة اللغوية والفلسفية لعلم النبات[1]

إن رسم صورة صادقة لعلم النبات عند العرب يتطلب دراسة ما قدمه العلماء العرب من إنجازات في حقول عديدة من المعارف العلمية، فمن الخطأ اقتصار البحث على ما جاء في الكتب الفلسفية الجامعة[2] فقط لمعرفة ما وصل إليه علم النبات من تطور وتقدم عند

---

(1) يقع البحث في علم النبات ضمن حقل العلوم الطبيعية على وفق تقسيمات الفلاسفة للعلوم الفلسفية النظرية، وقد ذكره الفلاسفة والعلماء العرب في مصنفاتهم التي وصلت إلينا، فنجد أن الفيلسوف الفارابي يذكره في كتابه إحصاء العلوم، ص119، بقوله: والسابع: وهو في كتاب النبات، النظر فيما يشترك فيه أنواع النبات وما يخص كل واحد منها، وهو أحد جزئي النظر في المركبة المختلفة الأجزاء. أما في كتاب آراء أهل المدينة الفاضلة، نشرة ألبير نصري نادر، مصدر سبق ذكره، ص61. فيقول: كما أن النبات، هو الذي يحدث باختلاط أكثر تركيبًا وأبعد عن الأسطقسات برتبٍ أكثر، يُراجع، كتاب آراء أهل المدينة الفاضلة، نشرة ألبير نصري نادر، مصدر سبق ذكره، ص61. وصورة النبات على تفاضلها أرفع مرتبة من صور الأجسام المعدنية. يُراجع، كتاب السياسة المدنية، نشرة فوزي متري نجار، مصدر سبق ذكره، ص62. ويضع الخوارزمي الكاتب في كتابه مفاتيح العلوم علم النبات ضمن الكتب الطبيعية، ص80، دون أن يحدد ماهيته وطبيعته، في حين نجد الفيلسوف ابن سينا يضع له كتابًا مفردًا في موسوعته الشهيرة بالشفاء، وهو الكتاب السابع من جملة الطبيعيات، تحقيق عبد الحليم منتصر وجماعته، القاهرة، دون أن يحدد ماهية هذا العلم، ولكن يتحدث عن كل ما يخص هذا العلم بالتفصيل. كما يشير إليه في رسالته في أقسام العلوم العقلية، مصدر سبق ذكره، وإن كان لم يحدد ماهيته، في حين يخصص أبو البركات البغدادي الحديث عن علم النبات في كتابه المعتبر، وفي القسم الثاني الخاص بالطبيعيات، ويخصص له الجزء الخامس، الفصول الأول والثاني والثالث. (المحقق)

(2) إن اهتمام الفلاسفة العرب ومن قبلهم الفلاسفة اليونان من أمثال: أفلاطون وأرسطو، بعلم النبات، إنما يأتي ضمن أكثر من سياق، منها سياق أخلاقي قيمي، عند الحديث عن النفس الإنسانية وأنها واحدة من جهة ومتعددة القوى من جهة أخرى، ففي هذه النفس، هناك إلى جانب النفس الناطقة العاقلة، والنفس الحيوانية، النفس النباتية ومهمتها النمو والغذاء، وهي وإن كانت تحس بما حولها إلا أنها لا تتحرك بالإرادة بخلاف

**العرب**. ومن الخطأ الاعتقاد أن علم النبات عند **العرب** امتداد لما ورثوه من علوم عن أمم وحضارات من **يونانية** و**هندية** و**فارسية** وغيرها. وأن **العرب** أمة لم تعرف كثيرًا عن النبات وأحواله نظرًا لجدب الأرض وقلة المياه وضيق الأراضي المزروعة. والحقيقة هي أن هذا العلم كغيره من العلوم حصيلة تفاعل مثمر لما عرفه **العرب** قبل اتصالهم **بالحضارات الأجنبية**، وما ورثوه من معارف لأقوام **عربية** سكنت **الجزيرة العربية** وخارجها، وما نقلوه من معارف عن أمم أخرى بفضل الاتصال الحضاري وترجمة المصنفات العلمية إلى اللغة العربية، وما أضافته التجربة العربية من معلومات جديدة بفضل التقدم الحضاري الذي شهدته **الأمة العربية** في كافة المجالات.

وبناء على ذلك يجب على الباحث المهتم بدراسة علم النبات عند **العرب** أن يأخذ بنظر الاعتبار عدة أوجه، فينظر إلى الأمر من الأوجه الآتية:

**الوجه الأول**: العودة إلى المعاجم العربية القديمة لتقصي أسماء النباتات التي زخرت بها اللغة العربية، فهي خير معين للتعرف على سعة معرفة **العرب** بالنباتات وأوصافها وأحوالها قبل اتصالهم **بالحضارات الأجنبية**، فهذه الأسماء التي وردت في الأشعار والأخبار والأعمال عند سكان الحضر والبوادي. والتي دَوَنَها علماء اللغة في المعاجم باعتباره أسماءً عربية، لتشير بصورة واضحة لا تقبل الشك إلى صورة المعرفة بالنبات والأرض وما يتعلق بهما من خصب وجدب ورمال وجبال وحرث وإنبات وغير ذلك، وما يتعلق بأوصاف الشجر من حيث كثرة الورق وقلته وسقوطه، وأثمار الأشجار والنبات وأدوات الزرع والقطع وأنواع الفواكه وما إلى ذلك من الأبواب التي اشتملت عليه كتب المعاجم.

**الوجه الثاني**: تتبع ما ورد في الكتب الفلسفية الجامعة من مباحث في النبات والحيوان، سواء ما جاء فيها من نظريات أو فروض فلسفية تخص النبات، أو ما ورد فيها من معلومات تفصيلية من أعضاء النبات والتولد في النبات أو اختلاف النبات بحسب البلاد وأجزاء النبات من سوق وغصون وأوراق وغير ذلك. تمثل هذه المباحث النباتية جزءًا لا يتجزأ من العلم

---

الحيوان والإنسان، ومنها سياق طبيعي ضمن علم الطبيعة، باعتبار أن تناول موضوعاته بالتفصيل إنما تقع ضمن هذا المجال. ولكن هناك من العلماء العرب المتخصصين بعلم النبات قد كتب فيه كتب ومعاجم تفصيلية سيظهر الحديث عنها في هذا الفصل. (المحقق)

الطبيعي، وان المعلومات الواردة فيها تشمل ما عرفه **الفلاسفة العرب** من علم النبات عند **اليونان** فضلًا عما اكتسبوه من خبرة وتجارب شخصية وإضافات من أصل عربي، وقد وردت في هذه المصنفات نظريات عامة تثير الدهشة، وهي تدل على قدرة علمية فائقة في الانتقال من الجزئيات إلى العموميات، وطرح صورة عامة تشمل النبات والحيوان معًا في مذهب التطور.

**الوجه الثالث**: النظر في كتب العقاقير والأدوية وما ورد فيها من مفردات نباتية استخدمها **الأطباء العرب** لمداواة الأمراض، وقد جاء وصف هذه المفردات دقيقًا سواء من الناحيتين الطبية والنباتية. واحتوت الكتب الطبية الجامعة والكتب الطبية المختصة جملة واسعة من أوصاف النباتات والأعشاب، فلا يوجد كتاب منها إلا وذكر مصنفه أوصاف النبتة أو العشب وما يقطع منه لغرض الدواء وأوقات حصاده أو اقتطاعه، والأرض الصالحة التي ينبت فيها النبات أو العشب. وقد اجتهد **العشابون وعلماء النبات العرب** في جميع أنواع العشب والنبات في مصنفاتهم، سواء ما كان معروفًا في أوطانهم أو ما كان معروفًا في أماكن وبلاد بعيدة، وكانت معرفة **العرب** بالنبات وما ترجموه إلى لغتهم وما عرفوه من أنواع أخرى بواسطة التجارة والرحلات إلى الأقطار البعيدة مصادر أساسية لمعرفتهم بالنبات والعشب، واستخدام ذلك في مداواة الأمراض وعلاجها.

**الوجه الرابع**: دراسة ما خلفه **العلماء العرب** من مصنفات في علم الفلاحة أو الزراعة وما حققوه في مضمار العناية بزراعة النبات سواء ما كان منها لغرض الأدوية والعقاقير أو ما كان منها لغرض المحاصيل المختلفة والزينة من أنواع الأوراد والزهور التي ازدحمت بها الحدائق والمتنزهات. فلقد حقق **العرب** في الزراعة خطوات واسعة لأسباب كثيرة، منها ما يتعلق بالتقدم الحضاري والفني وحاجتهم إلى تكثير الأنواع المختلفة من الفواكه والعناية بالنباتات الطبية فضلًا عن اهتمام الأُمراء والسلاطين بالعطور المختلفة المستخلصة من الزهور، وحاجة الحدائق إلى ما يزينها من الورود في المواسم المختلفة من السنة، لذلك نجد معرفة **العرب** بالأرض وأنواعها والماء وأنواعه، وإصلاح الأرض للزراعة، وكيفية غرس النبات وزراعة الحبوب وما أشبهها، وزراعة البقول والخضر والرياحين وغير ذلك، من المعرف التي لم تقتصر على الناحية النظرية، بل كان للتجربة والمحاولة لإنتاج الأفضل، السبيل الصحيح نحو تطوير علم الفلاحة والوصول به إلى أعلى المستويات.

ولكي يكون البحث في علم النبات مكتملًا لا بد لنا أن نتناول هذه الأوجه بالدراسة لنتعرف على أبرز المعالم لكل وجه منها مع التركيز على بعضها نظرًا لعلاقته المباشرة بعلم النبات.

ومن الجدير بالذكر أن نشير إلى أن كتب المعاجم العربية القديمة ليست مجرد تبويب للأسماء والأفعال وسائر ألفاظ اللغة، وذكر معانيها فقط، بل هي موسوعة علمية يجد فيها المرء كل ما يتصل باللفظة من الناحية اللغوية فضلًا عن النواحي الفكرية والعلمية، فإذا أردنا البحث عن نبات معين في أحدها فإننا نجد بالإضافة إلى ماله صلة بالغة، جملة من الأوصاف لهذا النبات وطعمه وزراعته وغير ذلك، ولقد دأب علماء اللغة على جمع أسماء النبات في اللغة العربية ودونوها مع أوصافها حفاظًا على الثروة اللغوية من جهة، ودعمًا للاتجاه العلمي الذي اتخذ طريقه في كافة الميادين من جهة أُخرى، فعندما توسعت رقعة الأرض بعد **الفتح العربي الإسلامي** ودخلت شعوب غير عربية إلى الدين الإسلامي وابتعد **العرب** عن فصاحة البادية ونقاء لغتها، وبدأ **العرب** يميلون إلى الأخذ بأسباب الترف والاتصال **بالأعاجم**، ضعفت لغتهم العربية وظهر اللحن في الحديث، فكان أن نهض عدد من علماء اللغة يطلبون فصحاء البادية لتدوين صحيح اللغة ومفرداتها، وكانت مفردات النباتات من جملة المفردات العربية التي دونها علماء اللغة، فعرفوا أوصاف النباتات من فصحاء البادية ومعاني مفرداتها، يؤيده ذلك ما نجده من إشارات واضحة في كتب المعاجم تشير إلى فضل من جاء من البادية في شرح الألفاظ النباتية.

فضلًا عما تقدم أن عددًا غير يسير من **علماء العرب** قد ألف في النبات والشَجَر، فكانت كتاباته خير معين لعلماء اللغة في كتابة المعاجم والاعتماد عليها، ويمكن القول إن معاجم اللغة العربية وكتب النبات والشَجَر تمثل ما عرفه **العرب** من النباتات وأحوالها وزراعتها ومواسمها وأحوال الأراضي التي تزرع فيها وغير ذلك، فهي تمثل **مذهب**[1] **العرب** في علم النبات.

---

(1) كثيرًا ما تترد لفظة مذهب العرب أو مذهب اليونان أو غيرهم في كتابات الدكتور ياسين خليل، وهي تعني طريقتهم في المنهج أو فلسفتهم أو موقفهم من هذه المشكلة أو تلك أو من هذه الظاهرة العلمية أو الطبيعة أو تلك. (المحقق)

ومن أوائل علماء اللغة المبرزين **الخليل بن أحمد الفراهيدي** (ت786م)، وله مصنفات كثيرة منها كتاب العروض وكتاب النغم وكتاب العين وغير ذلك، وكتاب العين هذا يشتمل على جملة واسعة من أسماء النبات والشَجَر، ومن الأمثلة على ذلك قوله في لفظة عذق: العذق العنقود من العنب، العذق: النخلة بحملها، وقال غيره: العذق الكباشة وهي العنقود على النخلة أو عنقود العنب، والعذق من النبات: ذو الأغصان، وكل غصن له شُعَب[1]. وقوله في لفظة عشم: العيشوم ما هاج من الحماض ويبس، الواحدة بالهاء، قال أبو ليلى: هي عندنا نبت دقيق طوال يشبه الأسل، محدد الرأس كأنها شوك، تتخذ منه الحصر الدقاق المصبغة[2].

ومن الكتب المعروفة في النبات ما ألفه **أبو سعيد عبد الملك الأصمعي** (ت828م)، في النبات والشَجَر، إذ تناول فيه أسماء الأرض من حيث قبولها للزرع والنبات، وأسماء النبات في حالاته من نمو وكثرة قوام وازدهار وغير ذلك، وتقسيم النبات، وأسماء النبات الذي ينمو في السهل، وفي الرمل وأسماء الشَجر وغير ذلك[3].

ومن أشهر الكتب في النبات ما ألفه **أبو حنيفة أحمد بن دواد الدينوري** (ت895م)، في النبات، وقد جاء في ستة مجلدات جمع فيها أسماء النبات في اللغة العربية، وكان بحثُه في الأسماء بحثًا لغويًا من جهة وعلميًا في شرح النبات ومعاينة أماكنه «وقد صار هذا الكتاب عمدة اللغويين الذين أتوا بعد **أبي حنيفة**، فما منهم إلا ونقل عنه، وعمدة الأطباء والعشابين، فلا يتخرج طبيب أو يبرز عَشَابٌ إلا بعد أن يستوعب كتاب النبات **لأبي حنيفة**، ويؤدي الامتحان في مواده»[4].

والطريقة التي اتبعها **الدينوري** في كتابه هي الإسناد في تثبيت المعنى، وشرح النبات من حيث الشكل وما له علاقة به من أغصان وأوراق وثمر. ومن أبرز الأمثلة على ذلك ما نجده تحت أسماء نباتات كثيرة نختار منها ما يأتي للتدليل على أسلوبه وطريقته في البحث:

**شوع**: والشوع شَجَر البان، طوال، وقضبانه طوال سمحة، ويسمى ثمره أيضًا الشوع،

---

(1) يُراجع، الفراهيدي، كتاب العين، تحقيق عبد الله درويش، بغداد 1967، ص168. (المؤلف)

(2) المصدر السابق، ص310. (المؤلف)

(3) يُراجع، أحمد عيسى، تاريخ النبات عند العرب، مصدر سبق ذكره، ص15. (المؤلف)

(4) المصدر السابق، ص22-23. (المؤلف)

وينبت أيضًا في السهل. قال أعرابي من **ربيعة**: هو شجر يسمو ويطول في استواء مثل نبات الأثل، وورقه هدب، كهدب الأثل، وخشبه خوار رخو خفيف، وقضبانه سمحة خضر، وهدبه ينبت في القصب، وهو طويل، أخضر شديد الخضرة، وثمرته تشبه قرون اللوبياء إلا أن خضرتها شديدة، وفيها حبة، وإذا انتهى انفتق وانتثر حبه، أغبر مثل الفستق، ومنه يخرج دهن البان، ويقال لثمرة الشوع أيضًا: والثمرة قد تسمى باسم الشجرة، والشجرة قد تسمى باسم الثمرة، وهو مربع ويكثر على الجدب وقلة الأمطار، والناس يسلقون في ثمره الأموال، وإذا أرادوا طبخه رض على الصلاية، وغربل حتى ينعزل قشره ثم يطحن ويعتصر، وهو كثير الدهن جدًا[1].

**نخـل**: قال **أبو حنيفة**: إذا زُرِعَ من النوى نبت، فهو نوى، حتى تنسب إحداهن وهي أطول ما كانت فيقال لها نواة. قال: وكل نخلة مما لا يعرف أسمه فهو جمع، والنواة حين تطلع غريسة لأنها صلحت للتحويل، لأن الغريس ما غرس، الواحدة غريسة، ويقال لما يغرس أيضًا: غرس، وغراس، وغراسة. ويجمع غروسًا. وأغراسًا وغراسًا، والمغرس موضع الغرس، والغروس هو الركز[2]. ويذكر **الدينوري** النخلة النابتة من النواة (شرية) والنخلة المتقولة المحولة (فصلة)، والتي أُجتثت من أمها (الجثيث) أو (القَلِعة)، وغير ذلك. كما تناول أنواع النخيل وأنواع التمور وأسماء مختلفة للنخيل في أحوالها المختلفة.

وفي باب الرعي والمراعي يذكر **الدينوري** «أن المرعى كله خلة وحمض، فالحمض ما كانت فيه ملوحة، والخلة ما لا ملوحة فيه، حلوًا كان أو مرًا. و**العرب** تسمي الأرض إذا لم يكن بها حامض خلة، وإن لم يكن بها من النبات شيء، كذلك رواه النضر عن رجاله من الأعراب، قالوا: علونا أرضًا خلة، وأرضين خللًا، ليس بهما حمض، وإن كان ليس بها نبت قليل أو كثير»[3].

---

(1) يُراجع، الدينوري، كتاب النبات، اعتنى بجمعه محمد حميد الله، القاهرة، القسم الثاني من القاموس النباتي، حروف س ـ ي، ص75. (المؤلف)

(2) المصدر السابق، ص296. (المؤلف)

(3) يُراجع، أبو حنيفة الدينوري، كتاب النبات، ج3، والنصف الأول من الجزء الخامس، حققه وشرحه وقدم له برنهارد لفين، بيروت 1974، ص4. (المؤلف)

يعد كتاب النبات **للدينوري** من المصنفات الرئيسية التي اعتمدت عليها معاجم اللغة العربية، كما أن أصحاب المعاجم أنفسهم قد أَثْرَوا في النبات معلومات أخرى جديدة، فكانت مصنفاتهم خير دليل للمتتبع لتاريخ النبات عند **العرب**.

ومن هذه المصنفات كتاب المخصص **لابن سيده الحافظ أبي الحسن علي بن إسماعيل الأندلسي**، وهو كتاب يقع في سبعة عشر جزءًا، وهو مرتب على أبواب، «ففيه أبواب كاملة تخص الأرض ونعوتها، في كل ما يتعلق بها، من خصب وجدب، ورمال وخفوض وارتفاع واستواء، ومن صحة ووبالة وحرث وأمراع وأنبات، وما يتعلق بها من جهة العشب والكلأ، ونعوتها ( = أوصافها) في القلة والتفرق، ثم أبواب في الشَجَر من حيث أوصافها العامة، وتوريقها وتنويرها، وأوصافها من حيث كثرة ورقها والتفافها، وقلة الورق وسقوطه، وعظم الأشجار ودقتها، وأثمار الشَجَر والنبات، وعيوب الشجر من قادح وسوس، وآفات الزرع، وابن الشجر وقشره ولحاءه[1]، وأدوات الزرع والقطع، ثم أبواب في أعيان النبات والشجر، والبر والشعير، والقطاني والحَبْ، والفاكهة وأنواعها، والكرم وأجناسه وصفاته، والنخل واغتراسه وافتساله، وبدء نباته وعيوبه وآفاته، وأبواب في أشجار الجبال والرمل، وما ينبت على ماء أو قريبًا منه، والنبات التي تدوم خضرته، والشجر الشاكي، والرياحين، وسائر النبات الطيب الريح، وما لا ينبت فيها بأرض **العرب**، والنبات الذي يصطبغ به ويختضب، والشَجر المُرّ والعفص، وباب في الكمأة وما يشاكلها، وأجناس اليقطين، والعقاقير وغير ذلك من الأبواب المطولة»[2].

ولم يكن كتاب المخصص **لابن** سيده إلا واحدًا من المعاجم العربية الكبيرة التي عُنيت بالنبات وأسمائه وأسماء الأراضي التي ينبت فيها وأوصاف النبات والشجر وغير ذلك، فإلى جانب المخصص نجد كذلك كتاب العباب الزاخر واللباب الفاخر لمؤلفه **الحسن بن محمد الصغاني**، وكتاب لسان العرب لمؤلفه **محمد بن مكرم بن منظور**، وكتاب القاموس المحيط لمؤلفه **مجد الدين الفيروز آبادي**، وغير ذلك من المعاجم التي حفلت بها المكتبة العربية في التراث العربي. والتي تشير بشكل واضح إلى مقدار اهتمام العرب بالنبات ورعايته

(1) هكذا وردت في النص، والصواب (ولحاؤه)، واللحاء: هو الطبقة الخارجية لسيقان النباتات الخشبية وجذورها.

(2) يُراجع، أحمد عيسى، تاريخ النبات عند العرب، ص30-31. (المؤلف)

وحسن تقسيمه، ومعرفة أصنافه من سُوُقِهِ وأوراقه وأثماره، ومعرفة مواسمه وأنواع المياه التي تلائمه وأنواع الأراضي التي ينبت فيها، وكيفية تكثيره ونقله وزرعه، وأفضل الأوقات لغرسه وتلقيحه وسقيه وغير ذلك، فضلًا عن اهتمام العرب بالزهور أو النباتات التي يفيد منها المرء للروائح والعطور، ونستطيع أن نلخص معرفة **العرب** بالنباتات من خلال ما ورد في المعاجم اللغوية والكتب الخاصة بالنبات جملة من رؤوس الموضوعات.

1. اشتملت معرفة **العرب** بالنبات على جملة واسعة من أنواع النباتات سواء ما كان منها مزروعًا في أرض **العرب** أو ما كان معروفًا لديهم مزروعًا في أراضٍ غير عربية في **الهند** و**فارس** وغيرهما من البلدان. وكانت لكل هذه الأنواع على كثرتها أسماء خاصة بها عربية الأصل، مما يدل على أنهم ورثوا خبرات كبيرة عن النبات والشجر وكل ما يتصل بها من أُمور. كما تدل على معرفة بالتجربة والخبرة بشؤون الزراعة وإصلاح الأرض، وصلة ذلك بالأمطار والمياه وتقلبات الجو واختلاف المواسم.
2. اشتملت معرفة **العرب** بالنبات على حسن اطلاع كبير في مجال وصفها من جميع الوجوه وذلك للتمييز بينها من جهة، وتوضيح دلالة الاسم بدقة من جهة أخرى، فتناول وصفهم للنبات العروق والسُوُق والأغصان والأوراق والأثمار، وفيما إذا كان الشَجَر دائم الخضرة أو غير ذلك، والفروق بين النبات والشجر والعشب والكلأ، وأنواع الفواكه والكروم والنخل، وما ينبت في أرض العرب وما لا ينبت فيها.
3. اشتملت معرفة **العرب** بالنبات على معرفة جيدة بالأراضي والمياه، فميزوا بين الأرض الخصبة والمجدبة، وتلك التي تصلح للزراعة، والأرض المالحة الفاسدة، كما ميزوا بين الأرض التي لا تفيد إلا للرعي بما ينبت فيها من عشب وكلأ، والأرض التي تصلح للزراعة، وذكر العرب أنواع المياه من مياه الأمطار والسيول، ومياه الينابيع والأنهار، كما أدركوا أنواع النبات الذي تصلح زراعته في الأرض القريبة من المياه، وتلك التي لا تحتاج إلا لمياه قليلة بالسقي، وتلك النباتات التي تعيش في المياه.

4. اشتملت معرفة **العرب** بالنبات على معرفة جيدة بالزرعة وما يتصل بها من حراثة وبذور وسقي، فضلًا عن معرفة بالأنواء وأوقات سقوط الأمطار وهبوب الرياح، وكيفية بذر البذور ونقل النبات من مكان إلى آخر، وتلقيح الأشجار في المواسم الملائمة، وتكثير النباتات وغرسها، وأوقات القطع والفصل، وجمع الأثمار.
5. اشتملت معرفة **العرب** بالنبات على معرفة بالآفات التي تصيبها من قبل الحيوانات والديدان، فنجد **الدينوري** يخصص في كتاب النبات أبوابًا لذلك، فهناك في الجزء الثالث من الكتاب باب في آفات الحرث والنخل وباب في صفة الجراد والجندب، فيذكر الجرذ والفأر والذباب بأنواعه واليربوع.
6. اشتملت معرفة **العرب** بالنبات على معرفة بأنواع الأشجار التي يحصل المرء منها على الصموغ وسائر عصارات النبات من صمغ وعلك وصَبْر، وغير ذلك. وأنواع النبات الذي يصلح أن يكون دباغًا للجلود مثل: جلود النوق والبقر والضأن وغيرها، والأشجار التي يختار منها للزناد والحصول على النار بسرعة، والنبات الذي يصبغ به أو يُختَضَبْ، والنبات الذي يحصل منه على الروائح الطيبة، وأسماء الرياحين البرية والريفية، وغير ذلك من المعارف المتصلة بالصناعات ذات الصلة بالنبات.

## المبحث الثاني: نظرية التطور عند العلماء والفلاسفة العرب

عندما بدأت حركة الترجمة بشكل واسع في **العصر العباسي** ونقلت أُمهات الكتب العلمية والفلسفية من لغات أخرى إلى اللغة العربية، عرف **العرب** أوجهًا جديدة من المعارف، فكان العلم الطبيعي بكل فروعه من العلوم التي اشتغل بها **العلماء العرب** منذ أول عهدهم بالترجمة إلى اللغة العربية وكما كان للعلوم المختلفة تأثيرها في الحركة العلمية العربية، أصبح لعلم النبات أثره البالغ في اهتمامات **الفلاسفة والعلماء العرب**، فعدّوا النبات فرعًا أصيلًا من فروع العلم الطبيعي، وتناولوه بالدراسة على هذا الأساس، وكانت لهم في ذلك جملة واسعة من الإضافات.

وكتاب النبات De Plants المنسوب **لأرسطو**[1] ترجم إلى اللغة العربية، وجرى **الفلاسفة العرب** في تناولهم للعلم الطبيعي على ذكر علم النبات في مصنفاته، فيشير **أبو البركات البغدادي**[2] في الجزء الخامس من كتابه المعتبر في الحكمة، أن هذا الجزء يشتمل على المعاني والأعراض التي تضمنها كتابا **أرسطوطاليس** في الحيوان والنبات وتحقيق النظر فيهما[3].

ولم يقتصر البحث الفلسفي في العلوم الطبيعية على ما ورثه **العلماء العرب عن اليونان**، بل كان لمعارفهم الذاتية وموروثاتهم العلمية أكبر الأثر في تطوير المعرفة، ففي علم النبات امتزجت المعرفة النباتية على **مذهب العرب** مع ما ترجموه من كتب إلى اللغة العربية، لتشكل في نهاية الأمر صورة متطورة جديدة لعلم النبات، وللبرهان على ذلك نختار من **إخوان الصفا** نظريتهم الفلسفية في الحيوان والنبات ومن **ابن سينا** ما ذكره من معلومات قيمة في النبات.

ينظر **إخوان الصفا** إلى الموجودات الطبيعية على أساس أنها تشكل أربعة أجناس، «المعادن والنبات والحيوان والإنسان، وذلك أن كل جنس منها تحته أنواع كثيرة، فمنها ما هو في أدنى المراتب، ومنها ما هو في أشرفها وأعلاها، ومنها ما هو بين الطرفين، ....، وهكذا أيضًا حكم النبات فإنه أنواع كثيرة متباينة متفاوتة، ولكن منه ما هو في أشرف الرتبة مما يلي رتبة المعادن، وهي خضراء الدمن، ومنها ما هو في أشرف الرتبة مما يلي رتبة الحيوان وهي شجرة النخل[4]، وبيان ذلك أن أول المرتبة النباتية وأدونها مما يلي التراب هي

---

(1) يشير الدكتور إبراهيم مدكور في مقدمته لكتاب النبات لابن سينا، ص(هـ) مصدر سبق ذكره، ما نصه: أنه لم يصلنا شيء مما كتبه الفيلسوف اليوناني أرسطو في النبات، برغم أنه كانت في اللوقيوم دراسات نباتية، أما كتاب De Plants الذي يُنسب له والذي لم يعرف إلا عن طريق اللاتينية المأخوذة عن العربية والمترجمة حديثًا في طبعة بيكر إلى اليونانية، فمن المحقق (=كتاب النبات لأرسطو) أنه منحول. وإن اشتمل على آراء أرسطية ومشائية، وأغلب الظن أن أرسطو أبا التاريخ الطبيعي وعلم الأحياء لم يعن بالنبات كثيرًا. (المحقق)

(2) قبل أبي البركات البغدادي، هناك من الفلاسفة العرب من اعتنى بدراسة النبات دراسة علمية على أصولها المعروفة، ألا وهو الفيلسوف ابن سينا في موسوعته الشفاء، فجعله الكتاب السابع من جملة الطبيعيات، ولكن يبدو أن الدكتور ياسين خليل شديد الإعجاب بأبي البركات البغدادي فذهب ليتحدث عنه أولًا وأهمل ابن سينا مع العلم أن ابن سينا قد ولد وكتب وتوفي قبل البغدادي. (المحقق)

(3) يُراجع، المعتبر في الحكمة، ج2، ص236. (المؤلف)

(4) يُنظر إخوان الصفا إلى النخل على أنه أقرب إلى الحيوان وأنه آخر السلسلة النباتية التي تتصل بالحيوان، معتمدين على الجدل الصاعد للأجناس والأنواع في الطبيعة من معادن إلى نبات فحيوان فإنسان، ويدللون

خضراء الدمن، وليس بشيء سوى غبار يتلبد على الأرض والصخور والأحجار ثم تصيبه الأمطار وأنداء الليل، فيصبح بالغد كأنه نبت زرع وحشائش، فإذا أصابه حر الشمس نصف النهار جف، ثم يصبح من غد مثل ذلك من أول الليل وطيب النسيم، ولا تنبت الكمأة ولا خضراء الدمن إلا في أيام الربيع في البقاع المتجاورة لتقارب ما بينهما، لأن هذا معدن نباتي وذلك نبات معدني، وأما النخل فهو آخر المرتبة النباتية مما يلي الحيوانية، وذلك أن النخل نبات حيواني، لأن بعض أحواله مباين لأحوال النبات، وإن كان جسمه نباتًا»[1]. «واعلم يا أخي أن أول مرتبة الحيوان متصل بآخر مرتبة النبات، وآخر مرتبة الحيوان متصل بأول مرتبة الإنسان[2]، كما أن أول المرتبة النباتية متصل بآخر المرتبة المعدنية، وأول المرتبة المعدنية متصل بالتراب والماء»[3]. «إن رتبة الحيوانية مما يلي رتبة الإنسانية ليست من وجه واحد، ولكن من عدة وجوه، وذلك أن رتبة الإنسانية لما كانت معدنًا للفضل وينبوعًا للمناقب لم يستوعبها نوع واحد من الحيوان ولكن عدة أنواع، فمنها ما قارب رتبة الإنسانية بصورة جسده مثل القرد، ومنها ما قاربها بالأخلاق النفسانية كالفرس في كثير من أخلاقه، أما القرد فلقرب شكل جسمه من شكل جسد الإنسان صارت نفسه تحاكي النفس الإنسانية، وذلك مشاهد منه متعارف بين الناس»[4].

تشير هذه الفقرات المقتبسة إلى عدة مبادئ مهمة في النظر إلى الموجودات بحيث

---

على النخل له شبه بالحيوان من حيث إن له رأسًا إذا قطعته مات النخل كما أن له جذعًا وأطرافًا، معتمدين على نص حديث منسوب إلى النبي محمد -صلى الله عليه وسلم-، مفاده: أكرموا عمتكم النخلة. مما يعني أن النبي قد وجد نسبة بين الإنسان والنخل. وهذا طبعًا من الذي لا يقبله عقل إنساني علمي ناهيك عن الفلسفي. (المحقق)

(1) يُراجع، إخوان الصفا، الرسائل، مج2، ص167. (المؤلف)

(2) لربما هناك من يقول من الباحثين في التراث العلمي العربي ومن الذين يبحثون عن دور العلماء العرب في الكشف العلمي وأسبقيتهم في ذلك على الأمم الأخرى من الغربيين، من أن إخوان الصفا قد قالوا بالتطور في الموجودات الطبيعية قبل داروين ولامارك من الأوربيين. ولكن من جانبنا أن هذا الأمر فيه إشكال واضح، فتقسيم الموجودات لدى الإخوان يختلف في مبناها وغاياته وفلسفته ومنهجه عما قال به داروين ولامارك في تطور الأجناس والأنواع. (المحقق)

(3) يُراجع، إخوان الصفا، الرسائل، مج2، ص168. (المؤلف)

(4) المصدر السابق، ص170. (المؤلف)

**نستطيع القول** من زاوية منهجية إنها تؤلف الأساس الفكري لإدراك السلم التطوري بين الموجودات ابتداءً بالماء والتراب وانتهاء بالإنسان، وبناء على ذلك **يجدر بنا** استخلاص هذه المبادئ وطرحها على هيئة أفكار تطورية:

**أولًا:** الموجودات في الطبيعة أربعة أجناس هي: المعادن والنبات والحيوان والإنسان، ولكل جنس عدة أنواع تنضوي تحته، ولكل نوع من الأنواع مكان أو رتبة في سُلّمْ التطور، فمن المعادن ما يقع في أدون المرتب ومنه ما يقع في أعلاها وأشرفها، وكذلك الحال بالنسبة لبقية الأجناس من النبات والحيوان.

**ثانيًا:** إن أُولى مراتب السُّلَّم في رتبة المعادن تبدأ بالماء والتراب ثم يلي ذلك مراتب أخرى مثل: الجص والزاج وأنواع الشبوب حتى تصل إلى الياقوت والذهب باعتبار ذلك أشرف المراتب في المرتبة المعدنية.

**ثالثًا:** إن بين المرتبة المعدنية والمرتبة النباتية صلة غير مقطوعة، فمن ذلك ما يكون من الموجودات ما يجمع بين المعدنية والنباتية، فمنه معدن نباتي ومنه نبات معدني، وإن بين آخر المرتبة المعدنية وأول المرتبة النباتية صلة تتمثل في رأي **إخوان الصفا** بخضراء الدمن التي تتكون من التراب والماء، (ماء المطر وأنداء الليل، ونبات الكمأة).

**رابعًا:** إن بين المرتبة النباتية والمرتبة الحيوانية صلة غير مقطوعة، فآخر المرتبة النباتية تتمثل بالنخل، فهو نبات حيواني، لاتفاق أحواله مع الحيوان والنبات معًا، والدليل على ذلك: «أن أشخاص الفحولة منه مباينة لأشخاص الإناث، ولأشخاص فحولته لقاح في إناثها كما يكون ذلك في الحيوان»[1]، وإذا قطعت رؤوس النخل بطل نموها ونشؤها وماتت.

**خامسًا:** إن أول المرتبة الحيوانية وأدونها هو الحلزون وسائر الديدان التي تتكون في الطين وفي قعر البحار وأعماق الأنهار، وإن بين أول مراتب الحيوانية وآخرها مراتب حيوانية أخرى، ويمثل القرد أعلى مراتب الحيوانية لأنه يقارب مرتبة الإنسانية في جسده وأفعاله القريبة من النفس الإنسانية.

---

(1) المصدر السابق، مج2، ص167-168. (المؤلف)

**سادسًا:** إن المبدأ الذي قامت عليه **مدرسة إخوان الصفا في** تصنيف وترتيب الموجودات هو الحس أو الحواس، فالمرتبة المعدنية خالية من موجودات تشعر وتحس، أما المرتبة النباتية فإن موجوداتها لها حس اللمس فقط لتمتد النباتات بعروقها نحو المواضع الرطبة والندية، أما المرتبة الحيوانية فإن أدون الموجودات فيها وهو الحلزون والديدان ليس لها سمع ولا بصر ولا شم ولا ذوق إلا الحس واللمس فقط، ثم تترقى الحيوانات في سُلَّم المراتب حسب ما فيها من حسّ وحواس.

**سابعًا:** والمبدأ الآخر الذي حكم اختلاف الموجودات، ولا سيما في مرتبة الحيوانية هو المنفعة أو الحاجة، فعلى رأي **إخوان الصفا** أن الموجودات الدنيا من الحيوان لا تحتاج إلى شم وبصر وسمع، «لأن الحكمة الإلهية من مقتضاها ألا تعطي الحيوان عضوًا لا يحتاج إليه في جذب المنفعة ودفع المضرة، لأنها لو أعطته ما لا يحتاج إليه لكان وبلًا عليه في حفظه وبقائه»[1].

وبعد هذا العرض لنظرية **إخوان الصفا** في ترتيب الموجودات في الطبيعة في مراتب تتوالى في سُلَّم أوله الماء والتراب وآخره الإنسان، نعود لدراسة علم النبات **عندهم** وعند **ابن سينا**، لتكون لنا صورة واضحة عن هذا الخط الفلسفي والعلمي في النبات. ونبدأ بعرض تصنيف أولي للنبات وما يعرض له من اختلافات حسب مذهب إخوان الصفا، ويجري هذا التصنيف على مبدأ ما يخرج من الأرض واختلافه، ومبدأ اختلاف النبات من جهة الأماكن، ومبدأ اختلاف النبات من جهة الأزمان.

وبالنسبة للمبدأ الأول نواجه ثلاثة أجناس من النبات هي الأشجار والزروع والحشائش، وقد وردت هذه الأجناس في تعريف النبات وبالشكل الآتي:

إن النبات هو كل جسم يخرج من الأرض ويتغذى وينمو، فمنه ما هو أشجار تغرس قضبانها أو عروقها، ومنها ما هو زروع تبذر حبوبها أو بذورها أو قضبانها، ومنها ما هو أجزاء تتكون من أجزاء الأركان التي اختلطت وامتزجت كالكلأ والحشائش[2]. ويتم التمييز بين

(1) المصدر السابق، مج 2، ص169. (المؤلف)

(2) المصدر السابق، مج 2، ص158. (المؤلف)

الشجر والنجم على أساس انتصاب الأول في الهواء وامتداد الثاني على وجه الأرض أو تسلقه على الشجر فيعرف الشجر والنجم بناء على هذا التمييز بالشكل الآتي: «أن الشجر هو كل نبت يقوم على ساقه منتصبًا أصله، مرتفعًا في الهواء ويدور عليه الحول ولا يجف، وأما النجم فهو كل نبت لا يقوم أصله على ساقه مرتفعًا في الهواء، بل يمتد على وجه الأرض، أو يتعلق بالشجر ويرتقي معه في الهواء، كما يحصل عند نقل ثماره بتلابيبه كشجرة الكرم والقرع والقثاء والبطيخ وما شاكلها»[1]. والأشجار بدورها تختلف فمنها ما هو شجر تام وكامل، ومنها ما هو ناقص غير كامل، ويتميز الشجر الكامل عن الناقص بتمام الأجزاء التسعة فيه وهي: الأصل، والعروق، والقضبان، والفروع، والورق، والنور، والثمر، واللحاء، والصمغ. وبين الأنواع المختلفة من الأشجار التامة اختلافات كثيرة من حيث السُوُقْ والعروق والأوراق والأثمار وغير ذلك، مما يدل على دقة الملاحظة والتسجيل لمعرفة خصائص أو ما يتصف به كل نوع من الأشجار، فشجرة النخل تختلف عن شجرة التين في شكل الساق، فالأولى تنتصب في الهواء مفردًا، بينما الثانية تقوم على أصل يتفرع في الجهات.

وكان أبرز الملاحظات في باب اختلافات الشجر بعضه عن بعض ذلك التشريح الدقيق للأوراق والأثمار والحبوب، ويمكن حصر النواحي التي تختلف بها الأوراق بالنقاط الآتية:

1. الصورة والشكل.
2. اللون والطعم والرائحة.
3. اللين والخشونة والصلابة والرخاوة.
4. الكبر والصغر.
5. السعة والضيق.
6. الثخن والرقة والشفافة والكمد.
7. الازدواج والانفراد.

أما ما يخص الثمار، فإن الاختلافات بينها قد أخذت طابعًا إذ اعتمد **إخوان الصفا** على وصفها تشريحيًا ابتداءً بالقشرة الخارجية إلى النواة في الداخل، فجاءت ملاحظاتهم دقيقة

---

(1) المصدر السابق، مج 2، ص158–159. (المؤلف)

تدل على توجههم العلمي نحو اكتشاف عناصر الاختلاف بين أنواع الثمار، وفي سبيل توضيح ذلك نذكر ما قالوه بصدد ثمرة التمر وثمرة الرمان. «إن من الثمار ما هو طويل الشكل مدحرج الخلقة، مختلف الألوان، على نواته قشرة رقيقة حريرية لينة اللمس صلبة النسج، وعلى هذه النواة شحمة ثخينة، عليها قشرة صلبة ملساء، وعلى ظهر النواة نُقْرَة، وفي الجانب المقابل خُضْرَة مستطيلة، فيها حشو ليفي، وعلى رأس الثمرة من خارج قمعة عليها شظيات متفرقة، ومادة هذه الثمرة من قبل النضج عفصة وبعد النضج حلوة لزجة وهو التمر»[1]. ومن «الثمار ما شكله مستدير، وخلقته كبيرة، عليه قشرة كثيفة لينة ثخينة مجوفة من داخل، فيها خزائن مقومة وفيها أدعاص مقسمة، عليها حبوب مرصعة، أشكالها مخروطة، في جوف تلك الحبوب نواة خزفية رخوة، في داخلها لبة دسمة، وفي أسفل رأس الثمرة من خارج فتحة مستديرة فيها غشاوة ليفية، وعليها شظيات نابتة، وحولها شرفات قائمة مخروطة، وهو ثمر الرمان»[2].

أما التصنيف الآخر للنبات، فإنه يقوم على أساس نباته باختلاف الأماكن، فمن النبات ما ينبت في البراري والقِفار، ومنه ما ينبت على رؤوس الجبال، ومنه على شطوط الأنهار وسواحل البحار، ومنه ما ينبت في الآجام والغياض، ومنه يزرعه الناس ويغرسونه في القرى والسوادات والبساتين والأفرجة»[3].

وإن أكثر النبات ما ينبت فوق الأرض، ومنه ما ينبت على وجه الماء كالطحلب، ومنه ما يلتف حول الشجر مثل اللبلاب، ومنه ما ينبت على وجه الصخور مثل خضراء الدمن، ومن النبات ما يختص ببلد دون آخر، ومنه ما لا يمكن زراعته إلا في مناخ دافئ أو شديد البرودة.

والتصنيف الآخر للنبات يقوم على أساس نباته في أوقات مختلفة، ففي الربيع ينبت أكثر العشب والكلأ والحشائش نظرًا لكثرة الأمطار وطيب الهواء، وفي الخريف يزرع الناس الحنطة والشعير والباقلاء والعدس، ويحصد في الربيع، وفي الشتاء يزرع القثاء والخيار

---

(1) المصدر السابق، مج 2، ص164. (المؤلف)

(2) المصدر السابق، مج 2، ص164-165. (المؤلف)

(3) المصدر السابق، مج2، ص160. (المؤلف)

والباذنجان ويدرك في الربيع، وفي الخريف يزرع الجزر والشلغم والقرنبيط ويستحكم في الشتاء، وفي الصيف يزرع السمسم والذُرة والأرز ويحصد في الخريف، وفي الربيع يزرع القطن والقنب ويستحكم في الخريف.

وتناول **إخوان الصفا** فضلًا عن ذلك جملة واسعة من الدراسات الخاصة بتشريح النبات من حيث النواة والساق والأوراق والأثمار وذكروا الغايات من تفاصيل تراكيبها مثال ذلك، ما ذكروه عن رؤوس الأقماع في الثمر، وتركيب عروق شجرة النخل والتين والعنب وكذلك أصولها وقضبانها وورقها وثمرها.

تمثل نظرية **إخوان الصفا** في مراتب المعادن والنبات والحيوان صورة عامة للسُلَّم الذي تكون عليه المراتب من الأدنى إلى الأرقى مع مراعاة ما يوجد بين هذه الأجناس الثلاثة من تواصل، فبين المعادن والنبات يوجد معدن نباتي، ونبات معدني، وبين النبات والحيوان يوجد نبات حيواني، وحيوان نباتي.

بينما تمثل نظرية **ابن سينا** في النبات والحيوان صورة أخرى مختلفة، إذ لا توجد فيها مراتب ولا يوجد فيها تواصل بالمعنى السابق بل إن كل ما هناك مجرد توازي بين النبات والحيوان يقوم على التشابه بينهما من دون أن يكون لهما أصل مشترك.

عرض **ابن سينا** نظريته التي نطلق عليها **نظرية التوازي** تمييزًا لها عن **نظرية المراتب لإخوان الصفا** في الفن السابع وهو النبات من طبيعيات كتاب الشِفاء. وقد اشتمل هذا الفن على سبعة فصول اختصها بما يتصل بالغذاء والتولد واختلاف النبات وأحواله وأجزائه من سُوُق وغصون وورق وثمر وبذور وشوك وصموغ، وأصناف النبات.

تقوم نظرية التوازي **لابن سينا** من حيث الأساس على ما يعرضه من تشابه بين النبات والحيوان، فنجده يبحث عما يماثل الحيوان من أعضاء في النبات، وعن التشابه في التغذية والتولد وغير ذلك، وقد عرض هذه النظرية بخطوطها الرئيسية في الفصلين الأول والثاني من كتاب النبات. فجعل الكلام في الفصل الأول على تولد النبات واغتذائه وذَكَرهُ وأُنثاه وأصل مزاجه، كما تكلم في الفصل الثاني على أعضاء النبات في أول النشوء وبعد ذلك، وفيما يأتي الأُسس العامة للنظرية مستقاة مما ورد في الفصلين المذكورين:

**أولًا:** أما النبات فقد يشارك الحيوان في الأفعال والانفعالات المتعلقة بالغذاء إيرادًا على البدن، وتوزيعها، وإبانة للفضل، وتوليدًا للبزر المتولد عنه[1].

**ثانيًا:** إن القوة التي تفضل عن النبات فضلًا يدخل في قوام ما يتولد عنه المثل هي قوة الأنوثة، وأما القوة التي تتصرف في هذا الفضل بالتصوير فهي قوة الذكورة. وقد تتلاقى القوتان في الحيوان عن افتراق في شخصين تلاقيا في أحد الشخصين كما يقع عند الحَبَل، وربما تلاقيا وفارقتا بعد الشخصين، مثل ما يعرض في الطيور إذا باضت، فإن البيضة حينئذ تشتمل على قوة مولدة وعلى قوة قابلة للتصوير والتوليد ولذلك ما يتولد فيها الفرخ يتصور، ويشبه أن يكون حال البزور في النبات هذه الحال، إلا أن القوتين لا تتلاقيان فيها عن افتراق في شخصين، بل تحصلان لها من شخص واحد[2].

**ثالثًا:** كما أن للحيوان أعضاء أصلية متشابهة الأجزاء، وأعضاء مركبة، وللحيوان أشياء ليست بأعضاء أصلية، بل توابع للأعضاء، وكالأعضاء قد تحدث وقد تَبِين مثل: الشعَر والظِفر. وللحيوان فضول تنتفض بعضها يجمع إلى منفعة النفض لا غير كالرمص[3]، كذلك للنبات أعضاء أصلية متشابهة الأجزاء، مثل: اللحاء والخشب واللباب الذي في الوسط. وأعضاء مركبة مثل الساق والغصن والأصل، وللنبات أشياء شبيهة بالأعضاء الأصلية وليست بها، كالورق والزهر وكالثمر، فإنها ليست أعضاء أصلية لكنها أجزاء كمالية، كالشَعر والظُفر للناس، وأيضًا للنبات انتفاض فضل للقسم الأول كالثمار والبزور، وانتفاض فضل نظير للقسم الثاني كالصموغ والألبان والسيالات[4].

يتغذى النبات بجذب الرطوبة إليه، وتسعى عروقه لطلب الغذاء، وما دام النبات متغذيًا فهو حي، ومتى تسلط عليه المفسد من الخارج أو لم تصل إليه الرطوبة فقد الحياة وأصبح

---

(1) يُراجع، ابن سينا، الشفاء، الطبيعيات، كتاب النبات، مصدر سبق ذكره، ص2. (المؤلف)

(2) المصدر السابق، ص3-4. (المؤلف)

(3) الرمص: الدجاجة ذَرَقَتْ، أو وسخ أبيض في مجرى الدمع من العين. (المحقق)

(4) يُراجع، ابن سينا، كتاب النبات، ص8. (المؤلف)

ميتًا، ويتكاثر النبات بالبذور والأقلام حيث تعطي البذور النبات الذي نشأت منه، وتعود الأثلام بعد قطعها وغرسها في الأرض إلى النبات الذي أُخذت منه.

ويعقد **ابن سينا** مقارنة بين النبات والحيوان فيقول : «في النبات شيء يقوم مقام الرحم والذَكر جميعًا، وشيء يقوم مقام البيضة، فأما الشيء الذي هو كالرحم فالهنات التي توجد في عُقد الأغصان والزرع، وقد توجد أيضًا البزور، وهي أشياء متميزة من تلقائها تتولد الأغصان في النبات نفسه، وفي بزر النبات، أو ما يقوم مقام الأغصان، وليس يجب أن نظن أن تلك الأشياء هي كالمَنِي الذكوري، بل تلك الأشياء مجامع للقوتين جميعًا، فهناك تفعل المُوَلِدَة في المتولد فعلها، وهناك تستحفظ القوتان جميعًا ومادتا القوتين، وهي في النبات كالأرحام المشتملة، وفي البزور فكأشياء في البيض منها تفيض قوة التوليد والتولد معًا، وذلك أن في البيض مبادئ منها يكون مبدأ انبعاث القوتين المجتمعتين، وقد تتميز في الحس عن سائر أجزاء البيض، وتكون كأنها في البيض رحم ثان، فكأن البيض غذاء لذلك الرحم»[(1)].

ويلتفت ابن سينا إلى ظاهرة نباتية تشبه الحيوان هي أنه إذا قُطع رأس النخلة ماتت لتوها، وأن في النخل ما يقوم مقام الذَكر وما يقوم مقام الأنثى، فإذا تم التلقيح بينهما تولدت الثمرة، ونظرًا لثبات النبات في مكانه وعدم استطاعته التنقل كالحيوان، أصبحت له مجموعة كبيرة من العروق لامتصاص الغذاء وطلبه من جهات معدودة، وبهذا اختلف النبات عن الحيوان في أن للثاني منفذًا واحدًا يكفيه يتصل بالمعدة، ولكن يتفق الحيوان مع النبات في شأن امتصاص الغذاء، وذلك على أساس أن الكبد يمتص الغذاء طبيعيًا شبيهًا بامتصاص النبات، لهذا كثرت عروقه، وتشعبت شُعَبًا آخذة جهات شتى تجتمع إلى ساق واحد[(2)].

ويذكر ابن سينا في الفصل السابع أصناف النبات ويقصد به تصنيف النباتات بصورة عامة، أما المبدأ الذي يقوم عليه هذا التصنيف فهو شكل الساق واختلاف النباتات بعضها عن بعض في سُوقها، كما يصنف النبات إلى أصناف حسب المكان الذي تنبت فيه.

وإليك تصنيف النبات كما يذكره: «إن من النبات ما هو شجر مطلق، وهو القائم على ساقه، ومنه ما هو حشيش مطلق، وهو الذي تنبسط ساقه على الأرض، ومن النبات ما هو

---

(1) المصدر السابق، ص5. (المؤلف)

(2) المصدر السابق، ص10. (المؤلف)

بَقِل مطلق، وهو الذي لا ساق له أصلًا مثل الخَسّ، ومن النبات ما هو شجر حشيشي، وهو الذي له ساق منتصب وساق كالقصب ويسمى جنبة»[1].

أما التصنيف الآخر للنبات حسب الأماكن التي يزرع فيها، فيرى **ابن سينا** «أن من النبات ما هو سيفي، ومنه ما هو سبخي، ومنه ما هو رملي، ومنه ما هو مائي، ومنه ما هو جبلي»[2].

إنّ المعلومات التي يقدمها **ابن سينا** في علم النبات جديرة بالاهتمام، ما كان منها ما يتعلق بالتغذية وكيفية امتصاص النبات للغذاء عن طريق العروق والأنابيب الدقيقة في السُوقِ والأغصان، وكيفية تحوله إلى ما يلائم كل جزء من أجزاء النبات، فاللباب الموجود وسط الأشجار الخشبية يقوم بسحب المواد الغذائية، وهو يمتد في النبات مثل امتداد المخ في العظام، ثم تتحول هذه المواد بعد مدة إلى أجزاء صلبة، كما بحث ابن سينا كذلك في السُوقِ والأغصان والورق، فبين حاجة النبات إلى ساق كثيرة التفرع لتكثر منه منابت الثمر، أو حاجته إلى ساق ضعيفة غير منتصبة ولكنه متخلخل ليسرع نفوذ الغذاء فيه مثال ذلك شجرة الخيار والقرع، أو حاجته إلى ساق عظيمة قوية منتصبة مثل النخل.

كما بين **ابن سينا** حاجة النبات إلى الأغصان والورق من ناحية الغذاء ووقاية النبات نفسه والأثمار، ويصف الورق وصفًا دقيقًا بقوله: «وفي كل ورقة خياطات تتشعب كالأضلاع عن خط واحد كالصلب، ليكون عمدة للورق، وليأتي أجزاء الأوراق غذاؤها من قبلها، كأنها رواضع العروق في الحيوان، ومن الورق ما خياطته تستحيل غصنًا، فيكون لذلك محزز الخشب متشاكل التغصين، وهذا كالسرو، فيكون وقاية ومبدءًا معًا»[3].

ومن الشجر ما يكون توريقه وتفريعه ثلاثًا ثلاثًا، وأربعًا أربعًا وخمسًا خمسًا، كما يظهر في بعض أنواع الشجر أشواك، وهو كالسلاح يقيه من الآفات، وكثير من الأشجار تشوك في حداثتها ثم يسقط الشوك عنها بعد ذلك، ومن الأشجار ما تكون عصارته صموغًا أو ألبانًا أو دهانًا، وهذه فضول تشبه ما يتولد عن الهضم في الحيوان من فضول.

---

(1) المصدر السابق، ص32. (المؤلف)

(2) المصدر السابق، ص32. (المؤلف)

(3) المصدر السابق، ص32. (المؤلف)

## المبحث الثالث: علاقة النباتات بعلمي الطب والصيدلة

ازداد اهتمام **العلماء العرب** من الأطباء والعشابين والصيادلة بالنبات والأعشاب لما لها من علاقة بالأدوية والعقاقير، وكانت مصادر معلوماتهم بالنباتات الطبية متنوعة وكثيرة، فمنها ما توارثوه من علاجات بالنبات والأعشاب لبعض الأمراض، ومنها ما حصلوا عليه من بيئات مختلفة واختبروا قوته في العلاج والشفاء، ومنها ما عرفوه عن طريق ترجمة المؤلفات الأجنبية في هذا الباب.

يعدّ كتاب ديسقوريدس في الحشائش من المصادر الرئيسية التي انتفع بها الأطباء، و**الأطباء العرب**، ويقع في خمس مقالات هي:

**الأولى:** تشتمل على ذكر أدوية عطرة الرائحة وأفاوية وأدهان وأصماغ وأشجار كبار.

**الثانية:** تشتمل على ذكر الحيوانات ورطوبات الحيوان والحبوب والقطاني والبقول المأكولة الحريفة وأدوية حريفة.

**الثالثة:** تشتمل على ذكر أصول النبات وعلى نبات شوكي وعلى بزور وصموغ وعلى حشائش زهرية.

**الرابعة:** تشتمل على ذكر أدوية أكثرها حشائش باردة، وعلى حشائش حارة مسهلة ومقيئة، وعلى حشائش نافعة من السموم وهو ختام المقالة.

**الخامسة:** تشتمل على ذكر الكرم وعلى أنواع الأشربة وعلى الأدوية المعدنية.

كما يوجد متصلًا بالكتاب مقالتان في سموم الحيوان تنسب إلى **ديسقوريدس** وهي السادسة والسابعة(1).

ونظرًا للتوسع الذي أصاب صناعة الدواء وصناعة الطب على السواء أخذ المتهمون بالنباتات والأعشاب سواء كانت الريفية المزروعة أو البرية التي تنبت في مواسم معينة من السنة، يجمعون المعلومات القيمة عن قيمتها الدوائية، فضلًا عن دقة الوصف لكل نبتة طبية والأجزاء المفيدة منها للعلاج، وكان من معارف **العرب** بالنباتات والأعشاب وتأثيرها وأماكن وجودها وصفاتها من حيث الأجزاء، صفة الأوراق والساق والثمر والبذور

(1) يُراجع، ابن أبي أُصيبعة، عيون الأنباء، مصدر سبق ذكره، ص59. (المؤلف)

والصموغ والألبان والقشور وغير ذلك، خير مصدر يفيد المهتم بالنبات والحشائش لمعرفة أنواع أخرى جديدة.

ولم تقتصر معرفة **العرب** على كتاب الحشائش **لدسقوريدس**، بل أمدتهم المصنفات الطبية اليونانية كذلك بعدد وافر من النباتات والأعشاب على هيئة أدوية مفردة، كما كان للمؤلفات الطبية السريانية وما قام به عدد كبير من أوائل المهتمين بالطب والأدوية أمثال: **حنين بن إسحق** وابنه **إسحق بن حنين** و**ثابت بن قرة** و**حبيش بن الأعسم** وغيرهم، أكبر الأثر في إثراء المعرفة العربية بالنباتات الطبية سواء كان ذلك عن طريق النقل والترجمة من اللغة **اليونانية** و**السريانية** أو عن طريق الإضافة والتوسع. ولا نريد هنا أن نذكر جميع المشتغلين بالطب والأدوية والعقاقير، ولكننا نحصر اهتمامنا بالجانب النباتي فقط لعلاقته بالبحث، فنذكر أبرز العاملين فيه دون ذكر التفاصيل.

ألف **الفيلسوف الطبيب أبو بكر الرازي** (ت932م)، عدة مؤلفات في الطب، اشتهر من بينها كتاب الحاوي لاحتوائه على معلومات طبية واسعة، فهو بمثابة موسوعة لعلم الطب، وقد اشتمل على جانب واسع من معلومات نباتية وأنواع النباتات والأعشاب المستخدمة في الأدوية والعقاقير، وألف **ابن سينا** في الطب كتابه الشهير القانون في الطب[1]، الذي يقع في خمسة أجزاء، تناول في الجزء الثاني منه موضوع الأدوية المفردة، وقد رتبه ترتيبًا أبجديًا، وقد أخذ في ذلك من مؤلفات من سبقه الشيء الكثير وأضاف إليه من تجاربه الخاصة، واشتهر **موفق الدين عبد اللطيف البغدادي** بالطب والنبات، وله من الكتب في النبات: اختصار كتاب الأدوية المفردة **لابن وافد**، واختصار كتاب الأدوية المفردة لابن سمجون، وكتاب كبير في الأدوية المفردة، واختصار كتاب النبات **لأبي حنيفة الدينوري** وغير ذلك[2].

واشتهر **رشيد الدين بن الصوري** بالفضل في الصناعة الطبية والنباتات، وله «من الكتب: كتاب الأدوية المفردة وهذا الكتاب بدأ عمله في أيام الملك المعظم، وجعله باسمه واستقصى

---

(1) لقد اطلعت على طبعة لهذا الكتاب وملحقه كتاب النجاة في الحكمة المنطقية والطبيعية والإلهية لابن سينا، في روما عام مولد الفيلسوف الفرنسي الشهير ديكارت سنة 1596م. مطبوع على الحجر، مما يعني مقدار أهمية هذا الكتاب بالنسبة لعلم الطب والحكمة في الغرب زمن عصر النهضة. (المحقق)

(2) يُراجع، أحمد عيسى، تاريخ النبات عند العرب، ص59. (المؤلف)

فيه ذكر الأدوية المفردة، وذكر أيضًا أدوية أطلع على معرفتها ومنافعها لم يذكرها **المتقدمون**. وكان يستصحب مصورًا، ومعه الاصباغ والليق على اختلافها وتنوعها، فكان يتوجه إلى المواضع التي بها النبات، مثل **جبل لبنان** وغيره من المواضع التي قد اختص كل منها بشيء من النبات فيشاهد النبات ويحققه، ويريه للمصور فيعتبر لونه ومقدار ورقه وأغصانه وأصوله، ويصور بحسبها ويجتهد في محاكاتها، ثم أنه سلك أيضًا تصوير النبات مسلكًا مفيدًا، وذلك أنه كان يرى النبات للمصور في أبان نباته وطراوته فيصوره، ثم يريه إياه أيضًا وقت كماله وظهوره وبزره فيصوره تلو ذلك، ثم يريه إياه أيضًا في وقت ذواه ويبسه فيصوره»[1].

واشتهر عدد كبير من **العلماء العرب في المشرق** و**المغرب** و**الأندلس** باهتمامهم بالنباتات والأعشاب لصناعة الأدوية والعقاقير، نختار من بينهم **ضياء الدين أبو محمد بن أحمد المعروف بابن البيطار** (ت1284م)، ومؤلفه الشهير الجامع لمفردات الأدوية والأغذية، وهو كتاب نهج فيه المؤلف بترتيب ما جاء فيه من أدوية ونباتات وأعشاب حسب حروف الهجاء، فهو معجم نباتي وصيدلاني في الوقت نفسه.

جمع **ابن البيطار** في هذا المصنف ما وصل إليه من معارف نباتية ودوائية عن **اليونان والعرب** وغيرهم، فضلًا عما أضافه بنفسه من نباتات وأعشاب.

وفي سبيل أن نطلع على منهجه في ذكر أنواع النباتات والأعشاب نذكر بعض الأمثلة على ذلك، يشير فيها إلى من قالها ومصدرها.

نختار من حرف الألف نبات أسرار فيقول: «**أبو العباس النباتي**: إسْرار بكسر الهمزة والسين المهملة الساكنة وبعدها راء غير معجمة ثم ألف وراء أخرى مهملة، وهو شجر ينبت في أقاصي البحر وفي السواحل من **بحر الحجاز** رأيته بمقربة من **كفافة** من طريق **أيلة** لمن يريد **الخوزا** وهو على قدر ما صغر الرند وورقه ورقه وزهره زهره، ويثمر ثمرًا على قدر البندق كأنه ما صغر من ثمر الخوخ أزغب إلى الطول ما هو فيه يسير بشاعة وثمره يؤكل فيورث شبيه سدر في الرأس»[2].

---

(1) يُراجع، ابن أبي أُصيبعة، عيون الأنباء، ص703. (المؤلف)، والتصوير هنا بمعنى الرسم وليس التصوير بآلة تصوير حديثة كما يذهب إلى ذلك ذهن القارئ. (المحقق)

(2) يُراجع، ضياء الدين بن البيطار، الجامع لمفردات الأدوية والأغذية، مج 1، بغداد، ص33. (المؤلف)

ونختار من حرف الباء نبات بابونج، فيقول: «بابونج، **ديسقوريدس** في الثالثة هو ثلاثة أصناف، والفرق بينها إنما هو في لون الزهر فقط، وله أغصان طولها نحو شبر شبيه بأغصان التمنش، وفيها شعب وورق صغار دقاق ورؤوس مستديرة صغار في باطن بعضها زهر أبيض وفي بعضها زهر مثل لون الذهب، وفي الذي ظهر من الزهر على الرؤوس يظهر باستدارة حولها ويكون لونه أبيض وأصفر وفرفيري وهو في قدر زهر السذاب، وينبت في أماكن خشنة بالقرب من الطرق ويقلع في الربيع، لي هذا البابونج الذي ذكره **ديسقوريدس** هنا أعني النوع الأبيض الزهر منه هو النبت المعروف اليوم **بمصر** بالكركاس **وأهل الأندلس** يعرفونه بالمقارجة وهو اسم **لطيني (لاتيني)، وأهل أفريقية** يسمونه أيضًا رِجل الدجاجة وهو الأقحوان **عند العرب** وليس يُستعمل اليوم بين الأطباء وإنما يُستعمل نوع آخر وهو الذي يعرف **بأفريقية** بالبانونق»[1].

ونختار من حرف الجيم نبات جيرش، فيقول: «جيرش، **قسطا بن لوقا** هو الفستق المصري وهي شيء ينبت في مواضع كثيرة المياه القائمة التي لا جري لها، ولهذا النبات ساق جوفاء رقيقة على طرفها شيء شبيه في شكله برأس القدح، لونه إلى الخضرة والسواد، فيه ثقب مستديرة في كل ثقبة منها حبة مستديرة أشبه بحب الرند عليها قشر رقيق كما على الشاه بلوط، وهذا النبات لا يصلح لغير الأكل»[2].

إنّ المنهج المتبع عند العشابين يعتمد من حيث الأساس على الوصف الخارجي للنبات وأجزائه من سُوق وورق وأغصان وأثمار وبذور وغير ذلك. وقد يعتمد النهج أحيانًا على تشريح الأجزاء كما يحصل عند التعامل مع الأثمار والبذور فيذكرون ما فيها من طبقات أو أغلفة أو بذور أو نواة، فضلًا عن طعومها وألوانها وروائحها وغير ذلك، ويهتم العشابون كذلك بأماكن وجود النبات والعشب وأزمان ظهوره أو أفضل الفصول لزراعته أو لاقتطافه أو للبحث عنه، وما يحتاج إليه من رعاية أن كان من النباتات التي تزرع في الحدائق، وما يحتاج إليه من رعاية إن كان من النباتات الطبية التي تزرع لغرض الحصول على الأدوية والعقاقير، وكل هذه المعلومات وغيرها تدخل في موضوع علم النبات.

---

(1) المصدر السابق، مج 1، ص73. (المؤلف)

(2) المصدر السابق، مج 1، ص179. (المؤلف)

## المبحث الرابع: علم الفلاحة عند العرب

لم تقتصر اهتمامات **العلماء العرب** على دراسة النباتات والأعشاب من جهة الصفات واختلاف أجزائها وأجناسها وما تقدمه من مفردات للأدوية والعقاقير، بل تعدت ذلك إلى دراسة أحوال المياه والأرض واستصلاح التربة وزراعة النبات وتسميد الأرض وطرق تكثير النباتات بالغرس والتركيب وغير ذلك من الأمور المتعلقة بالزراعة عموما، وقد أطلق **العلماء العرب** على هذه الاهتمامات **اسم الفلاحة**. وجعلوا ذلك علمًا مستقلًا له أصوله وأولياته، فكتبوا فيه المصنفات العلمية التي زخرت بتجاربهم الخاصة وما ورثوه عن الأقوام التي سكنت **الجزيرة العربية** وأطرافها، وما عرفوه من أحوال النبات وأنواعه وزراعته عند احتكاكهم بشعوب أخرى، وما ترجموه من مؤلفات في الفلاحة من اللغة **السريانية** و**اليونانية** و**الفارسية**.

كان **للكلدانيين** معرفة واسعة بالنبات والزراعة، وهي معرفة استقاها هؤلاء القوم ممن سبقهم من **البابليين** وما حصلوا عليه نتيجة اهتمامهم بالأرض والمياه والزرع، إذ كانت الأرض الخصبة والمياه العذبة والمناخ المناسب عوامل دفعت الإنسان في **وادي الرافدين** إلى العناية بالزراعة، كما توجهت عناية من جاء إلى **العراق** إلى الاهتمام بالزرع واستصلاح الأرض وبناء الخزانات والسدود وشق الجداول والترع لسقاية المزروعات. «وكان لكل هذه المعارف الفلاحية والزراعية القديمة صدى كبير في أول كتاب ألفه **العرب** في الفلاحة، وكان ذلك الكتاب هو كتاب الفلاحة النبطية الشهير الذي يرجع إلى أوائل القرن العاشر، وعاش في **العراق** أوائل القرن العاشر مؤلف كان يعتز بأصله **الكلداني** ويسمى **أبا بكر أحمد بن علي الكلداني** أو **النبطي**، فكتب مؤلفًا كبيرًا في الفلاحة أسماه (الفلاحة النبطية)، لأن اسم **النبطيين** كان يشير بين **العرب** فيما يظهر إلى **الكلدانيين الأقدمين** أو إلى الثقافة التي ورثها **العرب** عن **الأمة النبطية** التي كانت مدينة **بيترا عاصمة لها**»[1].

وترجم **العرب** في الفلاحة كتاب الفلاحة **الرومية** أو الفلاحة **اليونانية**، الذي يعود أصله إلى القرن الرابع، فكتب **أناضول البيروتي** مدونًا في الفلاحة ينقسم إلى اثني عشر كتابًا، وقد

---

(1) يُراجع، خوسي مارية مياس بييكروسا، علم الفلاحة عند المؤلفين العرب بالأندلس، تعريب عبد اللطيف الخطيب، تطوان 1957، ص11-12. (المؤلف)

ترك هذا المدون فرعين أحدهما امتد في **العالَم البيزنطي** على عهد **كونستانتان بورفيروجينتا**، بينما امتد الفرع الآخر في **العالَم العربي**، وتزود **أناضول البيروتي** بمعلومات كثيرة من العلم الفلاحي أو الزراعي في **بلاد الكلدانيين والآراميين**، فانظر كيف وصل هذا التقليد العلمي الفلاحي إلى **العرب**. فقد ترجم مدون **أناضول البيروتي** في القرن السادس إلى اللغة **السريانية** من طرف سير **جيودي ريساينا المتوفي** عام 531م، والذي كان أوسع الناس ثقافة في ذلك العهد، إذ ترجم إلى اللغة **السريانية** عدة مؤلفات علمية **يونانية**، وبعد ذلك قام المسيحي **قسطا بن لوقا** المتوفي سنة 912م، بنقل تلك الترجمة **السريانية** إلى **اللغة العربية**، كما ترجم غيرها من المؤلفات العلمية إلى هذه اللغة»[1].

وألف **محمد بن أبي بكر الأنصاري المعروف بشيخ حصين**، كتاب الدر الملتقط في علم فِلاحتي **الروم** و**النبط**، وهذا الكتاب جامع لترجمة جملة كتب عن النبطية وعن الفلاحة الرومية.

ويتضح ذلك جليًا مما ننقله من مقدمته حتى ليخيل للإنسان أنه نسخة أخرى من كتاب الفلاحة **لابن وحشية**، قال **محمد بن أبي بكر** إنه: كتاب جامع لأنواع علم الفلاحة الرومية وغير، ويشتمل على أفلاح النبات الناجم والمعرش، وذي الساق والمخيم...»[2].

كما ازدهرت الفلاحة عند **عرب الأندلس**، واشتدت عناية الأمراء بالبساتين والحدائق، وتفتحت أمام **العلماء العرب** مجالات عدة في الزراعة وكل ما يمت إليها بصلة، وانتظمت المعلومات والمعارف الزراعية بشكل علمي دقيق في مصنفات عديدة تناولت كل الجوانب الزراعية وفلاحة الأرض وتسميدها ومكافحة الآفات وتركيب الأشجار وغير ذلك.

وكان من أبرز الذين ظهروا في هذا العلم من **أهل الأندلس عبد الله محمد بن إبراهيم بن بصال الطليطلي وأبو زكريا يحي بن محمد بن أحمد بن العوام الأشبيلي** (ت1185م)، وغيرهم.

يعتبر كتاب ابن بصّال في الفِلاحة جامعًا مختصرًا لنواحي هذا العلم، وإليك ما جاء في محتوياته كشاهد على سعة العلم وحسن التبويب وتنوع أطراف علم الفلاحة:

---

(1) المصدر السابق، ص11. (المؤلف)

(2) يُراجع، أحمد عيسى، علم النبات عند العرب، ص100. (المؤلف)

**الباب الأول**: في ذكر المياه وأصنافها وطبائعها وتأثيرها ومعرفة ما يوافق كل ضرب من النبات من أصنافها.

**الباب الثاني**: في ذكر الأرضين وتسمية أنواعها ومعرفة طبائعها والاستدلال على كرمها وخبثها مما يبدو من ألوانها وأحوالها.

**الباب الثالث**: في ذكر السَّرِقين[1] وضروبه ومعرفة طبائعه وخواصه وكيفية تدبيره وإصلاحه قبل استعماله.

**الباب الرابع**: في اختيار الأرض وتدبيرها بالعمارة وإصلاحها ومعرفة ما يُستدل به على كرمها وطيبها وغير ذلك من أحوالها.

**الباب الخامس**: في غرس الثمار وضروب أعمالها ومعرفة إبانها وكيفية النقل والسقي وعلاج الضروب وغير ذلك من شأنها.

**الباب السادس**: وهو باب جامع لمعرفة كيفية ضروب الغراسات والتكابيس والملوخ والنوى وغير ذلك من أحوالها.

**الباب السابع**: في تشمير الثمار وإصلاحها بعد هرمها.

**الباب الثامن**: في تركيب الثمار بعضها في بعض ومعرفة ما يتركب منها وما لا يتركب والأخبار عن الأقاليم السبعة وأهويتها وطبائعها.

**الباب التاسع**: وهو باب جامع لبعض معاني التركيب وأسراره وغرائب من أعماله.

**الباب العاشر**: في زراعة الحبوب والقطاني وما أشبهها مما يستعمل في البساتين منها للحاجة إليها والتجمل بها.

**الباب الحادي عشر**: في زراعة البزور المتخذة لإصلاح الأطعمة كالتوابل وما أشبهها.

**الباب الثاني عشر**: في زراعة القثاء والبطيخ وما أشبهها وقارب شكلها.

**الباب الثالث عشر**: في زراعة البقول ذوات الأصول.

---

(1) السرقين: الزِّبل.

**الباب الرابع عشر**: في زراعة خضر البقول ووجوه العمل فيها في جميع الفصول.

**الباب الخامس عشر**: في زراعة الرياحين ذوات الزهر وما شاكلها من الأحباق وسائر الشجر.

**الباب السادس عشر**: وهو باب جامع لمعانٍ غريبة ومنافع جسيمة من معرفة المياه والآبار واختزان الثمار وغير ذلك مما لا يستغني أهل الفلاحة عن معرفتها؛ إذ هي من تمام أعمالها واستكمال فائدتها.

وحسبنا الآن أن نتناول بعض الأوجه المهمة من هذا الكتاب مما له صلة بالزراعة والنبات استكمالًا لما بدأنا من بحث الأوجه أو النواحي المختلفة لعلم النبات، فعلى ذكر أنواع المياه يرى **ابن بصال** أنها أربعة أصناف تصلح للنبات هي: ماء المطر، وماء النهر، وماء العيون، وماء الآبار، وأفضل هذه الأنواع ماء المطر نظرًا لعذوبته واعتداله وتقبله الأرض قبولًا حسنًا[1].

ويفصل في أنواع الأرض الصالحة للغراسة والفلاحة فيقول: «اعلم أن الأرض التي للغراسة والزراعة تنقسم على عشرة أنواع، يوصف كل نوع منها بصفة وهي: اللينة، والغليظة، والجبلية، والرملية، والسوداء المدكنة المحترقة الوجه، والأرض البيضاء، والأرض الصفراء، والأرض الحمراء، والأرض الحرشاء المضرسة، والأرض المدكنة المايلة إلى الاحمرار، ولكل نوع من هذه الأرضيين نبات يجود فيه وعمل وتدبير»[2].

يجود في الأرض اللينة جميع الثمار والنبات، لأنها معتدلة الرطوبة، قابلة لكل ماء، ويتخللها الهواء فيصل الماء والهواء إلى أصول النباتات المغروسة فيها، ولا تحتاج إلى السماد إلا عند فصل الشتاء، ويفضل أن يكون الزبل المستخدم فيها كسماد قد مضى عليه عام أو أكثر إلى ثلاثة أعوام.

ويجود في الأرض الغليظة أكثر الثمار، لا يغوص فيها الماء سريعًا، بل يبقى على وجهها،

---

(1) يُراجع، ابن بصال، كتاب الفلاحة، نشره وترجمه وعلق عليه خوسي ماريه مياس بييكروسا ومحمد عزيمان، تطوان 1955، ص39. (المؤلف)

(2) المصدر السابق، ص41. (المؤلف)

وإذا أصابها الحر تشققت، ولكن سرعان ما تلتئم هذه الشقوق عند سقيها بالماء، ولا تحتاج إلى الزبل إلا يسيرًا، وتحتمل لكثير من الماء.

أما الأرض الجبلية فإنها ليست شبيهة بالأرض اللينة، والأرض الغليظة فلا يجود فيها كل نبات ولا يصلح فيها كل ثمر، لأنها أرض صلدة غير مفتوحة المسامات ولا يتخللها الهواء والماء إلا بصعوبة، لذلك يجود فيها من الثمار اللوز والفستق والبلوط والصنوبر وما أشبهه، وتحتاج هذه الأرض إلى ماء كثير وزبل كثير.

والأرض الرملية لا تحتمل الماء، لأن الماء القليل يجري عليها ويسري إلى أعماقها بسرعة، لذلك ينبغي الإكثار من سقيها بالماء، وإن كان الظاهر عليها أنها محتاجة إليه نظرًا لغوص الماء في داخلها بسرعة، ويجود في هذه الأرض من الثمار شجر التين والرمان والتوت والصنوبر والسفرجل والخوخ والبرقوق والورد والمقاثي والكتان وما جرى مجرى ذلك من النبات.

أما الأرض المدكنة السوداء المحترقة الوجه فإن فيها من الملوحة ما يفسد النبات المزروع فيها فتحصده في أصله، وربما كان للنبات في هذه الأرض إقبال أول مرة[1]. ويفضل أن يكون النبات في هذه الأرض عند إفراط البرودة، لأن البرد يكسر حرارتها وملوحتها، ويجود فيها من النبات الفول والخردل والكزبر، كما يجود فيها جميع الخضر في فصل الشتاء، ويصلح فيها التوت والزيتون والتين، فإذا جاء الحر فينبغي تداركها بالماء الكثير وإلا هلك النبات فيها.

والأرض البيضاء يجود فيها من الثمار شجر التين والزيتون واللوز والكروم، وأن النبات يزرع فيها محتاج إلى زبل كثير، ولا تحتمل هذه الأرض الماء الكثير، ولكنها بحاجة إلى كثرة الخدمة.

أما الأرض الصفراء فإنها أقل فائدة من البيضاء، وتحتاج إلى زبل كثير ولا تصبح أرضًا صالحة إلا إذا امتزج فيها الزبل وقبلته، وعندئذ يزرع فيها جميع النبات، وبالجملة فإنها أرض ضعيفة معتلة متغيرة لا تصلح إلا بكثرة المعاناة والتزبيل والخدمة، ومتى عدمت ذلك لم يكن فيها منفعة البتة[2].

---

(1) المصدر السابق، ص45. (المؤلف)

(2) المصدر السابق، ص46. (المؤلف)

وتحتاج الأرض الحمراء إلى خدمة كبيرة، وينبغي أن يجري عليها التقليب وذلك بقلب أعلاها أسفلها، وأسفلها أعلاها، ولا تحتاج إلى زبل كثير، ولكن إذا ما غمرت بالماء وزودت بالزبل المناسب، فإنها تجود عندئذ بالثمار من التفاح والأجاص والتوت واللوز والورد.

أما الأرض الحرشاء المضرسة فإنها تمازج الزبل وتقبل الماء ويجود فيها من الثمار الفستق والجوز واللوز وشجر التين والأجاص والكروم والقرع والباذنجان والورد.

وأخيرًا الأرض المدكنة المايلة إلى الحمرة أدون من الأرض المضرسة، وتحتاج إلى خدمة كثيرة لتكون صالحة للزرع، ولا يوافقها من الزبل إلا ما كان معتدلًا في التعفن لأنها سريعة الممازجة.

والزِّبل أو السماد الذي يذكره **ابن بصال** في استصلاح الأرض وتهيئتها للزرع والذي يطلق عليه اسم السرقين، فإنه سبعة أنواع: زبل الخيل والبغال والحمير نوع واحد، ثم زبل الآدمي، ثم الزبل المضاف وهو المؤلف من الكناسات وغيرها، ثم زبل الغنم، ثم زبل الحَمَام، ثم رماد الحَمَّامات، ثم المولد وهو زبل يتخذ عند عدم هذه الزبول من الحشيش والتراب[1].

وحذر **ابن بصال** من استعمال زبل الطير والخنازير لأنه يهلك العشب، ولكل أرض ما يناسبها من هذه الأزبال، لأن منها ما تحتاج إلى زبل متعفن من النوع الأول، ومنها ما تحتاج إلى زبل يتفق والزرع الذي ينبت فيها، فالزبل الآدمي على سبيل المثال يصلح لزراعة القرع والباذنجان والبصل والقنبيط.

وتقليب الأرض ضروري، فهو يقوم مقام الزبل، «ومعنى القلب أن تحرث ويرد أعلاها أسفلها مرة بعد مرة ويشرع فيها من نصف شهر يناير وفبراير إلى النصف من مارس أو إلى أوله، ثم يرجع على حرث ما حرث ويحرث ويلينه ويعمله عملًا جيدًا إلى نصف أبريل أو إلى قريب من مايو، ثم يحول عليها بالتقليب إلى آخر مايو ويتركها للحر المفرط وهي قد امتزج بعضها ببعض ورقت بشرتها وذهبت فضولها، فإن تنزل عليها الماء في شهر يونيو ورويت من الماء فلتحرث عند ذلك ويكون هذا حرثًا رابعًا ثم تترك ولا تتعرض بعد هذا ولا تزاد على أربع سكك أو اثنين أن كانت الأرض طيبة»[2].

---

(1) المصدر السابق، ص49. (المؤلف)

(2) المصدر السابق، ص56. (المؤلف)، ويُلاحظ هنا أن علم الفلاحة العربية يؤكد استعمال السماد الحيواني

يلاحظ هنا أن **ابن بصال** يتحدث عن أرض **الأندلس** ومناخها، وأن الأشهر التي يذكرها هي الأشهر الرومية، ولكن المهم هو طريقة القَلب وكيفية تحضير الأرض للزراعة سواء كانت الأرض بورًا أو مزروعة سبق حصاد زرعها، كما أن تعيين وقت الحراثة والغراسة بدقة من مستلزمات الزراعة الجيدة.

والغراسة تنقسم ثلاثة أقسام: «زراريع ونوامي ونوى، فأما الثمرة التي يؤكل لحمها ويكون لها نوى، فمن أحب أن يزرع ذلك النوى ففي الوقت الذي يحين أُكلها فذلك جيد، وذلك مثل الجوز واللوز الذي يطيب في شتنبر (=أيلول) فتصلح زراعته في ذلك الشهر، وكذلك الحب والبرقوق وما جرى مجراه ولا يزرع إلا في هذه المدة المذكورة، وما كان من الخوخ والرمان والعنب والتين فيزرع في أكتوبر ونوفمبر.... أما النوامي فتغرس من يناير إلى فبراير إلى مارس وكذلك يفعل بالأوتاد والملوخ»[1].

والغراسة بناء على ذلك تشتمل على مساحة واسعة من تكثير النبات، فمنها غراسة النبات بالنوامي وهي الأغصان بعد أن تقطع بطول معين وتهيأ لها الأرض المناسبة في وقت معين، ثم تغرس في الأرض مسافة معلومة، ومنها غراسة النبات بالأقلام والأوتاد، ومنها غراسة النبات بالشتلات والزراريع، ومنها غراسة النبات بالفسائل كما في حالة النخيل، ومنها نقفل النبات من بلد إلى آخر، ونقل النوامي عند حلول غرسها شريطة التحفظ على عروقها وجميع ما يندفع من أصلها عند قلعها من الأرض ونقلها إلى أرض أخرى.

وقد فصَّل **ابن بصال** في غراسة الثمار وأجاد في شرح الطرق المختلفة للغراسة، كما اهتم كثيرًا بغرس النوى بغية الحصول على النوامي منها وكيفية تهيئة الأرض أو المكان لغرس النوى، فمن ذلك ما قال في غرس الخوخ مثلًا: «أن يؤخذ نواه وتصنع له أحواض ويطرح التراب عليه قدر إصبعين ويكون ذلك في وقت أُكله وهو أحسن ما يكون له وهو أول أكتوبر ويتأخر نباته إلى شهر مارس لا يتجاوزه، فإذا نبت ترك كما هو بعد نباته ويتعاهد

---

في الزراعة، ولكن نتيجة لتطور العلم في مجال الفلاحة والزراعة لم يعد هذا السماد وحده كافيًا لإنتاج المزروعات على اختلاف أنواعها بل تداخل معه السماد العضوي بكل أنواعه، وإن كان طبيعة الإنتاج الزراعي في السماد الحيواني أفضل منه من السماد العضوي. (المحقق)

(1) المصدر السابق، ص59. (المؤلف)

بالسقي على قدر ما يحتاج إليه من ذلك، فإذا تم له عام هيئت له الأرض التي يراد أن ينقل إليها بأن يحفر فيها حفر يكون في كل حفرة منها ثلاثة أشبار ويرد عليها التراب ولا تملأ الحفرة منه من أجل السقي حتى تسقى مرة ثانية وبعد أن تملأ الحفرة من التراب ويكون بين ثمرة وأخرى عشرة أذرع»[1].

وكانت عناية **علماء الفلاحة العرب** بالتركيب كبيرة نظرًا لاهتمامهم بإصلاح الثمار وفائدتها والحصول على محاصيل جيدة وكثيرة، ولم يكن التركيب مجرد عملية نباتية غير مستوفية لشروط، بل أدركوا بوضوح أن التركيب محتاج إلى معرفة بالنبات ذاته وإلى أي جنس ينتمي، والمناخ الملائم والوقت ومراعاة الزمن الموافق لكل نوع من أنواع النباتات وغير ذلك من الشروط.

لذلك بدأ **ابن بصال** بالأقاليم السبعة[2]، لمعرفة أهويتها وبعدها عن الشمس وقربها، لأن لكل إقليم ما يوافقه من النبات وما يتفق مع التركيب، والنبات أربعة أجناس: «ذوات الأدهان، وذوات الأصماغ، وذوات الألبان، وذوات المياه، فهذه أجناس لا يركب جنس منها مع جنس آخر، وإنما يتركب كل جنس منها في نوعه، فذوات الألبان لا تتركب مع ذوات الأصماغ، ولا ذوات الأصماغ مع ذوات المياه، ولا ذوات المياه مع ذوات الألبان، وكذلك سائرها، وإنما يتركب ذوات المياه بعضها في بعض، وكذلك ذوات الأصماغ بعضها في بعض، وكذلك سائرها، وهذا في الغالب من أحوالها»[3]. فمن ذوات المياه: التفاح والأجاص والسفرجل والرمان والعنب، ومن ذوات الأصماغ: البرقوق واللوز والحب والخوخ والمحلب، ومن ذوات الأدهان: الزيتون والرند واللبان، ومن ذوات الألبان: التين والزيتون والدفلي.

إنّ هذا التصنيف للأشجار يخدم من حيث الأساس تركيب الثمار بعضها في بعض،

---

(1) المصدر السابق، ص70. (المؤلف)

(2) لمعرفة الأقاليم السبعة وحدود كل إقليم وما يحتوي عليه من البلدان والمناخ والشعوب وعاداتهم وأخلاقهم وثقافاتهم على وفق المفهوم الجغرافي القديم لتقسيم الأرض، يُراجع، ابن خلدون، المقدمة، دار العودة، بيروت 1981، ص41 وما بعدها، المقريزي، الخطط، ج1، بيروت (د.ت)، ص22. كتابنا: جغرافية التفسلف، دراسة في أثر المناخ والبيئة في سلوك الإنسان، ط1، منشورات ضفاف، بيروت 2018. (المحقق)

(3) يُراجع، ابن بصال، علم الفلاحة، ص74. (المؤلف)

فهو من هذه الناحية يقوم على أساسين، أولهما العصارة التي يتميز بها كل نبات، وثانيها تركيب نوع على نوع وتنافر جنس من جنس، وقد لا يتركب من الأشجار التي تنتمي إلى جنس واحد، مثال ذلك: أن التفاح لا يتركب مع الرمان لما بينهما من التنافر والتباعد، وأن التفاح والسفرجل والأجاص لا يتركب بعضه في بعض إلا بواسطة، ويذكر ابن بصال جنسًا خامسًا «متوقف بين الأجناس يميل مع كل جنس منها، وهي ذوات المياه والمواد التي لا تسقط لها ورقة، فمن هذا الجنس ما يميل إلى ذوات الأصماغ مثل الصنوبر والسرو وما جرى مجراهما، ومنها ما هو مائل إلى ذوات المياه مثل الليمون وغيره، ومنها ما يميل إلى ذوات الأدهان مثل النارنج والأترج وما أشبهه، ومنها ما يميل إلى ذوات الألبان مثل الدفلي وما أشبهها، ومنها أشجار متوقفة لا يدري إلى أي نوع مائلة، وذلك مثل الجوز وغيره»[1].

والتركيب خمسة أنواع هي: الرومي، والشق، والأنبوب، والرقعة، والأنشاب. والقلم الرومي يكون على هيئة قلم الكاتب فينزل القلم بين جلد الثمرة والعود، وذلك بعد قشر الثمرة ويشد الموضع شدًا وثيقًا، وأما قلم الشق فإنه يكون متقارب العقد سليمًا من الذبول ويكون غلظه نحو الخنصر، ويبرئ القلم وينزل في الشق الذي حدث بالسكين في وسط الثمرة ويدخل مرغومًا ويربط عليه بخيط صوف، والتركيب بأنبوب هو تطعيم يقتضي نزول الأنبوب المجرد أولًا ويلبس به القلم ويراعى نزوله وذلك أن تنزل العقدة بحَذاء العقد التي في القلم العريان، فإذا فعل به ذلك سقي بلبن شجر التين حتى يلتئم وهذه طريقة تركيب شجر التين. أما قلم الرقعة فإنه يقتضي أن يكون بطول الإصبع مع قرب المشابهة بالغصن الذي يتركب فيه، فيشق الغصن على قدر الرقعة ويمر به على نصف العين ثم تدخل الرقعة تحت الجِلد الذي شق يمينًا وشمالًا، ويراعى في النزول لأن يتفق عين الرقعة مع القلم الذي يركب فيه ثم تسقى بلبن الشجرة وتشد بالرباط شدًا وثيقًا وتغذى باللبن المذكور حتى تلتئم مع القلم.

«وأما تركيب الأنشاب فإنها تركب فيه الثمار المتنافرة والمتباعدة في الطبع إلا أنه لا

---

(1) المصدر السابق، ص94-95. (المؤلف)

يكمل ولا يلتئم إلا بعد مهلة ومرور زمن عليه، ووجه العمل فيه أن تقصد إلى شجر يراد أن ينشب بعضها مع بعض تمكنت ويقرب في الغراسة بعضها من بعض، فإذا أغلظ جرم الثمرة التي يراد أن ينشب بها وتمكنت التي يراد أن ينشب منها قصد إلى ذلك الجرم الغليظ ويثقب فيه ثقبة إن شئت في نصف الجرم أو دونه أو تحت الأرض عند الأصل ويؤخذ فرع من الثمرة التي يراد أن ينشب منها ويدخل على ذلك الثقب المصنوع في نفس الجرم ويخرج من الجانب الثاني ويترك كذلك. فلا يزال الجرم يغلظ على الفرع والفرع أيضًا يغلظ بانجذاب المادة إليه ويمضي عليه كذلك عام ثانٍ إلى أن ينسد ذلك الثقب بها جميعًا، ويغلظ الجرم والفرع ويرجع غذاء الفرع من الجرم ويستغني عن أصله الذي هو فيه والأصل الذي قام منه ويمسح بالقطع ولا يترك منه في ذلك الجانب شيء ويترك ما خرج من الجانب الثاني فيصير الجرم فيه الفرع أصل الفرع ويتغذى ذلك النوع من الجرم فيكون كأنه منه»[1].

وتناول ابن بصال بالبحث أنواع الزراعة من الحبوب والقطاني والفول واللوبيا والعدس والجلبان والفنج والسمسم والقطن والعصفر والزعفران والخشخاش والحنا وشوك الدراجين والكمون والكروبا والشونيز والأنيسون والكزبر والقثا والبطيخ السندي والقرع والباذنجان والإسفرج والكبر والحنظل واللفت والجزر والفجل والثوم والبصل والكراث والإشقاقور وفلفل السودان والفوة والإكرنب والقنبيط وبقل الروم والإسبناخ والرجلة واليربوز والسلق واللبلاب والشطرية والخس والسريس والماميثا وزراعة الرياحين وغيرها مثل الورد والخيري والبنفسج والسوسن والبهار والنرجس والحبق والقرنفلي والمرزنجوش والترنجان والفجين والخطمي والبابونج والإسفنتين.

ويذكر ابن بصال كذلك طريقة دفع مضار الحيوان المتولد في البساتين، وكيفية جلب الأعشاب البرية وزرعها في البساتين والحدائق، فبالنسبة لدفع مضار الحيوان يقول: ووجه الحيلة في ذلك أنها إذا قطعت الأرض أحواضًا عندما يراد زراعتها على ما ذكرنا في باب الزراعة والغرس قبل هذا عمدت إلى رماد الحَمَّام ففرشت على وجه الأرض منه فرشة نحو غلظ الأصبع ثم يكون الزبل فوق هذا الرماد ثم تزرع الزريعة في الأحواض على ما تقدم،

---

(1) المصدر السابق، ص104. (المؤلف)

فإن الحيوان المذكور إذا خرج من الأرض يريد النبات وجد الرماد فيهرب ويرتدع فيكون الرماد حجابًا بين النبات والحيوان المضر إن شاء الله»[1].

أما بالنسبة لنقل الأعشاب البرية فيقول: «ومن أراد استجلاب أعشاب البرية إلى جنابه مثل السيكرن والضومران وسائر ذلك مما ينتفع به، فينبغي أن ترقبها حتى تطيب وتسقط زريعتها فيجمعها عند ذلك فيملكها عند نفسه، فإن زراعتها في الزمان الذي تسقط فهو موافق لها وإن شاء زرعها قبل فصل الربيع بثلاثين يومًا، هذه إذا كان النبات من الحشيش الذي لا يقوم من النوى، وأما الذي يقوم من النوى فله وقت معروف وهو الوقت الذي يطيب فيه ويحين أكله إن كان مما يؤكل يزرع ذلك الوقت لا يخالف به إلى غيره، وينبغي أن ينظر إلى الأرض التي تؤخذ منها هذه الحشائش إن كانت أرضًا خشنة أو مدكنة أو رملة أو مضرسة أو أي صفة هي، فتزرعها في مثل تلك الأرض»[2].

فضلًا عن كل ما تقدم فإن كتب الفلاحة العربية تناولت كذلك أهمية تشذيب الأشجار في جميع أنواع الثمار، فالتشذيب يقوي النبتة في صغرها فيستقيم عودها وتقبل الغذاء قبولًا معتدلًا، ويفضل التشذيب أن تقطع الفروع غير المستقيمة، وينبغي أن يكون التشذيب قبل أن تلقح، ويفيد التشذيب الأشجار الهرمة، فتقطع منها الفروع المتناثرة في الاتساع، كما تقطع أعالي الفروع لكي يسهل عليها دفع الغذاء إلى الفروع الجديدة النامية منها.

أما مسألة خزن الثمار والحبوب وغير ذلك فقد أولتها كتب الفلاحة اهتمامًا كبيرًا كذلك، وقد عرف علماء الفلاحة العرب عدة طرق في اختزان الثمار وعلاجها لكيلا تفسد، فمنها طريقة في خزن التفاح والرمان، وطرق أخرى في اختزان القسطل والبلوط واللوز والجوز.

---

(1) المصدر السابق، ص173. (المؤلف)

(2) المصدر السابق، ص173. (المؤلف)

# الفصل العاشر
# علم الحيوان

## المبحث الأول: المؤلفات العربية والمعربة في علم الحيوان[1]

إن الباحث في علم الحيوان عند العرب ليستطيع أن يدون ما أنجزه الفكر العربي في هذا

---

(1) إن ما وصلنا من التراث العلمي والفلسفي العربي بصدد علم الحيوان فيه الكثير من الاهتمام والموسوعية والدقة، إذ ألف الفلاسفة والعلماء العرب في ذلك كتبًا عدة، وعلى رأس هؤلاء الجاحظ في كتابه الذي وسمه بالحيوان، والذي أشار فيه عن قرب وعن تجارب معروفة لسلوك وأخلاق الحيوان، فضلًا عن أنواعه وأشكاله وطرق عيشه وغير ذلك، يُراجع، الفصل الأول من هذا الكتاب فهناك إشارات للمؤلفين العرب في مجال علم الحيوان، ومن جانبنا نشير إلى أن الفلاسفة العرب قد أشاروا أيضًا في كتبهم إلى علم الحيوان وألفوا فيه، وإن كان قد سبقهم في التأليف المنهجي في علم الحيوان من الفلاسفة اليونان أرسطو في كتابه طباع الحيوان، الذي نقله إلى العربية يحي بن البطريق، ونشره فيما بعد عبد الرحمن بدوي، الكويت 1977، وكتابه الآخر أجزاء الحيوان، نشره عبد الرحمن بدوي، الكويت 1978، وكتابه كون الحيوان، أو ولاد الحيوان، نشره يان بروخمان وزميله، ليدن 1971، وقد تأثر الجاحظ بكتب الحيوان لأرسطو وأخذ منها، وقد أثبتت ذلك الباحثة القديرة الدكتورة وديعة طه النجم، في كتابها، منقولات الجاحظ عن أرسطو في كتاب الحيوان (نصوص ودراسة)، ط1، الكويت 1985. أما الفيلسوف الفارابي فقد ذكر علم الحيوان في كتابه إحصاء العلوم، ص119، بقوله: والثامن (الكتاب الثامن من العلم الطبيعي) وهو في كتاب الحيوان وكتاب النفس، النظر فيما تشترك فيه أنواع الحيوان، وما يخص كل واحد منها، وهو الجزء الثاني من النظر في المركبة الأجزاء، كذلك، يُراجع، الخوارزمي الكاتب، مفاتيح العلوم، ص80. ولكن أوسع من كتب في علم الحيوان من الفلاسفة العرب المسلمين هو ابن سينا، وذلك في موسوعته الشفاء، وفي القسم الطبيعي منه، إذ خصص الكتاب الثامن لعلم الحيوان، وقد نشره محققًا الدكتور عبد الحليم منتصر وزميلاه، القاهرة 1970. وقد قسمه إلى مقالات تتضمن كل مقالة على فصول عدة، بل يعتبر هذا الكتاب من بين كتب ابن سينا الطبيعية المتميزة، حتى أنه فاق في حجمه كتاب الإلهيات لابن سينا، يُراجع، مقدمة د. إبراهيم مدكور للكتاب. أما الفيلسوف أبو البركات البغدادي، فهو الآخر يتحدث عن علم الحيوان في الجزء الرابع من الطبيعيات من كتابه المعتبر في الحكمة، ويخصص الفصول الثالث إلى العاشر من هذا الجزء للحديث عن الحيوان بشكل تفصيلي. وفضلًا عن هؤلاء هناك من المؤلفين العرب على اختلاف تخصصاتهم من كتب في الحيوان ومنهم الأصمعي (ت216هـ)، في كتاب الوحوش، فيينا 1888، وكتاب الخيل 1895، يُراجع، مقدمة إبراهيم مدكور لكتاب ابن سينا في الحيوان، ص (ك). وهناك إخوان الصفا ومسكويه وغيرهم مما سيتم التطرق إليهم في ثنايا هذا الفصل. (المحقق)

الميدان من المعرفة شريطة أن يلم إلمامًا كافيًا بالمصادر التي سيستقي منها المعلومات، لأن منها ما هو متفرق في كتب ليست مختصة بهذا العلم، ومنها ما هو مدون في كتب ومعاجم لغوية، ومنها ما هو معروف في مصنفات اختصت بعلم الحيوان، وأن الصورة التي يرسمها المرء لعلم الحيوان عند **العرب** تبقى ناقصة إذا اقتصر بحثه على مصدر واحد أو أكثر من دون أن يكون على بينة تامة بكل الأوجه التي تناولت هذا العلم بالذكر والبحث والدراسة، وأنه من الخطأ الاعتقاد أن **العرب** أقوام لن تعرف من الحيوان إلا ما وجدته في بيئاتها، فاقتصرت معرفتهم على ذكر الحيوانات المختلفة فقط، وأنه من المجحف حقًا أن يهمل الباحث ما عرفه **العرب** من الحيوان إهمالًا تامًا، فلا يذكر غير المصنفات التي ذكرت علم الحيوان على **مذهب اليونان** فقط.

إن مثل هذا العلم كمثل علم النبات لا يمكن رسم صورة حقيقية له إلا إذا أخذنا بعين الاعتبار جميع الجوانب والأوجه التي اهتمت بالحيوان سواء ما كان منها متصلًا باهتمامات **علماء اللغة** وما ذكروه في مصنفاتهم ومعاجمهم. أو ما كان منها متعلقًا باهتمامات **الفلاسفة** و**علماء الطبيعة** في دراسة الحيوان باعتباره فرعًا من فروع العلم الطبيعي[1]، أو ما ذكرته مصنفات العلوم الأخرى من معلومات ذات صلة بالحيوانات مثل: كتب الطب والعقاقير، وكتب النبات، وكتب الفلاحة، وكتب الرحلات والجغرافية وغير ذلك أو ما كان منها مرتبطًا بالكتب المتخصصة بعلم الحيوان.

وبناء على ذلك يجب على الباحث المعني بدراسة علم الحيوان عند **العرب** أن يركز اهتمامه على تحليل الأوجه المختلفة لهذا العلم، ونخص بالذكر الأوجه الآتية:

---

(1) إن البحث في علم الحيوان عند الفلاسفة إنما جاء بعد البحث في علم النبات، وذلك لأن الفلاسفة يسيرون في بحثهم هنا من خلال الجدل الصاعد من الأدنى إلى الأعلى، ولهذا سنجد أن الفلاسفة اليونان والعرب المسلمين، يدرسون النفس بكل أقسامها إلى أن يصلوا إلى النفس الإنسانية في المباحث التالية على علم الحيوان، وذلك لوجود مشتركات في بحث النفس بين الإنسان والحيوان، لأن كليهما يتحرك ويحس وينتقل، لكن الإنسان يتميز بقدرة التفكير على الحيوان، وبقدرة إنتاج اللغة التواصلية والمفاهيمية وإنشاء النظريات والقوانين المعرفية المنطقية والمفاهيم العلمية في مختلف العلوم، فضلًا عن أن البحث في النفس إنما يكون أيضًا ضمن المباحث الخاصة بالعلم الطبيعي، لكن إثبات وجودها وخلودها إنما يقع في مباحث الميتافيزيقا. (المحقق)

**الأول:** يمثل مصنفات **العرب** في الحيوان، وهي الكتب التي وضعها اللغويون على هيئة معاجم ودراسات في معاني الأسماء التي تشير إلى أنواع الحيوانات المعروفة عند العرب، ولم تكن هذه المعاجم مجرد ذكر لأسماء ومرادفاتها، بل تعدت ذلك إلى دراسة الحيوان من حيث شكله الخارجي وأحواله ومعاشه وأوصافه واختلافه وأجناسه، وكانت مصادر هذه الدراسة ما ورد في الشعر العربي بشأن الحيوانات واختلافها وصفاتها وما تناقلته الأخبار، وما زودته التجربة والصلة المباشرة بأنواع الحيوانات القريبة والبعيدة التي سكنت **الجزيرة العربية**، وتمثل هذه الدراسات **مذهب العرب** في علم الحيوان، إذ لا نجد فيها أية تأثيرات خارجية للثقافات الأجنبية وبخاصة **اليونانية**، فهي من دون شك معرفة **عربية** خالصة بالحيوان.

**الثاني:** يمثل المباحث العلمية والخبرة المنظمة بالحيوان التي وردت في الكتب الفلسفية الجامعة، إذ يمثل علم الحيوان فيها فرعًا أصيلًا من فروع العلم الطبيعي. وقد تأثرت هذه المباحث بالمصنفات **اليونانية في** هذا الباب. ولا سيما كتاب **أرسطو** في الحيوان لما لهذا الكتاب من دراسة تفصيلية لأنواع الحيوانات، ومن الناحيتين الخارجية والداخلية التشريحية، مع الاهتمام بأنواع حياة الحيوان وطرق عيشه وتكاثره وغير ذلك، ولم تكن المصنفات **العربية** التي ذكرت علم الحيوان في باب العلم الطبيعي مجرد امتداد وتكرار لما نقله **العرب** من تراث **اليونان** إلى لغتهم، بل إننا نجد نظريات فلسفية جديدة تستأثر الاهتمام فضلًا عن تنظيم المعرفة بالحيوان بصورة منهجية أقرب إلى المنهج العلمي الحديث.

**الثالث:** يمثل جملة واسعة من المباحث العلمية في الحيوان، فذكرت كتب الطب والعقاقير أنواعًا كثيرة من الحيوانات التي تصلح مادة للعقاقير والأدوية، كما ذكرت كتب النبات والفلاحة جملة واسعة من الحيوانات التي تقتات على النبات من حشرات وديدان وغيرها، وأسلوب مكافحتها، ولم يكن ذكر هذه الحيوانات مجردًا من الوصف الدقيق، بل على العكس نجد في بعض تفصيلات دقيقة لأجزائها وما تختلف به عن غيرها من نفس الفصيلة والنوع، كما حفلت كتب الرحلات بأوصاف الحيوانات التي شاهدها **الرحالون العرب** في أسفارهم إلى

مناطق بعيدة تختلف في المناخ والأحوال الجوية عن مناخ **الجزيرة العربية** ومناخ **البحر الأبيض المتوسط**، فكان ذلك إضافة مهمة في معرفة **العرب** بالحيوان.

**الرابع**: يمثل ما وضعه **العلماء العرب** من مصنفات متخصصة في علم الحيوان، ولم تكن مؤلفاتهم غير موسوعة علمية جمعت من المعارف المختلفة ما له صلة بالحيوان، ولم تقتصر اهتماماتهم على دراسة الحيوان وبيئته التي يعيش فيها، بل تجاوزت ذلك إلى دراسة سلوكه وما يختص به من صفات نفسية وردود فعل وحركة واستخدام وغير ذلك من الأمور.

ولم تكن هذه المصنفات في اعتمادها على ما جاء في كتاب **أرسطو في** الحيوان تذكر ما قاله **أرسطو** فقط، بل كثيرًا ما حاولت تفنيد ما ذهب إليه أو إثبات خطئه، وقد ذهب **أبو عثمان عمر بن بحر الجاحظ** (ت869م)، في كتاب الحيوان مذهب الناقد لآراء **أرسطو** التي لم تمتحن بالشهادة والبرهان، بل بالنظر المجرد، وقد رد **الجاحظ** على **أرسطو** أو **صاحب المنطق** كما يسميه في كثير من المواضع التي وجد فيها أن **أرسطو** لم يحسن امتحان ما ذكره أو لربما كان الغلط قد وقع نتيجة الترجمة وجهل المترجمين.

ولكي نقدم صورة شاملة لعلم الحيوان عند **العرب** يجدر بنا أن ندرس الأوجه الأربعة، وحسبنا أن نعرض الخطوط العريضة مع الأمثلة والشواهد فضلًا عن الفروض والنظريات وتصنيف الحيوانات.

ولنبدأ أولًا بكتاب الفهرست **لابن النديم** لمعرفة علماء اللغة ومصنفاتهم التي تخصصت في الحيوان، فإنها تمثل دون أدنى شك معرفة **العرب** بالحيوان من خلال اللغة وما زخرت به من أسماء وتباينت بفعل اختلاف أوصاف الحيوان.

يذكر **ابن النديم للخليل بن أحمد الفراهيدي** كتاب العين، وهو معجم في اللغة العربية يشتمل على مفردات اللغة ومعانيها، فهو في ذلك موسوعة علمية بمعارف **العرب** في فنون المعرفة، وقد ورد فيه قسط كبير من المعرفة بالحيوان.

كما يذكر **ابن النديم للنضر بن شميل** (ت820م)، عددًا من الكتب، كان من بينها كتاب الصفات وفيه خمسة أجزاء[1].

---

(1) يُراجع، ابن النديم، الفهرست، مصدر سبق ذكره، ص57. (المؤلف)

**الأول**: يحتوي على خلق الإنسان والجود والكرم وصفات النساء.

**الثاني**: يحتوي على الأخبية والبيوت وصفة الجبال والشِعاب والأمتعة.

**الثالث**: يحتوي على الإبل فقط.

**الرابع**: يحتوي على الغيم والطير والشمس والقمر والليل والنهار والألبان والكمأة والآبار والحياض والأرشية والدلاء وصفة الخمر.

**الخامس**: يحتوي على الزرع والكرم والعنب وأسماء البقول والأشجار والرياح والسَحاب والأمطار.

وهذا كتاب يظهر من محتوياته أنه جامع لمعلومات كثيرة في الحيوان والنبات والأنواء فضلًا عما يتعلق بخلق الإنسان وصفات النساء.

ومن الكتب الأخرى في الحيوان كتاب صفات الغنم وألوانها وعلاجها وأسنانها، وضعه **أبو الحسن سعيد بن مسعدة المعروف بالأخفش المجاشعي** (ت830م)[1]. كما اشتهر **أبو عبيدة معمر بن المثنى التميمي** (ت824م)، بمؤلفاته العديدة، وكان منها في الحيوان: كتاب الحيوان، كتاب البازي، كتاب الحَمَام كتاب الحيات، كتاب العقاب، كتاب الخيل، كتاب الإبل، كتاب أسماء الخيل[2].

وأشار ابن النديم إلى منا ألفه **أبو زيد سعيد بن أوس الأنصاري** (ت829م)، في العديد من الموضوعات، وكان منها ما كتبه في الحيوان، فذكر له كتاب الإبل والشاة وكتاب الوحوش[3]، أما **الأصمعي عبد الملك بن قريب** (ت828م)[4]، فله من الكتب في الحيوان: كتاب الخيل، كتاب الإبل، كتاب الشاة، كتاب الوحوش، و**لأحمد بن حاتم** من الكتب في الحيوان: كتاب الإبل، كتاب الخيل، كتاب الطير، كتاب الجراد[5]. **وللرياش أبو الفضل العباس بن الفرج**

---

(1) المصدر السابق، ص58. (المؤلف)

(2) المصدر السابق، ص59. (المؤلف)

(3) المصدر السابق، ص60. (المؤلف)

(4) المصدر السابق، ص61. (المؤلف)

(5) المصدر السابق، ص61. (المؤلف)

من الكتب في الحيوان: كتاب الخيل، كتاب الإبل[1]. أما **أبو حاتم السجستاني** (ت864م)، فله من الكتب في الحيوان: كتاب الطير، كتاب الوحوش، كتاب الحشرات، كتاب النحل والعسل، كتاب الإبل، وألف **أبو عبدا لله محمد بن زياد الأعرابي** مجموعة من الكتب، كان من بينها كتاب الخيل وكتاب الذباب[2].

هذه أمثلة تبين اهتمام **العرب** بالحيوان من الناحيتين اللغوية والعلمية، وهناك عدد من **العلماء العرب** في اللغة من سار على هذا المذهب، فترك ثروة لغوية وعلمية نجد آثارها في كتب المعاجم اللغوية وكتب الحيوان والنبات والفلاحة فيما بعد. وحسبنا هنا أن نختار بعض الأمثلة لإظهار الطريقة التي اتبعها علماء اللغة في معالجتهم لأسماء الحيوانات، فنورد ثلاثة أمثلة مقتبسة من كتاب العين **للخليل بن أحمد الفراهيدي**:

**القعقع**: طائر أبلق ببياض وسواد، طويل المنقار والرجلين ضخم، من طيور البر، يظهر أيام الربيع، ويذهب في الشتاء[3].

**العوهج**: ظبية حسنة اللون طويلة العنق، يقال: هي التي في حقويها خطتان سوداوان، والناقة الفتية عوهج، والنعامة عوهج، لطول عنقها[4].

**وناقة عشراء**: أي أقربت، وسميت به لتمام عشرة أشهر لحملها، عشرت تعشيرًا، فهي بعد ذلك عشراء حتى تضع، والعدد: عشراوات والجميع: العشار، ويقال: بل سميت عشراء لأنها حديثة العهد بالتعشير، والتعشير والتفسير: حمل الولد في البطن[5].

وزخرت معاجم اللغة بأسماء الحيوانات التي عرفها **العرب** في محيطهم، وتلك التي عرفوها من خارج **الجزيرة العربية** وأطرافها، وقد اشتملت هذه المعرفة على معلومات

---

(1) المصدر السابق، ص64. (المؤلف)

(2) يلاحظ المتتبع والقارئ لهذه المؤلفات في علم الحيوان، كثرة التأليفات العربية في الخيل وأوصافها وكذلك في الإبل، وذلك لارتباط هذين الحيوانين الأليفين بحياة الإنسان العربي الذي يعيش في بيئة صحراوية قاسية وما يتطلبه ذلك من التنقل في أطرافها أو للتجارة والنقل أو لأمور أخرى ترتبط بموضوعات الحرب والقتال ونقل الأمتعة والجنود في الحرب. وما زال هذا الاهتمام قائمًا إلى يومنا هذا. (المحقق)

(3) يُراجع، الفراهيدي، كتاب العين، مصدر سبق ذكره، ص74. (المؤلف)

(4) المصدر السابق، ص113. (المؤلف)

(5) المصدر السابق، ص286. (المؤلف)

غنية بأوصاف الحيوانات وسلوكها وأماكن وجودها ومعاشها وطرق تكاثرها وتوالدها، فالمخصص **لابن سيدة** والعباب الزاخر واللباب الفاخر **للحسن بن محمد الصغاني** ولسان العرب **لابن منظور** والقاموس المحيط **للفيروز آبادي** وغيرها من المعاجم العربية قد عنيت بالحيوان من الناحيتين اللغوية والعلمية.

ولو دققنا النظر فيما أوردته المعاجم من معلومات في الحيوان وما اشتملت عليه الكتب التي اهتمت بالإبل والخيل والحشرات والوحوش والشاه والنحل والنمل والذباب وغير ذلك من الحيوانات. فإننا نجد فيها بالإضافة إلى معرفة بالحيوان وأجناسه ومعاشه وسلوكه، طريقة في المعالجة تتم بالدقة والملاحظة وحسن التبويب، وفي أدناه جملة رؤوس الموضوعات التي تناولتها هذه الدراسات على **مذهب العرب**.

1. اشتملت معرفة **العرب** بالحيوان على جملة واسعة من أنواع الحيوانات منها ما هو أليف معروف في الحواضر والبوادي، ومنها ما هو متوحش، كما اشتملت معرفتهم على أنواع أخرى من الحيوانات التي لم يألفوها ولم يعرفوها في محيطهم، يدل على ذلك ثراء اللغة العربية بالألفاظ والأسماء للدلالة على اختلاف الحيوان في النوع الواحد، واختلاف نشأته منذ أول العهد حتى الطور الأخير من الحياة، فنجد أن للحيوان الواحد في بداية النشأة اسمًا معينًا، فإذا توسط في العمر كان له اسم آخر، وإذا تقدم به السن أصبح له اسم آخر وهكذا، مثال ذلك ما تعرضه قواميس اللغة بالنسبة للخيل والإبل والجراد وغيرها.
2. اشتملت معرفة **العرب** بالحيوان على حسن اطلاع كبير في مجال وصفها من حيث الشكل العام والحجم واللون وفيما كانت مكسوة بشعرٍ أو خلافه، وفيما إذا كانت آكلة للحم أو النبات، وطريقة تكاثرها وسفادها، وفيما إذا كانت تتكاثر بالولادة أو بالبيض، مع شرح لخلقها وسلوكها وما تحدثه من أصوات خاصة بها، أو ما تحدثه من سلوك تجاه الإنسان، ومنافعها ومضارها، وكيفية الانتفاع منها، وطريقة دفع مضارها وغير ذلك.
3. اشتملت معرفة **العرب** بالحيوان على ملاحظات دقيقة فيما يخص حياته وخلقه، فلم يكتفوا بوصف كل نوع من الحيوان من حيث مظهره الخارجي وطرق معاشه

وغير ذلك، بل نظروا إلى كل نوع لإدراك ما به من خصائل وسلوك وكيفية عمله أثناء معاشه، وردود الفعل التي يبديها عند الاقتراب أو الابتعاد منه، وزخر الشعر العربي في باب معرفة الحيوان بالأوصاف والخصال والنعوت مما يدل على إدراك واضح وملاحظة دقيقة لأحواله وعاداته، وقد استخدم **الجاحظ** شعر **العرب والأعراب** في كتاب الحيوان، واتخذه بعض الأحيان أساسًا للرد على بعض ما جاء على لسان **أرسطو** في كتابه الخاص بالحيوان.

4. وخلاصة القول إن **العرب** قد عرفوا الحيوان معرفة جيدة ودقيقة، فتحدثوا في أقوالهم وأشعارهم عن الإبل من حيث اللون والنسب، والصوت والدعاء، والشراب والمعاش، والحمل والنتاج، والألبان والحليب، كما تكلموا في الخيل كلامًا مفصلًا من كل الجوانب، وذكروا في أشعارهم الوحوش في الفلوات مثل: الأسد والنمر والذئب والضب والثعلب وغيرها، وامتدت عنايتهم كذلك إلى ذكر الطيور على اختلاف أنواعها والأفاعي والأسماك وغير ذلك، حتى ذهب **الجاحظ** إلى القول: «وكل معنى سمعناه في باب معرفة الحيوان من الفلاسفة وقرأناه في كتب الأطباء (والمتكلمين) إلا ونحن وجدناه أو قريبًا منه في أشعار **العرب والأعراب**»[(1)].

وعندما بدأت حركة الترجمة بشكل واسع في **العصر العباسي**، وترجمت الكتب من اللغات الأجنبية إلى اللغة العربية، كانت مباحث الحيوان من جملة ما عرفه **العرب** عن **اليونان**، وعندما بدأ التأليف المستقل يظهر إلى الوجود، نجد أن عددًا كبيرًا من **العلماء العرب** يكتبون الكتب الفلسفية الجامعة وقد أصاب منها علم الحيوان نصيبًا باعتباره فرعًا من فروع العلم الطبيعي، وكان لكتاب **أرسطو** في الحيوان أكبر الأثر في تنظيم المعرفة بالحيوان عند **العرب**، وقد نقله إلى العربية **يوحنا بن البطريق**، ذكر ذلك **ابن النديم** بقوله: «الكلام على كتاب الحيوان وهو تسع عشرة مقالة، نقله **ابن البطريق**، وقد يوجد سرياني نقلًا قديمًا جود من العربي»[(2)].

تشتمل مباحث **أرسطو** في الحيوان على موضوعات كثيرة ومتعددة تناولت شتى

---

(1) يُراجع، كتاب الحيوان، ج3، تحقيق وشرح عبد السلام هارون، مصر، ص268. (المؤلف)

(2) يُراجع، الفهرست، ص312. (المؤلف)

الأوجه من حيث أصناف الحيوان وحياته وطرق معيشته واختلافه في الطباع، وتشريح الإنسان والحيوان، والتولد والتكاثر فضلًا عن أغذية الحيوانات وهجرتها وتأثير الجو عليها وأمراضها، وتأثير الأماكن في أخلاقها وغير ذلك.

يصنف **أرسطو** الحيوانات من حيث غذائها ومعاشها وأفعالها إلى حيوانات مائية وأخرى برية، والمائية تنقسم إلى نوعين: ما يتغذى منها في الماء ولا تستطيع العيش خارج الماء في البر، وما يتغذى منها في الماء ولكنها تقبل الهواء وتلد خارج الماء، وقد يكون لها أرجل أو أجنحة أو لا أرجل لها، ويعتقد **أرسطو** أن أصناف الحلزون من الحيوانات التي يكون غذاؤها في الماء ولا تستطيع أن تعيش خارجًا منه ولكن لا تقبل في باطنها الماء ولا الهواء[1].

ويذكر **أرسطو** تصنيفًا آخر في كلامه عن الأجناس والأنواع في الحيوانات، فيرى أن منها ما له دم، ومنها ما لا دم له فيقول: «والأجناس الكلية التي فيها تجزأ سائر الأجناس فهذه: أما الواحد فجنس الطير، والآخر جنس السمك، والآخر جنس السباع البحرية العظيمة الجثث، ولجميع هذه الأجناس دم، ومن الحيوان جنس آخر، أعني الجاسي الخزف، وهو ما كان من أصناف الحلزون، وأيضًا جنس آخر، وهو الذي يسمى لين الخزف، مثل الذي يسمى قارابوا، وأجناس من أجناس السراطين، والذي يسمى أسطاقوس، وجنس آخر يسمى مالاقيا مثل طوثيدس وطوقس وسبيا، وجنس آخر يقال له جنس الطير المحزز الجسد، وليس لشيء من هذا الجنس دم البتة، فأما ما كان من الحيوان البحري الذي له أرجل فهو كثير الأرجل، ومن الحيوان المحزز الجسد ما يطير ومنه ما لا يطير»[2].

لكن **أرسطو** لا يصنف جميع الحيوانات تحت صنفي أو جنسي الحيوان الذي له دم والحيوان الذي لا دم له، بل يرى أن في البحار وفي البر من أصناف الحيوان لا يجمعها جنس واحد، وأن لكل منها صورة مفردة خاصة له، مثل: الإنسان والأسد والإبل والفرس والكلب وما أشبه ذلك.

والشيء المهم في كتاب **أرسطو** مذهبه في تشريح الإنسان والحيوان ما كان ظاهرًا للعيان

---

(1) يُراجع، أرسطو، طباع الحيوان، ترجمة يوحنا بن البطريق، تحقيق عبد الرحمن بدوي، الكويت 1977، ص10. (المؤلف)

(2) المصدر السابق، ص25. (المؤلف)

وما كان باطنًا لا يمكن التعرف عليه إلا بواسطة التشريح الباطني، فيذكر سائر أجزاء الرأس والجهاز التناسلي والأطراف والجذع والأجزاء الباطنة مثل: المخ والرقبة والرئة والمريء والبطن والقلب وسائر الأحشاء، والعِظام والأعصاب والغضروف والقرون والأظافر والحوافر والشعر والجلد والريش والثرب والشحم والمثانة والنخاع واللبن وغير ذلك.

ويميز **أرسطو** كذلك بين سائر أجناس الحيوانات، فالحيوانات التي تشترك بالأجناس تكون بعض أجزائها متشابهة، بينما تكون أعضاء الحيوانات مختلفة بقدر اختلاف أجناسها «فلجميع الحيوان الذي له أربعة أرجل وهو يلد حيوانًا، من الأعضاء: رأس وعنق وأعضاء الرأس، وصورة أعضاء كل واحد منها مخالف لغيره، فإن عظم عنق الأسد واحد متصل ليس فيه شيء من الخرز، فأما جميع جوفه فهو شبيه بجوف الكلب»[1]. «ولعامة الحيوان الذي له أربعة أرجل: أذناب، وكذلك للحيوان البحري الذي يسمى فوقي ذنب صغير شبيه بذَنَبْ الإبل»[2].

وهكذا يستمر **أرسطو** في وصف الحيوان الذي له أربعة أرجل من حيث اتفاقه مع الإنسان واختلافه عنه، واستثناء بعضها عن سائر الحيوان من جنسها مثل الجِمال التي يكون لها سنام على ظهرها أو سنامان، ووصف أرجل الحيوان إن كان مشقوق أطراف الأرجل مثل الإنسان بأصابعه وبعض الحيوان الذي يكون مشقوق الرجلين بجزأين وفي أطرافها أظلاف بدل الأظافير، وما كان من الحيوان بقرون أو بغيرها وكثير من الحيوان ذوات القرون مشقوقة الأظلاف من قبل الطباع مثل الثور والعنز والشاة، ولم يظهر قط حيوان له قرنان ليس بمشقوق الأظلاف[3].

كما يذكر **أرسطو** الطيور وأصنافها، فإن لجميعها رأسً وعنقًا وظهرًا وما خلف الجسد ومقدم ولها عضو ملائم للصدر، ولكل طائر ساقان، مثل الإنسان، وهو يثنيها إلى خلف مثل الحيوان الذي له أربعة أرجل.... وليس لشيء من الطائر رجلان متقدمتان، ولا يدان، بل جناحان، لأن ذلك خاص له من بين سائر الحيوان... ولأصناف الطائر أسماء كثيرة، وجميعها مشقوقة الرجلين، وشقوق رجلي بعضها مفصلة بينة، فأما ما يعوم منها ويأوي في الماء ففيما

---

(1) المصدر السابق، ص52. (المؤلف)

(2) المصدر السابق، ص55. (المؤلف)

(3) المصدر السابق، ص58. (المؤلف)

بين أصابع رجليه جلد قوي متصل، فأما جميع أصناف الطائر الذي لا يرتفع في الهواء فلها في كل رجل أربع أصابع: منها ثلاث في المقدم، وخلف إصبع واحدة وإنما خلقت تلك الأصبع الواحدة مكان العقب، ومن الطائر أجناس يسيرة لها في مقدم كل رجل إصبعان أُخريان أيضًا، مثل البُوُم، وهو يقلب الإصبع الواحدة إلى خلف وتكون بقية جسده ساكنًا مثل الحَيَة، وله مخالب كباب شبيهة بمخالب الشرقوق، وهي تصيح صياحًا شديدًا وقصيرًا[1].

ويتابع **أرسطو** دراسته لأصناف الحيوانات وأجناسها، فيذكر السمك والحيات البرية والمائية، والأعضاء الداخلية للحيوان الذي يلد حيوانًا مثله، وأحشاء الحيات والسمك، وأعضاء التناسل في الحيات والطير والسمك، والحيوان الذي يلد حيوانًا وغير ذلك.

أما الحيوان الذي ليس له دم، فإن أجناسه مختلفة كثيرة، ومن أجناسه أنواع السرطان والحلزون، والحيوان المحزز الجسد، وما ليس له جناح وما له جناح، وقد فصل **أرسطو** القول في هذه الأنواع من حيث صفاتها الخارجية.

وختامًا فإن أبرز ما يتصف به كتاب **أرسطو في** الحيوان هو سعة المعلومات عن الأجناس المختلفة، ودقة الملاحظة لصفاتها الخارجية، والتشريح الداخلي لأعضائها فضلًا عن تفصيل القول في تكاثرها ومواطن معيشتها وطبائعها، كما أن استخدامه العلمي للتصنيف على أساس ملاحظة الخصائص المشتركة لأنواع الحيوان، واختلافها لأنواع أخرى، قد نقل البحث من المعلومات الكثيرة والمتفرقة إلى مستوى علمي جديد يسهل على المرء فهم الأجناس والأنواع وما بينها من اتفاق واختلاف.

ولم يكن لكتاب **أرسطو في** الحيوان ذلك التأثير الذي أحدثته كتبه الأخرى في المنطق والطبيعيات والإلهيات (الميتافيزيقا) عند **العلماء العرب**، واقتصر تأثيره على عدد من **الفلاسفة العرب** الذين صنفوا الكتب الفلسفية الجامعة، فجعلوا علم الحيوان فرعًا من فروع العلم الطبيعي، من أمثال **ابن سينا في** كتابه الشِفاء و**أبو البركات البغدادي في** كتابه المعتبر في الحكمة[2].

---

(1) المصدر السابق، ص73-74. (المؤلف)

(2) لم ينحصر تأثير أرسطو في كتابه الحيوان في الفلاسفة العرب فقط، بل امتد تأثيره حتى إلى أصحاب علم

## المبحث الثاني: نظرية إخوان الصفا في مراتب الحيوان

أما **إخوان الصفا** فكان لعلم الحيوان عندهم نصيب في رسائلهم، إذ اختصت الرسالة الثامنة من الجسمانيات الطبيعيات في كيفية تكوين الحيوانات ومراتبها، وفي تصنيف الحيوانات، نرى أن نتعرض لهذين الأمرين بشيء من التفصيل. لقد عرضنا في فصل علم النبات جانبًا من النظرية العامة التي أطلقنا عليها نظرية المراتب في تكوين الموجودات بعامة والنبات بخاصة، ونتابع الآن البحث في الحيوان من خلال طرح للمبادئ العامة التي بموجبها تدرج المراتب، وتحليل الخصائص الدالة على كل مرتبة، والمبادئ العامة في ذلك هي:

**أولًا:** أن النبات متقدم في الوجود على الحيوان، وأن الأرض أنبتت مختلف الزروع والنباتات قبل أن يتكون الحيوان بزمان، وأن بعض الحيوان متقدم في الوجود على البعض الآخر بزمان، فلم توجد الحيوانات جميعًا دفعة واحدة، بل إن الديدان على سبيل المثال أسبق في الوجود من سائر الكائنات الحيوانية الأخرى، وأن الحيوانات متقدمة في الوجود على الإنسان بزمان، وأنها وجدت قبل أن يكون الإنسان ويتناسل، لأنها له ولأجله، «وكل شيء من أجل شيء آخر فهو متقدم الوجود عليه»[1].

**ثانيًا:** ليست الحيوانات متفقة في الخلقة، فمن الحيوان ما هو تام الخلقة كامل الصورة، ومنها ما هو ناقص الخلقة، ويتميز الأول بأنه ينزو ويحبل ويلد ويرضع، بينما يتميز الثاني بأنه ينفذ ويبيض ويحضن ويربي. ومن الأمثلة على النوع الأول الإنسان والأنعام والسباع، وفي الحيوان التام الخلقة مراتب كذلك، فمنها ما هو في أدناها ومنها ما هو في أشرفها، كما أن في الحيوان الناقص الخلقة مراتب كذلك تتدرج بعضها فوق بعض في السُلم.

**ثالثًا:** تتفاوت الحيوانات في الرتب تبعًا لما لها من حواس، فالحيوان الذي له حاسة اللمس فقط دون سائر الحواس الأخرى يأتي في الرتبة الدنيا، مثال ذلك الديدان التي تتكون في الطين، أو في الماء، أو في الخَلّ، أو في لب النبات والشجر،

---

الكلام من المعتزلة وعلى رأسهم الجاحظ والنظَّام، وقد أشرنا إلى ذلك في حاشية سابقة من هذا الفصل. (المحقق)

(1) يُراجع، رسائل إخوان الصفا، مج 2، ص182. (المؤلف)

أما الرتبة الثانية وهي أكمل صورة من الأولى فتشتمل على الحيوان الذي له حاستان، اللمس والذوق، مثل الديدان التي تعتاش على ورق النبات والأزهار، والرتبة الثالثة وهي أكمل صورة من الثانية فتشتمل على الحيوان الذي له ثلاث حواس: اللمس والذوق والشم، مثل الحيوانات التي تعيش في قعر البحار والمياه والمواضع المظلمة، والرتبة الرابعة وهي أكمل صورة من الثالثة فتشتمل على الحيوان الذي له أربعة حواس: اللمس والذوق والشم والسمع مثل أنواع الحشرات، أما الرتبة الخامسة وهي أكمل صورة من الرتبة السابقة لها فتشمل على الحيوان الذي له خمس حواس: اللمس والذوق والشم والسمع والبصر، وتتفاوت حيوانات هذه الرتبة كذلك من حيث الجودة والذوق[1].

وتختلف الحيوانات باختلاف مراتبها وكمال أجسامها، وتختلف كذلك من حيث الأعضاء التي فيها طباعها، «فمن الحيوانات ما يتحرج كدودة الثلج، ومنها ما يزحف كدودة الصدف، ومنها ما ينساب كالحية، ومنها ما يدب كالعقارب، ومنها ما يعدو كالفأر، ومنها ما يطير كالذباب والبَقّ، ومما يدب ويمشي ما له رجلان ومنها ما له أربع أرجل، ومنها ما له ست أرجل، ومنها ما له أكثر كالدخال، ومما يطير من الحشرات ما له جناحان، ومنها ما له أربعة أجنحة، ومنها ما له ستة أرجل وأربعة أجنحة ومشفر ومخالب وقرون كالجراد، ومنها ما له خرطوم كالبق والذباب، ومنها ما له مشفر وحمة كالزنابير، ومن الهوام والحشرات ما له فكر وروية وتمييز وتدبير وسياسة مثل: النمل والنحل، يجتمع جماعة منهم ويتعاونون على أمر المعيشة واتخاذ المنازل والبيوت والقرى، وجمع الذخائر والقوت للشتاء، ويعيش حولًا وربما زاد، وما كان غير هذين من الهوام والحشرات مثل: البق والبراغيث والذباب

(1) لم يكن إخوان الصفا وحدهم من المؤمنين بنظرية مراتب الموجودات، فمسكويه أبو علي بن أحمد (ت1030م)، يطرح هذه النظرية بوضوح في كتابه الفوز الأصغر، فيقول: فأما اتصال الموجودات التي نقول إن الحكمة سارية فيها حتى إذا أوجدتها وأظهرت التدبير المتقن من قبل الواحد الحق في جميعها، حتى إذا اتصل آخر كل نوع بأول نوع آخر، فصار كالسلك الواحد الذي ينظم خرزًا كثيرًا على تأليف صحيح وحتى جاء من الجميع عقد واحد فهو الذي ننبه عليه بمعونة الله، يُراجع، الفوز الأصغر، بيروت 1319هـ، ص86. كما أشار مسكويه في كتاب تهذيب الأخلاق إلى نظرية المراتب ابتداءً بالنبات فالحيوان وانتهاءً بالإنسان، يُراجع، تهذيب الأخلاق، بيروت 1327هـ، ص71-72. (المؤلف)

والجراد وما شاكلها، فإنها لا تعيش حولًا كاملًا، لأنه يهلكها الحر والبرد المفرطان، ثم يتكون في العام القابل مثلها»[1].

ومن الحيوانات ما هو أتم بِنية وأكمل صورة مثل: الأنعام والبهائم والوحوش والطيور وغيرها، وأبرز ما يميزها أن لها أعضاء مختلفة الأشكال وهي مركبة من عِظام وأعصاب ولحم وعروق، فضلًا عن أنها محصنة بالجلد أو مغطاة بالشعر والوبر والريش والصور أو الصدف، وفي باطنها أعضاء رئيسية مثل الدماغ والرئة والقلب والكبد والطحال والأمعاء والمثانة والكليتين والمصارين والأوردة وغير ذلك من الأعضاء.

ويصنف **إخوان الصفا** الحيوانات بحسب مسكنها واختلافها بهذه الصفة عن غيرها، وهذه الأصناف أربعة هي: «سكان الهواء وهي أنواع الطيور أكثرها والحشرات جميعها، ومنها سكان الماء وهو كل حيوان يسبح في الماء كالسمك والسرطان والضفادع والصَدَف ونحو ذلك، ومنها سكان البر وهي البهائم والأنعام والسباع، ومنها سكان التراب وهي الهوام. وجعل في كل قسم منها بعضًا آكلًا، وبعضًا مأكولًا، وذلك أن من الطير ما يأكل الحب والثمر، ومنها ما يأكل اللحم وهي الجوارح وكل ما له مخلب ومنقار مقوس لا يقدر أن يلتقط الحب أو يأكل الثمر، وهكذا حُكم حيوان الماء بعضه آكل وبعضه مأكول، وهكذا حُكم حيوان التراب من الهوام كالحيات والضّب والعظايا وأشباهها»[2].

وتختلف حيوانات هذه الأصناف بعضها عن بعض في أشكالها وأعضائها، ولكل حيوان حياته الخاصة وطباعه، وان اختفاء عضو من الأعضاء وظهوره في حيوان آخر لعِلة هي أن الحيوان لا يفيد من هذا العضو بينما يفيد منه الآخر، وأن الطبيعة جعلت لكل كائن من الأعضاء ما يستطيع أن يديم حياته وبقاء جنسه، فالحيوان الذي يعيش في المواضع المظلمة لا يحتاج إلى البصر، ولو كان له بصر لكان ذلك وبالًا عليه من حفظه، فالطبيعة لم تعط الحيوان عضوًا ولا حاسة لا يحتاج إليها ولا ينتفع بها، «والعلة في أن حيوانات الماء أكثرها لا أصوات لها لأنها لا رئات لها، ولا تستنشق الهواء، ولم يجعل لها ذلك، لأنها لا تحتاج إليها، وذلك أن الحكمة الإلهية والعناية الربانية جعلت لكل حيوان من الأعضاء والمفاصل والعروق والأعصاب

---

(1) يُراجع، إخوان الصفا، الرسائل، مج 2، ص185. (المؤلف)

(2) المصدر السابق، ص196.

والغشاوات والأوعية بحسب حاجته إليه في جر المنفعة أو دفع المضرة في بقاء شخصها وتتميمه وتكميله وبلوغه إلى أقصى مدى غاياته، ولسبب بقاء نسلها من آلات الفساد واللقاح وتربية الأولاد، وكل حيوان وهو أتم بنية وأكمل صورة، فهو أكثر حاجة إلى أعضاء كثيرة وآلات مختلفة وأدوات معينة في بقاء شخصه ونتاج نسله، وكل حيوان أنقص بنية وأدون صورة فهو أقل حاجة إلى أعضاء مختلفة وأدوات مفننة في بقاء شخصه ودوام نسله»[1].

## المبحث الثالث: في العلاقة بين كتب النبات وعلم الحيوان

وزخرت كتب النبات والطب والفلاحة بذكر عدد كبير من الحيوانات، ودراسة تكاثرها وأنواعها وفوائدها ومضارها، وقد امتزجت الخبرة العربية بالحيوانات مع المعارف الأجنبية في هذا الباب، فكانت المصنفات العلمية تجمع بين المعرفة الحيوانية على **مذهب العرب** والمعرفة **اليونانية** وغيرها. ولذلك نجد فيها ترديدًا لما ورد في المعاجم **العربية** عن أسماء وأحوال الحيوان من جهة ونقولًا عن كتب **اليونان** الطبية والصيدلانية عن الإفادة من الحيوانات في الطب والعقاقير من جهة أخرى.

ولعل أهم كتاب يذكر بعض الحيوانات ذات العلاقة بالنبات هو ككتاب النبات **لأبي حنيفة الدينوري**، إذ نجد فيه بابًا في صفة الجراد والجنادب، وبابًا في العسل والنحل فضلًا عما ذكره في أكثر من موضع عن الإبل والماشية، ونظرًا لأهمية ما كتبه **الدينوري** في هذه الأبواب نبدأ بذكر صفة الجراد أولًا ثم نتبع ذلك بذكر صفات حيوانات أخرى على التوالي.

تذكر العرب دورة حياة الجراد منذ نشأته فيصفون كل حالة من حالاته باسم خاص يدل عليه، وأسماء هذه الحالات هي: دبا، البرقان، المسيح، الكتفان، الغوغاء، الخيفان، الجراد. وفيما يلي وصف لهذه الحالات:

**أولًا:** قال **الأصمعي**: إذا خرج الجراد من سرئه، ومسرؤه بيضة، فهو دبا، والواحدة دباة، قال: ويخرج أصهب إلى البياض، قال: وإذا خرج من التراب قيل ثار يثور ثورًا وثورانًا[2].

---

(1) المصدر السابق، ص192. (المؤلف)

(2) يُراجع، الدينوري، كتاب النبات، مصدر سبق ذكره، ج3، والنصف الأول من الجزء الخامس، تحقيق برنهارد

**ثانيًا:** قال **الأصمعي**: إذا اصفرّ وتلونت فيه خطوط فهو برقان، وقال: يقال رأيت دبًا برقانًا كثيرًا في الأرض والواحدة برقانة[1].

**ثالثًا:** قال **الأصمعي**: بعد البرقان: فإذا صارت خطوط سود وصفر وبيض فهو المسيح. قال: تقول رأيت دبًا مسيحًا كثيرًا، قال: وأظن الواحدة مسيحة[2].

**رابعًا:** قال **الأصمعي**: بعد المسيح: فإذا بدا حجم أجنحته فرأيت موضعها شاخصًا وإن مسست وجدت حجمه تحت يدك قبل أن ينفتق فذلك الكتفان، وأظنه سمي كتفانًا لأنه يكتف المشيء، إذا مشى حزك كتفيه، قال: والواحدة كتفانة، وبلغني عن **الأصمعي** في واحد الكتفان من الجراد الذكر كاتف والأُنثى كاتفة[3].

**خامسًا:** فإذا ظهرت أجنحته فاستقل فهو الغوغاء والواحدة غوغاءة، وذلك حين يموج بعضه في بعض ولا يتجه جهة[4].

**سادسا:** وقال **الأصمعي**: إذا ارتفع عن الغوغاء فهو الخيفان. قال: وذلك إذا بدت في ألوانه الحمرة والصفرة واختلف، والواحدة خيفانة، والخيفانة أسرع الجراد طيرانًا وأخفها[5].

**سابعًا:** وإذا طار الجراد سقطت عنه الأسماء الأولى وسمي جرادًا، قال **الأصمعي**: إذا اصفرت الذكور واسودت الإناث ذهبت عنه الأسماء إلا الجراد[6].

وقد وصف **العرب** الجرادة وصفًا دقيقًا يدل على قوة الملاحظة والتدقيق من أجل الاستزادة في المعرفة العلمية «فللجرادة قرنان وهما مثل الشعرتين، ولها تأشير وهي التي تعض بها والواحدة تأشيرة، والنخاع الخيط في حلقه، وله بخنق وهو جلبابه الذي على أصل عنقه، وله منكبان وهما رؤوس الأجنحة أربعة، فالغليظان يقال لهما الظهران والرقيقان يقال

---

ليفين، بيروت 1974، ص53. (المؤلف)

(1) المصدر السابق، ص53. (المؤلف)

(2) المصدر السابق، ص54. (المؤلف)

(3) المصدر السابق، ص55. (المؤلف)

(4) المصدر السابق، ص55. (المؤلف)

(5) المصدر السابق، ص56. (المؤلف)

(6) المصدر السابق، ص56-57. (المؤلف)

لهما القشران، وله صدر يسمى الجوشن، وله رجلان وفخذان وأسفل منهما الساقان، ومن تحت الساقين المخلبان ويقال لهما المنشار، وفي ذنبها أثناء يقال لهما الأطواء والواحدة منهما طوى وهي عقدة في رأس الذنب كالمخلبين يقال لهما الأشرتان وبهما ترز الجرادة الذنب في الأرض حين تبيض»[1].

أما الجنادب ومفردها جندب، فإنها كما يذكر **العرب** على أنواع، فمنها الأسود والأبيض والأبرق، ومن الجنادب نوع يسمى جنادع، وآخر يسمى جخادب.

والجندب مثل الجرادة الصغيرة ويختلف عن الجرادة الكبيرة، والجندع أسود وله قرنان طويلان في رأسه، وهو أضخم الجنادب.

والجخادب ضرب من الجنادب ضخم أغبر أحرش وهو أضخم من الجرادة الضخمة ولا يطير قدر قوس شبه النقز، ومن الناس من يأكله[2].

وقد أطنب **العرب** في وصف النحل والاهتمام به لما له من فوائد كثيرة، وذكر الدينوري في كتابه من وجوهه المتعددة، ما قالته **العرب** وما قاله العلماء وأصحاب الخبرة فيه.

إن الوصف الدقيق للحشرات الصغيرة يثبت من دون شك اهتمام **العرب** بالجوانب العلمية ومراقبة الحيوانات وأعضاءها الدقيقة، ولعل وصف ألسنة النحل خير مثال على هذا التوجه عند **العرب**: «وألسنة النحل جوف طويل حديدة الأطراف مهيأة لهذا الشأن لا للصوت، فإن النحل لا تصوت ولا شيء من الذبان والنحلة ذبابة، وبهذا العضو يوصل جميع أجناس الأذبة والبعوض والبق الطعم إلى أجوافها لأن طعمها ليس شيئًا سوى الرطوبات، فبهذا العضو تمتصها ثم ترد ألسنتها تلك في أوعيتها من أفواهها، وسميت ألسنة وليست بألسنة ولا خراطيم ولكنها بالألسنة أشبه، وإذا ترشفت النحل تلك الحلاوة من الأنوار والأزهار فجمعتها في صدرها أقبلت إلى الشهد فأتاعته في نخاريبه»[3].

ويذكر **الدينوري** أنواع النحل وطباعه فينسبه إلى العلماء، وفي ذلك إشارة واضحة إلى العلم المنقول عن اللغة **اليونانية**، فبعض ما أورده الدينوري نجده واضحًا في كتاب **أرسطو**

(1) المصدر السابق، ص59. (المؤلف)

(2) المصدر السابق، ص69. (المؤلف)

(3) المصدر السابق، ص283. (المؤلف)

في الحيوان، فمن ذلك قوله: (وزعم العلماء بشأن النحل أن الغبر أصغرها والسود أوسطها والصفر أعظمها، قالوا: النحل والنمل أكسب الحيوان كله وأدأبه في عمله، قالوا: والنحل الكريمة تكون مستديرة مختلفة اللون، قالوا: والنحل المستطيل غير كريم ولا عمول ولا متقن لما يعمل، والنحل الصغار تخرج تلك الكبار من مباءاتها وتطردها، وإذا قويت النحل على ذلك فهي منتهى كرم النحل، وقالوا: النحل الصغير عَمال وهي سود الألوان كأنها محترقة، فأما النحل الصافي فإنها تشبه بالنساء البطالات اللاتي لا يعملن، قالوا: والنحل تخرج ما كان بطالًا وما لا يشفق على العسل»[1].

ولا يفوت **الدينوري** أن يستدرك على بعض أقوال أهل الخبرة من العلماء بشأن النحل، فمن ذلك ما رواه عن تقسيم الأعمال بينها فيقول: «وزعم أهل الخبرة بالنحل أن النحل تقسم الأعمال بينها، فمنها ما يبنى بالشمع ومنها ما يأتي بالعسل فيمجه في أبيات الشهد ومنها ما يأتي بالماء فيمد العسل به، ولا أعرف هذا الحرف عن **العرب** وهو خبرة **العلماء القُدم**، فأما بناء البيوت ومج العسل فيها فقد ذكرته **العرب**. قال **الطرماح** في وصف النحل:

إذا ما تأوت بالخلي بَنَتْ به ... شريجين مما تري وتتيع[2]

ويذكر **الدينوري** مزاعم **العلماء** الأوائل في طباع النحل وأجناسه، وألوانه وغير ذلك، فمن أجناسه من اليعاسيب أحدهما الأحمر اللون والآخر أسود مختلف الألوان، وأن له بيوتًا وخلايا، فيكون في كلية خلية يعسوب واحد وربما كان فيها أكثر من يعسوب إذا كانت الخلية كبيرة، وأنها تغتذي من النبات، وأن العسل يتكون من مصّ اليعاسيب للطيف غذاء النبات وأعماق الأنوار والأزهار، وتصاب اليعاسيب بالأمراض، ويعمل الدود الذي يتولد في الخلايا إلى تلفها، كما تقوم الخطاطيف والضفادع بتلقف النحل عندما ترد إلى الماء لتشرب.

«وزعم **أهل الخبرة** بها أن النحل تودع فراخها نخاريب الشهد وتختم عليها بالشمع، فإذا آن لها أن تخرج شقت الختام وخرجت، قالوا: وملوك النحل لا ترى خارجًا إن لم يكن معه عنقود من عناقيد الفراخ، وإذا خرج معها التفت الفراخ به، وإن كانت عدة ملوك افترق

(1) المصدر السابق، ص275. (المؤلف)

(2) المصدر السابق، ص274-275. (المؤلف)

الطرد (وهو فراخ النحل) فصار مع كل واحد من الملوك فرقة من الطرد، وإنما قالوا: عناقيد الفراخ لأنهم زعموا أن شكل الفراخ إذا خرجت من الخلية شكل عنقود»[1].

«وأخبرني بعض **الأعراب** أنهم إذا أرادوا إدخال الفراخ الخلية قالوا: دَلَكْنَا باطِنِها بورق الضرم فتألف الخلية لعجبها به وهو طيب الرائحة، لأن النحل تعجب بالرائحة الطيبة وتكره الرائحة المنتنة، ولذلك زعم **أهل الخبرة** أنها ربما كرهت خليتها وهمت بتركها، وأن علامة ذلك أن يتعلق بعضها ببعض، وإذا رأى القوام عليها ذلك عرفوه فنضحوا داخل الخلية بشراب حلو فتألفها»[2].

وذكرت الكتب المختصة بعلم الفلاحة أنواع الآفات من الحيوانات التي تصيب النبات وكيفية مكافحتها، ومن هذه الكتب كتاب الدر الملتقط في علم فلاحتي الروم والنبط، **لشيخ حطين**، الذي خصص فيه بعض الأبواب للكلام عن الحيوانات، فذكر في الباب السابع طيور الماء، والباب السادس عشر فيما طرد الحيات والعقارب والوزغ، والباب الثامن عشر في ذكر أشياء تطرد القمل والبراغيث والطبوع، والباب التاسع عشر في ذكر أشياء تطرد الفأر والجراد والجندب والذباب، والباب العشرون في ذكر أشياء تطرد البق وأبا فارس والبرغش والفسافس والقراد وذباب الدواب، والباب الواحد والعشرين في ذكر تربية النحل ودودة القز، والباب الثاني والعشرين في ذكر أشياء تطرد النمل والخفاش، والباب الثالث والعشرين في كيفية اقتناء الدجاج وبناء بيوتهن وكذلك الحَمَام، والباب الرابع والعشرين في ذكر الغنم والماعز وتربيتها، والباب الخامس والعشرين في ذكر البقر والخيل والحمير وسياستها[3].

ولا يخلو كتاب من كتب الفلاحة تقريبًا إلا وفيه ذكر لبعض الحيوانات منها ما يحسن بالزارع تربيته والإفادة منه، ومنها ما يحسن بالزارع مكافحته والتخلص من مضاره.

أما كتاب **عبد الرحمن بن محمد بن وافد** (ت1074م)، فقد اختص القسم الأخير منه بدراسة الحيوانات، فهو مقصور على دراسة النحل والحمام والدجاج والإوز والطاووس

(1) المصدر السابق، ص291. (المؤلف)

(2) المصدر السابق، ص292. (المؤلف)

(3) يُراجع، أحمد عيسى، تاريخ النبات عند العرب، مصدر سبق ذكره، ص102-103. (المؤلف)

وطيور أخرى، والفصول الأخيرة مخصصة لدراسة وسائل مكافحة أعداء البيوت الخلوية من ذئاب وخنازير وفئران وأفاعٍ وعقارب وبراغيث ونمل وبق وذباب وحشرات البهائم[1].

وكتاب الفلاحة **لابن العوام** قد ذكر هو الآخر أنواع الحيوانات من بقر وأضؤن ومعز وبغال وإبل، وعلاج بعض علل الدواب، كما ذكر الحمام والإوز والبرك والطواويس والدجاج والنحل، واقتناء الكلاب للصيد والزراعة.

أما المصنفات الطبية والمؤلفات الخاصة بمفردات الأدوية فقد تناولت بالبحث جملة من الحيوانات التي تصلح لحومها وشحومها وبعض الأجزاء منها في معالجة بعض الأمراض، ولسنا هنا في موضع التفصيل في كل ما تناولته، ولكننا نورد أمثلة على الدلالة على أن هذه المصنفات تمد الباحث في علم الحيوان بمعلومات جديدة عن الحيوان والإفادة منه في الأدوية والعقاقير فضلاً عن بعض ما يخصه وما يتميز به.

ذكرت الكتب الأدوية والعقاقير مختلف أعضاء الحيوان وفوائدها في معالجة الأمراض، فالرؤوس والأدمغة والنخاع والعظام والأظافر والشعر والأجنحة والأمعاء والشحوم واللحوم والقرون والأنياب وغير ذلك من الأجزاء قد أفاد منها الصيدلي والطبيب في تحضير الأدوية والعقاقير، والأرانب والأفاعي والعقارب والبط والإوز والجِمال والأبقار والتماسيح وأنواع السمك وأنواع الطيور والأيل والضفادع والسلاحف وغيرها حيوانات كان الصيدلي والطبيب على معرفة دقيقة بها وبأعضائها، وكيفية الإفادة منها في معالجة الأمراض. وفيما يلي أمثلة على هذه المعرفة الطبية في الحيوان.

**التمساح**: حيوان معروف يكون في الأنهار الكبار وفي النيل كثير، ويوجد في نهر مهران، وقد يوجد في بلاد السودان وهي الورل النهري، ويقول فيه **ابن زهران**: كل حيوان يحرك فكه الأسفل ما خلا التمساح فإنه يحرك فكه الأعلى دون الأسفل[2].

**الثعلب**: جلده حار أشد حرارة وإسخانًا من سائر الجلود التي تلبس لإفراط حرارتها ويبسها، ولذلك صار لبسها موافقًا للمرطوبي المزاج ولمن كان الغالب عليه البرد، وما كثر

---

(1) يُراجع، خوسي بييكروسكا، علم الفلاحة عند المؤلفين العرب بالأندلس، مصدر سبق ذكره، ص20. (المؤلف)

(2) يُراجع، ابن البيطار، الجامع لمفردات الأدوية والأغذية، ج1، مصدر سبق ذكره، ص141. (المؤلف)

شعره منها كان أقوى اسخانًا وهو إلى أن يستعمل فيما يتغطى به الرأس أقرب منه إلى أن يلبسوه، وأشرف أصنافها الثعلب الجزري الأبيض، وبالجملة فإن فرو الثعلب فيه فضل حرارة وهو من لباس النساء والمشايخ والمبلغين، لأن حرارته مفرطة غير معتدلة تجذب رطوبات البدن ولا تصلح للمحرورين[1].

**جراد البحر**: هو حيوان بحري له رأس مربع ما هو وله فيما يلي رأسه صدف خزفي وبعضه لا خزف عليه، ولها من كلا الجانبين عشر أيد طوال شبيهة بالعناكب إلا أنها كبار جدًا ولها قرنان دقيقان قائمان، ولها في مواضع شواربها قرنان وعينان بارزتان متدليتين من رأسها، وهذا الجراد حار يابس يؤكل مشويًا ومطبوخًا[2].

**حـبـاري**: هو طائر كبير العنق رمادي اللون في منقاره بعض الطول، وهو مشهور، لحمه بين لحم الدجاج والبط، وهو أخف من لحم البط لأنه بري، وفيه شيء من الغلظ، إذا أُخذ شحمه ودق مع شيء من ملح وسنبل وحبب كالحمص وجفف في الظل ورفع فإذا سقي من اللذرب خمس حبات بماء فاتر على الريق نفع منفعة عجيبة[3].

تمثل معرفة **العلماء العرب** في الحيوان من أجل العقاقير إحدى الأسس التي يقوم عليها علم الصيدلة من عقاقير وأدوية مفردة، لأن منها ما هو من أصل نباتي، وما هو من أصل حيواني، وما هو من أصل معدني، ولم تكن هذه المعرفة سطحية، بل كانت دقيقة لأنها توخت أولًا معرفة الأعضاء الخارجية والداخلية للحيوان، وثانيًا معرفة فوائدها وطرق تحضير الأدوية منها سواء كانت على هيئة أغذية أو عقاقير دوائية مركبة.

### المبحث الرابع: العلماء العرب الذين كتبوا في علم الحيوان

اشتهر من العلماء العرب في علم الحيوان ممن ألفوا في هذا العلم كل من **أبي عثمان الجاحظ**، وزكريا بن محمد بن محمود القزويني (ت1283م)، وكمال الدين محمد بن موسى بن علي الدميري (ت1405م)، وغيرهم.

---

(1) المصدر السابق، ص150. (المؤلف)

(2) المصدر السابق، ص161. (المؤلف)

(3) المصدر السابق، ج2، ص5. (المؤلف)

ونظرًا لما لكتاب **الجاحظ** في الحيوان من أهمية علمية تحتاج إلى دراسة وتفصيل، نقدم عليه كتاب **الدميري** لنتفرغ إلى تحليل جوانب من كتاب **الجاحظ** باعتباره النموذج الشامل لدراسة حياة الحيوان من كافة الوجوه.

اشتمل كتاب حياة الحيوان الكبرى **للدميري** على دراسة واسعة عن مختلف الحيوانات ما تعلق بأشكالها وطباعها ودلالاتها في الأحلام وحياتها وصلاتها وغير ذلك، كما أضاف إلى الدراسة بعض الأخبار والروايات المتعلقة بالحيوان، واستعان كذلك بالأشعار والحوادث وما تناقلته الأجيال وأصحاب العلاقة بما يتصف به الحيوان وسلوكه وغير ذلك، وأننا لنجد في الكتاب إضافة إلى هذا وذاك بعض الخرافات والأساطير والنقول التي لم يستطع أن يمحصها **الدميري**، بل ذكرها مع ما يذكر من الأشياء الأخرى.

يقع كتاب **الدميري** في جزأين كبيرين: يتناول في الأول الحيوانات التي تبدأ أسماؤها بحرف الألف إلى حرف الراء، بينما يتناول في الجزء الثاني الحيوانات التي تبدأ أسماؤها بحرف الزاي إلى حرف الباء، وهذا معناه أن الكتاب في الوقت نفسه معجم كبير بأسماء الحيوانات. وأنه يصنف مع كتب المعاجم الأخرى في النبات والعلوم. وجرى تصنيف الكتاب على أبواب، تخصص كل باب من أبوابه بمجموعة الحيوانات التي تبدأ أسماؤها بحرف معين، فنجد بابًا للهمزة فيه الأسد والأيل والأيابيل والأتان والأخطب...الخ، وبابًا آخر للباء فيه البابوس والبازي والبازل والباقعة.... إلخ. وهكذا جميع الأبواب.

يمثل كتاب **الدميري** إضافة إلى أنه معجم حيواني مهم موسوعة كبرى لا يمكن الاستغناء عنها، وبقدر ما يتعلق بعلم الحيوان نجد فيه النقاط البارزة الآتية:

**أولًا:** يمدنا الكتاب بثروة لغوية هائلة، فكثير من الأسماء التي ترد فيه للحيوانات يمكن استعمالها في كتب علم الحيوان الحديثة، ومن هذه الأسماء ما هو عربي خالص ومنه ما هو معرب، وقد اجتهد **الدميري** في استقصاء هذه الأسماء من كتب الحيوان وكتب معاجم اللغة وما اشتهر منها بين الناس.

**ثانيًا:** يقدم لنا الكتاب معلومات واسعة عن الحيوان في شكله الخارجي وما يتصف به من صفات بارزة، كما يذكر بعض الأحيان تكاثره وأماكن معيشته وطبائعه وسلوكه وأصنافه.

**ثالثًا:** يقدم لنا الكتاب بعض المعلومات الطبية تتصل بالإفادة من الحيوان في الأدوية والعقاقير، كما يزودنا كذلك بمعلومات فقهية ودينية بشأن بعض الحيوانات، ويضيف إلى كل ذلك ما جمعه من معلومات عن معرفة العربي بالحيوان من خلال ما يورده من الأبيات الشعرية وما يقتبسه من كتب الأدب والمعاجم اللغوية.

ولتوضيح هذه النقاط نلجأ إلى ذكر الأمثلة من بين ما احتواه كتاب حياة الحيوان الكبرى **للدميري**:

**الدلفين**: الدخس، وضبطه **الجوهري** في باب السين المهملة بضم الدال فقال: الدخس مثل الصرد، دابة في البحر تنجي الغريق تمكنه من ظهرها ليستعين به على السباحة، ويسمى الدلفين. وقال غيره: إنه خنزير البحر وهو دابة تنجي الغريق وهو كثير بأواخر **نيل مصر** من جهة **البحر الملح،** لأنه يقذف به البحر إلى **النيل**. وصفته كصفة الزق المنفوخ وله رأس صغير جدًا وليس في دواب البحر ما له رئة سواه فلذلك يسمع منه النفخ والنفس، وهو إذا ظفر بالغريق كان أقوى الأسباب في نجاته. لأنه لا يزال يدفعه إلى البر حتى ينجيه ولا يؤذي أحدًا ولا يأكل إلا السمك، وربما ظهر على وجه الماء كأنه ميت، وهو يلد ويرضع. وأولاده تتبعه حيث ذهب ولا يلد إلا في الصيف، ومتن طبعه الأُنس بالناس وخاصة بالصبيان، وإذا صيد جاءت دلافين كثيرة لقتال صائده، وإذ لبث في العمق حينًا حبس نفسه وصعد بعد ذلك مسرعًا مثل السهم لطلب النفس، فإن كانت بين يديه سفينة وثب وثبة ارتفع بها عن السفينة ولا يرى منه ذكر إلا مع أنثى.

(الحكم): يحل أكله لعموم حِل السمك إلا ما استثنى منه وليس هذا من المستثنيات.

(الخواص): إذا غلي شحمه في حنظلة فارغة وقطر في الأُذن نفع من الصمم[1].

وفي هذا المثال نجد أن اسم الدلفين هو الدخس كذلك كما ذكره عالِم اللغة **الجوهري**، وتم وصف هذا الحيوان، وأن له رئة ويلد ويرضع، كما تم بيان طبعه، ونجد كذلك الحكم الشرعي فيه من حيث أكله وأنه حلال، وذكر لخواصه الدوائية.

---

(1) يُراجع، الدميري، حياة الحيوان، ج1، ص381. (المؤلف)

**القُبّرة**: واحدة القُبّر، قال **الجوهري**: وقد جاء في الشعر قنبرة كما تقول العامة، وقال **البطليوسي** في شرح أدب الكاتب: وقنبرة أيضًا بإثبات النون. قال: وهي لغة فصيحة وهو ضرب من الطير يشبه الحمرة وكنية الذكر منه أبو صابر وأبو الهيثم، والأنثى أم العلعل[1]. وهذا الضرب من العصفور قاسي القلب وفي طبعه أنه لا يهوله صوت صائح وربما رمي بالحجر فاستخف بالرامي ولطئ بالأرض حتى يتجاوزه الحجر، وبهذا السبب لا يزال مأخوذًا أو مقتولًا لأن الرامي يحمله الحنق عليه على مداومة ضربه حتى يصيبه وهو يضع وكره على الجادة حبًا بالأُنس[2].

وحكمها: حِل الأكل بالإجماع ووجوب الجزاء على المُحرم بقتلها.

الخواص: لحمها يحبس البطن[3].

**مالك الحزين**: قال **الجوهري**: إنه من طير الماء، وقال **ابن بري** في حواشيه أنه البلشون، قال: وهو طائر طويل العنق والرجلين، وقال **التوحيدي** في كتاب الإمتاع والمؤانسة: مالك الحزين، ينشل الحيتان من الماء فيأكلها وهي طعامه وهو لا يحسن السباحة، فإن أخطأه الانتشال وجاع طرح نفسه على شاطئ البحر وفي بعض ضحضاحاته، فإذا اجتمع إليه السمك الصغار أسرع إلى خطف ما استطاع منها.

حكمه: حِل الأكل.

خواصه: أن لحمه غليظ بارد يولد إدمان أكله البواسير[4].

أما كتاب الحيوان **للجاحظ** فهو ليس معجمًا بمصطلحات الحيوان في اللغة العربية، وليس كتابًا مصنفًا على منوال تصانيف الفلاسفة، وليس كتابًا في الأدب، بل هو مصنف واسع يتناول عدة أوجه من حياة الحيوان بأسلوب يجمع بين الأدب والمعرفة والعلم بالحيوان، فالأشعار والأخبار فيه مقتصرة على طباع وحياة وسلوك الحيوان، والمعارف الواردة فيه تخدم الغرض نفسه، والعلم بالحيوان دراسة منظمة ودقيقة لأنواع الحيوانات.

---

(1) المصدر السابق، ج1، ص262. (المؤلف)

(2) المصدر السابق، ج1، ص263. (المؤلف)

(3) المصدر السابق، ج1، ص264. (المؤلف)

(4) المصدر السابق، ج2، ص353. (المؤلف)

ولم يقتصر **الجاحظ** على النقل وترتيب المعلومات كما هو الحال بالنسبة للمصنفات العلمية الأخرى، بل اعتمد على الملاحظة والخبرة الذاتية فضلًا عن تجاربه الشخصية، فكان ذلك بمثابة قاعدة صلبة لمناقشة الآراء المختلفة وتصحيح الأخطاء، وأن المطالع لكتاب الحيوان سرعان ما يدرك أن **الجاحظ** قد استعان بعدة مصادر لإنجازه، فقد اعتمد على الشعر والأقوال المأثورة في الحيوان لتكون مادة له في تحليل سلوك الحيوان وطباعه، كما نقل عن **الأعراب** معلومات كثيرة أفادته في تحليل ما يكون عليه من طباع مع فصيلته ومع غيره من الحيوانات، ونقل عن مؤلفات من سبقه من **العلماء العرب**، كما تأثر بالمصنفات اليونانية ولا سيما كتاب الحيوان **لأرسطو**، ولم يقف عند هذه الآراء موقف الناقل دون تمحيص لها، بل راح في ذلك عدة مذاهب، بين التأييد والقبول إلى التعديل والتصحيح والتفنيد والرفض.

وفي سبيل تقديم صورة موجزة لكتاب الحيوان **للجاحظ**، نحاول إبراز بعض الأوجه التي تفيدنا في البحث، وتُظهر أصالة **الجاحظ** في الوقت نفسه فنطرح ذلك كله على هيئة موضوعات متتالية:

**أولًا:** سلك **الجاحظ** من حيث الكتابة سلوكًا علميًا دقيقًا، فنجده ملتزمًا بذكر المرجع الذي يأخذ منه سواء كان المرجع شاعرًا أو كاتبًا أو أعرابيًا أو شخصًا يعرفه أو خبرًا منقولًا، فيذكر اسم الشاعر واسم صاحب المصنف كما يذكر اسم الأعرابي أو الشخص الذي يعرفه ومحدث الخبر وراويه، والكتاب يعرض محاورة بين **صاحب الكلب وصاحب الديك**، وقد هدف الجاحظ من وراء ذلك ذكر الصفات والخصائص لكل حيوان سواء الحميدة منها أو الرذيلة، فترى صاحب الكلب يذكر كل ما يتصل بالكلب من محمودات، وكذلك صاحب الديك بالنسبة لحيوانه، ويحاول كل منهما ذكر المساوئ لحيوان خصمه، فضلًا عن ذلك يذكر **الجاحظ** عددًا كبيرًا من الحيوانات من شتى الأنواع، فيذكر كل ما يتعلق بها من صفات وطباع وشدة وسفاد وتولد وغير ذلك، وكيفية سلوك كل حيوان بالنسبة للحيوانات الأخرى وبالنسبة لصغاره وطعامه.

**ثانيًا:** يذكر **الجاحظ** آراء **أرسطو** في الحيوان في عدة مواضع من الكتاب ويطلق عليه اسم **صاحب المنطق**، ويذهب في ذلك مذهب من يحتاج إلى رأي يفيد منه في

زيادة المعلومات، ومذهب المفند الذي يذكر الرأي لبيان الخطأ الواقع فيه، ولم يقتصر **الجاحظ** على ذكر آراء **أرسطو**، بل إننا نجد آراءً لغيره من **العلماء العرب** و**اليونان** كذلك. ونورد هنا اعتراضًا **للجاحظ** على **أرسطو** على سبيل البيان، فيقول: (وزعم **صاحب المنطق** أن أصنافًا أُخر من السباع المتزاوجات المتلاقحات مع اختلاف الجنس والصورة، معروفة النتاج مثل الذئاب التي تسفد الكلاب في **أرض رومية** قال: وتتولد أيضًا كلاب سلوقية من ثعالب وكلاب، قال: وبين الحيوان الذي يسمى **باليونانية** طاغريس وبين الكلب تحث هذه الكلاب **الهندية**، قال: وليس يكون ذلك من الولادة الأولى»[1]. ثم يعقب **الجاحظ** على ذلك بقوله: «وقد سمعنا ما قال **صاحب المنطق** من قبل، وما نظن بمثله أن يخلد على نفسه في الكتب شهادات لا يحققها الامتحان، ولا يعرف صدقها أشباهه من العلماء، وما عندنا في معرفة ما ادعي إلا هذا القول»[2].

ويذكر **الجاحظ** من أقوال **أرسطو** ما يؤيد زعمًا عربيًا، مثال ذلك: «قالوا: ونظن ذلك أنما كان لقلة سفاد البغل وكثرة سفاد العصفور، ويزعمون أن **محمد بن سليمان** أنزى البغال على البغلات، كما أنزى العتاق[3] على الحجور، والبراذين[4] على الرماك[5]، والحمير على الأتن[6]، فوجد تلك الفحولة من البغال بأعيانها، أقصر أعمارًا من سائر الحافر، حين سوى بينها في السفاد، ووجد البغال تلقح لقاحًا فاسدًا لا يتم ولا يعيش، وذكروا أن قصر العمر لم يعرض لإناثها كما عُرض لذكورها، وهذا شبيه بما ذكر **صاحب المنطق** في العصافير، فإنه ذكر أن إناثها أطول أعمارًا، وأن ذكورتها لا تعيش إلا سنة واحدة»[7].

---

(1) يُراجع، الجاحظ، كتاب الحيوان، ج1، ص183-184. (المؤلف)

(2) المصدر السابق، ج1، ص185. (المؤلف)

(3) العتق: من الطير الجوارح، ومن الخيل: النجائب. (المحقق)

(4) البرذون: يطلق على غير العربي من الخيل والبغال، من الفصيلة الخيلية، عظيم الخلقة غليظ الأعضاء، قوي الأرجل عظيم الحوافر. (المحقق)

(5) الرمكة: الفرس البرذونة تتخذ للنسل. (المحقق)

(6) الأتن: إناث الحمير.

(7) يُراجع، الجاحظ، كتاب الحيوان، ج5، ص207-208. (المؤلف)

**ثالثًا:** اعتمد **الجاحظ** فضلًا عن تجارب وخبرات **العرب** و**الأعراب** وغيره من العلماء على تجاربه وملاحظاته، فأضاف بذلك إلى منهج البحث عنصرًا جديدًا في التثبت من الآراء بالاختبار والامتحان، وقد تنبه **الجاحظ** إلى بعض العلاقات المهمة في التجارب على الحيوان وعلاقة ذلك بسلوك الحيوان وإدراكه، من ذلك ما ذكره بشأن الكلب واللحم والوقت بطريقة علمية تشير بوضوح إلى إدراك العلاقة بين المنبه والرجع المنعكس الشرطي، وفيما يلي ما ذكره **الجاحظ** بالنص: «وقد حدثني صديق لي أنه حبس كلبه في بيت وأغلق دونه الباب في الوقت الذي كان طباخه يرجع فيه من السوق ومعه اللحم، ثم أحد سكينًا بسكين، فنبح الكلب، ورام فتح الباب لتوهمه أن الطباخ قد رجع من السوق بالوظيفة، وهو يحد السكين ليقطع اللحم، قال: فلما كان العشي صنعنا به مثل ذلك، لنتعرف حاله في معرفة الوقت، فلم يتحرك، قال: وصنعت ذلك بكلب لي آخر فلم يقلق إلا قلقًا يسيرًا، فلم يلبث أن رجع الطباخ فصنع بالسكين مثل صنيعه فقلق حتى رام فتح الباب، قال: فقلت: والله لئن كان عرف الوقت بالرصد فتحرك له، فلما لم يشم ريح اللحم عرف أنه ليس بشيء، ثم لما سمع صوت السكين والوقت بعد لم يذهب، وقد جيء باللحم من المطبخ وهو في البيت، أو عرف فصل ما بين إحداد السكين وإحداد الطباخ، إن هذا أيضًا لعجب»[1].

**رابعًا:** يمثل كتاب **الجاحظ** في الحيوان أوسع مصنف تناول الأوجه النفسية والغريزية والطباعية للحيوانات، فلم يقتصر الكتاب على ذكر الصفات الخارجية للحيوان وأسلوب معيشته وما يمتاز به عن بقية الحيوانات بل ذهب إلى تحليل نفسية الحيوان وطباعه وما هو عليه من وحشية أو أُلفة، وسلوكه مع فراخه أو صغاره، والعداوة بين حيوان وآخر، وإصابة الحيوان بالجنون والصرع، وما يصيبه من سكر عند شرب الخمرة، وتعلم الحيوان وتدريبه، وغير ذلك من الموضوعات التي تندرج تحت علم النفس الحيواني، فيذكر قولًا عامًا في الصرع عند الحيوان بقوله: «والصرع عام في الحيوان، ليس يسلم منه صنف منها حتى لا يعرض له

(1) المصدر السابق، ج2، ص120-121. (المؤلف)

منه شيء»[1]. «وأما السُكر فليس شيء من الناس من تراه يتحدث وهو يشرب فلا تنكر منه شيئًا حتى يغلب عليه نوم السُكر ضربة واحدة، ومنهم من تراه والنبيذ يأخذ منه الأول فالأول، وتراه كيف تثقل حركته ويغلظ حسه ويتمحق حتى يطيش عليه السكر بالعبث، ويطبق عليه النوم... وكل هذه الحالات والصور والنعوت والأجناس والتوليد الذي يختلف في طبائع الناس، وطبائع الأشربة، وطبائع البلدان والأزمان والأسنان وعلى قدر الأعراق والأخلاق، وعلى قدر القلة والكثرة، وعلى قدر التصريف والتوفيق، قد وجدوه في جميع أصناف الحيوان»[2].

كما يذكر **الجاحظ في** سرعة التعلم والجرأة عند بعض الحيوان **أن** «إناث الكلاب السلوقية أسرع تعلمًا من الذكورة، وجميع أصناف السباع ذكورتها أجرأ وأمضى وأقوى إلا الفهدة والدببة. والعامة تزعم أن اللبوة أجرأ من الأسد، وليس ذلك بشيء، وهو أمزق واحد، وأفرق من الهجهجة[3]، وأبعد من التصميم وشدة الصولة»[4].

وجمع **الجاحظ** اختلاف الطباع بين الحيوان فذكرها بقوله: «فجعل **تعالى وعز** بعض الوحوش كسوبًا محتالًا، وبعض الوحوش متوكلًا غير محتال، وبعض الحشرات يدخر لنفسه رزقه سنته، وبعضًا يتكل على الثقة بأن له كل يوم قدر كفايته، رزقًا معدًا وأمرًا مقطوعًا، وجعل الهمج يدخر، وبعضه يكتسب، وبعض الذكور يعول ولده وبعض الذكور لا يعرف ولده، وبعض الإناث تخرج ولدها، وبعض الإناث تضيع ولدها وتكفل ولد غيرها، وبعض الأجناس معطوفة على كل ولد من جنسها، وبعض الإناث لا تعرف ولدها بعد استغنائه عنها، وبعض الإناث لا تزال تعرفه وتعطف عليه وبعض الإناث تأكل ولدها، وكذلك بعض

---

(1) المصدر السابق، ج2، ص224. (المؤلف)

(2) المصدر السابق، ج2، ص225-226. (المؤلف)

(3) هجهج: الفحل: شدد في هديره، والهجهجة: حكاية صوت الزاجر للإبل. والهجاهج: الضخم الكثير الصوت. (المحقق)

(4) يُراجع، الجاحظ، الحيوان، ج2، ص231. (المؤلف)

الذكور، وبعض الأجناس يعادي كل شيء ويكسر بيضها أو يأكل أولادها، وجعل يُتْم بعض الحيوان من قبل أمهاتها، وجعل يتم بعضها من آبائها، وجعل بعضها لا يلتمس الولد وإن أتاه الولد، وجعل بعضها يزاوج بعضها وبعضها لا يزاوج، ليكون للمتوكل من الناس جهة في تكسبه، ولتخطر على بالهم أسباب البر والعقوق، وأسباب لوحشة من الأرحام الماسة»[1].

**خامسًا:** تناول **الجاحظ** في كتاب الحيوان مجموعة واسعة من الحيوانات، منها ما هو معروف ومألوف عند **العرب**، فذكروه في أشعارهم وأخبارهم، ومنها ما هو مدوّن في الكتب العلمية لدى **العلماء العرب**، ومنها ما وجده **الجاحظ** في المصنفات العلمية **اليونانية**، ومنها ما عرفه من طريق الرواية والخبر ولم يألفه في بيئته، فتناول في الجزء الأول من الحيوانات: الإبل والخيل والخنازير والحمير الوحشية والزرافة والضبع والكلب والناقة والهرة والنعامة والهرة الوحشية، والبعوض والطير والدجاج والديكة والهدهد، والجري والشبوط، والحرباء والجعل والنسناس، وتناول في الجزء الثاني من الحيوانات: الأسد والثعلب والبقر والبعير والجرذ والحمار والخنزير والخيل والذئب والسنور والشاة والضب والضبع والغنم والفأر والفهد والفيل والقرد والبازي والحمام والدجاج والديك والشاهين والعصافير والطاووس والطير والعقاب والغراب والنسر، والحية وديدان الخل والملح والجعل وابن آوى، وتناول في الجزء الثالث من الحيوانات : الإبل والأسد والبغل والحمار والخيل والغزال والليث، والإوز والبازي والبرذون والحمام والخفاش والدجاج والديك والطاووس والطير والعقاب والغراب والقبج والهدهد، والذباب والخنفساء والجعل والزنبور والحية والضفدع، وتناول في الجزء الرابع من الحيوانات: الأسد والبعير والجرذ والخنزير والقنفذ والذئب والسنور والضب والضبع والفرس والقرد والكلب، والخطاف والطير والعصفور والغراب والنعامة والهدهد، والجراد والعقارب والحية وسام أبرص، والأفاعي، والذباب والنمل والزنبور والدود، والسلحفاة

---

(1) المصدر السابق، ج2، ص114-115. (المؤلف)

والسمك، وتناول في الجزء الخامس من الحيوانات: الأسد والثور والجمل والضأن والعنز والكبش والكلب والمعز والناقة والهر واليربوع والفأر والحية والعقرب، والجراد والجندب والزنبور، والطير والحباري والعصفور والعقاب والعقعق، والقراد والقمل والضب والضفدع والسمك والسمندل والسنور والفأر، وتناول في الجزء السادس من الحيوانات: الأرنب والأيل والثعلب والثور والجمل والذئب والضب والضبع والفهد والقنفذ والخلد والأفاعي والحرباء والعقرب، والتمساح والسمك والضفدع والكوسج والشبوط والحشرات والذباب والزنبور والعث والقراد، والخفاش والطير والعقاب والعندليب والنسر والهدهد، وتناول في الجزء السابع من الحيوانات: الفيل والذئب والزرافة والثعلب والضب والقنفذ والإبل والجاموس والدب والقرد والأسد والذئب، وفرس الماء والتمساح والدلفين واللخم والكوسج وأنواع السمك، والعصافير والدجاج، والضفدع والسلحفاة والكركدن والأيل، والطير والزنابير والعقاب وغير ذلك.

والملاحظ على كتاب الحيوان **للجاحظ** في أجزائه السبعة أن ذِكر الحيوانات يتردد في أكثر من جزء واحد، وعلة ذلك أن الجاحظ لا يخصص بابًا أو فصلًا كاملًا لكل حيوان ليذكر فيه جميع ما له علاقة به. بل نراه يذكر جانبًا من أحواله في جزء، ثم يذكر جانبًا آخر وهكذا.

**سادسًا:** إذا أردنا أن نتعرف حيوانًا من الحيوانات في كتاب **الجاحظ**، فيجب علينا أن نستقصي ذكره في جميع الأجزاء، وإذا كان هدفنا جمع معلومات عن حيوان من زاوية علم الحيوان فقط، فإن علينا أن ننظر فيما يذكره **الجاحظ** عنه على وفق المنظورات الآتية:

1. أن ننظر في اسم الحيوان وجنسه ونوعه، فإذا لم نجد ذلك فلربما نعثر على معلومات تقربنا إلى معرفته بأشباهه وبالمقارنة مع غيره من الحيوان الذي يرى فيه الجاحظ وجهًا أو وجوهًا للمقارنة وإصدار الحكم.
2. أن ننظر إلى ما يذكره الكتاب بشأن الصفات الخارجية للحيوان من ألوان

وأعضاء متميزة وريش ووبر وشعر وغير ذلك، وما يمكن أن يضيفه في بعض الأحيان من معلومات عن أعضاء داخلية أو خفية عن الحس.

3. أن ننظر إلى طعامه وشرابه وسلوكه وطباعه وما يمكن أن يفيد الإنسان منه، وما مقدار ضرره، وأن ننظر إلى طريقة حصوله على الطعام وكيفية ادخاره له وأفضليته لأنواع معينة من اللحوم أو الحشائش والنباتات وغير ذلك.
4. أن ننظر إلى تناسله وطريقة السفاد بين الذكر والأنثى، وكيفية احتضان البيض والأولاد، ومدة الحمل والرضاعة والتغذية، وأسلوبه في تعليم الصغار ووقت عزوفه عنهم، وما يصيبه من أمراض وعلاجها، وطرق بناء الأعشاش أو البيوت وأفضلية الأماكن له وغير ذلك.
5. أن ننظر إلى المحيط الذي يعيش فيه وملائمة ذلك لتكاثره وبقاء جنسه، وأثر الطبيعة فيه من حيث الاستقرار والهجرة والانتقال من مكان لآخر في فصول وأشهر معينة من السنة، وأن ننظر إلى علاقته بالطبيعة والحيوان الذي يعيش معه، وكيفية سلوكه معه، والتبديل الذي قد يحصل على الحيوان من جراء نقله من محيطه إلى محيط آخر، وأثر ذلك على تناسله وحياته.

ولا بد لنا أن نشير هنا إلى الجهد الكبير الذي بذله محقق كتاب الحيوان **للجاحظ** الدكتور **عبد السلام هارون** في تنظيم المعارف التي زخر بها كتاب الحيوان بصورة علمية، فرتبها بالطريقة الآتية:

1. تسمية الحيوان وبيان جنسه وأنواعه وأشباهه.
2. الكلام في أعضائه وتطوراته وألوانه.
3. بيان طعامه وشرابه وسلاحه وصوته وصنعته ونفعه وضرره.
4. الكلام في تناسله وطباعه وتعليمه وأمراضه وعمره.
5. بيان موطنه وأثر الطبيعة فيه وعلاقته بغيره من الحيوان[1].

**سابعًا:** ونظرًا لتداخل المعلومات في الحيوان وتفرقها في أجزاء وموضوعات كثيرة فإننا

(1) المصدر السابق، ج7، ص267–362. (المؤلف)

لا نجد تصنيفًا علميًا واضحًا لها، فمرة نجد وصفًا لحيوان أنه من فصيلة الكلاب، أو من ذوات الشعر أو من ذوات الوبر، أو من السباع أو ضرب من النمل، أو من الجوارح، أو من أجناس الإبل أو من قواطع السمك، أو من ذوات الخرطوم، أو من الطير، أو ضرب من الفأر، أو من الحشرات، أو ضرب من القراد، وغير ذلك، ولكننا في الوقت نفسه نجد تقسيمات للحيوان منها: الهوائي والمائي والأرضي، والفصيح والأعجم، الأليف والبري، وذوات الأنياب والمخالب والإبر والخراطيم، وغير ذلك، فابن أوى والثعلب من فصيلة الكلاب، والإنسان والبرذون وهو من الخيل والخيل والبغال والجاموس من ذوات الشعر، والأيل والأرنب والسنجاب من ذوات الوبر، والأسد والأفعى والببر والثعبان والنسر والنمر من السباع، والأقرشان ضرب من النمل، والباشق والزرق والعقبان والبزاة والشاهين من الجوارح، والبخت والحوش ضرب من الإبل، والأربيان (الروبيان) والأسبور (الصبور) والبرستوج (البرستوك) والرق من قواطع السمك، والبعوض والذباب والقمل من ذوات الخرطوم، والخفاش والهدهد والحمام والعندليب من الطير، وبنات حذف ضرب من الغنم، والتمساح والسلحفاة والسمك من حيوان الماء، وتيس الربل من الوعول والظباء، والجرذ والخلد ضرب من الفأر، والجعل وأم حبين وحرقوص والعث والعقرب من الحشرات، والطلح والقرشام ضرب من القراد.

**انتهى**

# المصادر والمراجع*

## أولًا- العربية


**الآلوسي، الدكتور حسام**- الزمان في الفكر الفلسفي والديني القديم وفلسفة العلم، بيروت 2006. (المحقق)

**الآلوسي، الدكتور حسام** - دراسات في الفكر الفلسفي الإسلامي، بيروت 1980. (المحقق)

**ابن أبي أصيبعة، موفق الدين** - عيون الأنباء في طبقات الأطباء، بيروت.

**ابن بصال، عبد الله محمد** - كتاب الفلاحة، نسره وترجمه وعلق عليه، خوسي مارية مياس بييروسكا، تطوان 1955.

**ابن البيطار، ضياء الدين عبد الله بن أحمد** - الجامع لمفردات الأدوية والأغذية، بغداد.

**ابن خلدون، عبد الرحمن** - المقدمة، تقديم وتحقيق علي عبد الواحد وافي، القاهرة 1962.

**ابن خلكان، شمس الدين أحمد بن محمد** - وفيات الأعيان وأنباء أبناء الزمان، القاهرة.

**ابن سينا، الفيلسوف أبو علي الحسين** - الإشارات والتنبيهات، تحقيق سليمان دنيا، في أربعة أجزاء، مصر.

**ابن سينا، الفيلسوف أبو علي الحسين**- رسالة في أقسام العلوم العقلية، القاهرة 1908. (المحقق)

**ابن سينا، الفيلسوف أبو علي الحسين** - الشِفاء، يقع في عدة مجلدات، تبدأ من المنطق فالطبيعيات فالرياضيات فالإلهيات، تحقيق لفيف من الأساتذة، القاهرة. (المحقق)

**ابن سينا، الفيلسوف أبو علي الحسين**- القانون في الطب، مكتبة المثنى، بغداد.

**ابن سينا، الفيلسوف أبو علي الحسين** - النجاة، تحقيق ماجد فخري، بيروت 1986. (المحقق)


---

(*) تشمل هذه القائمة للمصادر المراجع، الكتب التي اعتمدها المؤلف في كتابه هذا، فضلًا عن المصادر والمراجع التي رجع إليها المحقق، وسنشير إلى المصادر والمراجع التي اعتمدناها أثناء التحقيق بعبارة (المحقق).

**ابن قتيبة، عبد الله بن مسلم** - كتاب الأنواء في مواسم العرب، ط1، حيد آباد 1956.

**ابن ماسويه، يحي** - الجواهر وصفاتها، القاهرة 1977.

**ابن منظور، جمال الدين بن مكرم** - لسان العرب، مج 15، بيروت 1956.

**ابن النديم، محمد بن أبي يعقوب إسحق**- كتاب الفهرست، تحقيق رضا تجدد، طهران 1971.

**أحمد عيسى بك** -ـ تاريخ النبات عند العرب، ط1، القاهرة 1944.

**إخوان الصفا وخلان الوفا** - الرسائل، بيروت 1957.

**أرسطو، الفيلسوف** - أجزاء الحيوان، الترجمة العربية القديمة، تحقيق عبد الرحمن بدوي، الكويت 1978. (المحقق)

**أرسطو، الفيلسوف** - طباع الحيوان، الترجمة العربية القديمة ليوحنا بن البطريق، تحقيق عبد الرحمن بدوي، الكويت 1977.

**أرسطو، الفيلسوف** - الطبيعة، الترجمة العربية القديمة، تحقيق عبد الرحمن بدوي، جزآن، القاهرة 1964. (المحقق)

**الأعسم، الدكتور عبد الأمير** - المصطلح الفلسفي عند العرب، ط1، بغداد 1986. (المحقق)

**أفلاطون، الفيلسوف** - محاورة الجمهورية، ترجمة فؤاد زكريا، القاهرة 1974.

**بدوي، الدكتور عبد الرحمن** - مخطوطات أرسطو في العربية، القاهرة. (المحقق)

**البغدادي، أبو البركات هبة الله** - المعتبر في الحكمة، 3ج، حيدر آباد 1358هـ.

**البيروني، أبو الريحان** - القانون المسعودي، ثلاثة أجزاء، ط1، حيدر آباد 1954.

**البيروني، أبو الريحان**- الجماهر إلى معرفة الجواهر، ط1، حيد آباد 1355هـ.

**البيروني، أبو الريحان** - كتاب التفهيم لأوائل صناعة التنجيم، The Translation facing the .Text by R. Ramsay Wright, London 1934

**بيروسكا، خوسي مارية مياس** -ـ علم الفلاحة عند المؤلفين العرب بالأندلس، تعريب عبد اللطيف الخطيب، تطوان 1957.

**بينيس، المستشرق س**- مذهب الذرة عند المسلمين وعلاقته بمذاهب اليونان والهنود، ترجمة محمد عبد الهادي أبو ريدة، القاهرة 1946. (المحقق)

**التيفاشي، أحمد بن يوسف** - أزهار الأفكار في جواهر الأحجار، تحقيق محمد يوسف حسن وزميله، مركز إحياء التراث العلمي، بغداد 1977.

**الجاحظ، عمر بن بحر** - كتاب الحيوان، في سبعة أجزاء، تحقيق وشرح عبد السلام هارون، القاهرة.

**الجرجاني، الشريف علي بن محمد** - كتاب التعريفات، القاهرة 1283هـ.

**جورج قنواتي، الدكتور**- الخيمياء العربية، بحث ضمن كتاب موسوعة تاريخ العلوم العربية، ط1، ج3، مركز دراسات الوحدة العربية، بيروت 1997. (المحقق)

**الحسن بن الهيثم** - رسالة في أضواء الكواكب، ط1، حيد آباد1357هـ.

**الحسن بن الهيثم** - رسالة في ضوء القمر، ط1، حيدر آباد 1357هـ.

**الحسن بن الهيثم** - رسالة في المكان، ط1، حيد آباد 1357هـ.

**الحسن بن الهيثم** - مقالة في القوس والهالة، صورة مخطوط، مركز إحياء التراث العلمي العربي، جامعة بغداد.

**الحسن بن الهيثم** - الشكوك على بطليموس، تحقيق عبد الحميد صبرة وزميله، تحقيق التراث، القاهرة 1977.

**الخازني، عبد الرحمن** - ميزان الحكمة، ط1، حيد آباد 1359هـ.

**الخوارزمي، الكاتب محمد بن أحمد يوسف** - مفاتيح العلوم، مصر.

**الدميري، كمال الدين** - حياة الحيوان الكبرى، مصر 1292هـ.

**الدينوري، أبو حنيفة أحمد بن داود** - كتاب النبات، القسم الثاني من القاموس النباتي، حروف س-ي، اعتنى بجمعه محمد حميد الله، المعهد العلمي الفرنسي للآثار الشرقية، القاهرة.

**الدينوري، أبو حنيفة أحمد بن داود** - كتاب النبات، الجزء الثالث، والنصف الأول من الجزء الخامس، حققه وشرحه وقدم له برنهارد لفين، بيروت 1974.

**روبير هالو، المستشرق** - استقبال الخيمياء العربية في الغرب، بحث ضمن كتاب موسوعة تاريخ العلوم العربية، ط1، ج3، مركز دراسات الوحدة العربية، بيروت 1997. (المحقق)

**سارتون، جورج** - تاريخ العلم، ترجمة لفيف من الأساتذة، القاهرة.

**السعيدي، الدكتور حميد خلف** - أثر الفارابي في فلسفة ابن خلدون، ط1، بيروت 2006. (المحقق)

**الصوفي، عبد الرحمن** - صورة الكواكب الثمانية والأربعين، حيد آباد 1954.

**الطائي، الدكتور فاضل**- ابن سينا وكيمياؤه، مجلة المجمع العلمي العراقي، مج29، 1978.

**الطغرائي، مؤيد الدين الحسين** - حقائق الاستشهاد، تحقيق رزق فرج رزوق، بغداد 1982. (المحقق)

**طوقان، قدري حافظ** - تراث العرب العلمي في الرياضيات والفلك، القاهرة 1963.

**العبيدي، الدكتور حسن مجيد** - العلوم الطبيعية في فلسفة ابن رشد، ط1، بيروت 1995. (المحقق)

**العبيدي، الدكتور حسن مجيد** - نظرية المكان في فلسفة ابن سينا، ط1، بغداد 1987. (المحقق)

**العبيدي، الدكتور حسن مجيد**- جغرافية التفلسف، منشورات ضفاف، بيروت 2018.

**العراقي، الدكتور محمد عاطف** - الفلسفة الطبيعية عند ابن سينا، القاهرة 1966. (المحقق)

**علي عبد الله الدفاع، الدكتور**- العلوم البحتة في الحضارة العربية والإسلامية، ط1، بيروت 1981. (المحقق)

**عمر فروخ، الدكتور**- تاريخ العلوم عند العرب، ط3، بيروت 1980. (المحقق)

**الفارابي، الفيلسوف أبو نصر**- آراء أهل المدينة الفاضلة، تحقيق ألبير نصري نادر، بيروت 1959. (المحقق)

**الفارابي، الفيلسوف أبو نصر**- إحصاء العلوم، تحقيق عثمان أمين، ط2، القاهرة 1949.

**الفارابي، الفيلسوف أبو نصر**- الحروف، تحقيق محسن مهدي، بيروت 1970. (المحقق)

**الفارابي، الفيلسوف أبو نصر**- التعليقات، حيدر آباد 1346هـ. (المحقق)

**الفارابي، الفيلسوف أبو نصر**- رسالة في أغراض ما بعد الطبيعة، نشرة ديتريشي، ليدن 1890. (المحقق)

**فرات فائق، الدكتور**- أبو بكر الرازي، حياته ومآثره، بغداد 1973. (المحقق)

**الفراهيدي، الخليل بن أحمد** - كتاب العين، تحقيق عبد الله درويش، بغداد 1967.

**القفطي، جمال الدين أبي علي يوسف** - أخبار العلماء بأخبار الحكماء، تصحيح محمد أمين الخانجي، مصر 1326هـ.

**قيس هادي أحمد، الدكتور**- نظرية العلم عند فرنسيس بيكن، بيروت 1986. (المحقق)

**الكاشي، جمشيد غياث الدين** - مفتاح الحساب، تحقيق وشرح أحمد سعيد الدمرداش وزميله، القاهرة.

**الكاملي، منصور بن بعرة الذهبي** - كشف الأسرار العلمية بدار الضرب المصرية، تحقيق عبد الرحمن فهمي، القاهرة 1966.

**الكبيسي، الدكتور محمد محمود** - نظرية الزمان في فلسفة الغزالي، رسالة ماجستير غير منشورة، بغداد 1983. (المحقق)

**كراوس، المستشرق بول** - مختار رسائل جابر بن حيان، القاهرة 1354هـ.

**الكرخي، محمد بن الحسن الحاسب** - كتاب أنباط المياه الخفية، ط1، حيدر آباد1359هـ.

**كيلة وكوفالسون** - المادية التاريخية، ترجمة إلياس شاهين، موسكو. (المحقق)

**ليفي بريل، الفيلسوف** - فلسفة أوكست كونت، ترجمة محمود قاسم وزميله، ط2، القاهرة 1952. (المحقق)

**مسكويه، أبو علي أحمد بن محمد**- تهذيب الأخلاق، بيروت 1327هـ.

**مسكويه، أبو علي أحمد بن محمد** - كتاب الفوز الأصغر، بيروت 1319هـ.

**مصطفى نظيف، الدكتور** - الحسن بن الهيثم، بحوثه وكشوفه البصرية، 2ج، مصر 1942.

المقريزي- الخطط، ج1، بيروت. (المحقق)

**النجم، الدكتورة وديعة طه** - منقولات الجاحظ عن أرسطو في كتاب الحيوان، نصوص ودراسة، ط1، بيروت 1985. (المحقق)

**نلينو، المستشرق كارلو**- علم الفلك، تاريخه عند العرب في القرون الوسطى، روما 1911.

**هونكة، المستشرقة زيغريد** - شمس العرب تسطع على الغرب، نقله من الألمانية فاروق بيضون وزميله، ط1، بيروت 1964.

**ياسين خليل، الدكتور** - منطق البحث العلمي، بيروت 1974.

**ياسين خليل، الدكتور** - الطب والصيدلة عند العرب، بغداد 1979*.

**يوسف كرم** - المعجم الفلسفي، ط1، القاهرة 1971. (المحقق)

## ثانيًا - الأجنبية

1.Einstein, A, & Infeld, L – The Evolution of Physic.

2. Faut Sezgin – Geshichte der Arabischen Schrifttums. Band 4, Leiden 1971.

---

(*) هذا الكتاب يشكل الكتاب الثالث من المجلد الأول، التراث العلمي العربي، موضوع تحقيقنا. (المحقق)